Lehrbuch der Heraldik

FLORIBVS. ELEG
OMNIBVS. MIHI.
EX. LILIVM.

LILIA NON LABORANT NEQVE NENT

Titelbild: Das große Wappen des Königs von Frankreich unter Ludwig XIII. Nach Vulson de la Colombière, *Science héroïque*, Paris 1644. Auf dem *blauen Schild mit den drei goldenen Lilien* ruht der mit der Königskrone besetzte und von Helmdecken umwallte, nach vorn gewendete offene Helm. Der Schild ist von den Ketten der königlichen Orden umschlungen; unter ihm steht auf einem mit einem Palmzweig gekreuzten Lorbeerzweig liegend ein gekröntes L; der Schild wird von zwei in lange Gewänder und mit den Wappenfiguren bezeichnete Dalmatiken gekleideten Engeln gehalten, die mit der äußeren Hand je ein Wappenbanner halten. Das Ganze ist unter ein hermelingefüttertes, mit den Schildbildern bestreutes Wappenzelt gestellt, auf dem die Königskrone ruht und über dem der dem Schildinhalt entsprechende Gonfanon emporragt. Darüber flattert ein Schriftband mit der Inschrift 'ex omnibus floribus elegi mihi lilium' (aus allen Blumen habe ich mir die Lilie erwählt). Unter dem Gesamtbild steht der andere Wahlspruch 'Lilia non laborant neque nent' (die Lilien arbeiten nicht, so spinnen sie nicht Ev. Lukas 12,27).

2

Lehrbuch der Heraldik

D. L. Galbreath

Léon Jéquier

Battenberg-Verlag
Editions Spes

CIP-Kurztitelaufnahme der Deutschen Bibliothek

Galbreath, Donald L.
Lehrbuch der Heraldik / D. L. Galbreath;
Léon Jéquier. — 1. Aufl., — München: Battenberg, 1978.
Einheitssacht.: Manuel du blason < dt. >
ISBN 3-87045-138-6
NE: Jéquier, Léon

Aus dem Französischen übertragen von
Dr. Ottfried Neubecker
Titel der Originalausgabe
»Manuel du Blason«

© 1978 SPES S.A., Lausanne, Switzerland
ISBN 2-602-00049-3
Alleinvertrieb für die Bundesrepublik Deutschland und Öster-
reich: Battenberg Verlag, München

Abb. 1 Der Graf von Ponthieu ergreift König Harold (Teppich von Bayeux, um 1080) (Photo H. Sigros).

GELEITWORT

Zu allen Zeiten trugen selbst die einfachsten Krieger eine Kampfausrüstung. Ob das nun eine Kriegsbemalung und das Totem der Indianer, die Chlamys der Griechen, der Küraß der Römer, die blitzende Rüstung der Samurai, der Harnisch der Ritter, die farbstrotzenden Uniformen voriger Jahrhunderte, die Tarnjacken der Gegenwart sind, stets muß der Krieger die Kampfgruppe anzeigen, der er angehört, und in den alten Zivilisationen wird das Kriegsemblem oft zum Sinnbild des Clans oder des Stammes.

Einige Jahre vor der Zeit, da Platon in Athen die erste aller Akademien zusammenbrachte, war solche Erblichkeit der Embleme derart eine feststehende Regel, daß die Athener sich darüber aufregten, als der phantasievolle Alkibiades es wagte, das Emblem seiner Familie, sein 'episemon oikeion', durch ein ihm mehr zusagendes persönliches Emblem zu ersetzen, einen Amor mit Donnerkeil. Es brauchte aber noch 15 Jahrhunderte, bis die Heraldik nach unserem Verständnis in Erscheinung trat. Der Ritter des 12. Jahrhunderts war, gänzlich in Eisen gehüllt, das Gesicht von einem Helm verdeckt, darauf angewiesen, daß er und sein Roß vom Anführer und seinen Leuten erkannt würden. Das ganze christliche Europa übernahm das System der mit vielfarbigen Emblemen bemalten Schilde, aber auch die Banner, die Waffenröcke und die mit den gleichen Zeichen ausgestatteten Pferdedecken. Die Erblichkeit dieser Embleme, die Regeln, nach denen die Glieder ein und derselben Familie sich untereinander im Gefecht durch Einfügung eines Beizeichens in ihren Wappen unterscheiden, dies alles wurde bald durch Spezialisten kodifiziert, die sich als Herolde bezeichneten. Später studierten Gelehrte lang und breit die Entscheidungen dieser Herolde und deren Entwicklung.

Zwischen Herold und Heraldiker besteht eine wessentlicher Unterschied.

Der erstere ist der Person eines mächtigen Herrn oder Herrschers eng verbunden, der letztere arbeitet in der Stille seiner Studierstube; der erstere entscheidet Tag für Tag die ihm sich stellenden Probleme, er notiert die Wappen der Herren, die an den Hof seines Meisters gekommen sind, etwa wegen einer Botschaft, eines Turniers oder zur Teilnahme an einem Feldzuge. Er arbeitet an konkreten Fällen in einem begrenzten Gebiet und folglich mit geringstem Aufwand an Methode. Was er uns überläßt, ist ein wenig wie eine Blütenlese seiner Dienstvermerke. Der andere hingegen arbeitet an Material. Er verfügt über Urkunden aus verschiedenen Zeiten und Ländern. Er möchte daraus ein System ableiten, das es übrigens wirklich gibt, aus dem er aber eine eiserne Zwangsjacke macht: der Fehler der Heraldiker einstiger Zeiten besteht oft in einem Übermaß an Methode. Wenn man zwischen Wappenwesen und Sprache einen Vergleich ziehen will, dann sind die Wappenherolde die Lehrer und die Heraldiker die Philologen; aber jahrhundertelang hat der Heraldik gefehlt, was Richelieu in Frankreich für die Sprache geschaffen hat, eine Versammlung unabhängiger Gelehrter, die sich von Zeit zu Zeit zusammenfinden, um die Frucht ihrer Forschungen in Übereinstimmung zu bringen. Die französische Sprache gelangte schon 1637 zu einer schöngeistigen Akademie, aber die Heraldik mußte bis zum 20. Jahrhundert warten, bis sie ihre eigene Akademie erhielt.

Ein Belgier, Baron Gaston Stalins, gründete 1949 zusammen mit den wohlbekannten französischen Heraldikern Paul Adam, Eugène Olivier und Jacques Meurgey de Tupigny und anderen die Internationale Akademie der Heraldik. *International wurde sie schnell durch schleunige Aufnahme von Engländern, Deutschen, Schweizern, Spaniern, denn die Heraldik betrifft alle Länder des christlichen Europas.*

Leider starb Stalins drei Jahre später. Paul Adam folgte ihm als Präsident, ein hervorragender Mann von höchstem Sachverstand. Die von ihm veröffentlichten Artikel sind voller Ideen und neuen, höchst interessanten Bemerkungen; aber diese Arbeiten ließen ihm wenig Zeit, sich um die Internationale Akademie der Heraldik zu kümmern, die während der sechs Jahre seiner Präsidentschaft sich wie der Abbé Siéyès während der Schrekkensherrschaft der französischen Revolution verhielt, nämlich sich darauf zu beschränken, zu bestehen und wenig von sich reden zu machen. Dennoch wuchs sie durch Aufnahme angesehener Gelehrter und fuhr fort, sich zu internationalisieren.

Paul Adam starb 1964, an seine Stelle trat Léon Jéquier. Er stammt aus einer alten Neuenburger Familie und ist der Sohn des Orientalisten Gustave Jéquier, eines Gelehrten, der insbesondere den Gebrauch und die Bedeutung der ägyptischen Dekorationen während der 18. Dynastie studiert hat. Das ist fast Heraldik vor der Schriftlichkeit. Der Gelehrte muß also auch ein bemerkenswerter Zeichner sein. Der spätere Präsident der Internationalen Akademie der Heraldik publizierte, schon in jungen Jahren, an Heraldik interessiert, im Schweizerischen Archiv für Heraldik seit 1933 eine 'Neuenburger Siegelkunde' mit allen Siegeln der Herrscher und ihrer Häuser bis 1707. Von 1939 bis 1945 ist er in Zusammenarbeit mit Vater und Bruder Verfasser des maßgeblichen 'Neuenburger Wappenbuches'. Mit Paul Adam besorgte er die Veröffentlichung des Wappenbuches Wijnbergen; das Wappenbuch Gelre, das Paul Adam nicht mehr hatte vollenden können, brachte er auf den gültigen Stand.

Nachdem er Präsident der Akademie geworden war, unternahm er es, mit Hilfe des Vizepräsidenten Szabolcs de Vajay und des Generalsekretärs

Baron Hervé Pinoteau unserer Vereinigung den ihr in der wissenschaftlichen Welt zukommenden Platz zu verschaffen, indem er die besten Heraldiker heranzog und dank der Großzügigkeit einiger Mitglieder oder ihrer Erben Preise stiftete. So werden die Preise Paul Adam, São Payo, Arvid Berghman und Amerlinck alle zwei Jahre für die interessantesten Untersuchungen verliehen. Dreißig Länder sind z.Zt. in der Akademie vertreten, einige in Übersee, andere in Osteuropa.

Heute hat die Akademie das Kap ihres ersten Jubiläums passiert, und üblicherweise wird ein solcher Anlaß gebührend gefeiert. Meistens ersucht die jubilierende Gesellschaft ihre Mitglieder, kurze Studien zu verfassen, die man in einem Miscellenband vereinigt. Die Mitglieder arbeiten und der Präsident liefert leichthin ein Vorwort. Unser Präsident hat eine neue Formel gefunden, bei der alle Mühe auf ihn fällt. So veröffentlicht die Internationale Akademie der Heraldik anläßlich der Erreichung ihrer ersten 25 Jahre heute ein großes Werk, um allen, die sich, Spezialisten oder auch nicht, für die Wappenwissenschaft und die Wappenkunst interessieren, Hilfe und Anleitung zu bieten. Der Präsident Léon Jéquier hat sich gern dieser Aufgabe unterzogen. Donald Lindsay Galbreath, dessen Ableben wir alle betrauert haben, hatte schon vor 50 Jahren die Notwendigkeit erkannt. Er hatte 1923 den Manuel d'héraldique veröffentlicht, von dem er 1930 eine angereicherte Übersetzung ins Deutsche lieferte. 1942 brachte er einen Manuel du Blason in französischer Sprache heraus, der äußerst erfolgreich und in kurzer Zeit vergriffen war. Als Galbreath 1949 starb, hinterließ er Notizen und Zeichnungen für eine Neuauflage. Seine Witwe hat diese wertvollen Unterlagen der Akademie zur Verfügung gestellt, und unser Beitrag anläßlich des Jubiläums soll das Lehrbuch der Heraldik sein, das unser Präsident nunmehr mit Unterstützung seiner Freunde vorlegt.

Die Wappenwissenschaft hat, wie die anderen Geschichtswissenschaften, seit 1949 große Fortschritte gemacht. In Frankreich, in Deutschland und in vielen anderen Ländern sind viele Studien erschienen und zahlreiche Wappenbücher des Mittelalters veröffentlicht worden. Die Historiker, Archäologen und Genealogen bedenken mehr und mehr, daß das Studium der Wappen eine unentbehrliche Ergänzung ihrer Arbeiten ist, daß es zur Erhellung mancher Probleme, zur Datierung von Denkmälern, zur Darlegung von Banden der Verwandtschaft oder der Freundschaft zwischen Familien beitragen kann. Die historische Methode selbst hat sich gewandelt. Man widmet sich weniger der erzählenden Geschichtsschreibung, die die Abfolge der Ereignisse oder das Leben einer wichtigen Persönlichkeit schildert. Die modernen Autoren streben zu Recht danach, den Menschen oder das Ereignis in den Mittelpunkt ihrer Umwelt zu stellen, und sie interessieren sich weit mehr für die Schilderung einer Epoche als für die einer alleinigen Person. Gustave Cohen pflegte zu sagen: 'Das Dunkel des Mittelalters ist nur das Dunkel unserer Unkenntnis.' Das Mittelalter war alles andere als kulturlos, aber wir kennen es hauptsächlich aus den Arbeiten von Klerikern. Diese sind oft aus der grundbesitzenden oder militärischen Aristokratie hervorgegangen. Aber der gnadenlose Trott des Klosters hat sie in eine etwas künstliche Welt entführt. In der Wirklichkeit lebten die großen und kleinen Lehnsleute. Sie waren zwar Kriegs- und Regierungsmänner, aber dennoch keine ungehobelten Kerle. Geoffroy de Villehardouin und der Sire de Joinville haben uns wertvolle Chroniken hinterlassen. Die Herzöge von Aquitanien und die Grafen der Champagne waren Mäzene der französischen Dichtkunst und verschmähten es nicht, selbst reizende Lieder zu verfassen.

Ihre treuen Gefährten, die Wappenherolde, helfen uns, besser in ihre Ideale und ihre Mentalität einzudringen. Durch die Herolde, durch die Entwicklung der Wappen und deren Symbolik können wir erfassen, was der zu stark spezialisierte Geist der Kleriker vernachlässigen konnte. Die Heraldik ist nicht mehr die Unterhaltung einiger, verflossenen Zeiten nachtrauernder Schöngeister; sie ist heute ein integrierender Teil der Geschichtswissenschaft. Man braucht ein Arbeitswerkzeug für die, die nicht speziell Heraldiker sind. Den modernen Bedürfnissen hätte eine erweiterte Neuausgabe des Manuel von Galbreath nicht gänzlich entsprochen. Daher ist unser Präsident zu einer vollständigen Umordnung geschritten, hat den Text abgeändert und ergänzt und die Zahl der Abbildungen erhöht. Die meisten neuen Bilder sind in Westeuropa ausgewählt worden, denn dies ist die Gegend der Christenheit, wo die Heraldik am wichtigsten war. Die Wahl traf ein Gelehrter und ein Künstler, denn der Präsident Jéquier ist das eine wie das andere auch.

Man kann sagen, daß er nach dem Vorbild des Manuels von Galbreath die bis heute erschienenen heraldischen Arbeiten wunderbar zusammengefaßt hat. Es ist mir ein Bedürfnis, ihm hier den Dank aller seiner Akademiegenossen auszusprechen, und ich bin sicher, daß die Leser ihm dafür dankbar sein werden, daß er uns ein so schönes, so gut dokumentiertes und so angenehm dargebotenes Werk geschenkt hat.

Jacques de Caumont Duc de La Force

Abb. 2 Die Boten des Herzogs Wilhelm an den Grafen von Ponthieu (Teppich von Bayeux, um 1080) (Photo H. Sigros).

EINLEITUNG

Unter den Arbeiten unseres verewigten Meisters und Freundes Donald Lindsay Galbreath nimmt der *Manuel du Blason* einen besonderen Platz ein. Sein Autor hat neben zahlreichen und wertvollen wissenschaftlichen Studien immer einem weiteren Publikum zur Kenntnis bringen wollen, was die Wissenschaft und die Kunst der Heraldik sei.

Im Jahr 1923 publizierte er unter Mitarbeit von Hubert de Vevey einen ersten *Manuel d'Héraldique*, der einen großen Erfolg erlebte. 1930 ließ Galbreath eine vermehrte deutsche Fassung unter dem Titel *Handbüchlein der Heraldik* erscheinen, welche ebenfalls rasch vergriffen war. Er wurde somit zur Vorbereitung einer deutlich erweiterten französischen Auflage, des *Manuel du Blason*, veranlaßt. Diese verließ die Presse 1942, mitten im Kriege, gleichzeitig in Lausanne und in Lyon. Trotz der schwierigen Umstände des Augenblicks war dieses bemerkenswerte Werk in kurzer Zeit vergriffen, es ist unauffindbar geworden. Nach einer deutschen Ausgabe (1948) bereitete der Autor eine neue weiter verbesserte französische Ausgabe vor, als im Herbst 1949 ein plötzlicher Tod ihn seinen Arbeiten und der Liebe seiner Frau und seiner zahlreichen Freunde entriß (1)*.

Seitdem ist das Verlangen nach einem Grundsatzwerk über die Heraldik noch dringlicher geworden, denn nach und nach werden sich die Archäologen und die Historiker der Bedeutung des Wappenwesens in der Gesellschaft des Mittelalters und der darauffolgenden Jahrhunderte bewußt, auch der Hilfe, die die Wappenwissenschaft ihnen leisten kann. Die Wappen spielen nämlich in der feudalen Gesellschaft eine große Rolle. Diese ist noch ziemlich unbekannt, denn wir besitzen nur eine ungenügende Anzahl von Dokumenten, die fast alle das Werk von Klerikern oder

Dichtern sind. Skulpturen und Malereien in Kirchen und Kathedralen spiegeln das geistige und intellektuelle Leben wider, selbst wenn man sie allen Gläubigen verständlich machen wollte. Die Wappen hingegen sind ein Zeichen des militärischen und zivilen Lebens, und ihr Studium kann neues Licht auf dieses Leben werfen.

Im übrigen erlangte die Wappenkunst, die im Verlauf des 18. und vor allem des 19. Jahrhunderts verderbt worden war, gegenwärtig einen frischen Odem mit Künstlern wie Otto Hupp in Deutschland, Gevaert in Belgien, Paul Boesch in der Schweiz, Robert Louis (2) in Frankreich, um nur einige der Dahingegangenen zu erwähnen.

Und dann sind diejenigen, die sich für ihre Familie, für ihre Abstammung, für alle Marken, mit denen sie sich auszeichnen konnten, also für das Wappen, interessieren, immer noch zahlreich. Die Beliebtheit der Wappen ist noch so stark, daß sehr viele Familien nach der Erreichung eines angesehenen Status sich ein Wappen schaffen oder schaffen lassen. In den Ländern alter Tradition nehmen die bestehenden Körperschaften, Gemeinden und Gebiete ihre alten heraldischen Embleme wieder in Gebrauch oder nehmen neue an. In den kommunistischen Ländern blüht die amtliche Heraldik ebenfalls neu. Sie fand sogar Eingang in den Ländern, die erst kürzlich zur Unabhängigkeit gelangt sind und wo sie noch niemals hingefunden hatte.

Der Verlag Spes hat mich gebeten, eine neue Ausgabe des *Manuel du Blason* vorzubereiten, und mir die von Galbreath bereits geleistete Arbeit anvertraut. Aber seit 25 Jahren sind die Fortschritte der heraldischen Wissenschaft beträchtlich geworden. Der Text mußte also mit den neuesten Errungenschaften dieser Wissenschaft in Übereinstimmung gebracht werden.

Ich habe versucht, dies unter Bewahrung des ursprünglichen Charakters des *Manuel du Blason* zu tun, der darin besteht, sich an jeden kultivierten Leser und nicht nur an Spezialisten, Historiker, Archäologen oder Mediaevisten zu wenden. Gleichzeitig mußte diesen der Beitrag, den eine wissenschaftliche Heraldik ihren Studien liefern kann, aufgezeigt und ein Arbeitswerkzeug geboten werden.

Deswegen waren manche Kapitel vollständig umzugestalten und andere anzufügen, immer unter Wahrung des Geistes, der Galbreath bei seinem *Manuel du Blason* geleitet hatte: Ein klares und deutliches Werk zu schaffen. So sind das erste Kapitel 'Die Entstehung der Wappen' und die Kapitel über die Zusammenstellungen und Abänderungen von Wappen, über die Beizeichen und die Wappenbeschreibung auf der Grundlage moderner Publikationen völlig neu abgefaßt. Es schien auch nützlich, ein Kapitel über die Symbolik der Wappen anzufügen, da diese so viele phantasiereichen Interpretationen verursacht hat. Hierbei war die überreiche Spreu von dem nur zu seltenen guten Korn zu trennen. Es war unvermeidlich, das Ganze durch ein Kapitel über die Quellen für das wissenschaftliche Studium der Heraldik zu vervollständigen (3). Am Ende dieses letzten Kapitels ist versucht worden, die Wege zu zeigen, die die Forschung zur Weiterentwicklung dieses Studiums verfolgen müßte.

Aber die Heraldik, und das macht ihren Reiz aus, ist nicht nur wissenschaftlich eine wertvolle Hilfe zur Geschichte des Mittelalters, sie ist auch eine Kunst, die manch kleines Meisterwerk hervorgebracht hat. Die reichliche Illustration ist merklich erneuert worden und strebt danach, qualitätvolle Beispiele zu bieten, die ziemlich von überall her, in allen

Anwendungen und aus allen Epochen genommen worden sind, um durch möglichst große Vielfalt die verschiedensten Stile zu zeigen. Wir hoffen, den auf eine korrekte und schöne Heraldik bedachten Künstlern und Kunsthandwerkern somit eine nützliche Grundlage zu bieten.

Das vorliegende Handbuch ist kein vollständiger Leitfaden der Heraldik. Seine bescheidenere Absicht ist, die wissenschaftliche Bedeutung der Heraldik zu zeigen und eine solide Basis denen zu bieten, die ein wissenschaftliches Studium verfolgen oder bei einer künstlerischen Schöpfung davon Gebrauch machen wollen.

Um die außerordentlichen technischen Verbesserungen der letzten Jahre zu verwerten, ist besondere Mühe auf die Reproduktion der Farbtafeln verwendet worden. Damit war es möglich, mehrere sehr unterschiedliche Seiten aus Wappenbüchern des Mittelalters mit ihren ursprünglichen Farben wiederzugeben, die auf diese Weise sowohl für die Schilde wie für die Helmzierden hervorragende Vorbilder liefern. Eine große Anzahl von Strichklischees und Flachdruck-Abbildungen des alten Manuel sind beibehalten worden und viele neue, wenig be- oder ganz unbekannte sind hinzugefügt worden. Unter diesen ist die Mehrzahl der Begabung des Zeichners Galbreath zu verdanken, der in einem Dokument das Wichtigste zu erkennen und es klar herauszuheben verstand (4). Außerdem sind zahlreiche photographische Abbildungen eingebaut worden. Da dieses Werk sich vor allem an Leser französischer Sprache wendet, stammt die Mehrzahl der neuen Abbildungen aus Frankreich und, da die Heraldik ihre schönste Blütezeit im Mittelalter erlebte, ist die Hälfte der Abbildungen aus jener Epoche entnommen.

Niemals hätte ich diese neue Ausgabe des *Manuel du Blason* vorbereiten und auf den Stand bringen können, wenn ich nicht die wertvolle Unterstützung meiner Mitbrüder aus der Internationalen Akademie der Heraldik und an der Geschichte und ihren Hilfswissenschaften ebenso wie an der Wappenkunst interessierter Freunde gehabt hätte.

Den einen verdanke ich unentbehrliche Auskünfte oder wertvolle Anregungen, anderen nützliche Ratschläge; mehrere haben mir manche schönen Illustrationen geliefert oder zu deren Erlangung verholfen, wodurch die Aufmachung des Werkes von Grund auf aufgefrischt worden ist. Es ist mir eine erfreuliche Pflicht, hier ihnen allen zu danken, besonders Madame E. Leemans-Prins, den Herren Duc de la Force, Präsident der Internationalen Genealogischen und Heraldischen Konföderation; Gaston Cambin, dem Direktor des Waadtländischen Kantonalarchivs O. Dessemontet, dem Präsidenten der Schweizerischen Heraldischen Gesellschaft Joseph M. Galliker, der mir zahlreiche Druckstöcke aus dem Schweizerischen Archiv für Heraldik ausgeliehen hat; dem Direktor des Verlages de la Baconnière H. Hauser, der ebenfalls mehrere Druckstöcke aus dem Neuenburger Wappenbuch ausgeliehen hat; Cecil R. Humpherey-Smith; Franz-Heinz Hye; Ladislao Lászloczky; O. Le Bas; Carlo Locatelli; Faustino Menéndez Pidal de Navascués; dem Chef-Konservator im Nationalarchiv Paris, Yves Metman; dem Präsidenten der Schweizerischen Gesellschaft für Fahnen- und Flaggenkunde Louis Mühlemann; Baron Hervé Pinoteau; Jan Raneke; Graf Weiprecht Hugo Rüdt von Collenberg; dem ehemaligen Direktor beim Bayerischen Staatsarchiv in München, † Klemens Stadler; H. Sigros; † Jean Tricou; Jean-Bernard de Vaivre.

Ich muß auch meiner Frau alle Dankbarkeit aussprechen: Nur dank ihren Ermunterungen und ihrer Hilfe habe ich trotz anderer beruflicher Aufgaben heraldische Studien und Arbeiten verfolgen und diese neue Ausgabe des Handbuchs der Heraldik als eine Frucht ausgedehnter Forschungen und langer Überlegung veröffentlichen können.

Anmerkungen

1 Eine Biographie von D.L. Galbreath und eine Bibliographie seiner heraldischen Arbeiten findet man in AHS 1949, S. 98-103.

2 Vom 2. bis 31. 5. 1975 lief eine Hupp-Ausstellung im Hessischen Staatsarchiv Marburg mit einem von Dr. Hans-Enno Korn verfaßten, sehr gut illustrierten ausgezeichneten Katalog; Gevaert hat sein schönes Werk *L'héraldique, son esprit, son langage et ses applications* 1923 in Brüssel veröffentlicht. Die hauptsächlichsten Holzschnitte von Paul Boesch sind in: P. Boesch, *Heraldische Holzschnitte*, Text von Mgr. Bruno Bernhard Heim, Zug 1974 zusammengestellt. Robert Louis

hatte ein *L'art héraldique*, Nancy 1949, tituliertes und mit mehreren seiner Werke illustriertes Büchlein veröffentlicht.

3 Die hauptsächlichsten, im vorliegenden Werk benützten Abkürzungen sind im Anschluß an diese Einleitung aufgeführt.

4 Zu einigen der von Galbreath für die Wiederausgabe des *Manuel du Blason* vorbereiteten Zeichnungen konnte ich keine Belege auffinden. In Anbetracht der Verläßlichkeit meines alten Meisters und Freundes habe ich mir aber dennoch erlaubt, einige ohne solche Quellenbelege zu verwenden.

Abb. 3 Wilhelm der Eroberer in der Schlacht von Hastings (Teppich von Bayeux, um 1080) (Photo H. Sigros).

ABKÜRZUNGEN
(*Vgl. auch Kapitel XIV*)

Siegelver-zeichnisse

BB	Blanchard, *Iconographie des sceaux et bulles... des Bouches-du-Rhône*, 2 Bde, Marville 1860.
BMA	Bosredon und Mallat, *Sigillographie de l'Angoumois*, Périgeux 1892.
BP	Bosredon, *Sigillographie du Périgord*, 2. Auflage, Brive 1891.
CB	Coulon, *Inventaire des sceaux de la Bourgogne*, Paris 1912.
DA	Demay, *Inventaire des sceaux de l'Artois*, Paris 1877.
DC	Demay, *Inventaire des sceaux de la collection Clairambault*, 2 Bde, Paris 1885-86.
DD	Douët d'Arcq, *Inventaire... collection des sceaux des Archives impériales (nationales)*, 3 Bde, Paris 1863-68.
DF	Demay, *Inventaire des sceaux de la Flandre*, 2 Bde, Paris 1873.
DN	Demay, *Inventaire des sceaux de Normandie*, Paris 1881.
DP	Demay, *Inventaire des sceaux de Picardie*, Paris 1875.
EP	Eygun, *Sillographie du Poitou*, Paris 1875.
GB	Gandilhon, *Inventaire des sceaux du Berry*, Bourges 1933.
ISV.	Galbreath, *Inventaire des sceaux vaudois*, Lausanne 1937.
NL	*Corpus sigillorum neerlandicorum*, 3 Bde, Den Haag 1937-40.
PG	La Plagne Barris, *Sceaux gascons du moyen-âge*, Paris 1888-92.
PO	Roman, *Inventaire des sceaux... des pièces originales*, Paris 1909.
RD	Roman, *Description des sceaux... du Dauphiné*, Paris 1906.
SA	Galbreath, *Sigilla Agaunensia*, AHS 1925-27.
SN	Léon Jéquier, *Sigillographie neuchâteloise*, AHS 1934-53.
Birch	De Gray Birch, *Catalog of seals... in the British museum*, 6 Bde, London 1892.

Raadt	J.-Th. de Raadt, *Sceaux armoriés des Pays-Bas...*, 4 Bde, Brüssel, 1898-1903.	
Sagarra	Sagarra, *Sigillografia Catalana*, 5 Bde, Barcelona 1915-32.	

Alte Wappenbücher

BE	*Armorial Bellenville* (siehe: Jéquier XIème CISGH, Lüttich 1972).
GA	Paul Adam, *L'armorial universel du héraut Gelre*, Sonderabdruck aus AHS 1969-70.
GR	Graf Rudolf Stillfried-Alcántara und Adolf Matthias Hildebrandt, *Conrad Grünenbergs... Wappenbuch*, Görlitz 1875-1884.
HA	Otto Hupp, *Die Wappenbücher vom Arlberg*, Berlin 1937-1940.
MHZ	Walther Merz und Friedrich Hegi, *Die Wappenrolle von Zürich...*, Zürich 1930
MP	Tremlett, *The Matthew Paris Shields*, in: *Rolls of Arms Henry III*, Oxford 1957.
TO	Lorédan Larchey, *Ancien armorial équestre...* Paris 1890.
WN	Paul Adam und Léon Jéquier, *L'armorial Wijnbergen*, AHS 1951-54.

Weitere Abkürzungen

A	Archiv(es)...
AH	Archivum heraldicum.
AHS	Archives héraldiques suisses.
AN	Jéquier, *Armorial neuchâtelois*, 2 Bde, Neuchâtel 1939-1944.
AV	Galbreath, *Armorial vaudois*, 2 Bde, Baugy 1932-36
Arm	Armorial...
B	Bibliothek, Bibliothèque...
BNP	Bibliothèque Nationale, Paris.
CISGH	Congrès internationaux des sciences généalogique et héraldique.
Coll	Collection...
M	Museum, Musée...
MG	*Manuel généalogique pour servir à l'histoire de la Suisse, Genealogisches Handbuch zur Schweizergeschichte*, 3 Bde, Zürich 1900-45. Musée National, Schweizerisches Landesmuseum, Zürich.
PH	D.L. Galbreath, *Papal Heraldry*, Cambridge 1930, Reprint London 1972.
RFHS	Revue française d'héraldique et de sigillographie.
	Demay, *Costume...* Demay, *Le costume au moyen-âge d'après les sceaux*, Paris 1880.
	Grandmaison, *Dictionnaire...* Grandmaison, *Dictionnaire héraldique*, Paris 1891.
	Seyler, *Geschichte...* Seyler, *Geschichte der Heraldik*, Nürnberg 1885- 90, Reprint Neustadt a.d. Aisch 1970.
	Wappenbücher Egon von Berchem, Donald Lindsay Galbreath, Otto Hupp, *Die Wappenbücher des deutschen Mittelalters*, Berlin 1939, Reprint Neustadt a.d. Aisch 1972.

Abb. 4 Der Drache als Feldzeichen des Königs Harold. (Teppich von Bayeux, um 1080) (Photo H. Sigros).

VORWORT

Auf französisch bezeichnet der Ausdruck *Blason* ganz allgemein alles mit Wappen zusammenhängende, Wissenschaft wie Kunst. Er kann sogar gleichbedeutend mit *Wappen* gebraucht werden. Man nimmt an, daß er vom deutschen Wort *blasen* (in eine Trompete) abzuleiten sei, weil die Ankunft eines Ritters, den das von ihm geführte Wappen kenntlich macht, auf diese Weise angekündigt wurde, und so sei durch weitere Ableitung darunter die Beschreibung von Wappen zu verstehen (1). *Blasonieren* bedeutet also Wappen beschreiben. Auf englisch hat das Wort *blazon* einen engeren Sinn als auf französisch; es bedeutet nur Wappenbeschreibung.

Der Ausdruck *Heraldik* hat fast den gleichen Sinn wie *Blason*, wird aber häufiger adjektivisch gebraucht. Er leitet sich von dem Wort *Herold* ab; als Herolde wurden diejenigen bezeichnet, die die Wappen von Teilnehmern an Gefechten und Turnieren zu kennen hatten.

Die *Wappen* sind also charakteristische Embleme aus den letzten Jahrhunderten des Mittelalters in Europa. Diese Embleme unterscheiden sich von den anderswo und in anderen Geschichtsabschnitten gebrauchten, denn nur sie umfassen die Gesamtheit der folgenden Merkmale:

1. Wappen sind farbige Embleme.
2. Die gebrauchten Farben sind kräftig und von geringer Zahl.
3. Die Bilder sind geometrisch oder sehr stilisiert; sie haben kein oder nur ein schwaches Relief.
4. Der Hauptträger der Wappen ist der ritterliche Schild.

Sie können auch auf dem Banner des Bannerherrn dargestellt werden und in weiterer Anwendung auf der Decke und dem Sattel des Pferdes, auf dem Wappenrock (2) und manchmal auf dem Helm des Ritters.

5. Die Wappen sind erblich, sie sind an das Schicksal des Landes oder der

15

Familie gebunden. Wenn Gemeinschaften Wappen angenommen haben, dann sind diese dauerhaft.

Wenn die Wappen auch feststehen, so können sie doch in recht verschiedener Weise entsprechend der Form des Schildes, des Stils und der Geschicklichkeit des Künstlers dargestellt werden. Durch diese Eigentümlichkeiten unterscheiden sie sich stark von Firmenzeichen und von den modernen Emblemen, deren Zeichnung selbst fixiert ist und die nur nach Bedarf zu verkleinern oder zu vergrößern sind.

Anmerkungen

1 C. Grandmaison, *Dictionnaire héraldique*, Paris 1861, Spalte 21, lehnt diese Theorie ab, die nach seiner Meinung dem Père Ménestrier zu verdanken ist. Das Wort Blason käme demnach vom spätlateinischen *blasus*, was Kriegswaffe bedeuten und eine Beziehung zu dem deutschen Wort *blath* 'Blatt' (aus Metall) herstellen würde, woraus man den Schluß ziehen könnte, es handle sich um den Schild (?).
2 Auf englisch nennt man ein Vollwappen auch *coat of arms* (wörtlich: Wappenrock).

ERSTES KAPITEL

Abb. 5 Der Ritter der Tafelrunde Iwein bekämpft Askalon. Fresko vom Schloß zu Rodengo (Südtirol, Anfang des 13. Jahrhunderts).

DIE ENTSTEHUNG DER WAPPEN

Zu allen Zeiten haben die auf ihre Taten stolzen Krieger danach getrachtet, sich durch ihre Waffen und deren emblematischen Schmuck herauszuheben. So widmet Homer einen Gesang der Ilias der Beschreibung des Schildes des Achilles. Verzierte Waffen und besonders Schilde (1) findet man bei den Römern ebenso wie im Ostreich, bei den Truppen des Islam und selbst in entfernten und sehr verschiedenen Zivilisationen. Aber die Wappen erscheinen mit der Gesamtheit der im Vorwort angegebenen Merkmale vor der Mitte des 12. Jahrhunderts, und weniger als ein Jahrhundert später ist ihr Gebrauch in den oberen Klassen der mittelalterlichen Gesellschaft allgemein üblich. Schnell breitet sich dieser Gebrauch bis zu den Bürgern und selbst zu den Bauern aus.

Zur Erklärung dieses Phänomens sind zahlreiche Theorien aufgestellt worden. Einige – von ernstzunehmenden Autoren vorgebrachten – erklären den einen oder anderen Aspekt dieses Auftretens des Wappenwesens (2). Aber unsere Kenntnisse sind noch zu unzureichend und bleiben es vielleicht für immer, um eine endgültige Synthese zu wagen, denn 'auf allen Gebieten verwischen sich unerbittlich die Anfänge: Sie werden durch die verzehrende Wirkung der Vergangenheit für unsere Augen ununterscheidbar. Das Gesetz wütet selbst innerhalb der kurzen Geschichte der Menschheit' (3). Schauen wir uns also an, was wir wissen.

Der historische Rahmen

Der Beginn unseres Jahrtausends, der Zeitpunkt, zu dem die Wappen entstanden, bildet einen Angelpunkt der Geschichte. Damals stabilisierte sich Europa trotz seiner inneren Streitigkeiten. Der Vertrag von Saint-Clair-sur-Epte (961) hat die Normannen in der Normandie festgesetzt, und wenn dies ihren Eroberungsdurst nicht beruhigt hat, so hat es ihn doch auf die Randgebiete der westlichen Welt abgelenkt. Im Osten sind durch die Bekehrung der Sachsen deren Einfälle gestoppt worden, dann die der Ungarn durch die Errichtung des apostolischen Königtums (Krönung des Königs Stephan von Ungarn im Jahr 1000). In Spanien beginnt die Reconquista siegreich (Einnahme von Toledo 1085), und die Araber weichen im Mittelmeer zurück, das wieder zu einem natürlichen Tauschweg wird. Überall beginnen wieder Wechselbeziehungen, sowohl gegen Norden wie gegen Osten.

In diesem Augenblick bilden sich auch die beiden politischen Gestalten, die dem christlichen Europa sein neues Gesicht verschaffen: das heilige römische Reich deutscher Nation (Otto wird in Rom 962 zum Kaiser geweiht) und das Königtum in Frankreich (Hugo Capet 987 zum König gewählt), dessen Oberherrschaft sich über Westfrankreich, von Flandern bis zur Grafschaft Barcelona ausdehnt. Es ist auch die Periode, wo sich mangels einer starken Zentralgewalt das Lehnswesen ausbildet.

So befinden wir uns im 11. Jahrhundert in der vollen Hochblüte der romanischen und am Beginn der gotischen Kunst. Vom christlichen Gedankengut erfüllt, erneuern sich die Techniken ebenso wie die Kenntnis von der Welt.

In diesem Strudel von Denken und Handeln predigt Papst Urban II. den ersten Kreuzzug (1095), um die in die Hände der Ungläubigen gefallenen heiligen Plätze zu befreien. Menschenmassen von Westeuropäern aus allen Gegenden und allen sozialen Klassen kommen so auf gewaltsame Weise in Berührung mit dem Orient, dem konstantinopolitanischen mit seiner noch mächtigen und reichen alten Zivilisation, dem islamischen mit seiner jungen, noch kämpferischen Zivilisation (4).

Kaum 30 oder 40 Jahre nach dem ersten Kreuzzug sehen wir die ersten Wappen auftauchen. Und dann, sehr schnell nach dem zweiten Kreuzzug (1147) wird ihr Gebrauch bei Adligen und Rittern allgemein.

Der gesellschaftliche Rahmen

Seit etwas mehr als einem halben Jahrhundert hat die Geschichtswissenschaft unsere Kenntnis von der Organisation der Gesellschaft und ihrer Entwicklung im Lauf des Mittelalters vollständig erneuert (5). Da die Wappen zuerst zwischen Loire und Rhein erscheinen, darf dieses Gebiet unsere besondere Aufmerksamkeit auf sich lenken. Anderswo sind die Merkmale des Lehnswesens unter dem Einfluß örtlicher Bedingungen mehr oder weniger verschieden:

— in England Eroberung durch die von zahlreichen Franken begleiteten Normannen und zentralisierende Macht des Königtums;

— in Spanien und Portugal Reconquista, und auch dort Bedeutung des Königtums;

— in Italien und Südfrankreich weit größerer Einfluß der Reste der römischen Zivilisation;

— in Deutschland hingegen fast gänzliches Fehlen dieser Zivilisation;

— in den Ländern Osteuropas eine lang beibehaltene Stammesorganisation und späte Christianisierung.

In den fränkischen Gebieten Austrasiens und Neustriens, wie in Burgund und in Aquitanien hat sich der alte Blutadel, der zweifellos weiter hinaufreicht als die großen Einfälle des 4. und 5. Jahrhunderts, ohne Unterbrechung der Kontinuität erhalten. Er genoß gerichtliche und steuerliche Freiheiten und übertrug sich auch durch Mütter. Seit dem Zusammenbruch des karolingischen Reiches wurden die hoheitlichen Gewalten in den Händen der hohen Beamten erblich. Diese sind gleichzeitig reiche Grundbesitzer und deswegen Genossen des Blutadels.

Neben diesen bildet sich schon vor den Karolingern eine höhere Vasallität, die gegen Stellung eines Pferdes und von Waffen, dann Gewährung eines Benefiziums, schließlich Erteilung eines Lehens Militärdienst zu Pferde leistete (6). Diese aus der die barbarischen Häuptlinge und reichen Römer des Spätreiches umgebenden 'Klientel' hervorgegangene ursprüngliche Ritterschaft tritt als eine Berufsgruppe in Erscheinung, welche Krieger verschiedenster Herkunft, aber mit gleicher Aufgabe vereinigt. In diese Gruppe trat man mit der feierlichen Waffenübergabe, der Schwertleite (7) ein.

Trotz dieses verschiedenen Ursprungs waren diese zwei Klassen nicht unterschiedlich getrennt, und ihr juristischer Status verwischte sich nach und nach, zumal ein junger Edelmann normalerweise nach der Ritterschaft strebte, während es einem Ritter genügte, ein adliges Mädchen zu heiraten, um Stammvater von Edelleuten zu werden. Diese Verschmelzung der beiden Klassen vollzog sich endgültig im 13. Jahrhundert.

In dieser Zeit schließt sich der auf diese Weise gebildete Adel ab. Bis dahin konnte ein Ritter einen Gemeinen, dessen Tapferkeit er bemerkt hatte, zum Ritter machen. Die 'Etablissements de Saint-Louis' (die Satzungen des heiligen Ludwig) von 1270 untersagen diese Praxis (8), und der Adel wird nicht mehr durch Mütter (9) übertragbar.

Der Herrscher aber behielt sich die Möglichkeit vor. Edelleute zu schaffen, und hauptsächlich vom 14. Jahrhundert an sieht man, wie eine Menge von durch Adelsbriefe und dann durch Dienststellungen geadelte Familien erscheint.

Auf dem Gebiet des Reichs bildeten die Funktionen der 'ministeriales', von Herren eingesetzten, der meist nicht freien Beamten, das Medium ihres gesellschaftlichen Aufstieges, das mit ihrer Angleichung an den Blutadel endet (10).

Beeinflussungen

Die Wappen sind also im Verlauf der ersten Kreuzzüge oder bald danach infolge eines großen Bedürfnisses nach Erkennbarkeit auf Entfernung entstanden. Aber diese Entstehung war keine plötzliche und war zahlreichen Einflüssen unterworfen.

Vor dem ersten Kreuzzug finden wir keinerlei Spur von Wappen. Zahlreiche, sehr verschiedenartige Dokumente zeigen es uns. Wir führen hier nur einige an, die mit ausreichender Genauigkeit datiert werden können.

Vor allem zeigt der berühmte 'Teppich von Bayeux', der um 1080 zu datieren ist (11), keinen einzigen mit eigentlich heraldischen Emblemen verzierten Schild, sondern nur solche mit Drachen, krummarmigen

Kreuzen usw. (Abb. 1 u. 2). Die Banner und Wimpel haben noch keine klaren Embleme, ausgenommen des Kreuz, mit dem das vom Papst an Wilhelm geschickte geschmückt ist. Aber schon hat dieser inmitten der Schlacht Schwierigkeiten, sich erkennbar zu machen; er muß deswegen seinen Helm an der Nasenschiene (Abb. 3) hochheben.

Im Jahr 1049 macht Wilhelm der Bastard, darauf begierig, sich mit Gottfried Martel, dem Grafen von Anjou, zu messen, diesem bekannt, wie am fraglichen Tage sein Pferd, seine eigene Rüstung und die Bilder auf seinem Schild beschaffen sein würden. Der Herzog der Normandie antwortet ihm mit einer nicht weniger ins einzelne gehenden Beschreibung; bei dieser Gelegenheit (12) ist also keine Rede von feststehenden Emblemen, geschweige denn von erblichen.

In seiner ältesten Fassung, nämlich der des Manuskripts von Oxford, stammt das Rolandslied aus den letzten Jahren des 11. Jahrhunderts. Wir finden dort noch nur einfarbige Schilde, die mit Mittelbuckeln, manchmal mit Rändern versehen sind. Einige Schilde sind mit Blumen bemalt oder tragen irgendwelche Zeichen. Andere haben 'Quartiere.' Die Lanzen der verschiedenen Barone tragen nur einfarbige Gonfanons, die über ihren Helmen flattern oder durch die Körper von Feinden gebohrt sind. Die stählernen Helme sind oben spitz. Wie die Schilde schildert der Poet sie als mit Gold, Kristallen und Edelsteinen verziert (13).

Beim Einmarsch der Kreuzritter in Konstantinopel im Jahre 1096 bemerkt Anna Komnena, die Tochter des Ostkaisers Alexis, ihre 'undurchdringlichen Schilde: sie sind nicht rund, sondern länglich, oben breit und unten spitz zulaufend, ihre Oberfläche ist nicht glatt, sondern konvex, so daß sie den Körper des Trägers umrunden; die Oberfläche ist aus Metall, das durch ständiges Putzen ebenso wie die in der Mitte strahlende kupferne Beule derart poliert war, daß es die Augen der Betrachter blendete'. Auf den Bericht von Zeugen gestützt, erwähnt Albert d'Aix 'die von Gold und Edelsteinen widerstrahlenden und in verschiedenen Farben bemalten Schilde' (14). Es gibt also immer noch keine richtigen Wappen. Ein Zitat bei Wilhelm von Tyrus zeigt die Kreuzfahrer anläßlich der Einnahme von Jerusalem (1098), wie die Bannerherren ihr Banner, die Ritter ihren Schild und die Knappen ihr Schwert zur Sicherung ihres Rechtes auf die von ihnen eroberten Häuser pflanzen (15). Man kann hierin noch keine Entstehung von Wappen sehen, sondern nur, daß ein Ritter sich durch seinen Schild kenntlich macht.

Fresken aus dem Beginn des 12. Jahrhunderts in Znaim (Mähren) zeigen die Herren, wie sie ihre Lanze mit einem kleinen zweifarbigen Fähnchen und einen mit einfarbiger Fläche oder mit verschiedenen Teilungen bedeckten, mandelförmigen Schild mit Rand und Mittelbuckel halten. Auf einem anderen Fresko hält der vor 1106 gewählte künftige Kaiser Heinrich V. seinen einen noch vorheraldischen Schrägfaden tragenden Schild (16).

Christian von Troyes erzählt in seinem zwischen 1164 und 1172 geschriebenen *Chevalier à la charette*, daß Lanzelot nach dem Verlassen der Haft auf Ehrenwort, um an einem Turnier teilzunehmen, und nach Ankunft an der Örtlichkeit, wo dieses stattfinden soll, ein einfaches Quartier aufsuchte, um nicht erkannt zu werden. Gemäß der Gewohnheit befestigte er seinen roten Schild, den ihm die ihn als Gefangener festhaltende Dame geschenkt hatte, an der Tür. Ein dort durchkommender Wappenherold erkannte nicht den Schild, sondern lief, da er Lanzelot gesehen hatte, durch die Stadt, wobei er die Anwesenheit dieses gefürchteten Ritters ausrief. Zu diesem Zeitpunkt wurde ein Kämpfer nicht nur an seinem Schild erkannt, sondern es gab auch schon Wappenherolde. Wenigstens in dem Gebiet des Dichters, der am Hof der Gräfin Maria von Champagne, der berühmten Beschützerin der Troubadure, lebte, waren also Wappen bereits üblich (17).

Aber manche Münzen mächtiger Dynasten tragen seit dem 11. Jahrhundert Embleme, die in der Folgezeit in diesen Familien echte Wappen geworden sind. So die Garben der Candavène, die auf einer 1083-1130 (18) datierten Münze des Grafen von Saint-Pol (Artois) erscheinen, so auch die Minzenstaude der Herren von Minzenberg und der Hammer der Herren von Hammerstein, die beide auf Denaren um 1040 vorkommen und später deren Wappen geworden sind (19).

In den großen Truppenansammlungen, die der erste Kreuzzug mit sich brachte, wurde die Notwendigkeit einer optischen Kennzeichnung deutlich. Der Ritter trug damals ein Panzerhemd (den Haubert) und Ringelpanzer-Beinbekleidung. Eine Kapuze aus Ringlein bedeckte den Kopf, der außerdem durch einen konischen Helm mit Nasenschiene (Abb. 3), dann später durch den geschlossenen zylindrischen Helm (Abb. 5) (20) geschützt war. Den außerdem durch den hohen, ihn umschließenden Schild verdeckten Ritter (21), konnte man selbst aus der Nähe unmöglich erkennen. Es war umso unerläßlicher, Freunde oder Feinde zu erkennen, als der kämpferische Geist der Zeit den völligen Mangel an taktischer Gewohnheit und Disziplin keineswegs ausglich.

Da die Heraldik während der ersten Kreuzzüge entstand, ist es kein Wunder, daß sie vom Orient mit beeinflußt ist (22). Dieser Einfluß darf nicht übertrieben werden, denn die gesellschaftliches Organisation war von der Westeuropas zu verschieden. Aber Byzantiner und Mohammedaner wandten während des ersten Kreuzzuges ein geschlossenes System von Farben für die Embleme ihrer Truppen an (23). Unter diesem Einfluß scheinen sich seit der Belagerung von Antiochia (1098) durch die Kreuzfahrer die Farben der Standarten der Hauptanführer fixiert zu haben. Diese Standarten sind noch ganz einfarbig. Ihre Stellvertreter nahmen die gleichen Farben an, die in den Fürstentümern des lateinischen Orients erblich werden sollten. Die Standarte des Anführers oder eine Kopie davon ist das Zeichen, daß eine Burg oder eine Stadt ihm gehöre oder sich unter seinem Schutz befinde. Nach Hause zurückgekehrt, brachten die Kreuzfahrer mit anderen Neuigkeiten den Gebrauch von farbigen Bannern mit. Der Gonfanon, ein viereckiges Stück Stoff mit zwei oder mehr Lätzen und kennzeichnender Farbe bleibt den Anführern vorbehalten, die ihn einfarbig bis zum Beginn des 12. Jahrhunderts beibehalten, wo man zuerst das Kreuz, dann andere Einteilungen und Figuren aufkommen sieht. Nunmehr tritt der Gonfanon hinter das quadratische oder hochrechteckige Banner zurück. Dieses Banner ist das Emblem eines Bannerherren, der seine Ritter zur Heeresversammlung anführt (24).

Schon im 9. und 10. Jahrhundert haben die Byzantiner und andere Orientalen Fahnen mit Lätzen und führen auf diesen wie auf ihren Schilden Embleme, die den heraldischen Emblemen ähnlich sind, mehr oder weniger verzierte Querbalken, Pfähle, Schrägbalken, auch gemeine Figuren wie den Delphin und die Lilie. Anscheinend waren einige dieser Embleme mindestens in gewissen Familien großer Grundbezitzer erblich (25).

Der orientalische Einfluß spielte auch in der Mode der Stilisierung der heraldischen Tiere eine Rolle, selbst wenn diese Mode in Westeuropa schon vor den Kreuzzügen erscheint (26).

Die ersten Wappensiegel

Nachdem wir in großen Zügen die allgemeine Lage geschildert haben, während welcher die Wappen entstanden sind, muß nun versucht werden, zu sehen, wie sie entstanden sind. Hierzu müssen wir uns einer ganz anderen Art von Dokumenten zuwenden, als wir bisher untersucht haben, nämlich den Siegeln.

Der Gebrauch von Siegeln ist sehr alt. Dies sind Matrizen in hartem Material, das man in ein weicheres, ebenfalls Siegel genanntes Material eindrückt, um dort einen eigentümlichen Abdruck zu hinterlassen. Im Mittelalter gewinnt das Siegel im Abendland große Bedeutung vor allem in den Gebieten, wo das römische Recht für alle Bevölkerungsschichten vor dem Gewohnheitsrecht zurückgewichen ist. Seinerzeit gab es fast nur Geistliche, die lesen und schreiben konnten, so daß das Siegel als Abdruck in Wachs oder als Bleibulle die Rolle der modernen Unterschrift spielte und selbst die wichtigsten Akte gültig machte (27).

Leider ist die Zahl der alten erhaltengebliebenen Matrizen äußerst gering, und die Abdrucke in Wachs oder Metall, die auf die Pergamente gedrückt oder an ihnen angehängt waren, sind oft verschwunden oder in schlechtem Zustand. Nur noch wenige können zum Studium der Entstehung und der Entwicklung der Heraldik verwendet werden, und nur ein kleiner Teil davon ist veröffentlicht (28). Andererseits ist die Kunst der Siegelgraveure im 11. und 12. Jahrhundert noch ungeschickt und unfähig, eine zu kleine Figur auf einem Schild wiederzugeben. Schließlich stellt ein Laiensiegel meistens den Eigentümer eines Lehens dar und soll ihn erkennbar machen. Man wird also den Typ des Siegels seines Vorgängers nur vorsichtig ändern (29), so daß in zahlreichen Fällen zwischen dem auf dem Siegel dargestellten und dem in Wirklichkeit getragenen Schild eine Diskrepanz besteht. Diese Diskrepanz nimmt noch zu, weil die Siegel während mehrer Jahre gebraucht worden sind, und wir, selbst wenn wir das Datum einer Urkunde und somit der Beifügung des Siegels oder der Siegel, die sie trägt, kennen, trotzdem nicht wissen, seit wann dieses Siegel in Gebrauch war. Folglich muß man diese für das Studium der Wappen wesentliche Quelle mit sehr viel kritischem Geist betrachten.

Die Siegel stellen weitaus den größten Teil des für die Untersuchungen des Beginns der Wappen verwendbaren Urkundsmaterials dar. Leider sind sie zu wenig zahlreich, um darin die verschiedenen Quellen und deren manchmal gegenläufigen Strömungen zu erkennen. Immerhin erlauben sie uns eine wesentliche Feststellung: Die Wappen erscheinen fast gleichzeitig in der ersten Hälfte des 12. Jahrhunderts in Frankreich, England, den Niederlanden, Deutschland und in Italien, und 100 Jahre später ist der Gebrauch der Wappen allgemein.

Die ersten Siegel, die für uns von Interesse sind, sind die Siegel, die einen mit allen Stücken gerüsteten Herrn zeigen, meist zu Pferde (Reitersiegel), manchmal zu Fuß (Standbildsiegel). Die ältesten Reitersiegel zeigen gewöhnlich den Reiter nach rechts reitend (30). Der Schild, den er am linken Arm trägt, ist nur von innen sichtbar:

Abb. 6 Rückseite des Siegels von Waleran, Grafen von Meulan und Worcester (1136/38) (DD Nr. 716).

Die Ausstattung der Außenseite des Schildes ist also zum Erkennen des Eigentümers ohne Bedeutung.

Um sein Wappen zu zeigen, wird der Ritter bald so abgebildet, daß er seinen Schild vor sich hält, wobei die Außenseite wenigstens zur Hälfte sichtbar wird; meistens ist das ganze Wappen auf diese Schildhälfte zusammengedrängt. Schließlich wird der Ritter nach links galoppierend gezeigt, sein Schild wird so in der Mitte des Siegelfeldes gänzlich sichtbar (31).

Abb. 7
Siegel von Humbert, Grafen von Savoyen (1151) (SA Nr. 12).

Die ältesten wappentragenden Reitersiegel (32) sind folgende: Die Siegel von Waleran, Grafen von Meulan und von Worcester (33), die zwischen 1136 und 1138 angesetzt werden müssen, zeigen das Schachfeld der Meulan auf dem Banner, auf dem Wappenrock und auf der Satteldecke (Abb. 6). 1143 und nochmals 1151 erscheint das Kreuz von Savoyen auf dem Banner der Siegel der Grafen Humbert und Amadeus von Savoyen (Abb. 7) (34). Zwischen 1138 und 1148 führt Gilbert de Clare, Graf von Pembroke, sechs Sparren, und sein gleichnamiger Neffe, der Graf von Hertford, führt 1141 und 1146 drei Sparren (35). Wilhelm II., Graf von Nevers, führte vielleicht 1140 einen Adler (36). Heinrich, Herzog von Sachsen und Bayern (37), führt 1144 und 1146 einen Löwen. Möglicherweise hat Rudolf, Graf von Vermandois, 1135 ein Schachfeld geführt (38). Raimund Berengar, Graf von Provence und König von Aragon, führt 1150 drei Pfähle (39). Der Markgraf Welf von Toscana führt 1152 einen Löwen (40). 1155 führt Burkart, Herr von Guise, einen Adler (Abb. 8) (41), ebenso wie Herzog Heinrich von Österreich im folgenden Jahr (42). Zwischen 1156 und 1163 führt Wilhelm, Sohn Gottfrieds von Anjou und Bruder König Heinrichs II. von England, einen Löwen (43) und 1159 Markgraf Otto II. von Steiermark einen Panther (44).

Abb. 8   Siegel von Burkart, Herrn von Guise (1155) (DP Nr. 369).

In dieser Liste von Wappensiegeln vor 1160 sehen wir die Sparren der Clares zweimal. Hinzu kommt das Siegel der 1156 gestorbenen Rohaise de Clare (Abb. 9) (45), die eine Nichte und die Schwester der beiden Gilberts war. Dieses Siegel hat die von Damen und Klerikern bevorzugte spitzovale Form, denn man zögerte, Nichtkämpfern Kriegerschilde zu geben. Das Feld des Siegels ist mit den Sparren des Hauses Clare ausgefüllt, und zwar mit sieben. So bildeten die Sparren um 1150 ein echtes Familienwappen, auf das Männer und Frauen Anrecht hatten.

Aber nur langsam dehnte sich die Mode aus, und viele Herren, darunter die bedeutendsten, haben vor dem Ende des Jahrhunderts noch kein Siegel mit einem Wappenschild. Für manche Familien kann man das Datum der Annahme eines Wappensiegels im Anschluß an ein Siegel ohne Wappen bestimmen und folgende Tabelle (46) aufstellen, die das Datum des letzten Siegels ohne Wappen und das des ersten mit Wappen bietet.

Abb. 9   Siegel der Gräfin Rohaise von Clare (†1156) (Birch Nr. 13048).

Dietrich von Elsaß, Graf v. Flandern	1160	
Philipp, sein Sohn	—	1162
Florens III. Graf von Holland	—	1162
Mathias I. von Montmorency	vor 1160	—
Mathias II. von Montmorency	—	1177
Conon, Graf von Soissons	1172	1178-80
Mathias II. Graf von Beaumont-sur-Oise	1177	1189
Die Herren de Coucy	1150	1190
Die Herren de Garlande	1170	1192

23

Gerhard von Saint-Aubert	1185	1194
Balduin, Graf von Hennegau	1182	1195
Heinrich II. Graf von Champagne	1180	vor 1197
Gottfried III. Herzog von Brabant	1188/89	—
(dazu sein Gegensiegel mit Adler)		
Heinrich I., sein Sohn (mit Löwenschild)	—	nach 1190
Rotrou III. Graf du Perche	1190	—
Gottfried. sein Sohn	—1197	
Jakob von Avesne	1186	—
Walter von Avesne	—	1199
Gerhard von Picquigny	1190	—
Enguerran von Picquigny	—	1199

Diese auf den Norden des Königreichs Frankreich beschränkte Tabelle ist zu mager, um daraus andere als nur allgemeine Schlüsse zu ziehen. Sie zeigt indessen, daß in dieser Gegend der Gebrauch von Wappensiegeln sich richtig erst um 1200 ausbreitet und daß die kleineren Herren wie die größeren dieser Mode nachgeben. Im Südwesten, wie in Berry, scheint eine flüchtige Durchsicht der Siegelverzeichnisse (47) zu zeigen, daß die Annahme von Wappensiegeln etwas später einsetzt, selbst wenn Savary de Mauléon schon 1150 (48) ein Siegel mit einem Löwenschild besitzt. Ähnlich ist es in der Westschweiz (49).

Die Herrscher, die auf ihren Siegeln in Majestät dargestellt sind, führen vor dem Beginn des 13. Jahrhunderts und selbst viel später im allgemeinen kein heraldisches Emblem (Abb. 10). Dies zeigt deutlich den zeitlichen Rückstand der Siegel gegenüber dem tatsächlichen Leben (50).

Weitere Quellen

Wie wir gesehen haben, sind die Siegel eine nicht immer leicht auszubeutende Quelle. Leider sind die anderen Quellen, die uns Aufschlüsse geben könnten, wenig zahlreich und noch unzureichend ausgewertet (51).

Da sind zunächst die **Münzen**, meistens besser als die Siegel erhalten, aber viel schwieriger zu datieren. Sie können uns nur über die wichtigsten Häuser Angaben machen, die das Recht, Münzen zu schlagen, erhalten oder sich genommen haben. Einige Beispiele sind oben angeführt worden (S. 21).

Die **alten Texte** bieten wenig Hinweise. Oben war die Rede vom Rolandslied. Aus etwas weniger alten Texten kann man immerhin entnehmen, daß, wenn man sich anfangs knapp durch das an die Lanze genagelte Tuchstück erkannte, die Zeichen später auch auf dem Schild erscheinen, dann auf der Decke des Pferdes und dem Wappenrock. Dessenungeachtet wurden die Wappen des Herrn auch von allen seinen um seine Fahne als Sammelpunkt des Haufens gescharten Vasallen geführt; diese Gewohnheit hat sich lang erhalten (52). Es kommt sogar vor, daß einfache Ritter überhaupt kein Zeichen trugen, an dem sie zu erkennen gewesen wären: Dank diesem Umstand konnte Joël von Totnes bei der Belagerung von Exeter (1136) bei den Belagerern durchkommen und der Stadt Verstärkungen zuführen (53).

Abb. 10   Siegel Karls V., Königs von Frankreich (1363) (DD Nr. 65).

Manche deutschen Texte erwecken den Anschein, daß die Wappen östlich des Rheins nicht vor dem Ende des 12. Jahrhunderts erblich waren (54). Dieser Schluß kann nicht ohne weiteres gezogen werden: Einerseits haben wir weiter oben gesehen, daß manche Wappen schon um 1150 erblich waren und daß andererseits diese Texte oft von älterten Texten beeinflußt oder bei diesen abgeschrieben sind. So zeigt sich, wie sehr die Benutzung alter Texte Vorsicht und kritischen Geist erfordert. Viele sind schwierig zu datieren und manche, die alte Taten erwähnen, beschreiben diese unter Anwendung der Tagessitten. Ein Beispiel ist aufschlußreich: Beim Bericht über den oben (S. 20) erwähnten Fehdebrief des Gottfried Martel an Wilhelm den Bastarden gibt der um 1075 schreibende Wilhelm von Poitiers keine weiteren Einzelheiten. In seinem *Roman de Rou* gibt Wace um 1155 beim Bericht über diesen Vorfall an, das Pferd sei weiß und der Schild golden. Aber in der nach 1170 geschriebenen Chronik der Herzoge der Normandie wird Benedikt von Saint-Maure genau und sagt, als ob es sich von selbst verstünde, das Pferd sei weiß und der blaue Schild mit goldenen kleinen Löwen belegt (55). Ebenso darf man dem oft zitierten Text des Mönchs von Marmoutiers, Jean Rapicaut, in welchem er sagt, 'der König von England hängte seinem Schwiegersohn anläßlich der Feierlichkeiten der Eheschließung zwischen Gottfried von Anjou mit Mahaut von England (1127) einen Schild mit goldenen Löwen um den Hals' und weiter 'Gottfried trug auf den Schild gemalte Löwen' (56) nicht mehr Wert beimessen, als drinsteckt (57). Die wohlbekannte Emailplatte (Abb. 11) im Museum zu Le Mans, die Gottfried von Anjou mit diesem Löwenschild darstellt, wurde wahrscheinlich kurz nach seinem Tode 1150 hergestellt. Im Augenblick, als Rapicaut schrieb, war dieses Wappen wohlbekannt, und sein Text beweist also nicht, daß es schon 1127 gebraucht worden ist. Die alten illustrierten Handschriften zeigen manchmal ebenfalls interessante heraldische Einzelheiten. Leider sind sie unter diesem Gesichtspunkt noch nicht systematisch studiert worden.

Die Bibel von Cisterz (um 1110) zeigt die Schilde in Mandelform noch mit dem Mittelbuckel. Sie sind schwarz oder mit geometrischen Figuren verziert. Man kann auf sie bereits die klassischen heraldischen Fachausdrücke anwenden: *Gespalten, schräggestreift, geständert, quergestreift, Pfähle, Sparren, begleiteter Schrägbalken.* Aber die Zeichnung ist komplizierter und die Farben sind zahlreicher als in dem Wappenwesen der späteren Zeit, und die Regel, wonach kein Metall auf Metall und keine Farbe auf Farbe stehen solle, ist nicht beobachtet (59). Die Illustrationen zum *Carmen in honorem Augusti* des Peter von Eboli (bei Salerno) 1195-96 zeigen, daß damals ein süditalienischer Kleriker mit dem heraldischen System noch nicht ganz auf dem laufenden war: In dieser von der Zone, wo sich das Wappenwesen bildete, entfernten Gegend muß es sich langsamer entwickelt haben. Man sieht dort das rote Banner des Reiches in der Oberecke mit einem goldenen Kreuzchen belegt, ebenso wie echte Wappen: Geviert, Schrägbalken, Löwe usw. Der Adler des Kaisers ist golden in farblosem Felde. Es gibt zahlreiche bemalte Helme, meistens so wie das Banner, dem die Ritter folgen. Die Farben scheinen nicht von wesentlicher Bedeutung zu sein, und die Farbregel ist nicht immer beobachtet. Vor allem gibt es grüne, bordeauxrote und orange Tönungen. Vielleicht liegt das an der beschränkten Farbskala des Malers oder an der Einwirkung des Zeitablaufs. Diese Abbildungen sind nicht wie Miniaturen behandelt, sie sind mehr kolorierte Zeichnungen (60).

Die *Eneide* des Heinrich von Veldeke (einem Ort bei Maastricht) ist ein wenig jünger (1210-1220) und stammt aus dem Rheinland. Dort sieht man reizvolle heraldische Dreieckschilde, die denjenigen auf den Siegeln der gleichen Epoche nahestehen. Hier gibt es keine bemalten Helme mehr, sondern interessante Helmzierden, die hauptsächlich aus einem oder zwei Bannern bestehen, die meistens die Zeichnung auf dem Schild wiederholen. Der Helm ist bereits der zylinderische Helm mit flachem Dach (61).

Wenn die Siegel oft sehr genaue Angaben über die zeitgenössischen oder kaum älteren Bewaffnungen und Kostüme bieten, so muß man hingegen bei ausgemalten Manuskripten vorsichtig sein, wenn man aus ihnen Schlüsse in dieser Hinsicht ziehen möchte (62).

Das mit dem Studium der Siegel parallel laufende Studium von **Genealogien** erlaubt ebenfalls, das Alter mancher Embleme und die Aufrechterhaltung von Familienbeziehungen über mehrere Generationen hinweg festzustellen. So sehen wir die Grafen von Chester, die um 1100 aus den Grafen von Clermont in Beauvaisis hervorgegangen sind, wie diese einen Schild mit Garben führen (63).

Die Bildung von Wappen

Man kann also sagen, daß die Wappen am Anfang des zweiten Drittels des 12. Jahrhunderts in Erscheinung treten, fast gleichzeitig in allen Gegenden, auf die sich das Lehnswesen erstreckte (64). Es ist viel schwieriger zu erklären, wie die Wappen entstanden sind, aber es gilt allgemein als ausgemacht, daß sie ursprünglich persönliche Ausschmückungen des Schildes gewesen seien, die mit der Zeit erblich wurden.

Indessen genügt diese Erklärung nicht. In der Heraldik gibt es ein Grundprinzip: Wappen sind *dauerhaft* und *erblich*, d.h. daß ein Mann nicht ohne triftigen Grund ein Wappen ändert und daß er es, wenn er es von seinem Vater geerbt hat, seinen Kindern hinterläßt. Doch kennen wir eine große Zahl von Ausnahmen während des 12. und 13. Jahrhunderts. Die gleiche Person führt zwei vollkommen verschiedene Wappen oder, und das sogar noch öfter, Mitglieder der gleichen Familie führen zwei, drei oder vier verschiedene Wappen (vgl. Kapitel X). Dies sind die Ausnahmen, die uns einen Einblick in die vielfältigen Ursprungsformen der Wappen gestatten. Es sind deren hauptsächlich drei:

Die *Feldzeichen* der Landesherrschaften, die durch die Aufsplitterung der Macht sehr zahlreich geworden sind;

Die *Siegelbilder* der großen Familien, Dynasten und großen Lehnsträger, die sich mit der Kirche in ganz Europa teilten;

Der mit Metall verstärkte *Schild* des einzelnen Ritters, ein typisches Geschöpf und Hauptstütze der Lehnszivilisation, sein Lanzenfähnchen, sein Wappenrock, sein Sattel (Abb. 137) und die Decke seines Rosses, dies alles in lebhaften Farben.

Die ältesten **Feldzeichen** des Mittelalters leiten sich von den Adlern der römischen Legionen ab; es waren plastisch getriebene, auf Lanzen getragene Gegenstände, wie der Drache, den man auf dem Teppich von Bayeux (Abb. 4) (65) neben König Harold erblickt. Abgesehen vom Adler des Kaisers haben sie nur geringe Spuren in der Heraldik hinterlassen. Auf dem Teppich von Bayeux reitet neben Herzog Wilhelm sein Fahnenträger, der mit der einen Hand auf den Herzog zeigt und mit der anderen den

Abb. 11   Email mit Gottfried Plantagenet, Grafen von Anjou (†1150)
(Druckstock AHS).

27

geweihten Gonfanon (Abb. 3) hält. Der Gonfanon ist die alte Form der rechteckigen Fahne, die in mehrere Lätze ausläuft. Er ist einfarbig (der kaiserliche und die Oriflamme von Frankreich sind rot) oder mehrfarbig oder sogar mit Gold oder Farben gewebt oder gestickt. Der Gonfanon wurde selten vom Anführer selbst getragen, diese Pflicht oblag dem Gonfanon-Träger, aber er diente zur Identifizierung des Anführers, sei es einer ganzen Schlacht oder nur eines geringen Kontingents, und als Sammelpunkt. Dem Gonfanon ist eigentümlich, daß seine Hauptachse im rechten Winkel zur Stange steht, d.h. daß ein Adler mit dem Kopf gegen die Lanze und dem Schwanz nach außen gerichtet erscheint (Abb. 691).

Bald nach den ersten Wappen finden wir im Jahr 1162 auf dem Gegensiegel des Grafen Philipp von Flandern (Abb. 12) (66) einen neuen Feldzeichentyp, das Banner im eigentlichen Sinne. Es ist quadratisch oder oft höher als breit, ohne Lätze und eignet sich wunderbar zur Darstellung der Wappen. Es ist daher fast immer wappenmäßig, während ein wappenzeigender Gonfanon die Ausnahme darstellt. Die Hauptachse des Banners steht parallel zur Lanze, und die Tiere erscheinen stets gegen letztere gewendet und sehen aus, als ob sie daran hochklettern würden (67).

Einige der zahlreichen auf dem 'Teppich von Bayeux' dargestellten Ritter tragen den gleichen Schmuck auf dem Gonfanon und auf dem Schild, eine Parallelität der ersten Stunde. Das Feldzeichen einer Herrschaft, unter dem sich die Gesamtheit der Streiter, sei es nur einiger Weiler oder einer ganzen Landschaft, sammelte, muß notwendig auf die Ausschmückung ihrer Schilde einen Einfluß ausgeübt haben. Ein solches zweifellos nur bei dringendem Bedarf und unter Beibehaltung des bekannten Emblems erneuerte Feldzeichen muß von beachtlichem Einfluß gewesen sein. Dieser Umstand erklärt die auffällige Parallelität zwischen den Wappen von Familien, die nur ein gemeinsames Lehnsverhältnis verband. So führte eine Gruppe von Familien der Gegend um Basel einen *silbern-schwarz mit Zacken gespaltenen* Schild. Eine andere Gruppe im Badischen bewappnete sich mit *silbern-schwarzem Schach*. Schließlich führte eine bedeutende Gruppe in Krain und Kärnten ein *halb rotes, halb silbern-blau quergestreiftes* Feld. Diese Familiengruppen waren Vasallen, die ersteren der Grafen von Frohburg, die zweiten der Herzöge von Zähringen, die letzteren der Grafen von Ortenburg. Wahrscheinlich erinnern diese Wappen an alte Banner der Oberherren (68).

Halten wir fest, daß diese Banner, deren Bestehen wir unterstellen, von den bekannten Wappen dieser herzoglichen oder gräflichen Familien verschieden sind. Die Feldzeichen waren also nicht notwendigerweise eine Kopie des uns bekannten Wappens. So zeigt ein Kirchenfenster der Kathedrale von Chartres Jean von Montfort († 1249) mit seinem den Löwen von Montfort tragenden Schild, aber mit einem *silbern-rot im Zickzack gespaltenen* Banner (Abb. 13), das noch nicht identifiziert werden konnte, aber schon auf dem Gegensiegel seines Vaters Amaury (69) vorkommt. Die großen Familien des 12. Jahrhundert müssen als Eigentümer von zahlreichen Alloden und Lehen fast ebenso viele Feldzeichen wie Herrschaften angesammelt haben; nur ein Teil davon blieb in Gebrauch, und ein noch geringerer Teil erscheint in unseren Quellen.

Die frühe Zusammengehörigkeit der Wappen mit dem Lande tritt auch im Wappenrecht des 12. und 13. Jahrhunderts in Erscheinung. Man kennt zahlreiche Fälle, wo sich die Wappen weniger eng an den Eigentümer als an den Boden knüpfen, der Herrn und Wappen gleichzeitig wechselt. In

Abb. 12 Gegensiegel Philipps, Grafen von Flandern und von Vermandois (1162) (de Raadt 454).

der Familie der Adhémar (70), die wir seit vorheraldischen Zeiten in Montélimar und in Grignan besitzlich finden, finden wir das Wappen mit den drei Tolosaner-Kreuzen der Herren von Montélimar und das mit den drei Schrägbalken der Herren von Grignan. Die Beauvoir in der Dauphiné (71) führten einen gevierten Schild. Nachdem sie die Herrschaft Septème geerbt haben, führt Sibord von Beauvoir 1230 einen von Beauvoir und Septème (zwei Schrägbalken) gespaltenen Schild. Ein wenig später teilen seine Söhne die Nachfolge und der Zweig Septème führt die Schrägbalken (1235) und der Zweig Beauvoir (1250) die Quadrierung.

Die Fälle von nahen Verwandten, Eltern, Brüdern, Vater und Sohn, Onkel und Neffe, die verschiedene Wappen führen, sind sowohl innerhalb der großen feudalen Häuser, als auch bei den kleinen Vasallen häufig und können oft durch den Besitz von verschiedenen Herrschaften oder Lehen erklärt werden (72).

Die **Siegel** haben auf die Heraldik von Anfang an einen Einfluß ausgeübt, der stets bedeutend geblieben ist. Unter den Siegelbildern der großen Familien Westeuropas findet man — abgesehen vom Bildnis des Eigentümers oder der Darstellung seiner Burg — gemeine Figuren im heraldischen Sinn: Löwen, Adler, Fische, Hirsche, Eber, Rosen, Lilien oder Bäume. Der Übergang des oft naturalistisch aufgefaßten Siegelbildes

Abb. 13   Kirchenfenster des Jean von Montfort (†1249) in der Kathedrale von Chartres (Photo H. Sigros).

29

Abb. 14 und 15 Siegel von Roger de Meulan (1195 und 1197) (DD Nr. 2833, 2834).

in ein streng stilisiertes Wappenbild läßt sich manchmal exakt bestimmen. So siegelte Roger von Meulan (73) 1195 mit einem naturalistisch schreitenden Löwen (Abb. 14) und 1197 mit einem Schilde mit steigendem Löwen (Abb. 15). Hafergarben schmücken (zwischen 1141 und 1150) das Feld des Reitersiegels von Enguerrand Candavène, Grafen von Saint Pol (Abb. 16) und kommen 1162 auf Schild und Pferdedecke von Anselm Candavène (auf französisch redend 'champ d'avoine = Haferfeld') vor, ebenso wie im Felde seines Gegensiegels (Abb. 17 und 18); 1223 finden wir diese Garben kreuzweise gestellt im Schilde des Gegensiegels von Hugo Candavène (Abb. 19). Das Siegel von Richard von Lucy (zwischen 1135 und 1154) zeigt einen pfahlweise gestellten Hecht (Abb. 20) und das Gegensiegel des Bischofs von Winchester, Gottfried de Lucy, zeigt 1189 einen aus Wellen hervorschießenden Hecht, der einen Fisch schnappt und über einen Bischofsstab gelegt ist (Abb. 21). Die Inschrift 'presulis et generis signo consignor utroque' stützt sich auf die beiden Zeichen: das des Prälaten, den Hirtenstab, und das der Familie, den Hecht. Später führen die Lucy *in Rot drei pfahlweise gestellte silberne Hechte*. Die beiden letzteren Beispiele zeigen, daß viele der redenden Wappen wie auch zahlreiche gemeine Figuren aus Siegelbildern des 12. Jahrhunderts hervorgegangen sind.

Siegelbilder bilden die Grundlage zahlreicher Städtewappen. Beschränken wir uns auf den Fall Paris, dessen wohlbekanntes Schiff seit 1210 auf dem Siegel der mächtigen Bruderschaft der Kaufleute zu Wasser erscheint (vgl. auch Kap. II — Die Ausdehnung der Wappenführung).

Der Einfluß des **Schildes** auf die Heraldik ist natürlich groß gewesen, so groß, daß der Schild auf die Dauer den Wappenrock und das Banner verdrängt hat und der einzige Wappenträger geblieben ist. Das war nicht unvermeidlich, denn bei den Japanern, deren heraldisches System mit dem unseren viel Ähnlichkeit aufweist, haben der Wappenrock und das Banner überlebt. Aber die Gelehrten haben den Einfluß des Schildes manchmal ein wenig übertrieben und mit aller Gewalt überall Metallverstärkungen sehen wollen und hierbei vergessen, welche Anziehungskraft ein breiter Pinsel, ein Topf mit Farbe und eine glatte Oberfläche ausüben. Wir haben oben gesehen (S. 25), wie die Dichter des 12. Jahrhunderts uns versichern, daß manchmal das Gefolge eines großen Herrn übereinstimmende Schilde trug. Vielleicht dienten die Mittelbuckel und andere Verstärkungen nicht nur zur Verstärkung des Schildes, sondern auch dazu, sie in einem persönlichen Sinne abzuwandeln.

Die typischste dieser Verstärkungen, der Karfunkel, kann allein geführt werden wie die Ketten von Navarra (74) oder die Karfunkelstrahlen (französisch: rais d'escarboucle der Ray von Burgund) (Abb. 22), aber man findet sie auch einem anderen, bereits bestehenden Wappen hinzugefügt (Abb. 23) (75). Gewisse gemeine Figuren wie die eingerollten, Anker-, Tatzen-Kreuze oder das von Toulouse (76), die gedornten Ränder und Kreuze (Abb. 24), die doppelten Lilienborde, manche Schrägkreuze (77), die eindeutig die Technik des Schmiedeeisens vorführen, gehen zweifelsfrei auf metallische Schildverstärkungen zurück; man soll aber nichts übertreiben.

Wie wir gesehen haben, tragen die Ritter auf dem etwa 1080 zu datierenden Teppich von Bayeux Schilde, deren Ausschmückung von der der Schilde des folgenden Jahrhunderts abweicht. Es gibt dort viele Drachen und gekrümmte Kreuze, die man in den ersten Wappen nicht antrifft, aber

Abb. 16 Siegel von Enguerrand Candavène, Grafen von Saint-Pol (1141-1150) (DA Nr. 68, DF NR. 285).

Abb. 17 und 18 Siegel und Gegensiegel von Anselm Candavène, Grafen von Saint-Pol (1162) (DP Nr. 209, DF Nr. 297).

Abb. 19 Gegensiegel von Hugo Candavène (1223) (DA Nr. 229).

weder die Löwen noch die Adler, die später überwiegen. Die Bande, die das Wappenwesen mit den vorheraldischen Schilden verknüpfen, sind also dünner, als man oft gedacht hat.

Übrigens erwähnen auch die Chroniken der ersten beiden Kreuzzüge oft die Gonfanons und Banner der Anführer, aber sehr selten deren Schilde (78).

Der **Schild** des 12. Jahrhunderts war aus leichtem Holz gefertigt, mit Leinwand, Leder oder Pergament überzogen (s. Kap. III); er konnte also einen ernsten Kampf selten unbeschädigt überstehen und muß oft erneuert worden sein. Seine Verzierung war nach den Umständen des Gebrauchs und den Mitteln des Eigentümers verschieden (79): die Dichter mit ihrer übertreibenden Schau sprechen uns oft vom Gebrauch reichen Pelzwerkes, kostbarer Steine und Emaillierung. Aber im Grunde gab es im 12. Jahrhundert keinen rechten Grund, bei der Anfertigung eines neuen Schildes den alten sklavisch zu kopieren. Selbst im folgenden Jahrhundert müssen wir, wenn Jean de Blonay 1278 mit einem Karfunkel-Schild (Abb. 25) anstelle seines Familienwappens siegelt, unterstellen, daß er seinen Kampfschild gravieren ließ. Die Freiheit der Wappenwahl ist in einer Urkunde von 1231 (80) verblüffend, wo der Ritter Werner von Walbach aus einer rheinischen Familie von seinem alten Siegel sagt: Sigilli mei, quod habet formam et imaginem armorum meorum quibus tunc temporis militare solebam. Diese schildförmige Siegel zeigt zwei gekreuzte, je einen Ring haltenden Arme (Abb. 26), ein Wappen, das er aus Verehrung gegenüber einer Dame angenommen haben muß. Als das Andenken in seiner Hartnäckigkeit peinlich wurde, wurde es zugunsten des Familienwappens wieder fallengelassen. Die Existenz dieser Wappenart, die von den Deutschen *Minnewappen* genannt werden, beruht auf der Veränderlichkeit des Schildes — und des menschlichen Herzens.

Es kommt häufig vor, daß innerhalb eines Gebietes mehrere Familien sehr ähnliche Wappen führen, wodurch sie gewissermaßen eine **Wappengruppe** (81) bilden. Das Studium einiger Gruppen von großen Lehnsfamilien gestattet Mutmaßungen über den Augenblick einer Wappenbildung. Davon zwei Beispiele: In der Gruppe mit den beiden Fischen (82), die vom

Abb. 20 Siegel des Richard von Lucy (1135-1154) (Birch Nr. 11439).

Abb. 21 Gegensiegel von Gottfried de Lucy, Bischof von Winchester (1189) (Birch Nr. 2245).

31

Abb. 22 In Rot ein goldener Karfunkel: der Herr von Ray (GA Nr. 495, um 1380).

Jura bis zu den Ardennen reicht und deren Mitglieder von Graf Dietrich dem Großen von Mömpelgard († 1133) abstammen, und in der englischen Gruppe mit dem *golden-rot gevierten Schild* (83), der auf den Grafen von Essex, Gottfried von Mandeville († 1140) zurückgeht, sehen wir das gleiche Wappen, natürlich mit Abweichungen, nicht nur vom Vater auf den Sohn, sondern auch von den Töchtern auf die Schwiegersöhne übergehen. So geht auch der *silbern-blau quergestreifte* Schild der Lusignan um 1200 durch die Frauen auf die Parthenay (die ihn durch einen roten Schrägfaden verändern), dann auf die La Rochefoucauld (die ihm drei rote Sparren beifügen) über. In diesem Recht der weiblichen Erbfolge folgt die entstehende Heraldik der alten Gewohnheit der adligen Familien (S. 19), aber im Prozeß der Kristallisierung der Heraldik im 13. Jahrhundert gehen diese Gewohnheit und dieses Recht verloren. Die Todesdaten der beiden soeben erwähnten großen Ahnherren verstärken die oben geschilderte Wahrscheinlichkeit, daß diese Personen aus dem ersten Drittel des 12. Jahrhunderts bereits Wappen gekannt haben und die Daten unserer ersten Wappensiegel eben nur den *terminus ante quem* ihrer Entstehung angeben. Weitere Beispiele in Kapitel X.

Das voneinander unabhängige Bestehen von Feldzeichen, Schild und Siegel der Dynastenfamilien kann die zahlreichen Fälle erklären, in denen eine solche Familie sich zu gleicher Zeit mehrerer Wappen bedient, von denen das eine eine Teilung oder ein Heroldstück und das andere eine gemeine Figur zeigt. Wir haben schon von den Grafen von Meulan (Löwe und Schachfeld) und den Montfort (Löwe und Zickzackspaltung) gesprochen; erwähnenswert sind auch das Kreuz und der Löwe der Grafen von Savoyen (als Reichsbeamte führen sie auch den Adler), das Neunschach, der Löwe und die Löwen neben dem Schrägbalken der Grafen von Genf (84); das Schildhaupt und der Rechtarm der Burgherren von Lille, das Kreuz und der Rechtarm der Herren von Mortagne, der Balken und der Löwe der Burgherren von Saint-Omer, die Quadrierung und die Garben der Bouteillers de Senlis (85), der Löwe und der Balken der Goyon und — in der Schweiz — die mehrfache Spaltung und der Löwe der Grandson, die mehrfache Spaltung und der Hecht (Abb. 27 und 28) der Estavayer (Stäffis), das Kreuz und der vorderhalbe Löwe (Abb. 29 und 30) der Mont (Waadt) (86).

Einen interessanten Fall liefern die Seneschälle von Flandern aus dem Hause Wavrin. Im Jahre 1177 zeigt das Siegel des Hélie von Wavrin (Abb. 31) einen naturalistisch auffliegenden Adler, der in den Fängen einen Drachen und im Schnabel einen Schild, darin ein Schildchen, hält. Diese

Abb. 23 In Rot ein silbernes Schildchen, überdeckt von einem goldenen Karfunkel: der Herzog von Kleve (GA Nr. 1297, um 1380).

Abb. 24 In rot-blau gespaltenem Schild ein goldenes Dornen-Schräg-kreuz, von vier goldenen Lilien be-winkelt: Jean d'Eschantilly (WN Nr. 244, um 1267).

Abb. 25   Siegel des Jean de Blonay (1278) (ISV 45/4).

Abb. 26   Siegel des Werner von
Walbach (1231).

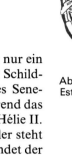

Abb. 27   Siegel des Reinald von
Estavayer (um 1230) (ISV 65/2).

Szene symbolisiert den Triumph des Guten über das Böse und ist nur ein Siegelbild, neben dem das entweder von einem Banner oder einer Schildverzierung abgeleitete Wappen bereits fixiert ist. Das Siegel des Seneschalls Robert (1193) zeigt einen Adler im Schilde (Abb. 32), während das Gegensiegel das Schildchen im Schilde zeigt. Später (1274) führt Hélie II. von Wavrin die gleichen Bilder, aber der heraldisch stilisierte Adler steht nicht in einem Schild (Abb. 33 und 34). In der Folgezeit verschwindet der Adler. Ist er wirklich nur ein Siegelbild wie im Siegel der Abb. 31, das sich 'heraldisiert' hat oder das Emblem eines Amtes oder eines Lehens, das wegen des Verblassens der Bedeutung verschwunden ist? (87).

Die **Tuniere** des 12. Jahrhunderts haben damals große Ähnlichkeit mit den Schlachten. Nach dem Zusammenstoß der beiden Reitereien kamen die Zweikämpfe unter denen, die im Sattel verblieben waren, man möchte beinahe sagen, den Überlebenden. Die flotte Grausamkeit des Mittelalters durchdrang nur zu leicht den Firnis der Zivilisation, und die Kirche widersetzte sich heftig, wenn auch erfolglos, diesen mörderischen Spielen. Das Waffenhandwerk forderte nämlich eine genaueste Vorbereitung, die nur die Turniere bieten konnten. Dort übte man den Angriff in Masse, das Gedränge und den Zweikampf mit der Lanze, das 'Stechen'. Das waren Feste, bei denen hunderte und tausende von Zuschauern aus einem ganzen Gebiet zusammenkamen. Die Teilnehmer setzten dort neben ihrem Leben auch ihr Pferd und ihre Bewaffnung als Beute des Siegers ein, und diese leichten Gewinne erzeugten eine Klasse von Berufssportlern, wie wir sie in der Gegenwart auch kennen (88).

Wenn es in einer Schlacht vor allem darauf ankam, seine Truppen ebenso zu erkennen wie die des Gegners, mußte man im Turnier die Person identifizieren. Für den Gegner konnte der wappenverzierte Schild genügen, aber in der Menge der Zuschauer, die ihre Helden auf große Entfernung (wie heute die Jockeys beim Pferderennen) erkennen wollte, bedurfte es der leuchtenden und buntscheckigen Farben der Waffenröcke und Pferdedecken und der in den Helmzierden entfalteten Phantasie (Abb. 35) (89). Die Wappenröcke und Pferdedecken wiederholten sicherlich oft die Ausgestaltung des Banners, des Fähnleins oder des Schildes, wobei diese gegebenenfalls wegen der Bedingungen guter Sichtbarkeit verändert wurden, sodaß man zu dem bemerkenswert elastischen und vollständigen System der Teilungen und Heroldstücke gelangte.

Zusammenfassend kann man sagen, daß die Banner den Wappen die Verbindung mit dem Grunde, den Teilungen und Heroldstücken und den mit Figürchen besäten Stoffmustern geliefert haben. Auf die Siegel gehen die Erblichkeit, die redenden Wappen und die gemeinen Figuren zurück, auf den Schild manche Metallverstärkungen, der Gebrauch von Pelzwerk,

Abb. 28   Siegel des Jakob von Estavayer (um 1260) (ISV 65/5).

Abb. 29   Siegel des Heinrich von Mont (1239) (ISV 87/4).

Abb. 30   Siegel des Johann von Mont (1304) (ISV 88/3).

33

Abb. 31 Siegel des Hélie I. von Wavrin, Seneschalls von Flandern (1177).

die Anordnung der meisten Figuren im Dreipaß und eine Neigung zu spontaner Veränderung. In der Folge konzentrieren sich die verschiedenen Tendenzen auf den Schild (90), und in den Turnieren fanden sie ihre Anwendung in der Praxis.

Die Wappen sind nicht auf einmal entstanden, sondern wie alle menschliche Erfindung aus der Kombination bekannter, aber untereinander unabhängiger, folglich zunächst unfruchtbarer Elemente. Die Embleme der Feldzeichen, der Schilde, der Helme, der Siegel haben sich anfänglich getrennt entwickelt, und nach und nach hat sich das eine oder andere durchgesetzt, meist in Kombination mit den anderen. So erhielt man Unterscheidungszeichen, die das Erkennen einer Person im Kampf wie im zivilen Leben erlaubten.

Das heraldische System, das schnell von einer für Neuerungen zugänglichen und quer durch ganz Europa Kontakt haltenden Aristokratie angenommen worden ist, breitete sich in der westlichen Welt und in seinen verschiedenen Klassen vom Herrscher bis zu den Bauern aus. Infolge der Tätigkeit der Herolde gewann das Wappenwesen System und unterlag nach Fixierung der Grundregeln nur noch zweitrangigen Modifikationen. Da aber die Heraldik dem so menschlichen Bedürfnis, sich auf dauerhafte Weise zu unterscheiden, entsprach, überlebte sie bis heute, obwohl die ursprünglichen Bedingungen, die ihre Entstehung nach sich gezogen haben, seit Jahrhunderten verschwunden sind.

Abb. 32 Siegel des Robert von Wavrin (1139).

Abb. 33 und 34 Siegel und Gegensiegel des Hélie II. von Wavrin (1214).

Anmerkungen

1 Vgl. den Katalog der Ausstellung *'Emblèmes, totems et blasons'*, Musée Guimet, Paris 1964.

2 Erich Kittel hat unter dem Titel *Wappentheorien* in AH 1971, S. 18-26 und 53-59 eine bemerkenswerte kritische Übersicht über die wichtigsten Theorien geliefert.

3 Teilhard de Chardin, *La place de l'homme dans la nature*, Paris 1950, S. 48. vgl. S. 86/87.

4 Es liegt auf der Hand, daß schon viel früher Handels- und andere Beziehungen zwischen Westeuropa und dem Orient gepflegt worden sind. Aber die Kreuzzüge haben einer Menge von Europäern Berührung mit diesen Ländern verschafft, die verblüfft wurden durch Zivilisationen, von denen sie keine Vorstellung hatten und die einwandfrei stärker verfeinert war als die eigene.

5 Hier eine Bibliographie selbst der wichtigsten Werke zu bieten ist überflüssig, und es dürfte genügen zu zitieren: F.L. Ganshof, *Qu'est-ce que la féodalité?* 4. Auflage, Brüssel 1968; R. Boutruche, *Seigneurie et féodalité*, 2 Bde., Paris 1968-1970 (mit wichtiger Bibliographie); G. Duby, *Guerriers et paysans*, Paris 1973, wie auch *La noblesse au Moyen-Age,* eine Schrift zum Gedenken an R. Boutruche, Paris 1976.
Paul Adam hatte diese neuen Erkenntnisse in vier bemerkenswerten Aufsätzen in Beziehung zum Ursprung der Heraldik gesetzt; diese liegen dem vorliegenden Kapitel zugrunde: *Noblesse et chevalerie en France au moyen-âge*, Sonderabdruck aus Armas e Trofeus, Braga 1962; *Chevalerie et héraldique, leurs relations principalement en France*, Vortrag vor dem VI. CISGH, Edinburgh 1962, publiziert in Armas e Trofeus 1964, S. 5-23; *Les enseignes militaires du moyen-âge et leur influence sur l'héraldique*, Recueil des X. CISGH, Stockholm 1960, S. 167- 194; *Les usages héraldiques au milieu du XIIème siècle*, AH 1963, S. 18-29.

6 Schon vor dem Ende des weströmischen Reichs (476) erlebte das Fußvolk die allmähliche Ersetzung ihrer militärischen Rolle durch die Kavallerie dank der aus den Tiefen Asiens gekommenen Neuerungen: Hufbeschlag, Sattel und Steigbügel. Dieser Einfluß erreichte die Franzosen zwar spät, aber seit dem Ende des VIII. Jahrhunderts kämpfen auch sie fast nur noch zu Pferde. Der nunmehr fest im Sattel sitzende Reiter kann sich schwer bewaffnen. Als Schutzwaffen dient das gepolsterte, mit Eisenringen (Kettenhemd) oder schuppenartig montierten Plättchen verstärkte Wams und auf dem Kopf der Helm. Als Trutzwaffen dienen das Schwert und die lange Lanze, manchmal der Flitzbogen. Selbst wenn er auf den Pfeil verzichtet, stellt der Reiter in dieser Ausrüstung ein Geschoß dar, dessen Stoß der Fußkämpfer nicht widerstehen kann (F. Lot, *L'art militaire et les armées au moyen-âge*, Paris 1946, Bd. I, S.20 und 92 f.)

7 Die Schwertleite wird schnell zu einem religiösen Ritus: als erstes Ereignis dieser Art gilt die Schwertleite von Heinrich Beauclerc, dem Sohn Wilhelms des Eroberers, durch den Erzbischof Lanfranc in Winchester am Pfingsttage 1086 (P. Zumthor, *Guillaume le Conquérant et la civilisation de son temps*, Paris 1964, S. 360).

8 L.N.H. Chérin, *Abrégé chronologique d'édits...* Wiederabdruck durch die Editions du Palais Royal, Paris 1974, mit Einleitung von P. Durye, S.5.

9 Bemerkenswerterweise trifft das für manche Provinzen des Reichs wie Hennegau nicht ganz zu. Im ganzen Reich erstrecken sich die zum Eintritt in manche religiösen Orden oder zur Bekleidung mancher Ämter notwendigen Adelsproben auf 4, 8, 16 oder sogar 32 Quartiere des Kandidaten. In Frankreich hingegen forderte man nur den für eine bestimmte Frist oder eine bestimmte Zahl von Generationen bewiesenen Adelsstand von Vaterseite.

10 Vgl. besonders: *Historisch-biographisches Lexikon der Schweiz*, Neuenburg 1921-1934, Artikel 'Lehenwesen'; I.H. Gosses, *Welgeborenen en Huislieden, onderzoekingen over standen en staat in het Graafschap Holland*, Groningen 1926; J.M. van Winter, *Ministerialiteit en Ridderschap in Gelre en Zutphen*, Arnheim 1962.

11 S. Bertrand, *La tapisserie de Bayeux*, in der Sammlung 'Zodiaque', Paris 1965. Die Stadt Bayeux hat kürzlich eine hervorragende Reproduktion des ganzen Teppichs veröffentlicht.

12 Paul Adam, *Les enseignes militaires...* S. 169, Vgl. auch unten S. 24.

13 Diese Angaben sind der Übersetzung nach dem Oxforder Manuskript entnommen. Dieses ist mit einer Einleitung zum Werk, Anmerkungen und Kommentaren durch G. Moignet, Paris 1970, publiziert worden.

14 Die Zitate aus der *Alexiade* der Anna Komnena und dem *Liber christianae expeditionis pro ereptione...* des Albert von Aix nach G. von Haucourt und G. Durivault, *Le blason*, Paris 1949, S. 16. Diese Übersetzung der Anna Komnena scheint, da sie lange nach den Ereignissen niedergeschrieben worden ist, die runden metallischen Schilde und die nicht aus Metall, sondern aus Holz und Leder und mit Metallstücken verstärkten großen Normannenschilde zu verwechseln. Eine von R. Dennys, *The heraldic imagination*, London 1975, S. 28 zitierte englische Übersetzung sagt: 'Die Außenseite des Schildes ist einfarbig und glänzend (shiny) und mit einer Beule aus blitzender (flashing) Bronze versehen'.

15 *Guillaume de Tyr et ses continuateurs, texte français du XIIIème siècle*, durchgesehen und mit Anmerkungen versehen durch P. Paris, Paris 1879, S. 291.

16 Kristian Turnwald, *Die Anfänge des Wappenwesens von Böhmen und Mähren*, Der Herold 1971, S. 265-303.

17 Dieses Zitat ist aus R. Dennys, *The heraldic imagination*, London 1975, S. 38 f. entnommen.

18 C. Richebé, *Les monnaies féodales d'Artois du Xème au début du XIVème siècle*, Paris 1963, Nr. 41.

19 Kristian Turnwald, a.a.O., (Anm. 16) Anm. 8.

20 N. Rasmo, Pitture murali in Alto Adige, Bozen 1973, Tafel II.

21 Vom 10. Jahrhundert an (F. Lot, *a.a.O.*, (Anm. 6) Bd. I, S. 103) tritt der Normannenschild an die Stelle des sehr viel älteren runden Schildes. Letzterer war in der Mitte mit einer Ausbuchtung, dem Umbo, versehen, der anfänglich auf den Normannenschilden beibehalten wurde und erst am Ende des 12. Jahrhunderts verschwindet. Dieser umgangssprachlich 'Buckel' genannte Umbo hat dem damit versehenen Schild (französisch écu, lateinisch scutum) zum Namen gebuckelter Schild (écu bouclé) dann bouclier (Buckelschild) verholfen. Dieser Buckel überdeckt das Wappenbild, bildet aber nach einer Stelle im *Biterolf-Lied* (Ende 12. Jahrhundert) keinen Teil davon. Das letzte Beispiel eines Umbos scheint das zu sein, das auf dem Grabstein Albrechts Grafen von Haigerloch und Hohenberg, † 1298 (Seyler, *Geschichte...* S. 83-87) vorkommt. Im Laufe des 12. Jahrhunderts verschwindet der schwere Plattenpanzer vor dem leichteren und festeren Kettenhemd. Weil kostspieliger, wurde letzteres anfänglich nur von den größten Herren gebraucht, da es besseren Schutz bietet (Demay, *Le costume...* S. 112 und 141).

22 'Die gestalterischen Werte der im Abendland während der unserem Mittelalter voraufgehenden Periode entwickelten Kunst stehen im Gegensatz zu denen, nach welchen die antike Welt gelebt hatte: Das Vorherrschen ornamentaler Künste, Geschmack an der Farbe, am Reichtum und am Glanz des Werkstoffs, am Vorrang der Metalltechnik. Die Quellen, aus denen diese Kunst schöpfte, kamen aus dem Orient, aus der Kunst der Barbaren und einer keltischen Erneuerung... Ihre der Phantasie vor der Beobachtung Vorrang verschaffenden Wirkungen stehen denen der griechisch-römischen, im wesentlichen figurativen Plastik, wo alles vom Menschen und seinem Maß ausgeht, entgegen'. (J. Taralon, in seiner Einführung zum Katalog der Ausstellung *Les trésors des églises de France*, Paris 1965).

23 Diese Standarten byzantinischer Einheiten sind schon im *Strategikon* des Kaisers Mauritius (582-602) erwähnt, ebenso wie die Fähnchen, mit denen die Lanzen der Reiter verziert sind. Die Muselmanen hatten ebenfalls solche Wimpel oder Banner (F. Lot, *a.a.O.* (Anm. 6 Bd. I, S. 45-48 und 59).

24 Hans Horstmann, *Vor- und Frühgeschichte des Europäischen Flaggenwesens*, Bremen 1971, S. 47 ff.; vgl. auch Paul Adam, *Les enseignes militaires...* S. 170.

25 W.H. Graf Rüdt von Collenberg, *Byzantinische Proto-Heraldik des 10. und 11. Jahrhunderts*. Vortrag auf dem XI. CISGH, München 1974.

26 Ein Manuskript des 9. Jahrhunderts, das *De natura rerum* des Isidor von Sevilla (Paris, B.N. Lat. 5543), zeigt schon einen ganz heraldischen Löwen (Katalog der Ausstellung der gemalten Manuskripte in der Nationalbibliothek in Paris, 1954, Nr. 105).

27 Über die Siegel im allgemeinen und ihren Gebrauch seit dem Altertum ist das grundlegende Werk von Erich Kittel, *Siegel*, Braunschweig 1970, mit zahlreichen Abbildungen und einer erschöpfenden Bibliographie und Giacomo C. Bascapé, *Sigillografia, il sigillo nella diplomatica, nel diritto, nella storia, nell'arte*, einziger bisher erschienener Band, Mailand 1969, heranzuziehen.

28 Hierzu ist zu vergleichen der Artikel von Claude Lapaire, *L'orientation des recherches dans le domaine des seaux en Suisse*, in AH 1965, S. 18-29.

29 Man kann das in mehreren Siegelreihen bedeutender Häuser feststellen: Die Grafen von Provence haben bis zur Mitte des 13. Jahrhunderts, die Gräfinnen inbegriffen, militärische Reitersiegel nach links mit dem großen Schild und der mit einem Wimpel versehenen Lanze gebraucht (BB Tafel 2-6). Die Grafen de la Marche aus dem Hause Lusignan haben während mehrerer Generationen Jagd-Reitersiegel ohne jegliche militärische Ausrüstung, also auch ohne Wappen benützt (EP Nr. 415 ff.) Geographisch weit entfernt, wurden die Markgrafen von Brandenburg auf ihren Siegeln stehend und von Kopf bis Fuß gerüstet, aber mit einem kein Wappen tragenden Schild dargestellt (1134-1169). Albrecht der Bär benützt noch kein Siegel mit einem Wappen, aber einige seiner Münzen zeigen ihn, wie er einen quergestreiften Schild trägt, dieser wurde später das Emblem der Nachkommen seines jüngeren Sohnes Bernhard, Herzog von Sachsen, die jenes Herzogtum und Anhalt erbten. Erst 1170 findet man ein Siegel mit dem Adler bei dem ältesten Sohn Albrechts des Bären (Seyler, *Geschichte...* S. 72, 84-86).

30 Bei den Beschreibungen von Siegeln und anderen Denkmälern verwendet man die nichtheraldische Sprechweise (links, rechts, in Bezug auf den Beschauer) ausgenommen für den Schild (wo man vom Schildträger ausgeht). Man folgt damit den Empfehlungen von Madame Tourneur-Nicodème in: Archives, Bibliothèques, Musées, 1955, S. 17.

31 Man findet noch bis zum 15. Jahrhundert Reitersiegel nach rechts; dem Graveur ist es dann aber gelungen, dort den ganzen Schild zu zeigen.

32 Das manchmal zitierte Siegel des heiligen Leopold von Österreich aus dem Jahre 1136 ist eine Fälschung von 1236. Vgl. Oskar von Mitis, *Die Siegel der Babenberger*, ergänzt und mit einer Einleitung versehen von Friedrich Gall, *Urkundenbuch zur Geschichte der Babenberger in Österreich*, Bd. III, Wien 1954.

33 DD, Nr. 715 und 716; Birch Nr. 5566, 5568 und Tafel IX (irrig mit 6318 beziffert). Beide Siegel sind gleichzeitig als Siegel und Gegensiegel benutzt worden; der Graf ist einmal als Graf von Meulan, sein Schwert schwingend, das andere Mal (Abb. 6) als Graf von Worcester, sein Banner haltend, dargestellt.

34 SA, Nrn 11 und 12; AV, S. 623.

35 J.H. Round, *The introduction of armorial bearings into England*, in: Archaeological *Journal* 1893, S. 43 ff.

36 CB, Nr. 111 erwähnt den Adler, den man auf der Tafel II erraten kann, nicht. Vgl. Bouly des Lesdain, in: Bulletin Héraldique III (1913), S. 295.

37 Urkunde vom 23. Juli 1144, Bestand Bursfelde, Staatsarchiv Hannover, Vgl. *Historische Zeitschrift* 147 (1932), S. 277.

38 DP, Nr. 38, der irrigerweise zwei Balken gesehen hat.

39 BB, Tafel 2. Auf dem Schild sieht man noch die ursprüng-

Abb. 35   Ein Turnier im 14. Jahrhundert (Fresko in Castelroncolo, Südtirol).

liche Verstärkung. Das gleiche Siegel von 1157: Sagarra I, Tafel V. - Butkens, *Trophées... du Brabant*, Brüssel 1724, Bd. II, S. 164, zitiert ein Siegel von 1150 des Grafen von Berg mit zwei Schachbalken. Von dieser Person stammen die Grafen von der Mark (*in Gold ein rot-silbern geschachter Balken*) und die von Isenburg (*in Silber zwei schwarze Balken*) ab.

40   AHS 1916, S. 57.

41   In diesem sehr primitiven Siegel steht der Adler innerhalb eines von unsymmetrischen Ornamenten umrahmten Rundes. Dieser Mangel an Symmetrie ist auch ein vorheraldisches Phänomen, das hie und da in der klassischen Heraldik weiter andauert (vgl. AHS 1947, S. 42).

42   Oskar von Mitis, *Studien zum älteren Österreichischen Urkundenwesen*, Wien 1912, S. 340.

43   Urkunde zu Burghley (England). Vgl. Stenton, *Facsimiles of early charters from Northamptonshire collections*, in: *Northants' Record Society* IV (1930), VI, 24, und *Heralds' Commemorative Exhibition* 1484-1934 (Katalog), London 1936, S. 69. Die Legende ist zu ergänzen: *Sigillum Wilhelmi filii imperatricis* (seine Mutter war die Witwe Kaiser Heinrichs V.) Vgl. AHS 1945, S. 75.

44   Alfred Anthony von Siegenfeld, *Das Landeswappen der Steiermark*, Graz, 1900, S. 142.

45   Round *a.a.O.* (Anm. 35), S. 45; Birch Nr. 13 048 (der Name ist nach Round zu berichtigen).

46   Nach G. Demay, *Le blason d'après des Seaux du moyen-âge*, Sonderdruck aus den Mémoires de la Société des Antiquaires de France, Bd. 37, Paris 1877, aufgestellte und nach anderen Siegeln (DD, de Raadt, SN, M. Tourneur-Nicodème, *A propos des seaux d'Henri I, duc de Brabant* (1190-1235), Sonderabdruck aus Mélanges Georges Smet, Brüssel 1952) aufgestellte Tabelle.

47   EP, BP, BMA, GB.

48   EP Nr. 487.

49   Léon Jéquier, *Le début des armoiries en Suisse romande*, in: AHS Jahrbuch 1972, S. 8-19.

50   Der König von England Richard Löwenherz benützt sein Wappen auf der Rückseite seines Majestätssiegels (als König von England), einer Rückseite, wo er als Ritter (in seiner Eigenschaft als Herzog der Normandie und von Aquitanien und Graf von Anjou) dargestellt ist, erst 1195 (ein die sichtbare Hälfte des Schildes einnehmender umgewendeter Löwe) und 1198 (drei Leoparden), während er auf seinen früheren Siegeln mit seinem von innen sichtbaren Schild nach rechts galoppierend dargestellt ist (vgl. R. Dennys, *The heraldic imagination*, S. 36). Und dies, obwohl er gewiß schon vorher ein Wappen geführt hat: Hugo IV. Candavène, Graf von Saint-Pol, in

37

Artois, ist 1179 von Richards Vater, König Heinrich II. von England, zum Ritter geschlagen worden und führte auf seinem Siegel einen Schild mit zwei schreitenden Löwen, womit er die Garben seiner Vorgänger preisgab und den Schild seines Ritterschaftspaten annahm (Paul Adam, *A propos d'un curieux usage héraldique*, in: AH 1954, S. 9 f.; vgl. auch R. Viel, *Les origines symboliques du blason*, Paris 1972, S. 45 ff.).

51 Vgl. vor allem den interessanten Aufsatz von F. Menéndez Pidal de Navascués, *Los comienzos de la heráldica en España*, aus: Mélanges offerts à S. de Vajay, Braga 1971; vom gleichen: *El nacimiento de las armas de León y de Castilla*, Sonderabdruck aus: Hidalguía 1973; hieraus geht hervor, daß die alten Texte die Rückführung des Löwen von León mindestens bis zu Alphons VII., dem 'Kaiser' (gekrönt 1135, † 1157), auf seinem Wappen und Banner erlauben. Das Wappen von Kastilien geht nur bis zu seinem Enkel Alphons VIII. zurück. In seinem Grab wurde Stoff mit seinem Wappen gefunden.

52 Paul Adam, *Les enseignes militaires...* S. 170-172 und derselbe: *Les usages héraldiques au milieu du XIIème siècle*, AH 1963, S. 18-29.

53 Nach den *Gesta Stephani*, zitiert bei R. Dennys, *a.a.O.* (Anm. 17), S. 31.

54 Seyler, *Geschichte...* S. 79 f.

55 Paul Adam, *Les enseignes militaires...* S. 169 f.

56 Clypeus leonculos aureos imaginarios habens in collo eius suspenditur; pictos leones preferens in clypeo.

57 Jean-Bernard de Vaivre, in AH 1974, S. 39.

58 Diese Tafel hat R. Viel, *Les origines symboliques du blason*, Paris 1972, Kap. 2, gründlich untersucht.

59 P. Gras, *Aux origines de l'héraldique*, Bibl. École des Chartes, Paris 1961, S. 198-208.

60 Felix Hauptmann, *Die Illustrationen zu Peter von Ebulos Carmen in honorem Augusti*, Jahrbuch der k.k. heraldischen Gesellschaft Adler, Wien 1897, S. 55-65.

61 Hans Horstmann, *Die Wappen in der Berliner Handschrift der Eneide des Heinrich von Veldeke*, Festschrift zum hundertjährigen Bestehen des Herold zu Berlin, Berlin 1969, S. 59-76. Der Verfasser zeigt dort, daß es sich nicht um Phantasiewappen handelt, sondern daß man den trojanischen Helden die Wappen thüringischer Adelsfamilien zugeteilt hat.

62 C. Enlart, *Le costume* (Bd. III des *Manuel d'archéologie française*) Paris 1916, S. 448.

63 Vgl. auch Kap. X und die anderen Beispiele bei Léon Jéquier, *A propos de l'origine des armoiries*, Vortrag auf dem XII. CISGH, München 1974.

64 In Ungarn findet sich der erste Königsschild mit dem Patriarchenkreuz auf einer Münze Belas III. (1172-1196); die Wappen der Herren erscheinen kaum vor der Mitte des folgenden Jahrhunderts in dem Augenblick, als jeder Edelmann

verpflichtet war, Soldaten unter seinem Emblem dem Heere zuzuführen (J. Novák, *Die Entstehung des Wappens in Ungarn*, AH 1970, S. 12-14).

65 Vgl. auch den als Feldzeichen von einem Reiter im *Goldenen Psalter* von St. Gallen (AH 1966, S. 20, Abb. 4) getragenen Drachen. Diese Drachenfeldzeichen findet man noch sehr viel später als Emblem des Teufels (vgl. besonders Folio 74 der *Belles Heures du duc Jean de Berry*, hrsg. vom Metropolitan Museum of Art, New York 1974).

66 de Raadt I, S. 454 (1162); DF, Nr. 139bis (um 1181). Die Inschrift des Siegels *Sigillum Philippi comitis Flandrie* geht auf der Rückseite weiter mit: *et Veromandie*.

67 Es gibt aber auch Ausnahmen, wo die Löwen der Stange den Rücken drehen.

68 Vgl. W. Merz, *Die Burgen des Sisgaus*, Aarau 1908-1912, IV, S. 52 und 107, Nr. 27; Anthony von Siegenfeld, *a.a.O.*, (Anm. 44) S. 52.

69 DD, Nr. 712, 713.

70 RD, Nr. 2 ff. Einige Herren von Montélimar haben die drei Schrägbalken auch auf ihren Siegeln geführt; Anspruch oder ein anderer Grund?

71 RD, Nr. 128 ff.

72 Die von Walter Merz und Friedrich Hegi durchgeführte tiefschürfende Studie über die in der berühmten Wappenrolle von Zürich (MHZ) erscheinenden ministerialen Familien zeigt uns, daß selbst der Besitz eines recht kleinen Lehens genügte, um ein eigenes Wappen zu führen.

73 DD, Nr. 2304 bezieht sich auf einen anderen Abdruck des Stempels Nr. 2834. Die Zuschreibung von 2304 ist zu berichtigen.

74 Die Ketten von Navarra (Abb. 402) leiten sich von einer sehr eigenartigen Ausschmückung des Schildes ab, der nicht eine Verstärkung ist, sondern aus mit goldenen Bändern verbundenen Goldmünzen besteht, die aus einem 'Karfunkel' hervorgehen. Der Karfunkel ist ein Granatstein, der aber in der Heraldik meist als grüner Stein dargestellt wird. So hat ihn der Dichter und hervorragende Wappenkenner Konrad von Würzburg († 1287) in seinem *Turnier von Nantheiz* (Seyler, *Geschichte...* S. 88) gesehen.

75 Im Wappen der Grafen von Kleve ist der Karfunkel im 13. Jahrhundert noch nicht erblich. In dieser Zeit ist das Schildchen das Familienwappen, zu dem der Karfunkel als persönliches Ornament hinzutritt (Seyler, *Geschichte...* S. 88).

76 Das sogenannte Kreuz von Toulouse scheint mehr ein Kreuz der Provence zu sein, denn es bildet das Wappen der Grafen von Toulouse als Grafen von Provence, der Grafen von Forcalquier als Erben eines Teils der Provence und der Herren von Baux, die auf die Grafschaft Provence Ansprüche gegen die Aragon-Barcelona erhoben (vgl. Léon Jéquier, *A propos de l'origine des armoiries*, Vortrag auf dem XII. CISHG, München 1974). Anfänglich hatte dieses Kreuz äußerlich durchaus die klassische Gestalt, die Öffnung aber nur die Gestalt eines kleinen Kreuzes (Abb. 36 BB Tafel 8) und nicht so wie der Durchbruch auf Abb. 404. Man kann sich also fragen, ob es sich wirklich um eine Verstärkung handelt.

77 Man beachte besonders das Schrägkreuz auf dem Schild der Grafen von Ottingen (Abb. 37), das dort einwandfrei zur Befestigung des Feh im Schild dient (Seyler, *Geschichte*... S. 76).

78 Vgl. besonders R. Grousset, *Histoire des Croisades*, Paris 1935, Bd. I, S. 96, 152, 159; Bd. II, S. 223.

79 In den Romanen der Tafelrunde (Anfang XIII. Jahrhundert) sieht man auch Lanzelot vom See im Laufe seiner Abenteuer oft seinen Schild wechseln, ohne daß das irgendwie anormal scheint. Das macht den Helden immerhin schwierig zu erkennen (J. Boulenger, *Les romans de la Table Ronde*, 3 Bde., Paris 1924).

80 Th. Ilgen, *Zur Entstehungs- und Entwicklungsgeschichte der Wappen*, Korrespondenzblatt des Gesamtverein der Deutschen Altertumsvereine, 1921, Lfg. 9/10 und 11/12, Anm. 30.

81 Léon Jéquier, *Les débuts des armoiries en Suisse romande*, AHS Jahrbuch 1972, S. 8-19; ders.: *A propos de l'origine des armoiries*, Vortrag auf dem XII. CISGH, München 1974. Außer den im ersten Artikel zitierten Hinweisen vgl. auch R.T. Muschart in: *Nederlandsche Leeuw*, 1926, S. 98 ff., der andere Gruppen in den Niederlanden untersucht. Seyler, *Geschichte*... S. 226 bringt noch weitere Beispiele. Halten wir fest, daß wir hier nur die von großen Lehensfamilien gebildeten Gruppen in Betracht ziehen und nicht die von den Vasallen einiger großer Herren gebildeten, die entweder vom gemeinsamen Banner (S. 28) oder der gemeinsamen Schildverzierung (S. 23) herzuleiten sind.

82 Léon Jéquier, *Les armes des comtes de Montbéliard*, RFHS 1939, S. 1-12. Anscheinend kann man dieser Gruppe auch die Familien Altena (*in Gold zwei rote abgewendete Barben*) und Brackel (*in Rot zwei abgewendete silberne Barben, von goldenen Kreuzchen begleitet*) anfügen. Beide gehören nach Geldern (A.J. van der Aa, *Aardrijkskundig Woordenboek*, Groningen 1840, Artikel Brackel), aber vielleicht sind sie nur Vasallen.

83 J.H. Round, *Geoffrey de Mandeville*, London 1892, S. 388 ff.

84 Wie Anmerkung 49.

85 L. Bouly de Lesdain, *Notes sur quelques changements d'armoiries*, AHS 1899, S. 10 ff.; ders.: *Etudes héraldiques sur quelques armoriaux contemporains*, Heraldica 1912, S. 167 ff.

86 Wie Anmerkung 49.

87 P. Feuchère: *Contribution à l'origine des armoiries, l'écusson en abîme*... Paris 1948; vgl. ders.: *Étude sur l'écartelé plein en Artois*, AHS 1950, S. 81-86 und 116-121.

88 Meyer, *l'Histoire de Guillaume le Marréchal*, Paris 1891, Bd. III, S. VII ff.

89 N. Rasmo, *Pitture murali in Alto Adige*, Bozen 1973, Tafel XXVI.

90 Dies ist umso bemerkenswerter, als seit dem 14. Jahrhundert das Wappen in der Schlacht nicht mehr auf dem Schild, sondern auf dem Wappenrock, den Bannern und den Wimpeln erscheint (s. Kap. XI).

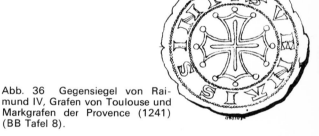

Abb. 36 Gegensiegel von Raimund IV, Grafen von Toulouse und Markgrafen der Provence (1241) (BB Tafel 8).

Abb. 37 Siegel Konrads II. Grafen von Öttingen (1229).

KAPITEL II

Abb. 38 Balduin von Montcornet und Heinrich von Flandern beim Turnier zu Pisa (1312).

DIE ENTWICKLUNG DER WAPPEN

Die Turniere

Während kaum zwei Jahrhunderten, dem 12. und 13., war der Einfluß des Krieges in der Heraldik vorherrschend. Seinerzeit bestand zwischen einer Schlacht und einem Turnier kaum ein Unterschied, und die ganze Kriegskunst beschränkte sich auf den Stoß der massierten Reiter und die darauffolgenden Einzelkämpfe. Die Schlachten von Courtrai (1302), von Morgarten (1315) und von Crécy (1346) verschafften dem Fußkämpfer, sei er nun flämischer Bürger, Schweizer Bauer oder englischer Bogenschütze, den Sieg über die Reiterei, und so waren diese Schlachten der Ausgangspunkt für einen gründlichen Wechsel in der Kriegskunst. Die Waffenträger beginnen, sich zu Fuß zu schlagen, oft ohne Schild oder nur mit einem kleinen eisernen Rundschild, das Haupt mit der Beckenhaube bedeckt. Erstaunlicherweise ist die große Beckenhaube, der im Hundertjährigen Krieg bevorzugte Helm, fast niemals mit einer Helmzier versehen. Der Wappenrock und die heraldische Pferdedecke werden in den Schlachten bis zum 15. Jahrhundert getragen, Banner und Wimpel noch viel länger, aber Schild und Helmzier verschwinden vom Schlachtfeld seit dem 14. Jahrhundert, um sich in die Scheinwelt der Turniere zurückzuziehen (1).

Schon im 13. Jahrhundert hat man damit begonnen, abgestumpfte Lanzen zu benützen, die mit dem dreizackigen Krönlein anstelle des Kampfspeer-Eisens versehen war (Abb. 38) (2). In der Folgezeit entwikkelten sich zahlreiche Varianten des 'Stechens', und die linke Seite der

41

Abb. 39 Gegensiegel der Mathilde von Portugal, Gräfin von Flandern (1189) (DF Nr. 142 bis).

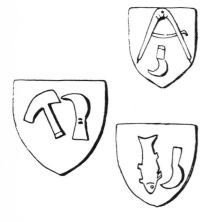

Abb. 40 Wappenschilde von Bauern, Winzern und Fischern auf Grabsteinen in der Kirche von Ligerz (Kanton Bern) (um 1500).

Bewaffnung des Reiters wurde als dem Lanzenstoß stärker ausgesetzt mit besonderen Stücken bedeckt. Die übertriebene Differenzierung rief eine dementsprechende Reglementierung hervor, und die Turniere verloren somit jede Beziehung zum Kriege und wurden nur noch ein Sport, der ein ganzes Leben an Vorbereitung und Training erforderte.

Für das Gedränge, ein Kampf zwischen großen Haufen, rüsten sich die Ritter schon im 13. Jahrhundert mit Leder oder kräftiger Leinwand aus, tragen lederne Helme und schwingen hölzerne Keulen und Schwerter aus versilbertem Fischbein (3). Aus einem kriegsnotwendigen Training wird das Turnier zu einem Spiel, bei dem es nur noch die Helmzier des Gegners abzuschlagen gilt. Bei diesen Spielen konnte sich der Ritter nach seinem Geschmack ausschmücken, wie dies die wunderlichen Helmzierden des 14. und 15. Jahrhundertes und die mit Devisen (vgl. Kap. VII und VIII) bestreuten Wappenröcke und Pferdedecken zeigen. Die Ausrüstung wurde aber so kostspielig, daß nur die Mächtigsten oder Reichsten noch turnieren konnten.

Während des 14. Jahrhunderts standen die Turniere besonders an den Höfen von Neapel und England (4) in hohem Ansehen. Im 15. Jahrhundert wurde Renatus von Anjou, der gute König René, nicht nur zu einem großen Mäzen, sondern er ist auch der Verfasser eines der interessantesten Bücher, in denen eine ins einzelne gehende Beschreibung eines erdachten Turniers zwischen den Herzögen der Bretagne und von Bourbon (5) geboten wird.

In Deutschland wachten die 12 Turniergesellschaften vom Rhein, von Schwaben, von Franken und von Bayern (seit ungefähr 1436) über die Turniere. Sie verschärften die Reglementierung und Ausschließlichkeit zugunsten des Adels, indem sie die Zulassung jedes Neuen ablehnten, dessen Ahnen nicht während der letzten fünfzig Jahre 'turniert' hätten, übrigens keine harte Forderung.

Vor jedem Turnier nahm man bei der Vorführung der Wappen und der Helme (der sog. Helmschau) (Abb. 44) (6) die Spezialkenntnisse der Herolde in Anspruch, die an den Wappen die Familien und an den Beizeichen die Personen erkannten. Die Turnierleitung verblieb in Händen von aus dem Adel entnommenen Turnierrichtern.

Ein günstiges Feld fand der Luxus des Burgunder-Hofes in den Turnieren, aufwendigen Festen, wo 'man sich mit sehr viel Zeremoniell sehr wenig antat' (Bouly de Lesdain). Nach dem Tod Karls des Kühnen wurde sein Schwiegersohn, Kaiser Maximilian, der Schutzherr der Turniere; er tat viel dazu, um sie durch eine übersteigerte Reglementierung zu ersticken.

Auf das Mittelalter folgte der Niedergang. Das Gedränge verschwand, aber das immer komplizierter werdende Stechen fand in den Königen Heinrich VIII. von England und Heinrich II. von Frankreich, der dabei zu Tode kam, leidenschaftliche Freunde.

Die Turniere haben auf die Entwicklung der Heraldik einen beträchtlichen Einfluß ausgeübt. Dank den Turnieren hat sich der Gebrauch der Helmzierden entwickelt (Abb. 44). Auch wegen ihrer Rolle in den Schlachten und den Turnieren gewannen die Herolde auf die Heraldik bedeutenden Einfluß (7); diese Rolle veranlaßte sie zur Erstellung handschriftlicher Wappensammlungen, die eine wertvolle Dokumentation und Vorbilder des heraldischen Zeichenstils liefern (Abb. 45).

Nach und nach aber verschwinden die Wappen seit dem 15. Jahrhundert aus der Turnierausrüstung, um Devisen mit verstecktem Sinn Platz zu machen; und Straußenfedern treten an die Stelle der Helmzierden (8).

Mit dem 17. Jahrhundert ist das alles zu Ende, denn Ringelstechen und Ringelrennen sind endgültig an die Stelle der Turniere getreten (9).

Ausdehnung der Wappenführung

Wir haben oben von dem bedeutenden Beitrag der Siegel zur Heraldik gesprochen, der teils durch unsere ersten Belege, teils auf dem Gebiet der redenden Wappen geleistet worden ist. Aber die wichtigste Wirkung der Siegel bestand in der Ausdehnung des Wappengebrauchs auf Nichtkämpfer, auf Kleriker und Frauen. Erinnern wir uns an das Siegel der 1156 gestorbenen Rohaise de Clare (Abb. 9). Das Siegel der Mathilde von Portugal, Gräfin von Flandern, aus dem Jahre 1189, hat die Gestalt eines Normannenschildes. Das kann offenbar kein Kampfschild sein, sondern ist eins der ältesten Beispiele eines heraldischen Schildes (Abb. 39). War einmal die Grundidee geboren, konnte sich der Wappengebrauch ausbreiten. Jede ein Siegel besitzende Person war versucht, ein Wappen darein zu setzen, denn das runde Siegel mit einem Schild im Felde und das schildförmige Siegel wurden die häufigsten Arten. So ging der Wappengebrauch im 13. Jahrhundert auf Geistliche, auf Städte, auf Bistümer, auf Bürger und Handwerker über, um sich im folgenden Jahrhundert auf Abteien, Bauern (10) (Abb. 40) und Juden (11) (Abb. 41) auszudehnen.

Die Theorie, es habe, um ein Wappen führen zu dürfen, einer besonderer Befähigung, einer Art von Minder-Adel, bedurft, kann sich vor den Tatsachen nicht behaupten. Klarer als jedes andere Argument sprechen einige Zahlen. In Artois findet man zwischen 1285 und 1401 auf 136 Bürgerliche 75 Wappen-Siegel und dies, ohne die Schöffen einzurechnen, bei denen das Verhältnis noch höher wäre. In der Picardie haben auf 107 Bürgerliche und als Handwerker klassifizierte Einwohner 42 ein Wappensiegel (12), dabei zwei Scharfrichter (Abb. 42 und 43). Im Jahre 1380 siegeln 71 Bürger von Grammont in Flandern die Urkunde ihrer Unterwerfung unter den König von Frankreich: 64 haben Wappensiegel (13). Die Verhältniszahlen ändern sich von einem Land zum anderen kaum. Auf 163 Bürgersiegel von Hildesheim in Niedersachsen sind in der Zeit von 1286 bis 1449 142 wappengeschmückt (14). 1408 ließen 57 Bäcker der Stadt Luzern anläßlich der Errichtung eines Zunfthauses ihre 57 Schilde in ein Büchlein malen, das unser erstes bürgerliches Wappenbuch ist (Abb. 54) (15). Nach dem Obengesagten kann man versichern, daß seit dem Ende des 13. Jahrhunderts die Bürgerlichen und die Handwerker regelmäßig Wappen geführt haben (16).

43   44   45

Abb. 41   Siegel von Benjamin dem Juden, Bürger zu Bern (1391) (Sammlung DLG).

Abb. 42   Siegel des Michael de Beuvry, Scharfrichter von Arras (1376) (DA Nr. 1230).

Abb. 43   Siegel des Gilles de Villiers, Scharfrichter von Arras (1384) (DA Nr. 1231).

Abb. 44 Die Vorführung der Helmzierden (Helmschau) am Tage vor einem Turnier (1483). Die Helfer der Herolde tragen die Helme mit Helmzierden in einen Saal auf dem ersten Stock, wo die Helmzierden von den Herolden geprüft werden. Vom Geländer wirft ein Herold einen Helm herunter, dessen Helmzier er entfernt hat (GR Fol. 201) (Photo: Bayerisches Hauptstaatsarchiv, München).

Die Wappen der **Bürger** zeigen oft mehr oder weniger redende, in einen Schild und in Farben gesetzte Siegelbilder. Die Hauszeichen oder Hausmarken, die seit dem 12. Jahrhundert zur Kennzeichnung der Häuser in den Städten anstelle der heutigen trockenen Numerierung gedient haben, bilden ebenfalls die Quelle vieler bürgerlicher Familienwappen (17). Die Familien- oder Kaufmannszeichen, die auf den Habseligkeiten des Bürgers, seinen Werkzeugen, seinen Warenballen graviert oder aufgemalt waren, wandeln sich, in einen Schild gesetzt und mit Farben versehen, leicht in heraldische Figuren (Abb. 46 und 47). Manche der im 15. und 16. Jahrhundert noch wenig heraldisch wirkenden Notarsignete haben sich ebenfalls in echte Wappen verwandelt (Abb. 48, 49) (18).

Der einzige Unterschied zwischen den Wappen des Adels und des

Abb. 45 Einige Turnierteil-
nehmer unter Vorantritt ihres
Banners (um 1380) (BE fol.
62v.) (Photo: J.-B. de Vaivre).

45

Abb. 46 Druckerzeichen des Jacques Kerver, Paris (1550).

Abb. 47 Osterlamm, mit einer Hausmarke kombiniert, auf einem Grabstein im Augustinerkloster zu Toulouse (14. Jahrhundert).

Bürgerstandes ist das verhältnismäßig große Übergewicht der Handwerkszeuge und der Hausmarken (19). Diese Marken sind nämlich in Wappen des Adels kaum anzutreffen, ausgenommen in Polen und den Staaten des Ostens, wo die Heraldik dank ihrem Ursprung und ihrer Entwicklung von der des übrigen Europas ganz verschieden ist.

Viele bürgerliche Wappen sind anläßlich der Wahl zum Schöffen oder Zunftvorsteher gewählt worden, und es kommt bis ins 17. Jahrhundert vor, daß bürgerliche Familien fast in jeder Generation das Wappen ändern. Die gleichzeitig im 15. und 16. Jahrhundert geführten Wappen und Hausmarken verschmelzen sich manchmal in lustiger Weise zu einem einzigen Wappen. Im allgemeinen setzt sich wenigstens bei den Rats- oder Schöffen-Familien die Erblichkeit der Wappen schnell durch.

Die **Städte** siegeln seit dem 12. Jahrhundert. Hierbei benützen sie das Abbild ihres Schutzheiligen oder seiner Attribute, die Darstellung der Stadt oder eines ihrer Gebäude, ihrer Schöffen oder Ratsherren (Abb. 50), ihrer wichtigsten Tätigkeiten (20) oder schließlich ein redendes Bild. So schmückt sich Lille bereits 1199 mit der Lilie (Abb. 51), die in der Folgezeit seinen Schild verziert. Seit dem selben Jahr hat das Siegel der Schöffen von Courtrai (Kortrijk) ein wappentragendes Gegensiegel, darauf ein Sparrenschild (21). Das Schiff von Paris erscheint 1210 auf dem Siegel der 'Kaufleute zu Wasser', der mächtigsten Zunft (22). Der Gebrauch von Siegeln durch Städte hat also die Bildung zahlreicher kommunaler Wappen verursacht.

Das Wappen des Herrn einer Stadt, des Herrschers oder auch des Pfandherrn kommt früh im Schilde einer Stadt vor (Aire-sur-la-Lys, Abb. 52, 1199, und Hereford (23) in England um die gleiche Zeit). Dies geschah auf jede erdenkliche Weise; man trifft ebenso gut eine einzige Figur aus seinem Schild (z.B. eine oder mehrere Lilien aus dem Wappenschild von Frankreich), wie den ganzen Schild und sogar das Vollwappen des Herrn, mit Schild, Helm und Helmzier (24).

Eine andere wichtige Quelle für örtliche Wappen ist das Banner. Die Wappen der waadtländischen Städte Aubonne, Vevey, Cossonay und Rolle weisen durch die einfachen, aus Bannern abgeleiteten Teilungen ihrer Schilde auf diesen Ursprung hin. In manchen Fällen sind die Banner zwei Jahrhunderte vor den Wappen der Städte erwähnt (25). Eine letzte Quelle ist die Stadtmarke, ein manchmal redender Gegenstand, ein Stern, ein Blatt, ein Kreuz wie das Patriarchenkreuz von Saint-Omer (26) oder

Abb. 48 Notariatssignet von Franz Pilichodi (1528).

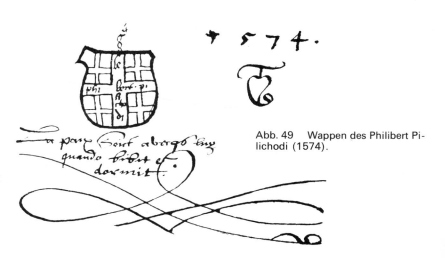

Abb. 49 Wappen des Philibert Pilichodi (1574).

der Anfangsbuchstabe des Namens. Eine solche Marke wurde für die Grenzsteine, die Münzen und städtisches Eigentum benützt und verschmilzt dann mit dem Banner, dem Siegelbild und dem Wappen des Herrn vereinigt zum Stadtwappen.

Seit dem 15. Jahrhundert findet man Städten und Dörfern erteilte Wappenbriefe.

Wenige Städte setzen auf ihren Schild einen Helm mit Helmzier; seit dem 15. Jahrhundert geschieht es ausnahmsweise, so bei Köln und Straßburg. Hingegen kommen Schildhalter oft vor. Der Gebrauch der Mauerkronen (27) hat sich erst unter Napoleon I. ausgedehnt.

Staaten, Provinzen, Städte fahren fort, Wappen zu führen, notfalls auch zu schaffen, nicht nur in Westeuropa, sondern auch in Lateinamerika, auf der anderen Seite des Eisernen Vorhangs und selbst in einigen afrikanischen Ländern, wohin die Heraldik bisher noch nie gedrungen war (28).

Die Wappen der **Handwerkerzünfte** gehören hinsichtlich ihres Ursprunges zwischen die der Städte und der Bürger (29). Ein heraldisches Banner mit einem Hosenbein findet sich auf einem um 1230 zu datierenden Fenster in der Kathedrale von Chartres (Abb. 55). In Basel kann man die Banner der Zünfte des 14. Jahrhunderts teils in natura, teils in zeitgenössischen Darstellungen (Abb. 53) (30) bewundern. Im Siegel der Schuhmacherzunft von Siena um ungefähr 1300 erscheinen eine Schuhsohle und ein Schustermesser im Felde, und beide Gegenstände findet man, von einer Ahle begleitet, in einem Schild von 1338 (Abb. 57) wieder (31). Die Banner und Siegel der Fleischer zeigen meistens Lämmer, Widder oder Ochsen, und ihre Wappen wiederholen dieselben (32).

Die Ruder der Schiffsleute (Abb. 53), die Forke der Gärtner, der Zirkel, die Hacke und die Kelle der Maurer (Abb. 58), der Zirkel, der Hammer und die Axt der Zimmerleute, die Scheren der Schneider sind ebenso verständlich wie die Sohlen und die Schuhe der Schuster, die Kerzen der Kerzenzieher und die Schildchen der Maler (Abb. 59 und 60) (33). Der Wappenschild des Lehnsherrn erscheint in den Wappen von Zünften in gleicher Weise wie in denen von Städten. So steht der Schild des Grafen von Flandern zweimal im Wappen der Kerzenzieher von Brügge und der Schild der Stadt Basel in der hinteren Hälfte des Schildes der Kürschner dieser Stadt (*gespalten, rechts ein Feh-Balken und links ein Bischofsstab*) (Abb. 61) (34).

Abb. 50 Siegel der Stadt Saint-Omer (13. Jahrhundert) (DA Nr. 1050) (Photo Archives Nationales, Paris).

Abb. 51 Siegel der Stadt Lille (1199) (DD Nr. 5533) (Photo Archives Nationales, Paris).

Abb. 52 Siegel der Stadt Aire-sur-la-Lys (1199) (DD Nr. 10685) (Photo Archives Nationales, Paris).

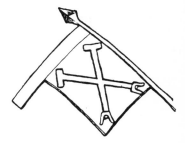

Abb. 53 Banner der Schiffleute von Basel (14. Jahrhundert).

47

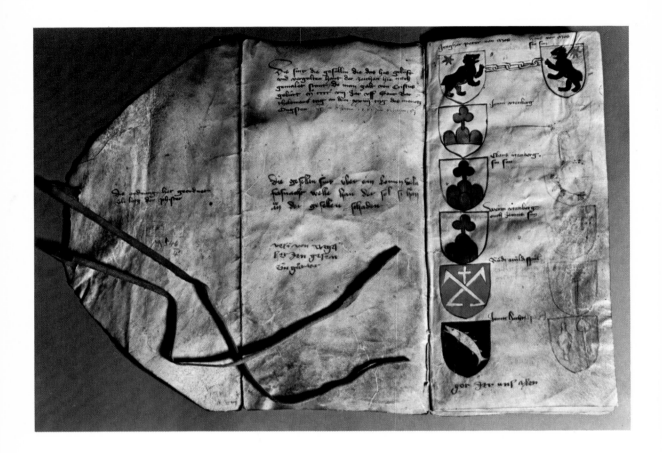

Herzog Philipp der Gute erteilte 1429 den Handwerken von Gent die Freiheit 'ein gemeinsames Wappenbanner zu besitzen, d.h. in der rechten Hälfte das Wappen unseres Landes zu Flandern und in der anderen das Wappen unserer Stadt Gent, die Löwen gegeneinander springend'.

Manchmal erscheinen in den Wappen auch der Name und das Hauszeichen der Zunft oder der Schutzheilige ihrer Kapelle, wie der Schlüssel von St. Peter der Kaufleute zu Basel und die Muschel von St. Jakob im Schilde der Schneider von Lyon.

Zu einem endgültigen Wappen haben sich die Wappenzeichen der Zünfte erst im 16. Jahrhundert verfestigt.

Fast nur die Maler bedienen sich einer Helmzier.

Die **Bistümer** und **Abteien** führen seit dem 13. Jahrhundert Wappen. Der älteste Fall scheint uns das Wappen des Pairie-Bistums Langres (Abb. 56) (35) zu sein, das auf die Jahre 1209 bis 1219 zurückgeht. Der Ursprung der ältesten Wappen muß in den Bannern gesucht werden, da Bistümer und Abteien Lehnstruppen besaßen (Abb. 64). Die Attribute der Heiligen, besonders die Schlüssel von St. Peter, und Würdezeichen wie die Hirtenstäbe kommen oft vor.

Viele Klöster haben niemals Wappen geführt; dies trifft besonders auf die in den Wirren der Reformation des 16. Jahrhunderts untergegangenen Abteien zu. Mehrere haben im 17. und 18. Jahrhundert die manchmal apokryphen Wappen ihrer Stifter angenommen. Die Zisterzienserklöster führen überall, ausgenommen in Brabant, *in Schwarz einen in zwei Reihen*

Abb. 56   Der Herzog-Bischof von Langres (um 1450) (TO Tafel 61).

Abb. 57 Wappen der Schuhmacher von Siena (1338), Steinplastik aus der Kapelle der Zunft (Öffentliche Bibliothek, Siena).

Abb. 58 Die Maurer von Rom, Steinplastik am Palazzo dei Conservatori (14. Jahrhundert) (Zirkel, Maßstab, römisches Beil, Maurerkelle).

silbern und rot geschachten Schrägbalken (Abb. 62), eigentlich das Wappen der Abtei Clairvaux. Die Wappen der Dominikaner und der Franziskaner gehen beide auf das 14. Jahrhundert zurück (Abb. 63) (36). Viele Spitäler führen Pilgerabzeichen, Muscheln oder Pilgerstäbe, und die im 15. Jahrhundert zahlreichen Heilig-Geist-Spitäler ein zweiarmiges Kreuz.

In Deutschland setzen die Bistümer und Abteien fast regelmäßig einen Helm mit Helmzier auf ihren Schild (Abb. 64) (37). In anderen Ländern sind die Helmzierden selten. Engel und Heilige als Schildhalter werden bevorzugt.

Die **Bauern** haben im 14. Jahrhundert mit der Wappenführung begonnen (38). Schon im Mittelalter nicht so selten, wie man bisher glaubte (das *Livre des aveux du comte de Clermont en Beauvaisis* (39) von 1375 enthält mehrere hundert), werden die bäuerlichen Wappen im 17. und 18. Jahrhundert, vor allem in der Schweiz, in Friesland und Niedersachsen (40) zahlreich. Dort findet man oft eine Pflugschar, das Winzermesser (Heppe), den Fisch für den Fischer und die Werkzeuge des Böttchers. Die Brandzeichen (Abb. 65), die zur Kennzeichnung von Gegenständen in Holz dienten, und die Werkzeuge sind eine wichtige Quelle für die Wappen der waadtländischen Weinbaugebiete (41).

Die Wappen von **Juden** erscheinen, wenn auch selten, seit dem 14. Jahrhundert auf Siegeln (Abb. 41) und im 16. Jahrhundert auf Grabdenkmälern (42). Der Löwe von Juda, der eigentümliche Judenhut (Abb. 66), ein Ringlein und der Hirsch sind die bevorzugten Bilder. Name und Wappen der Rothschild leiten sich von ihrem Hauszeichen in Frankfurt am Main ab.

Abb. 59 Siegel der Kerzenzieher von Brügge (14. Jahrhundert).

Abb. 60 Wappen einiger Zünfte, wie sie auf der Wachttafel der Stadt Basel (1415) gemalt sind, wo sie deren Reihenfolge beim Wachtdienst festhalten (Historisches Museum Basel).

Abb. 61 Siegel der Basler Kürschnerzunft (14. Jahrhundert) (Sammlung DLG).

Abb. 62 Siegel der Abtei Altenryf (Hauterive) (Freiburg i.Ü.) (18. Jahrhundert) (Sammlung DLG).

50

Abb. 63 Siegel von Margarete, Meisterin des Franziskanerhauses zu St. Jakob in Wien (1375).

Abb. 64 Der Erzbischof von Köln und seine Lehnsleute, um 1370 (GA fol. 28v).

Wappenrecht

Abb. 65 Brandzeichen waadtländischer Bauern (17. und 18. Jahrhundert).

Das Wappenrecht des Mittelalters ist ein schwankendes Gewohnheitsrecht (43). Wir haben schon von den die Wappen mit dem Boden verknüpfenden Verbindungen gesprochen, ebenso von den zahlreichen Wappenwechseln. Jedermann war in der Wahl eines Wappens nach seinem Geschmack frei, vorausgesetzt daß es von denen anderer verschieden war. Die Fälle zufälliger Ähnlichkeit wurden von Schiedsrichtern geschlichtet (44). Der Besitz eines Wappens beruhte nicht auf irgendeinem Recht, sondern ergab sich aus einer gesellschaftlichen Gewohnheit, ganz wie heute der Besitz eines Zylinderhuts in den oberen Gesellschaftsklassen unausweichlich und unvermeidlich ist; im Abstieg auf der sozialen Stufenleiter wurden die Wappen nach und nach seltener und verrieten gleichzeitig gesellschaftliche Ansprüche.

Normalerweise kamen die Wappen allen Mitgliedern einer Familie zu, gingen vom Vater auf die Kinder und beim Tode des letzten männlichen Vertreters entweder auf den Gatten der Erbin und deren Kinder oder mangels eines direkten Erben auf den nächsten Verwandten über. Die Frau hat Recht auf das Wappen ihres Vaters (ebenso wie auf das ihres Ehemannes), solange er lebt, aber wenn sie keine Erbin ist, überträgt sie sein Wappen nicht auf ihre Kinder. Von dieser Regel gibt es einige Ausnahmen (45). Im Herzogtum Bar nahmen die Adligen, wenn sie den Adel der Mutter wieder aufnahmen, auch das Wappen der Mutter an.

Noch heute erkennen die Gerichte an, daß selbst von irgend jemand aus eigenem Antrieb angenommene Wappen für ihn Gegenstand eines Ausschließlichkeitsrechts sind (46). Embleme, Fahnen und Wappen von Staaten sind durch die am 20. März 1883 abgeschlossene und seitdem öfter abgeänderte Pariser Konvention geschützt (47).

Verleihungen und Stiftung von Wappen

Abb. 66 Siegel von Ulrich Reich, Bürger von Solothurn (1328) (AN II).

Im 14. und 15. Jahrhundert kam eine beträchtliche Anzahl von Fällen vor, in denen Personen verschiedensten Standes, Fürsten, Herren und Vasallen, ihr Wappen als Lehen oder als Geschenk hergeben, auch verkaufen, manchmal nur die Helmzier allein, manchmal das Gesamte ohne jede Einschränkung oder unter den verschiedenartigsten Bedingungen (48). Hierbei handelt es sich also um den Schild des Schenkers oder um Wappen, die er geerbt hat.

Unter dem Einfluß des Lehnswesens setzt sich nach und nach die Auffassung durch, daß das Wappen einer im Mannesstamm erloschenen Familie wie ein Lehen an den Lehnsherrn zurückfalle, um erneut als Lehen ausgegeben zu werden. So ließ sich 1360 Johann Bodman der jüngere von Kaiser Karl IV. das 'freigewordene Wappen der Meyer von Windegg' neu verleihen, obwohl er der Sohn der Tochter und Erbin des letzten Meyer von Windegg war (49).

Bis zum Ende des 14. Jahrhunderts dachte niemand daran, ein Wappen, das nicht ihm gehörte, zu verkaufen oder zu verschenken. Der Kaiser, die Könige und die Herren vergeben Wappen, die sie geerbt hatten oder über die sie als eingezogene Lehen verfügten, oder auch ihren persönlichen Wappen entnommene Teile.

Manchmal hält der Schenker oder Verkäufer fest, daß es sich um sein eigenes Wappen handelt: im Jahre 1251 gibt König Jakob I. von Aragón dem Mercedarier-Orden 'unseren königlichen Schild mit einem silbernen

52

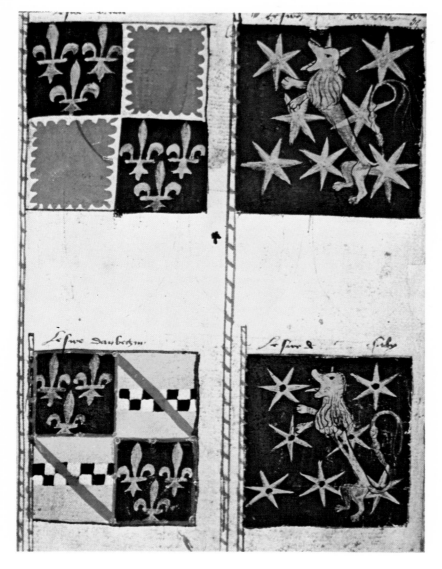

Kreuz im Schildhaupt' (50). In anderen Fällen springt die Gleichheit des Wappens ins Auge, ohne erwähnt zu werden, wie in der Verleihung Kaiser Ludwig des Bayern an die Brüder Carbonesi, Grafen von San Giovanni in Persiceto (im Jahre 1338): *ein aus dem Rautenfeld von Bayern und dem Adler des Reichs schräggevierter Schild* (51). Manchmal muß man das zugrundeliegende Wappen erraten: der *goldene Schild mit dem zweischwänzigen roten Löwen,* den der erste heraldische Schriftsteller, Bartolo von Sassoferrato, von Kaiser Karl IV. erhielt, ist der Löwe von Limburg auf goldenem statt silbernem Felde (52). Der 1384 dem Johann Rieter aus Nürnberg durch König Jakob von Zypern (53) verliehene Schild mit der Seejungfer erklärt sich durch die Tatsache, daß die Seejungfer ein Emblem des Hauses Lusignan ist. Auch die Könige von Schottland haben einige Male den doppelten Lilienbord aus dem königlichen Wappen verliehen (54).

König Karl VI. von Frankreich erteilte 1395 dem Gian Galeazzo Visconti 'arma nostra liliosa' mit einem doppelten Rand als Beizeichen (Abb. 186). Eine ähnliche Gnade erwies Karl VII. 1427 dem Jean Stuart of Darnley (Abb. 67) und 1432 dem Markgrafen von Ferrara Nikolaus III. von Este (Abb. 219). 1429 vermehrte der selbe König das Wappen des Gilles de Retz (*in Gold ein schwarzes Kreuz*) durch eine 'orlure des armes de France, laquelle aura fleurs de lis d'or semées sur champ d'azur' (Schildrand wie das Wappen von Frankreich, nämlich auf ein blaues Feld gestreute goldene Lilien) (55).

Wie die obigen Beispiele zeigen, verleihen die Herrscher nicht ihr volles Wappen, es sei denn auf einem Heroldstück. Allerdings kann man Ausnahmen finden: die Könige von Frankreich haben den Albret (1389) (Abb. 67) und dem Cesare Borgia (1499) gestattet, ihr Wappen mit den drei Lilien ohne Beizeichen zu quadrieren; so verhielten sich auch die Könige von Neapel 1473 gegenüber den mit ihnen nahe verwandten Piccolomini (56).

Erst gegen Ende des 14. Jahrhunderts findet man Verleihungen von Wappen, die mit denen des Verleihers keine Beziehung haben; der erste uns bekannte Fall ist von 1392 (57). Wahrscheinlich handelt es sich um ein von dem Antragsteller bereits geführtes Wappen, dessen Billigung durch die Obrigkeit er anstrebt. Im 15. Jahrhundert nimmt die Zahl der Wappenbriefe zu, vor allem vom Kaiser ausgestellte, dessen ewig geldbedürftiger Hof darin eine schätzbare Einnahmequelle sah.

Aber die Wappenübertragungen seitens Einzelpersonen hören nicht schlagartig auf. So verlieh der Graf von Stafford in England 1442 dem Robert Whitegreve einen Schild *mit vier Staffordwürfeln* (nämlich aus seinem eigenen Wappen: *in Gold ein roter Sparren*) *im Neunschach mit fünf blauen Würfeln*, und als Helmzier eine wachsende Antilope, weil die Antilope ein Schildhalter der Stafford ist (58). Man kennt einige seltene Vorgänge im 16. und 17. Jahrhundert, aber im allgemeinen behalten sich die Herrscher die Wappenbriefe seit dem 16. Jahrhundert ausschließlich vor, was den Kaiser nicht hinderte, sie an Hofpfalzgrafen zu übertragen, von denen man zahlreiche Wappenbriefe kennt (59).

Der Grundsatz, daß jedermann die Annahme eines Wappens freisteht, das nicht mit dem eines anderen identisch ist, wird von dem englischen Autor Nicolas Upton in seinem *Libellus de studio militari* (vor 1456) eindeutig zum Ausdruck gebracht: 'Arma tamen propria auctoritate assumpta, si tamen alius illa per prius non portaverit, sunt satis valida' (60). Die Kaiser, zuerst Friedrich III. 1467 haben mehrfach die freie Wappenannahme durch Bürgerliche zu unterdrücken versucht. Die wiederholten Verbote beweisen die Erfolglosigkeit dieser Bemühungen.

Wappenbriefe sind keine Adelsbriefe, selbst wenn sie meistens ebenso aussehen und wenn die Erhebung in den Adelsstand fast immer die Verleihung eines neuen Wappens oder die Bestätigung und Besserung eines alten Wappens nach sich zieht.

Im Mittelalter wurden die Adelsbriefe und Wappenbriefe auf ein großes Pergamentblatt geschrieben; das Wappen war entweder in die Mitte oder an den Rand gemalt. Im allgemeinen sind die Wappen im Text unter Mitwirkung des Herolds des Fürsten beschrieben. Seit dem 17. Jahrhundert bekommen die kaiserlichen Wappenbriefe die Form eines kostbar gebundenen Heftes, in dem das Wappen eine Seite einnimmt. Der Text ist lateinisch oder in Landessprache. Gegen die zur Begründung der Verleihung angeführten ruhmredigen Gründe, wie auch gegen die darin ausgebreiteten Nachrichten historischer oder genealogischer Natur muß man sich mit einer guten Dosis Mißtrauen wappnen.

Die Briefe sind mit dem großen Siegel des Fürsten, in England mit den Siegeln der kraft einer Machtübertragung handelnden beiden Wappenkönige besiegelt. In Frankreich wurden die Patente unter dem Großsiegel im 17. Jahrhundert durch die vom Wappenrichter von Frankreich ausgegebenen Wappenverleihungen ersetzt. Das Amt der Wappenrichter von Frankreich befand sich 1641 bis 1791 in der Hand von Mitgliedern der Familie d'Hozier aus dem Languedoc (61). Diese Verleihungen sind vom Wappenrichter gesiegelt und unterzeichnet.

König Ludwig XIV. errichtete 1696 mit rein finanzieller Zielsetzung ein allgemeines Register, in welchem gegen Gebührenzahlung die Wappen (nur der Schild) aus ganz Frankreich, adlige wie bürgerliche, eingetragen wurden. Die Einnahme belief sich auf ungefähr 5 1/2 Millionen Livres. Für die Personen, die zwar ein Wappen hatten, aber die Eintragung versäumten, und die, die kein Wappen hatten oder es nicht kannten und eines erbaten, strengten sich die Beauftragten von d'Hozier nicht an und wiederholten sie hundertmal den gleichen Schild, wobei sie nur die Farben wechselten. Im Register Orléans gibt es eine Folge von 198 schrägrechts und schräglinks in drei Farben geteilten Schilden. Im allgemeinen kann man sagen, daß das Register von d'Hozier, das die am meisten befragte Handschrift der Bibliothèque Nationale in Paris ist, auf das Studium der Heraldik in Frankreich einen beklagenswerten Einfluß gehabt hat, da zu viele Leute sich mit seinen Angaben begnügen, ohne das Bedürfnis zu empfinden, ihre Forschungen weiterzutreiben (62). Wenn es für das Ende des Ancien Régime eine wertvolle Quelle war, so ist es und bleibt es noch lange eine Quelle von Irrtümern.

Jedermann wünschte ein Wappen zu haben, aber nicht jeder war imstande, eines zu schaffen. Man erlebte also die Blütezeit von Offizinen, die gegen bares Geld Wappen denjenigen erteilten, die sie bei ihnen erfragten. Diese Offizinen sind bisher kaum untersucht worden. Unter den bedeutenderen seien die von Mailand erwähnt, die sowohl in Italien wie in Deutschland und der Schweiz Wappen vertrieben, und die des Justicier Huguenin im Neuenburger Jura. Die erteilten Wappen sind je nachdem in für das Studium der bürgerlichen Wappen wertvollen Wappenbüchern zusammengestellt. Die Kunden erhielten Bescheinigungen mit ihrem gemalten und manchmal beschriebenen Wappen. Die aus Mailand stammenden Schilde sind gewöhnlich auf mehr oder weniger komplizierte Kartuschen gelegt (Abb. 68), an denen man sie leicht erkennt. Noch immer findet man manche Skulpturen, die solche Vorlagen treu kopiert haben (63).

Zu Beginn der französischen Revolution schaffte die Verfassunggebende Versammlung den erblichen Adel ab und untersagte jedem Franzosen den Gebrauch von Wappen (Dekret vom 19.6.1790, durch Patent Ludwigs XVI. vom 23. bestätigt). Das Gesetz vom 20.4.1791 und das Dekret vom 27.9.1791 verpflichtete dazu, die Wappen verschwinden zu lassen, und setzte schwere gegen die Zuwiderhandelnden zu verhängende Strafen fest.

Seit 1790 begann man die Wappen von öffentlichen Denkmälern und privaten Gebäuden zu entfernen. Das Dekret des Konvents vom 4.7.1793 zog eine wahre Jagd auf Wappen nach sich, die durch spätere Dekrete noch verschärft worden ist.

Eine unzählbare Menge heraldischer Dokumente wurde verstümmelt oder verschwand trotz der von amtlicher Seite – selbst während der Schreckensherrschaft – zur Rettung von Denkmälern und Objekten historischen oder künstlerischen Interesses getroffenen Vorkehrungen (64).

Manche Privatleute haben es sogar mit Erfolg versucht, wenn schon nicht die Originale selbst, so doch wenigstens Kopien der für ihre Familien interessanten Denkmäler zu retten. Abbildung 70 gibt ein interessantes Beispiel wieder.

Die 1798 zur Helvetischen Republik gewordene Schweiz verfolgte den gleichen Weg wie Frankreich, und ein Dekret der Gesetzgebenden Körperschaften vom 12.6.1798 'verfügt die Abschaffung der Überreste der alten Ordnung der Dinge' (65). Dieses Dekret wurde kaum befolgt, Bußen waren nicht vorgesehen und die Helvetische Republik hatte während ihres kurzen Bestehens ganz andere Sorgen.

Unter Napoleon erlebte man eine neue Blüte eines neuen Adels und eine neue Heraldik, die systematischer als die alte war. Sie sah Schildhäupter (Abb. 69) (66) vor und rechte oder linke Freiviertel, die je nach Titel entsprechend der Diensttätigkeit mit Figuren belegt waren. Sie ersetzte die Kronen – außer die der Herrscher – durch mit Federn geschmückte Barette. Eine gute Übersicht der inneren und äußeren Abzeichen der kaiserlichen Heraldik ist in den Abbildungen 71 und 72 (67) enthalten.

Die Herolde

Der Beitrag der Herolde zur Entwicklung des Wappenwesens ist sicherlich bedeutend, wenn es auch schwer ist, ihn abzuschätzen. Die ersten Herolde stammten aus dem Milieu der Gaukler, Spielleute und niederen Diener. Die ihnen eigentümliche Verwendung bestand darin, bei Schlachten und Turnieren anwesend zu sein, auf dem Schlachtfeld die Toten zu erkennen und Botschaften zu überbringen. Die zu allen Zeiten offiziellen Boten gewährte Immunität brachte ihnen eine immer größer werdende Beachtung ein, und sie wurden mit von Mal zu Mal wichtigeren Missionen beauftragt, wodurch sie als wahre Botschafter betrachtet wurden. Sie gehörten zum Generalstab der Anführer im Felde, obwohl sie am Kampf nicht teilnahmen, und entsprechend ihrem Dienstgrad strichen sie so hohe Entlohnungen ein wie die Ritter oder die Bannerherren (68).

Die bekanntesten Herolde sind die der Fürsten, aber ein einfacher Ritter, eine Stadt oder eine Gesellschaft, wie die deutschen Turniergesellschaften, konnten auf ihre eigenen Kosten ebenfalls Herolde unterhalten.

Es gab drei Stufen der Wappenbeamten: den Wappenkönig, den Herold und den Persevant. Ein einfacher Bote, der während drei Jahren geritten war, konnte unter der Bedingung Persevant werden, daß er Diskretion, Ehrbarkeit, Tugend und Wahrhaftigkeit bewiesen hatte. Nach sieben Jahren konnte er die Stufe Herold erreichen.

Ihre Amtsnamen sind meistens territorialer Herkunft, wie *Romreich* (kaiserlich), *Savoie* (beim Herzog von Savoyen), *Norroy* (beim König von England), für die Lande nördlich des Trent). Andere trugen den Namen nach einem Schlachtruf ihres Herrn: *Montjoye* (beim König von Frankreich), seines besonderen Ordens: *Garter* (Hosenband, beim König von England), *Toison d'Or* (Goldenes Vlies, beim Herzog von Burgund), oder seinem Wappen: *Lyon* (Löwe, beim König von Schottland), oder seinen Emblemen: *Portcullis* (Fallgatter, beim König von England). Papst Pius II. hatte 1460 einen 'serviens armorum' namens *Salvatus*. Die Herolde des Herzogs der Bretagne trugen folgende Namen: *Bretagne*, *Ermine* (Hermelin), *Montfort* und *Rennes*; die Namen der Persevanten sind stärker variiert: *Espy* (Ähre) bezieht sich auf das Emblem des Herzogs; *A ma Vie* (auf mein Leben) auf sein Motto; *Oliffant* (Elefant) und *Sanglier* (Wildschwein) erinnern an die Helmzierden des Herzogs und des Connétable de Richemont; *Dinan*, *Fougères*, *Hennebon*, *Vannes*, *Châteaulin*, *Châtelaillon*, *Richemont*, *Rennes* und *Partenay* sind Namen von Städten, Herrschaften und Schlössern; *Plaisance*, *Besson* und *Gabriel* wären noch aufzuklären.

Die Herolde trugen das Wappen ihres Herrn auf ihrem in seiner Gestalt einem Wappenrock sehr ähnlichen Hauptkleidungsstück, dem Tappert: locker getragen im 14. Jahrhundert (Abb. 73 und 75), wird er seit dem 15. Jahrhundert schwerer und steifer (Abb. 74) (70). Das Wappen ist darauf wiederholt dargestellt, auf der Vorderseite, auf dem Rücken und auf den kleineren Stoffblättern, mit denen die Schultern bedeckt sind. Die Perse-

Abb. 70 Verzeichnis der Schilde einer im Hause des Grafen von Mons in Saint-Etienne (Isère) gemalten Decke, von ihm selbst 1792 festgehalten (Photo Graf G. de Mons de Savasse, Paris).

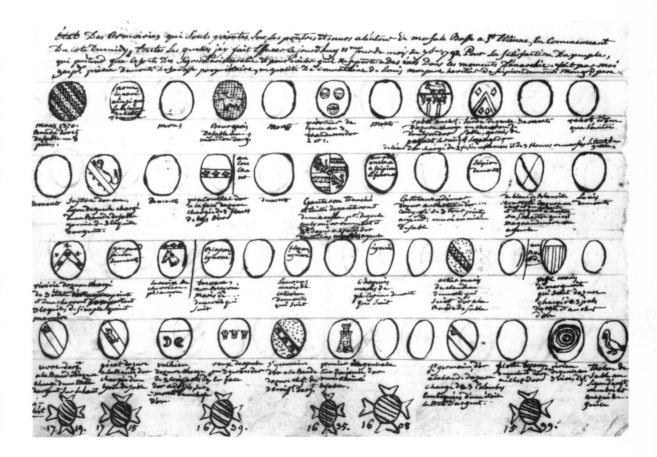

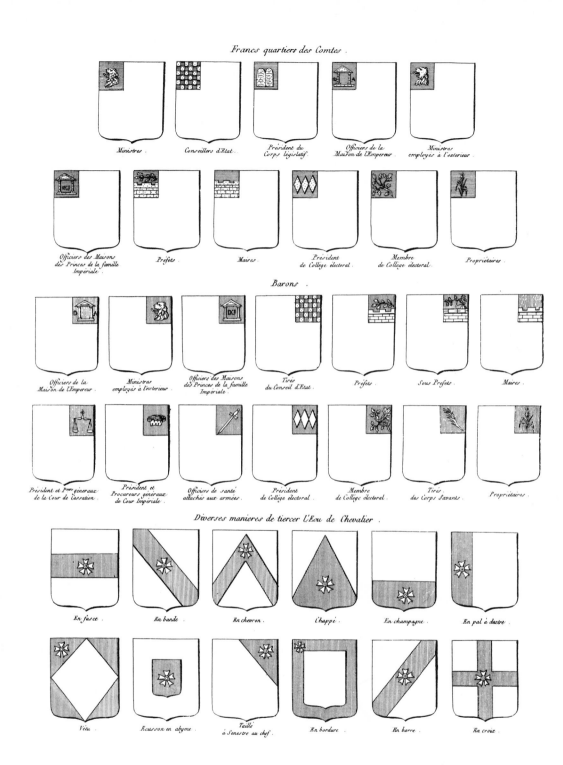

Francs quartiers des Comtes.

Ministres. — *Conseillers d'Etat.* — *Président du Corps législatif.* — *Officiers de la Maison de l'Empereur.* — *Ministres employés à l'exterieur.*

Officiers des Maisons des Princes de la famille Impériale. — *Préfets.* — *Maires.* — *Président de Collège électoral.* — *Membre de Collège électoral.* — *Propriétaires.*

Barons.

Officiers de la Maison de l'Empereur. — *Ministres employés à l'exterieur.* — *Officiers des Maisons des Princes de la famille Impériale.* — *Tirés du Conseil d'Etat.* — *Préfets.* — *Sous Préfets.* — *Maires.*

Président et P.eur généraux de la Cour de Cassation. — *Président et Procureurs généraux de Cour Impériale.* — *Officiers de santé attachés aux armées.* — *Président de Collège électoral.* — *Membre de Collège électoral.* — *Tirés des Corps Savants.* — *Propriétaires.*

Diverses manieres de tiercer l'Ecu de Chevalier.

En fasce. — *En bande.* — *En chevron.* — *Chappé.* — *En champagne.* — *En pal à dextre.*

Vêtu. — *Ecusson en abyme.* — *Taillé à Senestre au chef.* — *En bordure.* — *En barre.* — *En croix.*

Abb. 71   Das heraldische System des Ersten Kaiserreichs:
Zeichen innerhalb des Schildes

Comtes Sénateurs.

Princes Grands Dignitaires.

Comtes Militaires.

Comtes Archevêques.

Ducs.

Barons Evêques.

Barons Militaires.

Chevaliers.

Villes du 2.me Ordre.

Bonnes Villes
ou du 1.er Ordre.

Villes du 3.me Ordre.

Abb. 72   Das heraldische System des Ersten Kaiserreichs:
Prunkstücke außerhalb des Schildes.

59

Abb. 73 Ein Herold aus dem Wappenbuch Bellenville (um 1370) (Photo Bibl. Nationale, Paris).

Abb. 74 Tappert des Herolds eines Prinzen von Nassau-Oranien zwischen 1629 und 1689.

S v.D.LAARS

vanten trugen den Tappert herumgedreht, mit den großen Bahnen auf den Schultern (71).

Grundsätzlich trugen die Herolde nicht Waffen (72), sondern ein Szepter (Abb. 76), das in ihren Wappen hinter dem Schild erscheint (Abb. 77). Im Mittelalter ist das heraldische Emblem eines Wappenkönigs ein Schild mit drei Kronen (Abb. 78) (73).

Mehrere Herolde des 13. bis zum 15. Jahrhundert haben uns Wappenbücher hinterlassen (74), in die sie oft sehr geschickt die Wappen der Ritter und Knappen gemalt haben, denen sie anläßlich eines Turniers, einer Schlacht, einer Belagerung oder während ihrer Reisen bis nach Schottland und Polen begegnet sind. Andere haben Wappensammlungen in Beschreibungsform geschaffen, manche davon zusätzlich bebildert. Alle diese aus einer Amtsverpflichtung entstandenen Wappenbücher bilden eine wertvolle Quelle für das Studium der Heraldik im Mittelalter. Anders als die Siegel geben sie nämlich die Farben der Wappen an. Gegenwärtig werden bedeutende Anstrengungen gemacht, diese Wappenbücher, aus denen mehrere Illustrationen unseres Buches entnommen sind, wissenschaftlich zu publizieren (Abb. 79, 83 u.a.) (75).

Die übrigen schriftstellerischen Leistungen der Herolde sind meistens nicht viel wert. Die 'Blasons' sind Gedichte zu Ehren von Rittern, die wegen ihres Heldenmuts und ihrer Großzügigkeit hochgeschätzt wurden; schwülstig beschreiben sie die Tugenden des Helden und sein Wappen (76). Immerhin haben uns manche Herolde, wie Jean de Saint-Rémy, Toison d'Or (Goldenes Vlies), der Verfasser des berühmten Reiterwappenbuchs (TO), uns wertvolle Memoiren hinterlassen (77).

Regionale Einflüsse

Wie wir oben in Kapitel I gesehen haben, sind die Wappen fast gleichzeitig in ganz Westeuropa entstanden. Anfänglich war diese Heraldik in den verschiedenen Ländern und Gebieten gleicher Art. Im Laufe der Jahrhun-

Abb. 75   Der Herold Gelre (um
1380) (GA).

Abb. 76   John Smert, Hosenband-
Wappenkönig (1450- 1478), aus-
gemalte Initiale in einem englischen
Wappenbrief im College of Arms,
London.

Abb. 77   Exlibris von Duverdier de
Vauprivas, Wappenkönig von Frankreich (1826-1830).

Abb. 78   Siegel von Guyot, He-
roldskönig der Champagne (1355).

Abb. 79 Zwei Seiten aus dem
Wappenbuch von Donaueschingen
(um 1450) (Photo Fürstlich Für-
stenbergisches Archiv, Donaueschingen).

derte nahmen die heraldischen Gesetze wie der Inhalt der Wappen und
ihre Darstellungsart unter dem Einfluß verschiedener historischer, gesell-
schaftlicher und familiärer Bedingungen jedem Land und sogar jeder
Gegend eigentümliche Eigenschaften an.

Diese eigentümlichen Eigenschaften sind, ausgenommen für einige
Länder oder Provinzen (78) noch nicht Gegenstand ausreichend gründli-
cher Studien geworden. Wir müssen uns daher mit ganz allgemeinen
Bemerkungen begnügen:

In **Frankreich** sind die Schilde meist einfach in Gestalt und Inhalt, und nur
selten wird die Quadrierung übertrieben; die Helmzierden spielen vom 16.
Jahrhundert an keine Rolle mehr, aber Helme, Kronen und Schildhalter
gibt es im Überfluß.

In **Deutschland** dringt eine Neigung durch, Schilde von verschnörkelter
Gestalt und immer komplizierter werdende Teilungen zu benützen, um in
ein und demselben Schild alle Wappen aller Lehen, einschließlichАнсprü-

Abb. 80 Vier Seiten aus dem englischen Wappenbuch Powell Roll
(um 1350), auf denen man mehrere
der englischen Heraldik eigentümliche Heroldstücke erkennt: Balken
zwischen zwei Sparren, eingerolltes
Kreuz, eingerolltes und beknopftes
Kreuz, Häufigkeit von Hermelin und
Kreuzchen. Der Stil der Zeichnung
und die Form der Schilde sind ebenfalls für Zeit und Land charakteri-
stisch (Photo C.R. Humphery-Smith).
Obere Gruppe: A
Untere Gruppe: B

Abb. 81 Einige merkwürdige Tei-
lungen und Figuren der Heraldik im
deutschsprachigen Raum (um
1400) (HA): Nr. 1 Absberg – Nr. 2
Aichelberg – Nr. 3 Algas – Nr. 4
Ainkurn – Nr. 5 Altmann – Nr. 6
Ingolsteter – Nr. 7 Aistersheim – Nr. 8
Tachinger – Nr. 9 der Bischof von
Bamberg – Nr. 10 Agendorfer – Nr.
11 Vierdung – Nr. 12 Aur – Nr. 13
Vivianz – Nr. 14 Flach – Nr. 15 Vintler
– Nr. 16 Baldecher – Nr. 17 Parater –
Nr. 18 Aschau – Nr. 19 nicht identifi-
ziert – Nr. 20 Passeyer – Nr. 21 Treu –
Nr. 22 Bartholme – Nr. 23 Truchseß
von Grub – Nr. 24 Tuchscherer – Nr.
25 Aspurg – Nr. 26 Prüler – Nr. 27
Pottinger – Nr. 28 nicht identifiziert –
Nr. 29 Peuger – Nr. 30 Polaner – Nr.
31 Pladik – Nr. 32 Tirolf – Nr. 33
Peurl.

chen, zusammenzustellen. Da die Helmzier wichtig ist, wird der Schild oft von Helmen umrahmt, die einem großen Teil der Quartiere, wenn nicht sogar ihnen allen entsprechen. Östlich des Rheins findet man auch zahlreiche merkwürdige Teilungen und Figuren, die auf französisch schwer oder sogar unmöglich zu beschreiben sind, und seltsame Figuren, die man anderswo nicht findet. Die Abb. 81 und 264 führen einige Beispiele vor, von denen die ersteren aus den Wappenbüchern der Bruderschaft von St. Christoph am Arlberg (15. Jahrhundert), die zweite aus dem Wappenbuch Bellenville (um 1370) entnommen sind.

In **England** bleibt die Heraldik der französischen Heraldik ähnlich, aber mit einigen diesseits des Kanals wenig geläufigen Heroldsbildern (Abb. 80) (78a). Die Helmzierden werden dort stark gebraucht, oft ohne Schild noch Helm, sondern nur aus einer Krone oder einem Wulst hervorkommend.

In **Spanien** viele Quadrierungen, aber wenig Helmzierden; zahlreiche mit verschiedenen Heroldsstücken oder Inschriften belegte Schildränder. Figuren wie Kessel, aus denen Schlangen hervorkommen, Wölfe, vor einem Baum vorbeischreitende Tiere, und von Löwenköpfen verschlunge-

Abb. 82 Wappen des Dionys von Kistarkanyi, das ihm 1434 König Sigismund von Ungarn verliehen hat, nachdem er, kurzerhand aus dem Bett gesprungen, einen das königliche Zelt angreifenden Wolf überwunden hatte (Druckstock AHS).

ne Schrägbalken, finden sich fast nur auf der iberischen Halbinsel (Abb. 84 und 88). Die Heraldik in Katalonien und in Navarra (78b) hat ebenfalls ihre Eigentümlichkeiten.

In **Italien** bemerkt man nach den klassischen Zeiten des 13. und 14. Jahrhunderts und der Blüte in der Renaissance, die uns wunderbare Vorbilder geliefert haben (Abb. 610), eine fortschreitende Entartung, wobei seltsame Figuren (Abb. 89) erscheinen, bis schließlich aus den Schilden wahre Gemälde werden, die von der Schlichtheit und der eigentümlichen Stilisierung der Heraldik weit entfernt sind. Helmzierden und Schildhalter werden weniger gebräuchlich, aber die Devisen stehen in Blüte.

In **Ungarn** wurden die Wappen ebenfalls vom 15. Jahrhundert an fast zu Bildern mit Kriegern und Jägern, die zu Fuß (Abb. 82) (79) oder zu Pferde kämpfen, und mit einer Überzahl von nichtstilisierten Figuren. Diese Wappen erinnern meist an Bravourleistungen, für die sie verliehen worden sind.

In **Polen** führen mehrere Familien das gleiche 'Ursprungswappen', mit dem sie auf die gemeinsame Herkunft hinweisen. Unter den alten Wappen findet man wenige Ehrenstücke, sondern fast ausschließlich verschiedene· Figuren (Pfeile, Pfeileisen, Äxte, Rosen, Monde, allerlei Tiere usw.) (79a).

In **Skandinavien**, in **Böhmen** und allgemein in den meisten **osteuropäischen** Ländern ist die Heraldik sichtlich von Deutschland beeinflußt.

In **Rußland** haben eine eigenständige gesellschaftliche Struktur und die historischen Bedingungen die Entwicklung des Gebrauchs von Wappen erst so spät zugelassen, daß deren Ausgestaltung zu häufig den deutschen schlechten Schöpfungen des 17. und 18. Jahrhunderts gleicht.

In **Lateinamerika** war der spanische Einfluß vorherrschend, außerdem findet man mehrere indianische Symbole wieder (80).

Zusammenfassend kann man festhalten, daß außer in Frankreich und dem Nordwesten Europas die Heraldik seit wenigstens dreihundert Jahren ihre hochentwickelte Stilisierung verloren und sich in ein System von Emblemen verwandelt hat, das sich zunehmend von den ursprünglichen Eigenschaften entfernt.

Wie jede graphische Darstellung entspricht die Zeichnung von Wappen mehr oder weniger dem Stil der jeweiligen Epoche. Beim Durchblättern dieses Werkes findet man zahlreiche und verschiedenartige Beispiele von den schlichtesten bis zu den aufwendigsten.

Anfänglich sind die Wappen oft noch karg, geradezu dürr. Schnell wird ihre Zeichnung voller Kraft, wie man es in zahlreichen Siegeln und Kirchenfenstern seit dem Beginn des 13. Jahrhunderts sehen und bewundern kann.

Das folgende Jahrhundert stellt den Gipfelpunkt der heraldischen

Die Entwicklung des heraldischen Stils

Abb. 83   Die Lehnsleute des Schlosses Murat (Auvergne) (Armorial Revel BN Paris; ms. fr. Nr. 22297) (1440-1450) (Photo Bibl. Nationale, Paris).

Abb. 84   Zwei Seiten aus dem Libro de armería del reino de Navarra (1572) (Photo
F. Menéndez Pidal de Navascués).

Kunst dar, es hat uns die schönsten Siegel und die vollendetsten heraldischen Kunstwerke geschenkt. Die leider so seltenen Wappenbücher, die aus dieser Epoche übriggeblieben sind, sind fast immer Vorbilder an Eindringlichkeit und Klarheit. Die Künstler, die seit Beginn des 20. Jahrhunderts die heraldische Kunst erneuert haben, haben sich teilweise gerade von ihnen beeinflussen lassen.

Im 15. Jahrhundert herrscht rege Phantasie, die sich gut dem flammenden Stil der Zeit anpaßt. Die heraldischen Denkmäler, besonders die Siegel, sind noch gut ausgewogen, aber überschäumender Einfallsreichtum füllt dann recht viele Schilde mit seltsamen Tieren und Ungeheuern. Dies ist auch die Zeit, in der sich deutlich die regionalen Einflüsse abzeichnen, von denen im vorigen Abschnitt die Rede war.

Die Renaissance zieht eine sehr unterschiedliche Auffassung vom Leben nach sich, die individualistischer und weniger familiengebunden ist. Die Devisen kommen in Blüte, oft zu Ungunsten des Gebrauchs der wirklichen Wappen. Die Schilde bekommen Formen ohne jede Beziehung mit ihrer ursprünglichen Verwendung (Abb. 85), und werden von Ornamenten umrahmt, zu denen sie selbst bloß noch ein Element beitragen, und man beginnt den Sinn für die alte Stilisierung der Figuren zu verlieren (Abb. 86).

In der klassischen Periode setzt sich zwar die Herrschaft der großen theoretischen Heraldiker (vgl. S. 73) durch, aber der Stil entartet (Abb. 89), die Tiere werden schwer und ohne Eleganz, und aus der Zeichnung der Schilde und der Zusammenstellung der heraldischen Gesamtheit verschwindet die Phantasie.

Die Herrschaft des Louis XV-Stiles, bezw., weiter im Osten, des Barocks, verhilft der Phantasie zur Wiederkehr. Dem verdanken wir viele reizende Ex-Libris, Gravuren in Silberwaren und anderes (Abb. 87). Aber das Gefühl für Heraldik ist trotz der zahlreichen damals herausgegebenen Abhandlungen oft unterentwickelt, oder sollte es etwa ihretwegen so gekommen sein?

Abb. 85 Wappengeschmückter Brunnentrog in einem Hof zu Verona (Italien) (16. Jahrhundert).

Abb. 86 Kaminverkleidung (um 1530) mit dem aus Anglure *(golden bestreut mit auf roten Halbmonden sitzenden silbernen Schellen)* und Châtillon *(unter goldenem Schildhaupt, darin als Beizeichen eine Lanze, in Rot drei Feh-Pfähle)* geviertes Wappen. Jetzt im Hearst State Historical Monument, San Simeon, Kalifornien (Photo H.S. H.M.).

Vom heraldischen Stil des 19. Jahrhunderts spricht man besser nicht, es ist für den, der die Heraldik liebt, wirklich zu enttäuschend. Glücklicherweise trat nach einem derartigen Niedergang eine gesunde Reaktion ein, die ziemlich überall eine echte Heraldik unter dem Impuls von Künstlern, Kunsthandwerkern und Archäologen hat wiedererstehen lassen.

Bis vor kurzem glaubte man, der erste Versuch zu einer Theorie der Heraldik sei das Werk eines italienischen Juristen, Bartolo de Sassoferrato

Heraldische Leitfäden

Abb. 87 Relief mit dem Wappen Rabutin (18. Jahrhundert): *Geviert, in 1 und 4: Neungeschacht von Gold und Blau, in 2 und 3: in Blau ein goldenes Dornenkreuz* (J.-B. de Vaivre, *Pierres armoriées du Charolais,* Sonderabdruck aus Mémoires de la Soc. historique et archéologique de Châlon, Châlon 1976).

(1356) (81). Kürzlich aber fand man im College of Arms in London einen sehr viel älteren Text *(De Heraudie)*, der sogar auf das Ende des 13. Jahrhunderts datiert werden konnte (82). Dort findet man bereits eine größere Anzahl jener Erörterungen über den vergleichsweise verschiedenen Wert der Farben, der Heroldstücke und der gemeinen Figuren, um derentwillen die Heraldik bis heute bei den Historikern in Mißkredit steht.

Im 15. Jahrhundert nimmt die Zahl der heraldischen Leitfäden zu, wie der von Du Cange in seinem Glossaire zitierte *Traité des armoiries*, ein dem Clément Prinsault (83) zugeschriebener *Leitfaden* in 12 Kapiteln, und andere spanische wie englische Traktate (84), die sich alle in der Schwierigkeit ähneln, die der Leser bei der Suche nach wenigstens etwas Sinngehalt empfindet. Manche dieser Abhandlungen müssen das Werk von Herolden sein. Die erste, von der das gesichert ist, ist der *Blason des Couleurs* von Jean Courtois, dem Herold 'Sizilien' des Königs Alfons V. von Aragon (85).

Das erste gedruckte Traktat erschien 1468 in Saint-Albans in England; es ist eine Kompilation des örtlichen Schulmeisters. Darin befinden sich schon einige Holzschnitte zur Illustration (86). Im 16. Jahrhundert stoßen wir auf Bücher mit schönen Stichen, aber ihr Text taugt kaum mehr als der der Vorgänger (87).

Erst bei zwei miteinander verfeindeten Männern in Lyon, Claude Le Laboureur und dem Père Ménestrier, findet man um die Mitte des folgenden Jahrhunderts mit Verständigkeit gemischte solide Kenntnisse. Der *Discours de l'Origine des Armes* des ersteren ist eine zu wenig bekannte hervorragende Arbeit (88). Die Schriften des letzteren sind hingegen in

Abb. 88 Zwei Seiten aus dem Wappenbuch der St. Jakobs-Bruderschaft von Burgos: García Pérez de Carrión, Remón, Bolfán und Ferrant Bonifaz (1338); Francisco Mendez, Bernatonio, Herr zu Santa Ma..., Juan de Castro, Pedro de la Torien (Ende XV. Jahrhundert) (Photo F. Menéndez Pidal de Navascués).

großer Zahl von Ausgaben (89) erschienen und wurden zur Grundlage zahlloser späterer Leitfäden. Pierre Palliot hat zwar nicht den synthetischen Geist der beiden Vorgänger gehabt, seine *Vraye et parfaite sciences des armoiries* (Dijon, 1660) hat aber auf die Fixierung der heraldischen Regeln großen Einfluß ausgeübt, und sein Buch ist wegen der Verläßlichkeit der epigraphischen und monumentalen Quellen, auf die er seine Arbeit gestützt hat, mit Nutzen zu verwenden. Sein Werk ist vornehmlich den östlichen Provinzen Frankreichs (Burgund, Franche Comté, Champagne) gewidmet. Unter den Autoren anderer Länder hat eigentlich nur Spener in Deutschland (1680-1690) eine ernstzunehmende Arbeit geliefert (90).

Das 18. Jahrhundert war für die Heraldik eine Periode völligen Niedergangs. Man machte übermäßigen Gebrauch von Allegorien, Symbolen und Devisen, und man wollte die Schilde und die Figuren zu Aussagen veranlassen, die sie niemals bedeutet hatten. Immerhin ist die erste heraldische Studie, die man wegen ihrer Quellenforschung und Zitierung von Dokumenten modern nennen kann, der schöne Quartband: *Inquiries into the origin and progress of the Science of heraldry in England,* von James Dallaqay (91).

Abb. 89   Eine Seite aus dem Wappenbuch (16. Jahrhundert) der Biblioteca Trivulziana in Mailand, wo man auf zwei bewehrte Flügel (Nr. 4), einen Panther (Nr. 6), ein Kindlein (Nr. 7), Augen (Nr. 8), und Buchstaben (Nr. 9) stößt (Photo Dr. C. Locatelli).

Die Erneuerung der Heraldik

Im 19. Jahrhundert hat die Bewegung der Romantik überall ein ernstes Studium der Heraldik wieder aufkommen lassen. Nicolas (1829), Montagu (1840) und Planché (1851) in England (92), Laing (1850) in der Heimat von Sir Walter Scott (93), Mayer von Mayerfels (1857), Hefner (1855-57) und der Fürst zu Hohenlohe-Waldenburg (1859) in Deutschland (94) publizierten Quellen und auf deren Studium begründete Arbeiten.

In Frankreich möge das Buch von G. Eysenbach, *Histoire du blason et science des armoiries,* weil nicht ganz so mittelmäßig wie andere, zitiert werden und außerdem das *Dictionnaire héraldique von Grandmaison* (95). 1863 setzt die Veröffentlichung der Siegelinventare der französischen Archive ein (96).

In der Schweiz war es der Kreis um die Antiquarische Gesellschaft von Zürich, der zunächst die Liebhaber der Heraldik um sich scharte und durch die Faksimile-Publikation der Züricher Wappenrolle (1860) eines der kostbarsten Dokumente der Allgemeinheit zur Verfügung stellte (97). In der Westschweiz publizierten Galiffe, Mandrot, d'Angreville und der Pater Apollinaire Dellion ihre regionalen Wappenbücher (98). 1887 hatte Maurice Tripet den Mut, die Publikation des *Schweizerischen Archivs für Heraldik* zu unternehmen, dessen Wertschätzung durch Gelehrte wie Liebhaber zu erreichen ihm gelang. Aus dem Kreis dieses Archivs ist die Schweizerische Heraldische Gesellschaft hervorgegangen, die bald die Publikation der Zeitschrift übernahm; diese bewahrt immer noch einen hohen wissenschaftlichen Wert, und die Qualität ihrer Aufmachung ist im Laufe der Jahre bemerkenswert hoch geblieben. Diese Zeitschrift dient mehreren heraldischen Gesellschaften anderer Länder als Organ.

In Holland erneuerte J.-B. Rietstap die niederländische Heraldik durch sein 1857 erschienenes Werk *Handboek der Wapenkunde* (99) und ließ 1861 sein allen Heraldikern bekanntes und oft wieder aufgelegtes *Armorial général* folgen.

Die gesellschaftlichen Veränderungen der letzten fünfzig Jahre haben der Heraldik eine erstaunliche Zahl von Liebhabern aus allen Klassen zugeführt. Die heute so zahlreichen landschaftlichen geschichtsforschenden Vereinigungen vernachlässigen die Heraldik selten, die schließlich ihren Platz unter den sog. Hilfswissenschaften der Geschichte einnimmt (100).

Anmerkungen

1 Vergl. vor allem Max Prinet, *Les usages héraldiques au XIVème siècle, d'après les chroniques de Froissart*, Sonderdruck aus dem Annuaire-Bulletin de la société de l'histoire de France, Paris 1916.

2 Codex Balduineus, Bl. 26, nach einer Photographie des Staatsarchivs Koblenz. Diese Handschrift ist erstmals durch Georg Irmer unter dem Titel *Die Romfahrt Kaiser Heinrich's VII. im Bildercyclus des Codex Balduini Trevirensis*, Berlin 1881, und neuerlich von Franz-Josef Heyen, unter dem Titel *Kaiser Heinrichs Romfahrt*, Boppard 1965, veröffentlicht worden.

3 Clephane, *The Tournament, its periods and phases*, London 1914, S. 18; Cripps-Day, *The history of the Tournament in England and in France*, London 1918, S. 38; Archaeologia XVII (1814), S. 297.

4 Über die Turniere in England, ihren Einfluß auf die Heraldik und die Devisen, vgl. R. Dennys, *a.a.O.* (Kap. I, Anm. 17).

5 *Traité de la forme et devis d'ung tournoy*. Bibl. Nat. fr. 2692, 2693, 2695, 2696. Text und Bilder sind mehrmals publiziert worden, zuletzt und in hervorragender Weise in der Kunst- und Literatur-Zeitschrift Verve, Bd. IV, Nr. 16, Paris 1946. Vgl. auch den *Traité des Tournois* des Père Ménestrier, Lyon 1669, anastatischer Neudruck, Paris 1975.

6 Die Tafel ist nach der Kopie (um 1520) des GR mittels des freundlicherweise vom Bayerischen Hauptstaatsarchiv, München, geliehenen Druckstocks reproduziert.

7 Vgl. die Bibliographie von Werken und Artikeln betr. die Herolde in Anmerkung 68 weiter unten.

8 Vgl. die Turnierrolle von Westminster 1511, Ms. des College of Arms, London, das in *Heralds' Commemorative Exhibition 1483-1933*, London 1936, Tafel VI-IX teilweise wiedergegeben ist, und zwei deutsche Turnierbücher: Georg Leidinger, *Turnierbuch Herzog Wilhelms IV. von Bayern*, München 1913, und Walter Haenel, *Der sächsischen Kurfürsten Turnierbücher*, Frankfurt 1919.

9 Über die Entwicklung der Turniere zu Stechen und Ringelrennen unterrichten die schönen Stiche im Werk von Marc de Wulson de la Colombière, *Le vray théâtre d'honneur et de chevalerie*, Paris 1698.

10 Vgl. u.a. P. Schweizer, H. Zeller-Werdmüller, Friedrich Hegi, *Siegelabbildungen zum Urkundenbuch der Stadt und Landschaft Zürich*, Zürich 1891-1925, Lfg. XI, Tafel XVII, 210, 211; Siegel des Ulrich Zwillikon und seines Sohnes Nikolaus (1329), das erstere mit Schild, letzteres mit Helm und Helmzier. In den Niederlanden findet man bürgerliche Wappensiegel von der Mitte des 13. Jahrhunderts an: Cornelis Pama: *L'héraldique bourgeoise dans les Pays-Bas*, AHS 1949, S. 62-65.

11 Friedrich Philippi, *Siegel*, Leipzig und Berlin 1914, Tafel VI, 58: Siegel Ephraims bar Jacob (1378), P. Schweizer u.a., *a.a.O.* (Anm. 10), Lfg. XI, Tafel XVI, 202, 203, 204 (1329).

12 DA und DP.

13 Df, Nr. 4549-4619.

14 *Siegeltafeln zum Urkundenbuch der Stadt Hildesheim*, I-IV, Hildesheim 1899.

15 Dieses Wappenbuch wurde durch Fr. Fischer, *Wappenbüchlein der Pfisterzunft in Luzern vom Jahre 1408*, im Geschichtsfreund der Vier Orte, XLIV (1889) 227-310, auch Sonderdruck, veröffentlicht.

16 Die ersten bürgerlichen Wappen in Frankreich finden sich in Béziers, 1250 (DD, Nr. 4063); Milhau 1267 (DD, Nr. 4096); Tours 1207 (DD, Nr. 4135); Paris 1300, 1316 (DD, Nr. 4104, 4096).

17 Unter dem Patronat des Vereins 'Herold' in Berlin bestand eine Zentralstelle für internationale Hausmarkenforschung, vgl. AH 1956, S. 23-28, 1957, S. 32-35, 1958, S. 59-60. Vgl. auch Herbert Spruth, *Die Hausmarke, Wesen und Bibliographie*, Neustadt a.d. Aisch, 1960, und Gastone Cambin, *Le marche di casa nella regione di Davos*, AHS Jahrbuch 1964, S. 33-42.

18 Georges Kasser, *A propos d'une armoirie Pillichody*, AH 1961, S. 35 f.

19 Solche Marken sind seit Ende des 13. Jahrhunderts von vielen Bürgern gleichzeitig mit Wappenschilden geführt worden. Beispiele findet man in verschiedenen Siegelinventaren (DD, DA, DF, usw.) und besonders bei Ingrid Lysdahl, *Roskildeborgeres segl 1270-1450*, Heraldisk Tidskrift 1974, S. 441-452.

20 H. H. Brindley, *Impressions and casts of seals... exhibited in the Seal-Room, National Maritime Museum*, Greenwich 1938, Abb. 1.

21 Dieser Sparren findet sich auf einem anderen Gegen-Siegel von 1237 wieder und wird 1298 durch einen Zackenrand ergänzt: DD, Nr. 10685, 10686; Vicomte de Ghellinck Vaernewyck, *Sceaux et armoiries des villes, communes... de la Flandre*, Brüssel 1938, S. 109.

22 Robert Louis, *Origine du blason de Paris*, AH 1965, S. 11-13.

23 Birch Nr. 4933.

24 Vgl. hier besonders das Siegel der Stadt Zofingen, 1278. Walther Merz, *Siegel und Wappen des Adels und der Städte des Kantons Aargau*, Aarau 1907, S. 12. Über den Gebrauch der Wappen des Landesherrn durch deutsche Städte und die diesen Städten erteilten Wappenbriefe vgl. Erich Kittel, *Die städtischen Siegel und Wappen und der Landesherr im Mittelalter*, Festschrift zum hundertjährigen Bestehen des Herold, Berlin 1969, S. 83-107.

25 Olivier Dessemontet, *Armorial des communes vaudoises*, Lausanne 1972.

26 Hermand & Deschamp de Pas, *Histoire sigillaire de la ville de Saint-Omer*, Paris 1860, Tafel II; DA Nr. 1052bis (1435) 1053bis (1490) zeigen den Schild von Artois vom zweiarmigen Patriarchenkreuz überhöht.

27 Seyler, *Geschichte...* S. 478, glaubte im Siegel der Stadt Tschaslau in Böhmen von 1532 eine Mauerkrone erkannt zu haben. In Wirklichkeit handelt es sich um den Königsschild, der vor einen ihn kaum überragenden Zinnenturm gestellt ist. Über Helm, Kronen und Helmzierden bei Städten verweisen wir auf den wichtigen Vortrag von Ottfried Neubecker, *Das Oberwappen in der kommunalen Heraldik*, X. CISGH, Bern 1968.

28 Vgl. die zahlreichen in AH seit 1950 erschienenen Artikel und mehrere, teils französische, teils deutsche, österreichische usw. Werke.

29 Über Wappen und Siegel von Zünften s. H. Rolland, *Sigillographie corporative*, Paris 1939, und vor allem den 2. Teil (*Les armes des tribus et des corporations et les emblèmes des artisans*) des bemerkenswerten Werkes von Jean-Jacques Waltz (Hansi), *L'art héraldique en Alsace*, Paris 1937-1948, Wiederabdruck mit einer Einleitung von Hervé Pinoteau, Paris 1975.

30 Steinplastik an einem Pfeiler der Martinskirche in Basel, W.R. Staehelin, *Basler Zunftwappen*, AHS 1929-1930 (1930, Abb. 279).

31 Jacometti, *I Sigilli della biblioteca comunale di Siena*, 'La Balzana', I, S. 29, 1927.

32 Henri Rolland, *Sigillographie corporative*, Paris 1939.

33 Ghellinck, *a.a.O.*, (Anm. 21) und E.A. Stückelberg, *Denkmäler zur Basler Geschichte*, Basel 1907.

34 *W.R. Staehelin, a.a.O.*, (Anm. 30) (1930, Abb. 34).

35 Max Prinet, *Armoiries combinées d''évêques et d'évêchés français*, Bibliothèque de l'École des Chartes, S. 230. Abb. 61 stammt aus TO Nr. 4790. Bemerkenswerterweise sind in der Wappenrolle von Zürich (MHZ) die Wappen der Bistümer und Abteien nicht in Schilden, sondern auf Bannern dargestellt. Das ist aber nicht erstaunlich, denn Bistümer und Abteien sind Lehen, die ihre Truppen unter ihrem Banner zur Heeresversammlung führen, wobei der Prälat selber grundsätzlich keinen Schild zu tragen hat.

36 Dominikaner: P. Angelus Walz O.P., *Das Wappen des Predigerordens*, Römische Quartalschrift für christliche Altertumskunde und für Kirchengeschichte, XLVII (1939) und eine Besprechung darüber in AHS 1946, S. 43. Franziskaner: Die beiden wohlbekannten gekreuzten Arme erscheinen auf dem Siegel von Margarete, Meisterin des Franziskanerhauses zu St. Jakob in Wien (Österreich) als zwei gekreuzte Hände, 1375 (Abb. 63). Eduard Gaston v. Pettenegg, *Sphragistische Mitteilungen aus dem Deutsch-Ordens-Centralarchiv*, Frankfurt am Main 1885, Nr. 56.

37 Der Erzbischof von Köln und seine Lehnsleute (um 1370), GA, Blatt 28 v.

38 Vgl. Anm. 10: das älteste publizierte französische Bauernsiegel datiert von 1369 (DD, Nr. 4183).

39 BNP, ms. fr. 20082, Kopie aus dem 17. Jahrhundert nach einem Manuskript von 1373-74, das anläßlich des Brandes der Rechnungskammer von Paris 1737 untergegangen ist. Vgl.: de Lucay, *Le Comté de Clermont*, 1878, in: Revue d'histoire nobiliaire, 1876-77.

40 Siehe die Liste der Arbeiten unter dem Stichwort *Bauernwappen*, bei Egon von Berchem, *Heraldische Bibliographie*, Leipzig 1937. Für Frankreich gibt es nur wenige einschlägige Arbeiten, aber zu zitieren ist: Paul Adam, *De l'acquisition et du port des armoiries, armes nobles et armes bourgeoises*, in: Recueil des IV. CISGH, Brüssel 1958.

41 Donald Lindsay Galbreath, *Armorial vaudois*, Baugy sur Clarens, 1934-1936, Bd. II, Einleitung. Vgl. auch Kap. XI.

42 Zum Beispiel ein Grabmonument im Museo Civico, Bologna.

43 Betreffend das französische Wappenrecht, s. Rémi Mathieu, *Le système héraldique français*, Paris 1946. Vgl. auch den in Anm. 46 zitierten Artikel von Paul Adam. In England (G.D. Squibbs, *The law of arms in England*, East Knoyle, o.J. (1953)), und in Ländern, die noch Heroldsämter haben, darf man gegenwärtig Wappen nicht ohne Erlaubnis der Obrigkeit führen.

44 *The controversy between Sir Richard Scrope and Sir Robert Grosvenor in the court of Chivalry A.D. 1385-1390*, hrsg. von Nicolas, 2 Bde., London 1832. Kürzlich sind Ergänzungen erschienen: vgl. Henry Stanford London, *La controverse Scrope-Grosvenor-Carminow*, AHS 1951, S. 86. Betreffend einen anderen Fall aus 1378 vgl. The Ancestor IV, S. 217.

45   Die Brüder von Jeanne d'Arc sollen einen auf alle Nachkommen, sowohl Frauen wie Männer übertragbaren Adel erhalten haben, wobei das Wappen dem Adel folgen würde (Abb. 90). Inzwischen steht aber fest, daß Pierre d'Arc, genannt du Lys, Bruder von Jeanne d'Arc, sich nur einmal verheiratet hat und nur einen, ohne Nachkommen 1501 gestorbenen Sohn hatte. Keine der angeblich von dem Bruder der Jungfrau von Orleans abstammenden Familien kann dies beweisen, die Allianzen Maiquart, Haldat, Hordal usw. haben niemals bestanden, und ebenso wenig wie der automatische Adelsstand der Neffen der Johanna (H. Morel, *La noblesse de la famille de Jeanne d'Arc au XVIe siècle*, Paris 1972, unter der in *Héraldique et Généalogie*, Bulletin des sociétés françaises de généalogie, héraldique et sillographie, 1973, S. 168, zitierten Mitwirkung des C.N.R.S.). Unter ähnlichen Bedingungen sollen die Chalo-Saint-Mard, aus Etampes geadelt worden sein (Martin, *Chalo-Saint-Mard*, Etampes 1897; Noël Valois in: Bulletin de la Société de l'histoire de France, 1886 und 1896). Der Schild der Chalo-Saint-Mard zeigt *in Grün ein rotes Schildchen, darin innerhalb eines goldenen Schildrandes ein silbernes Eichenblatt,*

Abb. 90   Ex-libris von Jacques Gauthier und seiner Gemahlin Anne Hordal du Lys (um 1680).

und wird oft mit Jerusalem quadriert *(Revue des questions héraldiques* I, 1898/99, S. 388 ff.).

46   Paul Adam, *Noblesse et armoiries devant les tribunaux français*, AHS 1951, S. 93.

47   AH 1959, S. 42-43.

48   Siehe besonders Giuseppe Aldo di Ricaldone, *Una rara concessione araldica... (1353)*, AH 1975, S. 18 f., wo der Graf von Helfenstein seine Helmzier, einen Elefantenkopf, seinem Freunde, dem Lateranensischen Pfalzgrafen Fencio de Prato verleiht. Vgl. auch Grégoire Ghika, *Arrangement entre Guichard Tavelli et Pierre Crochon, de Genève, au sujet de leurs armoiries* (1446), AHS 1950, S. 27-30.

49   Felix Hauptmann, *Das Wappenrecht*, Bonn 1896, S. 458. - Einer der bekanntesten, jedoch bis vor kurzem verkehrt ausgedeuteter Fall wird durch den Text vom 22. Februar 1334 geliefert, durch den Herzog Ludwig I. von Bourbon den Adelsstand erteilt an: 'Jehan et Guy de Bourbon, frères, chevaliers pour ce que ledit seurnom des diz chevaliers s'accordast au fait et à la propre chose pour tiltre de honnour des armes anciennes du seigneur jadis de la baronie de Bourbonnois dont l'escu est d'or, à un lion rampant de guelles et à un orle de coquilles d'asur, et voult et octroia le dit monsieur le duc

pour li, ses hoirs et successeurs aus diz chevaliers que il et leurs hoirs et successeurs maales descendanz d'eulx par droite ligne, aient pour le tiltre dessusdit et portent des orez en avant les armes dessusdictes en la manière qui s'ensuit: c'est assavoir que le dit monsieur Jehan aisné frère aura et portera lesdictes armes par entier et avec ce sus la coquille qui est par dessus la tête du lion une fleur de lis d'or à un baston de guelles que ledit Monsieur le duc de sa pure grace li donna de ses propres armes estraites de la coronne de France; et ledit Monsieur Guy secont frère aura et portera lesdictes armes enciennes de Bourbon par entier et avec ce en l'espaule du lion un escuçon des armes du lit monsieur le duc...' Entgegen den bis vor kurzem vertretenen Auffassungen waren Jehan und Guy von Bourbon keine Bastarde des Herzogs Ludwigs I., sondern wie es Jean Richard *(les Bourbons de la région de l'Arroux et du Val de Loire autunnois* (XIIIème et XVème siècles) in: Mémoires de la Société Eduenne Bd. LI, S. 97-113 dargelegt hat, Abkömmlinge der alten Herren von Vitry. Besonders bemerkenswert ist, daß andere Familien mit dem Familiennamen Bourbon ('du surnom de Bourbon') aus der gleichen Gegend von Arroux (Bourbon-Clessy, Bourbon-Montperroux) nach 1334 und zwar wegen ihres Zusammenhangs den Schild der ehemaligen Herren von Bourbon wieder aufgenommen haben, wodurch die Historiker irregeleitet worden sind (Mitteilung von Jean-Bernard de Vaivre).

50   Das Original befindet sich im Kronarchiv von Aragon in Barcelona.

51   Strazzera und Gorga, *Cavalieri della Redenzione*, Rom 1935. Das Original befindet sich in Bologna, Bibl. des Archiginnasio, Ms. Gozzadini. Friedrich Bock, *Der älteste kaiserliche Wappenbrief*, Archivalische Zeitschrift, 3. Serie, VIII (1932), S. 48-55.

52   Felix Hauptmann, *Bartoli a Saxoferrato Tractatus de insigniis et armis*, Bonn 1883, S. 1 und 3.

53   Felix Hauptmann, *Das Wappenrecht*, S. 480.

54   Colin Campbell, *Scottish arms in the Armorial équestre*, Coat of Arms 1971, S. 58-68, 115-123 und 170-175.

55   Rémi Mathieu, *Le système héraldique français*, S. 171. Die Könige von Frankreich haben anläßlich von Erhebungen in den Adelsstand oft eine oder mehrere Lilien in Schild oder Helmzier verliehen, u.a. bei zahlreichen ausländischen Offizieren. Vgl. auch Anm. 49 betr. eine ähnliche Verleihung seitens des Herzogs von Bourbon.

56   Hanns Jäger-Sunstenau, *Ein Wappenbrief des Königs von Neapel für die Piccolomini (1473)*, AH 1971, S. 61 f.

57   Am 5.1.1392 verleiht der Pfalzgraf bei Rhein ein Wappen an Heinrich Topler in Rothenburg o.d. Tauber. Felix Hauptmann, *Das Wappenrecht*, S. 482. Rémi Mathieu, a.a.O. (Anm. 64), S. 170, betrachtet die Verleihung durch König Ludwig X. 1315 zugunsten des Blindenspitals in Bayeux als in diese Kategorie gehörig. Es scheint indessen, daß die königliche Verleihung nur die Beifügung der Lilie, also eines Teiles seines eigenen Wappens, ausdrückt.

58   Baildon, *Heralds' College and Prescription*, The Ancestor, IX (1904), S. 220.

59 Betreffend die Wappenbriefe in Deutschland, siehe Jürgen Arndt, *Die Entwicklung der Wappenbriefe von 1350 bis 1806 unter besonderer Berücksichtigung der Palatinatswappenbriefe*, Herold 1970, S. 161-193.

60 Nicolai Upton, *De studio militari libri quatuor*, hrsg. Bysshe, London 1654, S. 258.

61 Edmond Du Roure de Paulin, *Le juge d'armes de France et le généalogiste des ordres du Roi*, Paris 1908.

62 Die meisten französischen Provinzen haben die Herausgabe des sie betreffenden Teiles des 'armorial général' erlebt: vgl. Gaston Saffroy, *Bibliographie généalogique, héraldique et nobiliaire de la France*, Bd. II, Paris 1970.

63 Gastone Cambin, *Le 'officine milanese'*, AHS, Jahrbuch 1970 (auch Sonderdruck); AN I S. 38-41, II Abb. 900.

64 Rémi Mathieu, *Le système héraldique français*, Paris 1946, S. 243-246.

65 AHS Jahrbuch 1975.

66 Hugues Jéquieur, *Le prince Berthier et les chevrons*, AHS 1952, S. 1-6 und Tafel I.

67 Rémi Mathieu, *a.a.O.* (Anm. 64), S. 247-257; Albert Révérend, *Armorial du Premier Empire*, Paris 1894, neue Ausgabe Paris 1974, S. XXIV-XXVI, Zeichen im Schild und Zeichen außerhalb des Schildes. Abb. 71 und 72 sind entnommen aus Henri Simon, *Armorial général de l'Empire*, Paris 1912, 2 Bde. Betr. die Wappen der verschiedenen Mitglieder der kaiserlichen Familie, vgl. Hervé Pinoteau, *Héraldique napoléonienne*, Paris 1954.

68 Hier sind einige Arbeiten über die Herolde und ihre heraldische Rolle zu nennen: Egon von Berchem, *Die Herolde und ihre Beziehungen zum Wappenwesen*, Beiträge zur Geschichte der Heraldik, Berlin 1938, 2. Teil (S. 115 bis 228) darin zahlreiche Abbildungen von Herolden in Amtskleidung und eine Liste der deutschen Herolde bis 1668. Anthony Richard Wagner, *Heralds and Heraldry in the Middle Ages*, London 1956 (2. Aufl.). Paul Adam, *Les fonctions militaires des hérauts d'armes, leur influence sur le développement de l'héraldique*, AHS, Jahrbuch 1957, S. 2 bis 33. T.R. Davies, *The Heralds in Mediaeval Warfare, Coat of Arms*, 1967, S. 245-258. Ernst Verwohlt, *Kongelige danske herolder*, Heraldisk Tidskrift, 1972, S. 201-229. Ruy Vieira da Cunha, *Os primeros reis-de-armas do Brasil*, Revista de historia, São Paulo 1963, S. 367-383. Eine weitere Studie über die Wappenkönige und vor allem ihre Funktionen während der Zeremonien findet man auch in Bd. IV (S. 361 ff. und Supplement S. XV ff.) von: *Trophées... du Brabant* von Butkens (Brüssel 1724). Schließlich bietet das Werk von Rodney O. Dennys, *The heraldic imagination*, London 1975, zahlreiche, bisher unveröffentlichte, aus den wertvollen Sammlungen des Londoner College of Arms entnommene Einzelheiten. Verschiedene Angaben haben wir auch aus der Einleitung von L. Larchey zu TO entnommen.

69 Die Stadt Lille hatte einen Herold namens *Epinette*, ebenso Brüssel.

70 T. van den Laars, *Wapens, Vlaggen en Zegels van Nederland*, Amsterdam 1913 (vgl. AHS 1925, S. 85).

71 Rodney O. Dennys, *a.a.O.*, bietet auf S. 34 die Wiedergabe einer Miniatur von 1458, auf der die Amtseinsetzung eines Persevanten gezeigt wird. Dieser trägt den Tappert mit den großen Stoffpartien auf den Schultern.

72 Vgl. dagegen Abb. 75, wo der Herold einen Dolch trägt. Auf S. 70r von BE (Abb. 73) hält er eine Lanze.

73 Vgl. Jean-Bernard de Vaivre, *Les trois couronnes des hérauts*, AH 1972, S. 30-35.

74 In seiner Einleitung zu TO (S. 11), zitiert Lorédan Larchey nach dem Manuskript 4655 der Bibliothek des Arsenal, Paris, den Text des von einem Wappenkönig von Frankreich geleisteten Diensteides: 'Le bon plaisir du roi sera que vous yres par toutes les provinces et marches de ce royaume... avec la commission du roy... à tous les princes, contes, vicontes, barons, baneres, bacelers et autres notables hommes... pour savoir la noblesse de son royaume... et de ceulx faire un extrait à façon d'un livre où seront leurs noms et surnoms, les cris et leurs armes, blasons et titres naturels'.

75 In Kap. XIV findet der Leser eine Bibliographie der wichtigsten Wappenbücher des Mittelalters.

76 Eine mit Wappenzeichnungen illustrierte Serie von Wappenerklärungen (blasons) steht in altflämischer Sprache eingangs des berühmten Wappenbuches des Herolds Gelre. Die dem Grafen Rudolf von Nidau gewidmeten Verse sind von Bouton in seiner Ausgabe von Gelre und außerdem erneut in AHS 1932, S. 2 mit einer Übersetzung ins Französische veröffentlicht worden.

77 TO, S. XIII.

78 Paul Adam, *Traité de blason et armorial catalan de Steve Tamborini*, Boletins de la Real Academia de Buenas Letras de Barcelona, 1961-62, S. 359-407; Michel Pastoureau, *L'héraldique bretonne des origines à la guerre de succession de Bretagne*, Bulletin de la Société archéologique du Finistère, 1973, S. 121-148; Szabolcs de Vajay, verschiedene Artikel über die ungarische Heraldik in AH und AHS, Jahrbuch, ab 1960; Faustino Menéndez Pidal de Navascués, in seiner Einleitung zum *Libro de armería del reino de Navarra*, Bilbao 1974; Alexandre V. Soloviev, *Les emblèmes héraldiques de Byzance et leur influence sur les Slaves*, Sonderabdruck aus: Actes du IVème congrès international des études byzantines (Bulletin de l'Institut archéologique bulgare, Bd. 9, 1935); Sven Tito Achen, *Danske adelsvåbener, en heraldisk nogle*, Kopenhagen 1973; Franz Gall, *Österreichische Wappenkunde*, Wien 1975. Weitere, sehr allgemeine Angaben über die Heraldik der wichtigsten Länder findet man in dem gut illustrierten Büchlein von Carl Alexander von Volborth, *Heraldik aus aller Welt*, Berlin 1972.

78a Bodleian Library, Oxford, ms. Ashmole 804, fo. 3v, 4, 4v und 5. Zu diesem Wappenbuch vgl.: Anthony R. Wagner, *Catalogue of English mediaeval Rolls of Arms*, London 1950, S. 60.

78b Eine Eigentümlichkeit der Heraldik von Navarra ist die Bedeutung der Wappen der 'palacios' (F. Menéndez Pidal de

Navascués, *a.a.O.*, Anm. 78), die man mit der Wichtigkeit der 'domus' in den nördlichen Pyrenäen vergleichen kann (E. LeRoy Ladurie, *Montaillou, village occitan de 1294 à 1324*, Paris 1975, Kap. II).

79 Szabolcs de Vajay, *L'héraldique hongroise*, AHS Jahrbuch 1960, S. 2-6.

79a Adam Heymowski, *Les cimiers médiévaux des blasons polonais*, IXème CISGH, Bern 1968, S. 131-142.

80 Narciso Binayán Carmona, *L'héraldique inca*, AH 1963, S. 30-36.

81 Siehe Anm. 52.

82 Rodney O. Dennys, *a.a.O.* (Anm. 68) zitiert diesen Traktat und macht zahlreiche Angaben über diese alten Heraldikbüchlein und ihren Inhalt.

83 Delisle, *Cabinet des Manuscrits de la Bibliothèque Impériale*, Paris 1868, I, 90; *Revue Archéologique* 1858, S. 321.

84 Cecil R. Humphery-Smith, *Heraldry in school manuals of the Middle Ages*, Coat of Arms, 1960, S. 115-124 und 163-170.

85 Erstmals 1495 und seitdem oft, zuletzt 1860 wiedergedruckt. Über die französischen Leitfäden siehe Gaston Saffroy, *Bibliographie généalogique, héraldique et nobiliaire de la France*, Bd. I, S. 62 ff.

86 *The Boke of Saint Albans by dame Juliane Berners 1468*, Faksimile, hrsg. von Blades, London 1905.

87 Die Zitierung dieser zum wissenschaftlichen Studium der Heraldik wenig beitragenden und im übrigen unauffindbaren Leitfäden ist überflüssig. Eine Ausnahme verdient immerhin *Le Blason des armoiries* von Hierosme de Bara, Paris 1581, der kürzlich in einer anastatischen Kopie (Paris 1975) erneut publiziert worden ist und den Lesern dadurch Vergnügen bereiten kann, daß er einer großen Zahl antiker und mythischer Helden Wappen zuschreibt. Seine Beschreibungen sind von der Klarheit seiner Nachfolger weit entfernt (s. Kap. XIII).

88 Le Laboureur, *Discours de l'origine des armes*, Lyon 1658, Wiederabdruck: Lyon 1895, Bd. III von Le Laboureur, *Les Masures de L'Isle-Barbe*, Supplement der *Œuvres diverses*, hrsg. von Charpin-Feugerolles und Guigue. Vgl. auch Gaston Saffroy, *a.a.O.* (Anm. 85), Bd. I.

89 Ménestrier, *Le véritable art du blason*, Lyon 1658, *L'art du blason justifié*, Lyon 161; *Abrégé méthodique des principes héraldiques*, Lyon 1661; *Origines des armoiries et du blason*, Lyon 1679; *Origine des ornements des armoiries*, Lyon 1680; *La nouvelle méthode du blason*, Lyon 1696. Die Ausgaben des 18. Jahrhunderts sind weniger wert. Vgl. auch Gaston Saffroy, *a.a.O.* (Anm. 85) Bd. I.

90 Philipp Jakob Spener, *Historia insignium illustrium, seu operis heraldici pars specialis*, Frankfurt am Main 1680; *Insignium theoria seu operis heraldici pars generalis*, Frankfurt am Main 1690.

91 Gloucester 1793.

92 Nicolas, *The Siege of Caerlaverock*, London 1828; *A roll of arms of peers and knights in the reigns of Henry III and Edward III*, London 1829; Montagu, *Guide to the study of Heraldry*, London 1840; Planché, *The poursuivant of arms*, London 1852.

93 Laing, *Descriptive catalogue of impressions from ancient scottish seals*, Edinburg 1850 und *Supplemental descriptive catalogue*, 1866.

94 Carl Mayer (von Mayerfels), *Heraldisches A.B.C.-Buch*, München 1857; Otto Titan v. Hefner, *Grund-Saeze der Wappen-Kunst*, Nürnberg 1855; Friedrich Karl Fürst zu Hohenlohe-Waldenburg, *Das Hohenlohische Wappen*, in: Archiv für Hohenlohische Geschichte, 1859. Über die deutschen Heraldiker des 19. Jahrhunderts siehe Seyler, *Geschichte...* S. 370 ff.

95 Wegen der Nachweise s. Gaston Saffroy, *a.a.O.*, (Anm. 85) Bd. I.

96 Siehe Kap. XIV die Liste der wichtigsten Siegelinventare. Vgl. auch die von Erich Kittel, *Siegel*, Braunschweig 1970, gelieferte Bibliographie.

97 *Die Wappenrolle von Zürich*, Zürich 1860; neue Ausgabe von Walther Merz und Friedrich Hegi, *Die Wappenrolle von Zürich*, Zürich 1930.

98 Ohne diese zu ihrer Zeit wertvollen Wappenbücher herabsetzen zu wollen, führen wir hier einige, den modernen Anforderungen, vor allem durch die Angabe ihrer Quellen, besser entsprechende Veröffentlichungen auf:
Für die Westschweiz: Donald Lindsay Galbreath, *Armorial Vaudois*, Baugy-sur-Clarens, 1934-1936; Hubert de Vevey, *Armorial du Canton de Fribourg*, Freiburg i.Ü. 1935 ff.; Léon und Michel Jéquier, *Armorial neuchâtelois*, Neuenburg o.J. (1939-46); Kantonalarchiv des Kantons Wallis, *Armorial valaisan*, Zürich 1946; Alfred Lienhard-Riva, *Armorial ticinese*, o.O. (Lausanne) 1945, mit Ergänzungen durch Gastone Cambin im AHS. Für die deutsche Schweiz: Walther Merz, *Badener Wappenbuch*, Aarau 1900; Walther Merz, Wappenbuch der Stadt Aarau, Aarau 1908; Ernst H. Koller und Jacob Signer, *Appenzellisches Wappen- und Geschlechterbuch*, Bern und Aarau 1926; Paul Boesch, Bernhard v. Rodt und Hans Bloesch, *Wappenbuch der burgerlichen Geschlechter der Stadt Bern*, Bern 1932; Hans Richard von Fels und Alfred Schmid, *Wappenbuch der Stadt St. Gallen*, St. Gallen 1952. Für Frankreich: André Steyert, *Armorial général du Lyonnais, Forez et Beaujolais*, Lyon 1860, Wiederabdruck mit Vorwort von Jean Tricou 1975; Georges de Soultrait, *Armorial ... du Nivernais*, Nevers 1879; Soultrait, *Armorial du Bourbonnais*, 2. Aufl. Moulins 1890; Benoit d'Entrevaux, *Armorial du Vivarais*, Privais 1908; Louis Esquieu, *Essai d'un armorial quercynois*, Paris und Cahors o.J. (1902) und das noch nicht abgeschlossene bemerkenswerte *Armorial et répertoire lyonnais* von † Jean Tricou.

99 Eine von Cornelis Pama durchgesehene neue Ausgabe, erschien in Leiden.

100 R. Delort, *Introduction aux sciences auxiliaires de l'histoire*, Paris 1969.

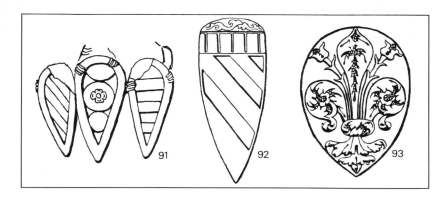

KAPITEL III

Abb. 91 Klassische vorheraldische Schilde auf einem Kapitell des Klosters zu Moissac (Tarn-et-Garonne) (12. Jahrhundert).

Abb. 92 Italienischer Normannenschild auf einem Grabmal in Vercelli (Piemont) (1213).

Abb. 93 *In (Silber) eine gefüllte (rote) Lilie.* Steinplastik am Palazzo Vecchio in Florenz mit dem Stadtwappen (15. Jahrhundert).

DER SCHILD, SEIN UMRISS UND SEINE SCHAUSEITE

Wappen können aus mehreren Bestandteilen zusammengesetzt sein: Aus dem Schild, einem Oberwappen, einer Helmzier, Schildhaltern, Würdezeichen, Wahlsprüchen und Schlachtrufen. Einer dieser Bestandteile ist unerläßlich und kann schon allein ein wirkliches Wappen ausmachen: der Schild. Wir befassen uns nur mit dem heraldischen Schild, der im allgemeinen die Entwicklung des Kampfschildes mitmacht, solange dieser in Gebrauch stand. Die Schilde, die ausschließlich kriegerischen Zwecken dienten, wie die Buckelschilde und Rundschilde des 12. und 16. Jahrhunderts lassen wir beiseite.

Von dem großen sog. Normannenschild des 12. Jahrhunderts war bereits die Rede, dieser war ursprünglich mandel-, dann kreiselförmig und schon vor dem Erscheinen der Heraldik (Abb. 91 und 92, siehe auch Abb. 7 und zahlreiche plastische romanische Beispiele) in Gebrauch. Im allgemeinen in der Mitte mit einem Umbo ausgestattet (Abb. 6) und stark gerundet, umschließt er den ihn tragenden Kämpfer zur Hälfte. Er wird mittels eines langen Riemens, der über den Nacken laufenden Schildfessel (Abb. 5 und 11), und zwei anderen ziemlich kurzen Riemen, durch die der Unterarm gesteckt wird, getragen. Der mandelförmige Schild ist in Italien lange stark gebräuchlich geblieben, hierbei aber kürzer geworden (Abb. 93).

Im 13. Jahrhundert erscheint der dreieckige Schild oder Dreieckschild (Abb. 95), der eigentliche heraldische Schild. Seine Bauchungen und seine Abmessungen verringern sich entsprechend den Verbesserungen der Rüstung (Abb. 94). Die Ausbauchung der Vorderseite wirkt sich auf plastischen Schilden manchmal in der gebogenen Form von Schildhäuptern, Balken, Schrägbalken und Schrägkreuzen aus. Manche der ältesten gemalten Wappenbücher weisen die gleiche Eigentümlichkeit auf.

Abb. 94 Ludwig I. von Savoyen, Herr der Waadt, nach seinem Siegel (um 1290) (ISV 31/3).

79

Abb. 95 Jean de Beaumont-en-Gâtinais, Kämmerer von Frankreich, Fenster in der Kathedrale von Chartres (um 1220) (Photo H. Sigros).

Abb. 96 Grabstein eines Herrn von Semur in der Abteikirche von Tournus (13. Jahrhundert).

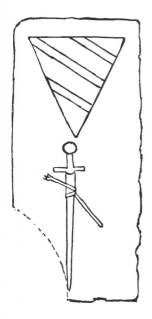

Abb. 97 D'Orsières: Schlußstein in der Kirche des Auditoire in Genf (15. Jahrhundert).

Abb. 98 Savelli: *Unter goldenem Schildhaupt, darin ein auf einer Rose stehender Vogel, begleitet von zwei zugewendeten Löwen, in Gold zwei rote Schrägbalken* (Rom, um 1250).

Abb. 99 Francesco Sforza, Herzog von Mailand, in einer Urkunde von 1466 eingemalter Schild.

Abb. 100 *Unter blau-golden geschachtem Schildhaupt ledig von Silber*: Stich von Nolin, nicht identifiziertes Wappen (17. Jahrhundert).

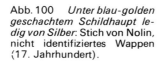

Abb. 101 Jean Juys, Prior von Romainmôtier: *in Silber ein blauer Dornenschildrand, das Ganze von einem roten Schrägbalken überzogen*, in ein Urbar von 1434 im Kantonalarchiv Lausanne eingemalter Schild.

Abb. 102 Siegel des Jean d'Aubonne (1294) (ISV 40/2).

Der anfänglich ziemlich schmale Schild hat mehr oder weniger stark gebogene, manchmal sogar gerade (Abb. 96) Seitenränder. Gegen Ende des 14. Jahrhunderts wird er breiter (Abb. 97), oben manchmal konkav eingeschnitten (Abb. 98). Die Oberkante kann sogar drei mehr oder weniger betonte Spitzen (Abb. 99) (1) ausbilden, und die untere Partie des Schildes nimmt Herzform an (Abb. 101). Später kommt man zu Schilden, die unten wie eine Klammer gestaltet sind (Abb. 100); manche Autoren nennen diese Form französischen Schild. Abb. 104 zeigt die Abwandlung der Verhältnismaße und der Formen der Schilde in verschiedenen Gegenden im Laufe der Jahrhunderte (2).

In der Westschweiz, in Südeuropa und in den Niederlanden findet man seit dem 13. Jahrhundert einen Schild, der unten zugerundet ist (Abb.

Abb. 103 Kirchenfenster mit dem Wappen des Rudolf de Benedictis (de Benoît), Abt zu St. Johann von Erlach (1523) *(in Schwarz ein goldener Schrägbalken, belegt mit drei roten Rosen)*, gefertigt von Jakob Wildermut von Neuenburg, in der Kirche zu Ligerz (Kanton Bern).

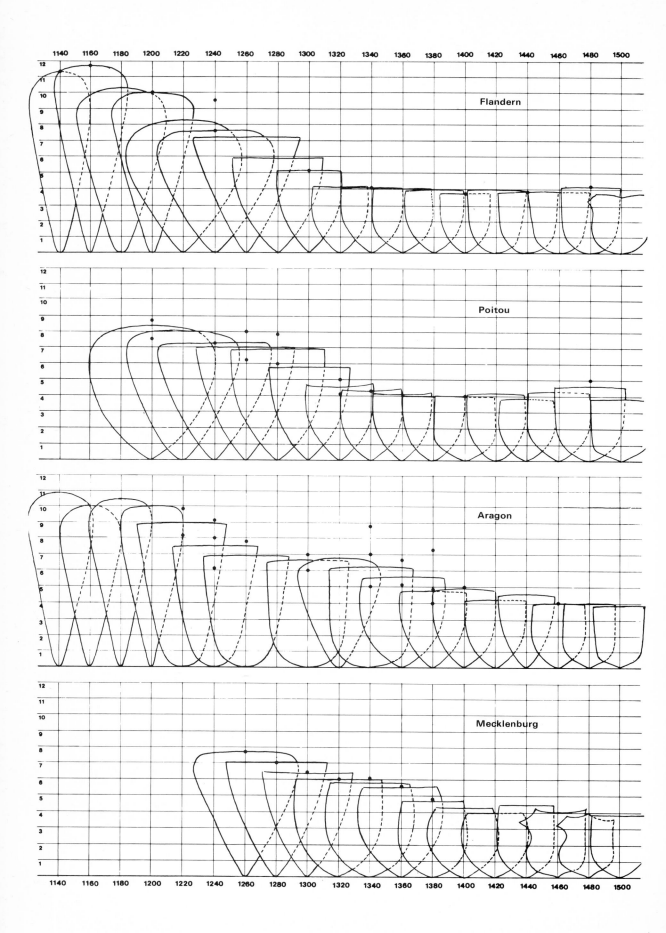

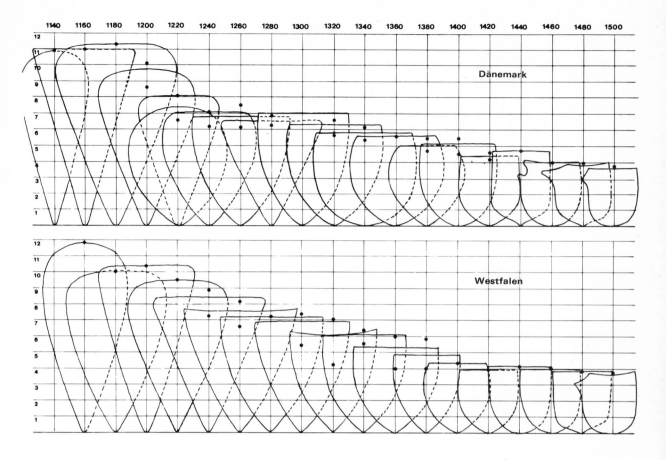

1140 1160 1180 1200 1220 1240 1260 1280 1300 1320 1340 1360 1380 1400 1420 1440 1460 1480 1500

Dänemark

Westfalen

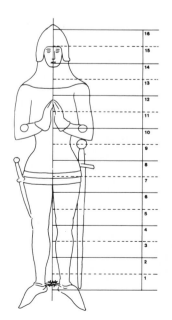

Abb. 104 Wandlungen der Form und der Verhältnismaße des Schildes im Vergleich zum Körper eines Ritters (1140-1500) in verschiedenen Gegenden (die normale Körpergröße eines Ritters betrug 165 cm, 1 Teilstrich entspricht etwa 10 cm).

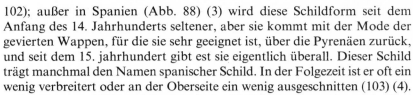

102); außer in Spanien (Abb. 88) (3) wird diese Schildform seit dem Anfang des 14. Jahrhunderts seltener, aber sie kommt mit der Mode der gevierten Wappen, für die sie sehr geeignet ist, über die Pyrenäen zurück, und seit dem 15. jahrhundert gibt est sie eigentlich überall. Dieser Schild trägt manchmal den Namen spanischer Schild. In der Folgezeit ist er oft ein wenig verbreitert oder an der Oberseite ein wenig ausgeschnitten (103) (4).

Der Rautenschild erscheint bereits im 13. Jahrhundert, ganz zu Anfang von Männern (Abb. 105) (5) häufiger als von Frauen gebraucht, die ihn vom 16. Jahrhundert an neben dem ovalen Schild benützen.

Der kreisrunde (Abb. 106) oder ovale (6) Schild oder die Phantasieschilde (Abb. 107) kommen früh, aber noch ziemlich selten vor. Ebenso verhält es sich mit dem rechteckigen oder quadratischen Bannerschild (Abb. 108 und 109), den die alten Gewohnheitsrechte der Bretagne und des Poitou den Bannerherren vorbehielten (7). Manche Familien, wie die Biron (Abb. 579) benützten im allgemeinen diesen Schild.

Das 14. Jahrhundert bringt uns noch die Tartsche, einen Schild mit einer ursprünglich oben, später seitlich ausgesparten Einbuchtung zum Durchstecken der Lanze. Manchmal wird dieser Schild auch Palettenschild genannt (Abb. 110 und 111). Er ist aus Italien zu uns gekommen, und die Künstler machten ihn zu ihrem Lieblingsschild: manchmal haben sie zwei Ausbuchtungen angebracht, um ihn symmetrisch zu gestalten (Abb. 113) (8), oder sie haben die Ausbuchtung übergangen und nur die unsymmetrische Umrißlinie beibehalten (Abb. 112). Manche entarteten Formen dieses Schildes trifft man noch im 17. Jahrhundert und sogar noch später.

Abb. 105, 106, 107 Siegel von Peter und Wilhelm von Stäffis (Estavayer) (1299, 1338 und 1317) (ISV 65/6, 66/4, MG II Tafel XVII/4).

Abb. 108 Siegel der Vormünder des Grafen Amadeus von Savoyen (1344) (ISV 23/1).

Abb. 109 Siegel der Jeanne de Jambes, Herrin zu Lugnet (15. Jahrhundert) *(halbgeteilt und gespalten von Bontet, Chalençon und Montsoreau)* Siegelstempel im Museum du Palais St. Pierre in Lyon.

Abb. 110 Plastischer Schild (15. Jahrhundert) des Leonardo Utinelli *(drei Stufensparren)* in San Quirico (Toskana).

Abb. 112 Steinplastik in Basel mit dem Wappen Bruder (1494): *zwei gekreuzte Pilgerstäbe.*

Abb. 111 Plastischer Schild in San Petronio, Bologna (14. Jahrhundert).

Abb. 113 Jeton des Jean Prunier (um 1540): *unter einem Schildhaupt, darin ein liegender Halbmond, ein von zwei Kreuzchen begleiteter Zinnenturm.*

Abb. 114   Wappen des Papstes Innozenz X. (1644-1655)
(Pamphili): *Unter blauem Schildhaupt, darin zwei rote oben
verstutzte Stäbe zwischen drei goldenen Lilien, in Rot eine
silberne Taube, einen grünen Ölzweig im Schnabel haltend*
(PH).

Abb. 115   Wappen des Papstes Gregor XIII. (1572-1585)
(Buoncompagni): *in Rot ein goldener oberhalber Drache,*
auf einem Portraitstich (PH).

Wahrscheinlich haben altrömische Schilde als Vorbild für den italienischen sog. Roßstirnschild gedient, der in Italien seit dem 15. Jahrhundert
(Abb. 85, 116) (9), und vom folgenden Jahrhundert an ziemlich überall
eine unendliche Vielfalt von Formen entwickelt hat.

Schließlich hat die Phantasie der Künstler seit dem 16. Jahrhundert – in
Italien schon früher – eine Menge von Schildformen hervorgebracht, die
mehr oder weniger auf den von uns aufgezählten fußen. Die Ränder
werden eingerollt (Abb. 117) (10) und mit Blattwerk bereichert (Abb. 114)
(11). Die Ornamentierung umrahmt ein ovales Feld (Abb. 115 und 120)
(12) und manchmal ein Feld von gänzlich unregelmäßigem Umriß (Abb.
118 und 119). Gegen Ende des 18. Jahrhunderts findet die Kargheit des
Louis XVI-Stils zurück zu einem Dreieckschild, der oben durch zwei
Ausbuchtungen drei Spitzen bildet (Abb. 123), und zum schmucklosen
ovalen Schild.

Gegen die Erfindung dekorativer Formen für den heraldischen Schild
gibt es nur eine einzige der Phantasie des Künstlers anzulegende Bremse:
den guten Geschmack. So sind auch Anachronismen zu vermeiden: man
setze also keinen kreiselförmigen Schild über eine Haustür im Stile
Ludwigs XV.

Abb. 116   Wappen des Papstes
Innozenz VIII. (Cibo, Genua)
(1484-1492) nach einer Buchmalerei: *unter silbernem Schildhaupt,
darin ein rotes Kreuz, in Rot ein blau-
silbern geschachter Schrägbalken.*

Abb. 117 Steinplastik (1558) in der Kirche zu Cesnes (Mayenne): *gespalten, rechts in Silber ein roter Balken, belegt mit goldenem Schräggitter und begleitet von zwei roten Leisten* (Bouillé), *und links in Blau drei goldene Pfähle* (Le Maire).

Abb. 118 und 119 Exlibris von Pierre-Philippe Cannac, vor und nach der 1768 anläßlich seiner Ernennung zum Reichsfreiherrn erlangten Wappenvermehrung.

Abb. 120 Wappen Papst Pauls IV. (1555-1559) (Carafa): *in Rot drei silberne Balken* (Vatikan, Sala Ducale) (PH).

Abb. 122 Schild mit dem Wappen der Herren von Raron (um 1300).

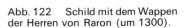

Abb. 121 Schild mit dem Wappen der Vögte von Brienz (um 1225).

Abb. 123 Exlibris von B. Le Gonidec de Traissan, Ritter des St. Ludwigs-Ordens (Bretagne) (um 1780).

Es gibt noch eine gewisse Anzahl von **Originalschilden** aus dem 14. und 15. Jahrhundert, vor allem anläßlich von Beerdigungen getragene und über Grabstätten aufgehängte Prunkschilde, unter denen einer der schönsten der mit dem Wappen von Raron im Museum zu Valeria-ob-Sitten (Abb. 122) ist. Ein Schild des 12. Jahrhunderts mit einem Löwen befindet sich im Schweizerischen Landesmuseum zu Zürich (Abb. 121). Die Elisabethkirche in Marburg beherbergte etwa 30 Schilde aus dem 14. Jahrhundert (13), andere befinden sich in den Kirchen zu Boppard am Rhein, in Canterbury und in Westminster (England), sowie in italienischen, spanischen und schwedischen Museen.

Die großen hochrechteckigen, zum Schutz von Fußkämpfern dienenden Pavesen kommen in Museen ziemlich häufig vor. Sie tragen aufgemalt entweder Vollwappen oder einen oder mehrere Wappenschilde, oder auch verschiedene Embleme (Abb. 124).

Die **Herstellungstechnik dieser Schilde** ist während des Mittelalters ziemlich gleich geblieben: ein Brett aus leichtem Holz wurde mit Leder (14), gesottenem Leder oder Pergament, später Leinwand überzogen, und das Wappen wurde auf einen Kreidegrund gemalt. Bei aufwendigen Schilden fügte man noch eine Lage Kitt hinzu, in welchem, so lange er noch weich war, das Wappen modelliert wurde, ehe man das Ganze bemalte, vergoldete oder versilberte. Manchmal wurden die Schildfiguren in gesottenem Leder ausgearbeitet, das auf eine Lage Werg aufgebracht wurde. Manche Partien stellte man sogar in Metall her, wie Kronen, Schnäbel und Fänge von Tieren, und an die Stelle der Augen setzte man Edelsteine. Die Schilde für laufenden Gebrauch, die selten ein ernsthaftes Gefecht überdauerten, waren nur mit bemalter Leinwand überzogen.

Die Schilde wurden von den Malerzünften hergestellt, zu deren Haupttätigkeiten sie zählten, so daß auf deutsch die Maler auch 'Schilter' hießen und fast überall drei Schilde in ihren Wappen führen (Abb. 127) (15).

Sofern das Wappen 'gemeine Figuren' enthält, kann es notwendig sein, ihre Stellung im Schilde zu umschreiben: hierzu ist die Oberfläche des Schildes in 'Stellen' unterteilt (Abb. 125). Die rechte Seite des Schildes heißt die rechte Flanke und die linke Seite die linke Flanke, wobei beide Ausdrücke sich auf den Träger des Schildes beziehen, der ihn vor sich haltend unterstellt wird. B ist an der Hauptstelle, E an der Herzstelle oder in der Mitte, H an der Fußstelle; A steht in der rechten Oberecke, G in der rechten Unterecke, C in der linken Oberecke, I in der linken Unterecke. Die Buchstaben ADG bezeichnen die rechte Flanke, CFI die linke Flanke. Zwischen B und E steht die *Ehrenstelle*, zwischen E und H die *Nabelstelle*.

Die Ausbuchtung der Tartsche befindet sich in der rechten Flanke; wenn sie sich links befindet, ist der Schild *gewendet*, und sein ganzer Inhalt muß ebenfalls nach links schauen. Nicht nur die unsymmetrischen Schilde wie die Tartschen können gewendet sein. Wenn zwei Schilde zusammengeschlossen sind (Abb. 128) oder gemeinsam ein einziges Denkmal schmükken (Abb. 126), dann ist der rechte Schild oft 'aus Courtoisie' dem anderen

Abb. 124 Pavese (Setzschild) eines Bogenschützen mit den Emblemen Burgunds (um 1470) (Photo Schweizerisches Landesmuseum, Zürich).

Abb. 125 Schildtopographie. Die 9 Stellen des Schildes.

Abb. 126 Grabmal in der Eremitenkirche in Padua: der Löwe des ersten Schildes ist aus Courtoisie umgewendet (Photo L.J.).

87

Abb. 127 Der Fahnenträger der Zunft der Maler von Basel (Himmelzunft), Kirchenfenster von 1544.

zugewendet, statt ihm den Rücken zu kehren. In Deutschland ist das eine allgemeine Regel, die in Italien häufig, in Frankreich selten angewandt wirdt.

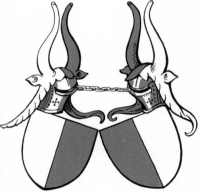

Abb. 128 Bernhard und Paul Auer von Au (1400) (HA): *rot-silbern gespalten*, der vordere Schild aus Courtoisie umgewendet.

Abb. 129 Delfter Fayence-Teller (17. Jahrhundert) mit unbestimmten Wappen (Palais de Mon Repos, Lausanne; AHS Jahrbuch 1964).

Anmerkungen

1 Giacomo Bascapé, *Diplomi miniati delle cancellerie viscontesca e sforzesca*, Mailand 1941. Die Felder 1 und 4 enthalten die Livreefarben weiß und blau, die Felder 2 und 3 zwei verschiedene Bilddevisen (vgl. Kap. VIII).

2 Zeichnungen von Jan Raneke, vgl. auch seinen Aufsatz *Sköldformens utveckling på danskt område 1140-1500*, Heraldisk Tidsskrift 1972, S. 262 f.

3 Faustino Menéndez Pidal de Navascués, *Un armorial ecuestre del siglo XIV, el libro de la cofradía de Santiago de Burgos*, Recueil des IX. CISGH, Bern 1968.

4 AN II, Tafel XIII, der Druckstock wurde freundlicherweise von den Editions de la Baconnière, in Boudry (Neuenburg), zur Verfügung gestellt.

5 Im Victoria and Albert Museum in London wird eine quaderförmige, auf vier Krallenfüßen ruhende Kassette verwahrt, die mit acht aneinanderstoßenden, emaillierten und ein

Rautennetz bildenden Platten verziert ist. Auf den Rautenfeldern sind die Wappen von England, Brabant, Valence-Pembroke, Coucy und Angoulême dargestellt. (M.M. Gauthier, *Emaux du moyen-âge occidental*, Freiburg i.Ü. 1972, S. 378). Dieses Kunstwerk stammt aus der Mitte des 13. Jahrhunderts. Die Grabplatte Wilhelms von Valence-Pembroke (†1296) in der Kathedrale zu Westminster ist mit einem aus dem Wappen von England und Valence gebildeten Rautenmuster bedeckt. In England, wo der Gebrauch des Rautenschildes ziemlich verbreitet war, benützten ihn die Frauen viel früher als auf dem Kontinent. Eines der ältesten sphragistischen Beispiele ist das Siegel von Johanna, der Tochter Heinrichs, Grafen von Bar, und der Eleonore von England, die 1306 Jean de Warenne, Grafen von Salisbury heiratete. Das Siegel zeigt fünf kreuzweise stehende Rauten. In der Mitte: Warenne, oben und unten England und seitlich Bar. Man erkennt außerdem vier Vierpässe, in denen zwei Löwen und zwei Kastelle an die Wappen der Eleonore von Kastilien, einer Ahnin der Johanna, erinnern. Aber schon im 13. Jahrhundert stellt man in England den Gebrauch des Rautenschildes für eine Frau fest: auf der in Westminster erhalten gebliebenen Grabplatte der Gräfin Aveline von Lancaster (um 1275) sind die beiden Kissen, auf denen das Haupt der Verblichenen ruht, mit Rautenschilden bedeckt. Einer zeigt das Wappen ihres Gatten, abwechselnd mit dem Löwen von Redvers, das andere das Tatzenkreuz ihres Vaters, Wilhelm von Forz, Grafen von Albemarle (Bouly de Lesdain: *Notes sur l'héraldique du Royaume Uni*, Paris 1919, S. 17).

6 Seit dem 16. und vor allem seit dem 17. Jahrhundert benützen die Frauen öfter einen Rauten- oder einen ovalen Schild, wenn der Schild allein steht. Wenn er vom Wappen des Gatten begleitet wird, haben beide die gleiche Gestalt, ausgenommen in einigen späten Fällen, wo man mehr dem Einfluß der Heraldiktheoretiker als dem guten Geschmack folgte (Abb. 129).

7 Das Wappenbuch Mowbray (Bruce Roll, nach A.R. Wagner, *Catalogue of English Mediaeval Rolls of Arms*, S. 66, Supplement S. 269) enthält über zweitausend Wappen in Bannerform, die meisten französisch. Es muß um 1370 entstanden sein.

8 Jean Tricou, *Jetons armoriés de personnages lyonnais*, Lyon 1942, S. 102, Tafel VII.

9 Donald Lindsay Galbreath, *Papal Heraldry*, Cambridge 1930, S. 87.

10 Alphonse Angot, *Armorial monumental de la Mayenne*, Laval 1913, Nr. 338.

11 Donald Lindsay Galbreath, *a.a.O.*, S. 97

12 *a.a.O.*, S. 93 und 92.

13 Friedrich Warnecke, *Die mittelalterlichen Heraldischen Kampfschilde in der St. Elisabeth-Kirche zu Marburg*, Berlin 1884. Die Schilde befinden sich heute im Museum der Universität Marburg.

14 'Ils se donnent de grands coups sur les écus, tranchent les cuirs et les ais qui sont doubles, les clous tombent, les boucles se brisent en morceaux', *La Chanson de Roland* (Rolandslied), Übersetzung von G. Moignet, Vers 3582 bis 3584 (vgl. Kap. I, Anm. 13).

15 Der Fahnenträger der Zunft der Maler von Basel (Himmelzunft) (1544), nach Paul Leonhard Ganz, *Die Basler Glasmaler der Spätrenaissance und der Barockzeit*, Basel und Stuttgart 1966, nach einem vom Herausgeber, Hause Schwabe & Co., Basel und Stuttgart, freundlicherweise zur Verfügung gestellten Druckstock. Anscheinend stellt der 'Schilter' nur den Schild selbst her, dekorierte ihn aber nicht immer, da Ritter und Damen sich dieser, übrigens vom heiligen Bernhard von Clairvaux (†1153) den Templern (Seyler, *Geschichte...* S. 99 f.) empfohlenen Aufgabe unterzogen. Später (15. Jahrhundert) fertigt der Schilter unter Mitwirkung seiner Mannschaft den ganzen Schild einschließlich Dekoration. Hierzu siehe u.a. Clément Gardet, *Jean Bapteur, peintre héraldiste et miniaturiste fribourgeois à la cour de Savoie*, AHS Jahrbuch 1975, S. 2-12.

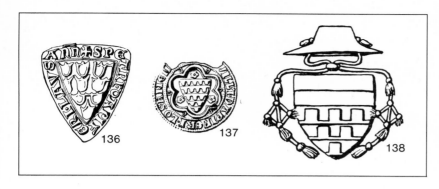

KAPITEL IV

Abb. 130 Siegel von Peter, Truch-seß von Lausanne (1257) (ISV 104/3).

Abb. 131 Siegel von Wilhelm, Truchseß von Lausanne (1264) (ISV 104/4).

Abb. 132 *Unter golden-silbern geteiltem Schildhaupt ledig von Großfeh*: Kardinal Petrus de Cros, der jüngere (1383-1388), Schluß-stein in der St. Martial-Kirche in Avi-gnon.

DIE HERALDISCHEN FARBEN

Die Heraldik kennt nur eine beschränkte Zahl von **Farben** (1), die in die **Metalle**: *Gold (Gelb)* und *Silber (Weiß)* und in die **eigentlichen Farben**: *Rot, Blau, Schwarz, Grün* und *Purpur*, zerfallen. In französischen Wappenbeschreibungen und folglich ähnlich auch in englischen haben die Farben eigene altertümliche Bezeichnungen, nämlich Rot ist *gueules*, Blau: *azur*, Schwarz: *sable*, Grün: *sinople*, Purpur: *pourpre*.

Wir können hier keine Diskussion über den Ursprung dieser sonderbaren Ausdrücke beginnen. Gold, Silber und Purpur verstehen sich von selbst, wenn auch die alten Autoren über die genaue Tönung des Purpur nicht immer einer Meinung sind. Azur dürfte aus dem Arabischen kommen, der Lapislazuli ist ja jedermann bekannt. Gueules, was auf französisch auch 'Schnauze' bedeuten kann, steht dem altdeutschen Wort 'Kehlen' nahe, das zwar einerseits nur eine Eindeutschung des französischen Wortes ist, aber auch an die Farbe der bei offenem Munde sichtbaren Kehle erinnert. Sable hängt mit dem altdeutschen Wort 'Zobel' zusammen, womit ein Pelzwerk in seiner natürlichen schwarzen Farbe bezeichnet wurde (2). Sinople, das sprachlich mit dem Wort Zinnober zusammenhängt, bedeutete anfänglich tatsächlich rot, nahm aber gegen Ende des 14. Jahrhunderts die Bedeutung 'grün' an, ohne daß man den Anlaß für diesen Wechsel kennt. Immerhin gibt es ja auch zinnobergrün.

Die Grundregel verlangt, daß man keine Farbe auf Farbe und kein Metall auf Metall lege. Wir werden aber sehen, daß es immer Ausnahmen – und sogar sehr alte – von dieser Regel gegeben hat, obwohl sie auf vernünftigen Auffassungen von der Sichtbarkeit (3) beruht. Für diese Ausnahmen hat man die ein wenig müßige Bezeichnung *Rätselwappen* ersonnen: Jutininge in der Grafschaft Genf und in Chablais führt ein solches Rätselwappen: *in Schwarz ein von einer goldenen, bordweise verlaufenden Kette umschlossener schwebender roter Sparren* (Abb. 134) (4).

Abb. 133 Schild von Richard Burgess (um 1400): *neungeschacht von Hermelin und Gegenhermelin.*

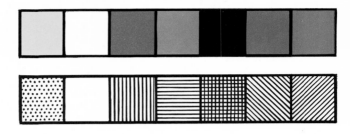

Abb. 135   Die heraldischen Schraffuren, mit denen die Farben zum Ausdruck gebracht
werden können.

Ein in seinen natürlichen Farben dargestellter Gegenstand wird in Beschreibungen auch so benannt *'in Naturfarbe'*. Bei menschlichen Körpern versteht sich die Naturfarbe, wenn nichts besonderes gemeldet wird, von selbst. In England, auch in Deutschland kann man der Farbe Orange begegnen, doch ist dies eine Seltenheit, noch seltener aber sind Braun und Grau.

Der Anteil der Farben in den Wappen schwankt ein wenig entsprechend den Gebieten und Zeitabschnitten, ist aber noch nicht systematisch untersucht worden (5). *Gold* oder *Silber* kommen – außer in äußerst seltenen Ausnahmen – in jedem Schild vor, wobei Gold häufiger als Silber erscheint. Unter den Farben steht *Rot* eindeutig an der Spitze, dann *Blau* und *Schwarz*. *Grün* ist in alten Wappen ziemlich selten, wird aber in der Folge vor allem für zusätzliche Figuren (Berge) oder Teile von Pflanzen (Stiele und Blätter) häufiger. Das sehr seltene *Purpur* ist nicht etwa eine moderne Erfindung wie die im vorigen Abschnitt zuletzt erwähnten Farben, sondern sie ist, wie der Löwe des Königs von León zeigt (Abb. 137) (6), alt.

Bald nach dem Entstehen der Wappen hat man versucht, die Farben auf farblosen Bildern anzudeuten, indem man auf den verschiedenen Feldern oder Plätzen Schraffierungen, Rankenmuster oder sogar kleine, meist enggestreute Figürchen wie Sterne, Rosen oder Lilien unterbrachte. Aber es geschah nichts Systematisches (7) bis zur Erfindung der Schraffuren, deren heute übliche Gestaltung sich schon im Jahre 1600 auf einer von Zangrius (8) gestochenen Wappenkarte von Brabant findet, und dann mehr oder weniger seit ihrer Anwendung in den *Tesserae Gentilitiae* des Pietra Santa (1638) (9) allgemein üblich geworden ist. Außerhalb Frankreichs stößt man bis um 1700 auf Phantasie-Schraffierungen; ihr Mangel an sicherer Bedeutung hat zahllose Irrtümer verursacht. Überall, wo es sich um künstlerischen Anspruch und dies vor allem bei Reliefdarstellungen handelt, sind die Schraffierungen meistens von betrüblicher Wirkung; man tut also gut daran, sie nach Möglichkeit zu vermeiden.

Ein anderes weniger kunstloses, schon im Mittelalter angewandtes Mittel, die Farben erkennen zu lassen, besteht in der Angabe der betreffenden Farbe auf den betreffenden Stellen mittels Abkürzungen und üblichen Zeichen: So bedeutet in französischsprachigen Vorlagen *g*: gueules, *o*: or und *s*: sable, und ein Blättchen stellt sinople dar. In deutschen Wappenbüchern, z.B. im Alten Siebmacher, wird Gold durch *g*, Silber durch *w* (weiß), Rot durch *r*, Blau durch *b* und Grün durch ein

INCLIOVS: ADEFFONSVS: REX: LEGIONENSIVO: ET GALLECIE:

Abb. 137   Bildnis König Alphons IX. von León (1208) zu Pferde (Grab A zu Santiago de Compostella) (Photo Oronoz, Madrid).

93

gр̃ vã rurse mont

gр̃ vã niowoort

hē vã lauiael

hie vau niouswort

hie vun rohan

mōs de quuincin

hie van wroye van partaengen

mōs de vowrnein

mōs de kigon

mōs de tornemine

Abb. 138 Der Herzog der Bretagne und seine Lehnsleute (um
1380) (GA Blatt 71v).

94

Blättchen dargestellt; für Schwarz steht entweder ein *s* oder eine sehr dichte Strichlage. Bei den Schweizer Glasmalern findet man auch *gl* (Gelb für Gold). Die Wappenbücher von Gelre und Bellenville stützen sich bei der Beschriftung einiger nichtfarbiger Schilde auf die flämischen Namen der Farben: *k*: keelen (rot), *l*: lasur (blau), für Gold findet man gelegentlich auch ein Zeichen, das wie ein *z* aussieht; *sm* bedeutet smaragd, also Grün.

Neben den einfachen Farben kennt die Heraldik noch eine gewisse Anzahl dekorativer Kombinationen von einer Farbe und einem Metall, die unterschiedslos mit Farben oder Metallen oder selbst untereinander kombiniert werden können. Die wichtigsten dieser Kombinationen sind die **Pelzwerke** (10). Im 12. und 13. Jahrhundert hat man zweifellos manchmal echtes Pelzwerk auf den Schilden angebracht, dies aber bald durch eine stilisierte Darstellung ersetzt.

Das *Hermelin* besteht aus einem silbernen Feld, das in regelmäßigen Abständen mit schwarzen Tupfen besetzt ist, den Hermelin-Schwänzchen, die den schwarzen Schwanzspitzen des Hermelins entsprechen. Das *Gegenhermelin* ist schwarz mit weißen Schwänzchen (Abb. 133 und 138) (11).

Das *Feh* ist ein Pelzwerk, von dem das Mittelalter umfangreichen Gebrauch machte. Aus dem Rücken und dem Bauchfell des grauen Eichhörnchens zusammengesetzt, erscheint es unter zwei Hauptformen: der klassischen winkeligen Form (Abb. 139) und der Wellenform (Abb. 130 und 131), die manchmal *Alt-Feh* genannt wird, obwohl sie kaum älter als die andere ist. Der Ausdruck Alt-Feh paßt besser zu einer viereckigen Form (Abb. 132), die man nach 1400 nicht mehr antrifft. Feh ist grundsätzlich silbern und blau. Ob die blauen Felder aufrecht stehen oder gestürzt sind, ist ohne Bedeutung. Wenn das Feh aus anderen Farben besteht, sagt man aus der und der Farbe *gefeht* (Abb. 136 und 139). Eine abweichende Anordnung der Pelzwerkstücke, wobei die abwechselnden Streifen umgedreht sind, ergibt *Gegenfeh* (Abb. 139). Eine seitliche Verschiebung dieser abwechselnden Streifen ergibt *gewellt-gefeht*, das so selten ist, daß es mehr die Erfindung eines Theoretikers als eine Realität sein dürfte. Schließlich sagt man *Pfahlfeh*, wenn die Pelzstücke der gleichen Farbe genau untereinanderstehen. Im allgemeinen ordnet man die Pelzstücke in fünf oder sechs Streifen an. Bei sehr großer Anzahl der Streifen oder wenn die Pelzstücke sehr schmal sind, spricht man von *Kleinfeh*. Sind es aber weniger als drei, ist est kein Feh mehr, sondern *Großfeh*, wozu es auf französisch einen seltsamen Namen *beffroi* d.h. eigentlich Wachtturm (Abb. 132), gibt.

Bei einer Quadrierung, Schrägteilung oder einem Schildhaupt aus Feh oder Hermelin werden diese Pelzwerke dargestellt, als ob sie aus einem ganz mit Pelzwerk überzogenen Schild ausgeschnitten wären; die Balken, die Pfähle und im allgemeinen auch die Kreuze werden in gleicher Weise behandelt, aber bei Schrägbalken, Sparren, Schrägkreuzen, Schräggittern und Ständerungen werden die Pelzstücke oder die Hermelinschwänzchen in der Richtung der Heroldstücke angeordnet (Abb. 140-144). Auf Schildrändern sind die Pelzstücke meistens parallel zum Schildrand herumlaufend ausgerichtet (Abb. 145). Man spricht dann auch von einem *Wolkenschildrand*. Es kommt vor, daß die Fehstreifen *sparrenweise* oder auch *sturzsparrenweise* angeordnet sind: Morialmé führt *in Sturzsparrenfeh zwei rote Sparren* (Abb. 143). Bei dem sehr seltenen Naturfeh (*Kürsch*) wird Naturtreue angestrebt (Abb. 151).

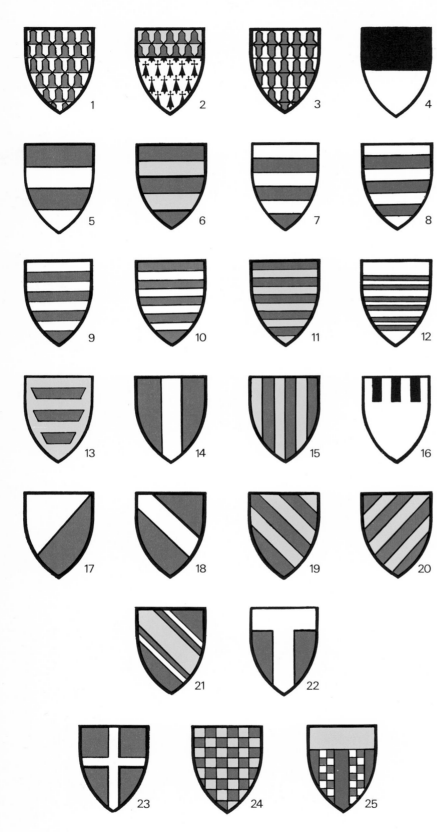

Abb. 139

Nr. 1: *Feh: Lohéac:* Bretagne

Nr. 2: *Unter golden-rot gefehtem Schildhaupt Hermelin:* Contrecor (1312)

Nr. 3: *Gegenfeh:* Trainel (Champagne)

Nr. 4: *Schwarz-silbern geteilt:* Kanton Freiburg (Schweiz)

Nr. 5: *Dreimal rot-silbern geteilt:* Stadt Zofingen (Schweiz)

Nr. 6: *In Rot zwei goldene Balken:* Harcourt (Normandie)

Nr. 7: *Fünfmal silbern-rot geteilt:* Polignac (Velay)

Nr. 8: *In Silber drei rote Balken:* Croy (Brabant)

Nr. 9: *Siebenmal silbern-rot geteilt:* Bourlemont (Lothringen)

Nr. 10: *In Blau vier silberne Balken:* Jaillet (Waadt)

Nr. 11: *Zehnfach rot-golden quergestreift:* Looz (Lüttich)

Nr. 12: *In Silber drei rote Zwillingsbalken:* Rubempré (Artois)

Nr. 13: *In Gold drei rote Hamaïden:* La Hamaïde (Hennegau)

Nr. 14: *In Rot ein silberner Pfahl:* Bolomier (Grafschaft Genf)

Nr. 15: *Fünfmal golden-rot gespalten:* Amboise (Touraine)

Nr. 16: *In Silber drei unten verstutzte schwarze Pfähle:* Van Eyck (Brabant)

Nr. 17: *Silbern-rot schräglinksgeteilt:* Hoegh van Giordsloef (Dänemark)

Nr. 18: *In Rot ein silberner Schrägbalken:* Neuchâtel (Burgund)

Nr. 19: *Fünfmal golden-rot schrägrechtsgeteilt:* Thoire et Villars (Bresse)

Nr. 20: *In Blau drei goldene Schräglinksbalken:* Richard de Saint-Martin (Waadt)

Nr. 21: *In Rot ein goldener, von zwei silbernen Leisten begleiteter Schrägbalken:* Livron (Pays de Gex)

Nr. 22: *In Rot ein silberner Hauptpfahl:* Senn von Münsingen (Bern)

Nr. 23: *In Rot ein silbernes Kreuz:* Savoyen

Nr. 24: *Golden-rot geschacht:* Ventadour (Limousin)

Nr. 25: *Unter goldenem Schildhaupt in Rot zwei in je zwei Reihen silbern-blau geschachte Pfähle:* Trostberg (Aargau).

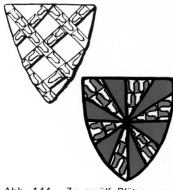

Abb. 141 *In Rot ein Feh-Schräg-kreuz*: Pierre de Bailleul (um 1380) (GA Nr. 961).

Abb. 142 *In Rot ein Feh-Schräg-gitter*: Schild aus dem Siegel des Jacques de Surgères (1383) (EP Nr. 620).

Abb. 140 *Unter goldenem Schild-haupt, darin drei rote Muscheln, in Rot drei Feh-Pfähle*: Peter von Châtillon, Herr zu Pacy (um 1267) (WN Nr. 11).

Abb. 144 *Zu zwölf Plätzen ge-ständert von Feh und Rot*: Bassing-bourne (Zeichnung DLG nach einem Kirchenfenster).

Abb. 143 *In Sturzsparren-Feh zwei rote Sparren*: Morialmé (Lütti-cher Wappenbuch um 1450).

Abb. 145 *Innerhalb rot-silbernen Wolkenschildrandes in Blau ein gol-dener zunehmender Halbmond*: Fröwler, bemalte Steinplastik in Ba-sel (14. Jahrhundert).

Abb. 146 *Rot-silbernes Schup-penfeh*: Ronquerolles (um 1450). (Wappenbuch Montjoie-Chandon, Sammlung in Privatbesitz).

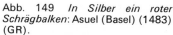

Abb. 147 *Unter silbernem Schild-haupt ledig von Rot*: Bistum Lausan-ne, Fresko des 14. Jahrhunderts in der Kathedrale zu Lausanne.

Abb. 149 *In Silber ein roter Schrägbalken*: Asuel (Basel) (1483) (GR).

Abb. 148 *Golden, abwechselnd besät mit silbernen Schellen und ro-ten Découpures*: Anglure (um 1380) (GA Nr. 367).

Abb. 150 *In Rot ein goldener Schrägbalken, oben belegt mit einem sechszackigen blauen Stern*: Chalon-Arlay (Freigrafschaft) auf einem aus der Kathedrale zu Lausanne stam-menden Chorrock des 14. Jahrhun-derts (Historisches Museum, Bern).

Abb. 151 *In Kürsch ein naturfar-bener Hermelin-Pfahl*: Graf von Bre-genz (um 1340) (MHZ Nr. 31).

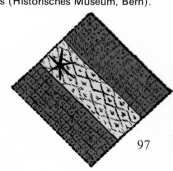

Abb. 152 Bucheinband mit dem Wappen von Charles Brisard-Tiville, Rat im Parlament von Paris (um 1640) (Sammlung E.P. Goldschmidt & Co., London).

Abb. 153 Siegel von Amelius de Lautrec, Rektor der Mark Ancona (1319): *Unter einem gespaltenen Schildhaupt,* darin *rechts* das Wappen der Kirche *(in Rot zwei gekreuzte silberne Schlüssel) und links* das Familienwappen Papst Johannes XII. (Duèze: *geviert, in 1) und 4) in Silber ein blauer Löwe, bordweise begleitet von acht roten Scheiben, in 2) und 3) in Rot zwei silberne Balken), Schuppenfeh).* (Sammlung D.L.G.).

In der westeuropäischen Heraldik gibt es noch weitere zweifarbige Musterungen, die auf Stoffe zurückgehen dürften.

Das Paillé ist eine Spezialität der Normandie; hier handelt es sich um eine Wiedergabe orientalischer golddurchwirkter Gewebe, die im Mittelalter wie das Pelzwerk für Prunkschilde gebraucht wurden. Es besteht aus durch Fleurons oder Kettenglieder verbundenen Ringen, welche Adler oder Löwen oder Lilien einschließen, dies alles golden, meist auf grünem, manchmal auf blauem Grunde. Dieses Stoffmuster bildet dann einen wesentlichen Bestandteil des Wappens. Das Wappen der Familie Clère wird daher beschrieben als *in Silber ein Paillé-Balken,* wobei Grün sogar als selbstverständlich unterstellt wird. Wenn das Paillé wie im Wappen Brisard-Tiville (Abb. 152) von anderer Farbe ist, dann sagt man: *fünfmal geteilt von Blau-Paillé und Hermelin.*

Découpé und *Papelonné (Schuppenfeh)* stellen wahrscheinlich auch kostbare Stoffe dar. Man möchte das *Papelonné* für eine alte Form des Feh halten (Abb. 153), wäre es nicht stets rot und niemals blau (Abb. 146). Es kommt vor allem im Beauvaisis vor. Das *Découpé* zeigt eine Streuung von Ausschnitten ursprünglich verschiedener Gestalt, aber meist in Form kleiner, nach oben hin offener Winkel. Anglure, in der Champagne, führt:

Gold, besät mit silbernen Schellen und roten Découpures (Abb. 148); ursprünglich zweifellos *golden-rotes Découpé-Feh, besät mit silbernen Schellen.*

Mauerwerk wird durch eine Zusammenstellung schwarzer Striche in der Art wie gewöhnliche Steinverbindungen auf einer Mauer dargestellt. Es erscheint meistens als Innenzeichnung von Mauern, Türmen und Burgen, kann aber auch die ganze Schildfläche bedecken: Marillac in der Auvergne führt *in Silber schwarzes Mauerwerk, dessen Zwischenräume mit schwarzen Merletten belegt sind* (Abb. 154). Zur Vermeidung der Eintönigkeit großer einfarbigen Flächen hat man sie zu allen Zeiten mit geometrischen oder aus Blatt- oder Blumenrankenwerk gebildeten Motiven ausgeschmückt. Diese Dekoration heißt *Damaszierung.* Im Gegensatz zu den Paillé-Mustern bildet die Damaszierung keinen wesentlichen Bestandteil eines Wappens: sie kann daher nach Gutdünken des Künstlers abgewandelt oder weggelassen werden (Abb. 147, 149, 150, 155, 156).

Abb. 154 *In schwarzgemauertem silbernem Feld in den Zwischenräumen schwarze gestümmelte Amseln*: Marillac, von den Initialen GM begleitete Steinplastik in der Kirche zu Aigueperse (Puy-de-Dôme).

Die Schilde können auch einfarbig sein, dies ist aber eine Seltenheit. Grundsätzlich sollte ein Wappen immer zwei Farben und nicht mehr und nicht weniger aufweisen: Die Dichter des 13. Jahrhunderts, die sich darin auskannten, bestätigen das und schrieben Wappen mit nur einer Farbe einem unbekannt bleiben wollenden Ritter (12) oder schlechten Rittern (13) zu. Damals sind Wappen mit mehr als zwei Farben selten.

Der Schweizer Kanton Schwyz hat lange einen *rein roten* Schild (14) geführt, wie auch die Fürsten von Antiochia, die Herren von Albret, die Vizegrafen von Narbonne in der Languedoc, das Bistum Lüttich und die Stadt Brüssel bis ins 15. Jahrhundert. Die Bretagne führt *ledig von Hermelin* (Abb. 138), das Haus Meneses in Spanien *ledig von Gold* (Abb. 632) und das Wappenbuch Dubuisson (1757) (15) erteilt der Familie Desgabets, Herren von Ombale, einen *rein schwarzen* Schild. Zahlreich aber sind die Schilde mit Feh und Buntfeh.

Eine gemeine Figur, z.B. ein Löwe, kann die gleiche Farbe wie das Feld haben, in dem es steht, und nur durch eine schwarze Umrißlinie ausgedrückt sein. In diesem Fall wird er ein *Löwe in Schattenfarbe* genannt. Die Schattenfarbe ist sehr selten (16); außer dem wohlbekannten Löwen in Schattenfarbe der belgischen Familie von Trazegnies, die ihn seit ungefähr 1370 führt (Abb. 157) (17), kennt man fast nur noch den Pfau in Schattenfarbe der St.-Maurice, Herren zu Montpaon in der Rouergue, um 1400 (Abb. 158), den Leoparden in Schattenfarbe im Schilde des 1415 gestorbenen englischen Lords Scrope of Masham, drei weitere in England und zwei in Flandern. Der auf Seite 154 erwähnte *Sonnenschatten* hat mit der Schattenfarbe nichts zu tun.

Abb. 155 *In Schwarz eine silberne Spitze*: Papst Innozenz V. (1276), der das Wappen des Dominikanerordens führte (Reliquiar des Heiligen Dominikus in Bologna).

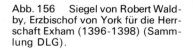

Abb. 156 Siegel von Robert Waldby, Erzbischof von York für die Herrschaft Exham (1396-1398) (Sammlung DLG).

Abb. 158 In Gold vier blaue Schrägbalken, überdeckt von einem Pfau in Schattenfarbe: Montpaon (Lütticher Wappenbuch um 1450).

Abb. 157 Innerhalb roten Dornenschildrandes golden-blau fünfmal schräggeteilt, überdeckt von einem Löwen in Schattenfarbe: Trazegnies (Hennegau) (um 1380) (GA Nr. 1054).

Anmerkungen

1 Wir schließen uns der allgemeinen Meinung an, wonach die Farben in Metalle und eigentliche Farben zerfallen. Die meisten Heraldiker haben diese nicht sehr klare Einteilung übernommen, die aus den Leitfäden des 15. Jahrhunderts stammt, wo man ohne Oberbegriff von Metallen, Farben und Pelzwerk sprach (vgl. Douët d'Arcq, *Un traité de blason du XVème siècle*, Sonderdruck aus der Revue archéologique, 15. Jg., Paris 1858). Auf französisch ist diese Unterteilung noch verwirrender, weil dort der Oberbegriff 'émail' gebraucht wird. Was man auf französisch Farbe nennt, entsprach in der Emaillierungstechnik den Farbflächen, die sich von den ihnen als Unterlage dienenden Metallen abhoben. Einige wenige Schriftsteller haben ihrer eigenen Logik zuliebe die Gesamtheit von Metallen und Emailfarben Farben genannt (hierzu besonders die *Grammaire héraldique* von H. Gourdon de Genouillac, Paris 1861).

2 Gerard J. Brault, *Early Blazon*, Oxford 1972 und Charles de Grandmaison, *Dictionnaire héraldique*, Paris 1861, beim Stichwort 'émail' und den Namen der verschiedenen heraldischen Farben. Vgl. auch Seyler, *Geschichte...* S. 125 ff., 220 ff.

3 Siehe besonders den Vortrag von Monsignore Bruno Bernhard Heim auf dem XII. CISGH, der eine umfangreiche Liste von Ausnahmen bietet. Vgl. auch Douët d'Arcq, *a.a.O.* (Anm. 1) S. 24 f., wo diese Regel eindeutig zum Ausdruck kommt. Es scheint übrigens, daß diese Regel sehr alt ist, da ein Dichter des frühen 12. Jahrhunderts Wappen, die dies nicht berücksichtigen, niederen Leuten zuschreibt (Seyler, *Geschichte...* S. 127).

4 Handschrift von 1490; *Les trésors des bibliothèques de France*, Paris 1926.

5 Léon Jéquier, *A propos de l'origine des armoiries*, Vortrag auf dem XII. CISGH, München 1974; Michel Pastoureau, *L'héraldique bretonne des origines à la guerre de succession de Bretagne*, Bulletin de la Société archéologique du Finistère, 1973 S. 121-147.

6 Zu diesem Bildnis s. Faustino Menéndez Pidal de Navascuès, *Los comienzos de la heráldica en España*, Mélanges offerts à Szabols de Vajay, Braga 1971, S. 415-424.

7 Walter Möller, *Farbenangaben in Siegeln des 13. Jahrhunderts*, Nassauische Annalen, 1950, S. 106-114, versucht darzulegen, daß die Siegelgraveure seit dem 13. Jahrhundert die Angabe der Farben mit Hilfe von verschiedenen Musterungen angestrebt hätten. Offenbar kann diese vielleicht für einige Werkstätten zutreffende Schlußfolgerung nicht als allgemein gültig angesehen werden (Vgl. Léon Jéquier, AHS 1952, S. 112-115).

8 Die Karte ist von Rincvelt gezeichnet und von Zangrius (de Zangre) gestochen worden. *Annales de bibliophilie belge et hollandaise*, 1865; *Revue de la société française de Collectionneurs d'Exlibris*, 1903, S. 6. Vgl. L. Douët d'Arcq, *Un traité de blason du XVème siècle*, Sonderdruck aus der Revue archéologique, Paris 1858, S. 6-8 und eine Diskussion über die Erfindung der Schraffuren, die bis 1578 zurückreichen würden, bei Johann Karl von Schroeder, *Über Alter und Herkunft der heraldischen Schraffierungen*, Herold 1969, S. 67 f., und Ottfried Neubecker, *Die Priorität der Erfindung der heraldischen Schraffuren*, Der Tappert, Mitteilungen des Wappen-Herold, Deutsche Heraldische Gesellschaft e.V., Berlin, 1972-1974, Seite 1 ff.

9 *Tesserae gentilitiae a Silvestro Petra Santa, Romano, Societatis Jesu. Ex legibus fecialium descriptae*, Rom 1638.

10 Die Pelzwerke hatten im Mittelalter große Bedeutung als Zeichen von Reichtum: Philipp August und Richard Löwenherz mußten den sie auf dem Kreuzzug (1190) begleitenden Rittern das Tragen von Pelzwerk verbieten (Seyler, *Geschichte...* S. 95). Vgl. auch Charles de Grandmaison, *a.a.O.* (Anm. 2) beim Stichwort 'Émaux'.

11 Die Hermelinschwänzchen und ihr Feld sind selten von anderer Farbe als Schwarz oder Silber. Der Fall ist in der englischen Heraldik weniger rar: vgl. Léon Jéquier, *A propos d'hermine*, und H. Stanford London, *L'hermine diversicolore dans le blason anglais*, AHS, Jahrbuch 1953, S. 51-64, hieraus unsere Abbildung 94.

12 Seyler, *Geschichte...* S. 125.

13 Gerard J. Brault, *a.a.O.* (Anm. 2), der den Rittern mit einfarbigem Schilde eine eigene Untersuchung widmet, S. 29-35.

14 In der französischen Terminologie sollte der Ausdruck *plain* (vom lateinischen *planus* = platt, plan) nicht mit *plein* (vom lateinischen *plenus*) verwechselt werden. Plain würde dem deutschen ledig entsprechen und würde einen Schild oder eine Teilung bezeichnen, die keine gemeinen Figuren enthalten. Wenn eine Farbe einen Schild oder ein Feld vollkommen ausfüllt, gibt es keinen Grund dafür, ihn nicht als *ledig* von Rot (*de gueules plein*) zu bezeichnen, und es ist nicht einzusehen, wieso ein mit Hermelinschwänzchen bestreuter Schild *plan* sein soll.

15 M. Dubuisson, *Armorial des principales maisons et familles du royaume*, Paris 1757, Neudruck Paris 1975.

16 H. Stanford London, *The Ghost or Shadow as a Charge in Heraldry*, Archeologia, Bd. XCIII (1949); Paul Adam, *Deux nouvelles ombres héraldiques*, AH 1955 S. 11.

17 Bemerkenswerterweise zeigt der älteste Beleg für dieses Wappen, ein Siegel von 1195, den schräggestreiften Schild mit dem Dornenschildrand an den Hals eines Löwen gehängt, der davon fast gänzlich verdeckt wird (Abb. 544).

Abb. 159 *Über silbernem Schild-fuß in Rot ein gestürzter silberner Halbmond:* Gegenpapst Benedikt XIII. (Martinez de Luna, aus Aragon) (um 1397-1417) (Richental, *Concilium buch* 1482).

Abb. 160 *Unter dem Schildhaupt Anjou in Gold ein silbern-gehörnter blauer Stier, belegt mit einer goldenen Lilie:* die Metzger von Bologna, Fenster in der Kirche San Petronio in Bologna.

KAPITEL V

TEILUNGEN UND HEROLDSTÜCKE

Die den Schild bedeckenden Farben können in verschiedener Art und Weise verteilt werden, wodurch die *Teilungen* und die *Herold- oder Ehrenstücke* entstehen; der Schild kann auch mit irgendwelchen der Natur, dem täglichen Leben oder der Phantasie entnommenen Gegenständen belegt sein: alle diese Gegenstände heißen *gemeine Figuren* (s. Kap. VI). Die Teilungen, die Heroldstücke und die gemeinen Figuren können kombiniert werden und somit eine unendliche Vielfalt verschiedener Schilde ergeben.

Teilungen und einfache Heroldstücke

Der waagerecht in zwei gleiche Teile verschiedener Farbe unterteilte Schild heißt *geteilt*. Der Schild Nr. 4 in Abb. 139 ist *schwarz-silbern geteilt*, das Wappen des Kantons Freiburg, ebenso das Wappen der Stadt Ferrara. Wenn die Teilungslinie höher verläuft, so daß dem oberen Teil nur etwa ein Drittel des Feldes verbleibt, ist dies ein Schildhaupt (Abb. 147): *In Rot ein silbernes Schildhaupt* ist das Wappen des alten Bistums und der Stadt Lausanne. Wenn die untere Partie die kleinere ist, ist es ein *Schildfuß* (Abb. 159). Die Unterteilung in drei Partien ergibt den *Balken*: *In Rot ein silberner Balken*: Wappen des Herzogtums Österreich. Eine Teilung in vier Partien ergibt *dreimal geteilt* (Abb. 139, Nr. 5), das Wappen der Stadt Zofingen, während fünf Partien *zwei Balken* sind (Abb. 139, Nr. 6): *In Rot zwei goldene Balken*, das Wappen des berühmten normannischen Hauses Harcourt. Die Einteilung in sechs Plätze, *fünfmal geteilt*, ist die Normalform der Querstreifung, so daß in französischen Beschreibungen bei der Verwendung des Wortes *fascé* unterstellt werden kann, daß es sich um eine Querstreifung zu sechs Plätzen, oder was dasselbe ist, eine fünffache Teilung handelt. So genügt es auf französisch, das Wappen der Vicomtes

de Polignac in der Landschaft Velay als silbern-rot quergestreift (Abb. 139, Nr. 7) zu beschreiben. Die Teilung in sieben Partien ergibt drei Balken (Abb. 139, Nr. 8), die Einteilung in acht Plätze heißt auf deutsch siebenmal geteilt (Abb. 139, Nr. 9), neun Plätze sind vier Balken (Abb. 139, Nr. 10). Bei mehr als neun Plätzen wird der Schild auf französisch 'burelé' genannt und die Anzahl der Plätze nicht mehr gezählt. So ist das Wappen der Grafschaft Looz in Belgien aus Rot und Gold 'burelé' (Abb. 139, Nr. 11).

Die das Schildhaupt vom übrigen Feld abteilende Linie ist meistens gerade (Abb. 147), es kommt aber vor, daß sie mit einer nicht geradlinigen Oberkante des Schildes parallel läuft (Abb. 160 und 161).

Für ein verschmälertes Schildhaupt gibt es auf französisch einen besonderen Ausdruck *comble* (wörtlich: der Gipfel); entsprechend sind (auf französisch) verschmälerte Schildfüße *Terrassen*; ein verschmälerter Balken ist eine *Leiste*. Ein Schildhaupt kann sogar mit einem 'comble' belegt sein; er kann auch *unterstützt* genannt werden, wenn seine Unterkante eine andere Farbe aufweist. Ein Schildhaupt kann von einem anderen Schildhaupt *überhöht* sein, wenn letzteres das Wappen eines Oberherrn oder einer geistlichen Körperschaft enthält (Abb. 162).

Zwei parallel laufende Leisten werden *Zwillingsbalken* genannt (Abb. 139, Nr. 12). Es gibt auch entsprechend angeordnete *Drillingsbalken* (Abb. 165).

Wie man sieht, ergibt eine Einteilung mittels einer ungeraden Anzahl von Teilungslinien im allgemeinen *Teilungen*; eine gerade Anzahl von Teilungsstrichen ergibt *Heroldstücke*. Die Breite für sich allein vorkommender Heroldstücke wie Schildhaupt oder Balken beträgt ungefähr ein Drittel des Schildes. Indessen zeichnet man aus optischen Gründen den Balken ein wenig verbreitert, wenn er belegt, aber ein wenig schmäler, wenn er begleitet ist. Auch das Schildhaupt kommt etwas verbreitert vor (Abb. 153), so daß in alten Wappenbüchern oft schwer zu beurteilen ist, ob es sich nicht überhaupt um eine Querteilung handelt. Abb. 164 zeigt ein belegtes Schildhaupt, das von einem anderen belegten Schildhaupt unterstützt wird, so daß man das Ganze als eine zweimalige Querteilung beschreiben könnte (2). Unter der Herrschaft der Wappentheoretiker des 17. und 18. Jahrhunderts wurde die Regel, man müsse den Heroldstücken ein Drittel der Schildbreite einräumen, leider zu oft ohne weitere Überlegung befolgt.

Die Heroldstücke können auch verkürzt werden, so daß sie die Schildränder nicht berühren, sie heißen dann *schwebend*. Die Verkürzung wird normalerweise im rechten Winkel vorgenommen. Gegen die Schildspitze hin schräg abgeschnittene Balken werden Hamaïden genannt (Abb. 139, Nr. 13). La Hamaïde in Hennegau führt in Gold *drei rote Hamaïden* (3).

Eine senkrechte Teilung ergibt *gespalten*. Wenn der Teilungsstrich nach der rechten Seite hin verschoben ist, haben wir eine *rechte Flanke*, andernfalls eine *linke*. Zwei senkrechte Teilungsstriche ergeben einen *Pfahl* (Abb. 139, Nr. 14), und, wenn wir wie oben fortfahren, gelangen wir zu *dreifacher Spaltung*, zu *zwei Pfählen*, zu *fünffacher Spaltung* (6 Plätze), was auch mehrfach *gepfählt* (palé) heißen kann (Abb. 139, Nr. 15): *Golden-rot* 'palé': Amboise (Touraine); dann zu drei Pfählen, siebenmal gespalten (8 Plätze) und zu vier Pfählen (Abb. 630, Nr. 1). Bei mehr als neun Plätzen spricht man auf französisch von *vergeté*, weil der schmale Pfahl, auf deutsch ein *Stab*, eine *Vergette* ist.

Für den *schwebenden* Pfahl gibt es keine spezielle Bezeichnung. Hinge-

Abb. 163 Siegel von Arnaut (alias Naudonet) de Lustrac mit zwei Drillingsschrägbalken (1437) (PG Nr. 442).

Abb. 164 *Unter goldenem Schildhaupt, darin ein blauer schreitender Löwe, in Gold drei blaue Pfähle, das Ganze unter einem weiteren goldenen Schildhaupt, darin ein schwarzer Adler:* Exlibris von Johannes Antonius de Madiis (um 1500).

gen nennt man Pfähle, die vom Schildhaupt oder vom Schildfuß ausgehen und vor der Mitte des Schildes abbrechen, *verstutzt*. Der Maler Jan van Eyck führte *in Silber drei schwarze verstutzte Pfähle im Schildhaupt* (Abb. 139, Nr. 16). Abb. 114 mit dem Wappen des Papstes Innozenz X., aus der Familie Pamphili zeigt ein Schildhaupt, darin zwei rote oben verstutzte Stäbe.

Pfähle oder Balken heißen *gebrochen*, wenn sie in der Mitte in zwei Teile zerschnitten sind, die ihrerseits versetzt stehen (Abb. 264 Nr. 11 und 12).

Teilen wir jetzt den Schild von rechts oben nach links unten, kommen wir zu *schräggeteilt* (*schrägrechtsgeteilt*): *Silbern-rot schräggeteilt* (Abb. 264, Nr. 10); die umgekehrte Richtung (Abb. 139, Nr. 17) ist *schräglinksgeteilt*. Der *Schrägbalken* (Abb. 139, Nr. 18) entspricht der Schräg(rechts)teilung, der *Schräglinksbalken* der Schräglinksteilung. So

Abb. 165 *In Blau ein silberner Drillingsbalken:* Heyden, Münster (Westfalen) (um 1370) (GA Nr. 1650).

Abb. 166
In Blau drei goldene Lilien, überdeckt von einem silbernen Turnierkragen (Orléans), das Ganze überzogen von einer schwarzen Schräglinksleiste: der berühmte Dunois, Bastard von Orleans, Schlußstein in der Kapelle des Schlosses zu Châteaudun (um 1430).

Abb. 167 Wappenfenster Heinrich I. von Orléans, Herzogs von Longueville und souveränen Fürsten von Neuenburg (1615) (Historisches Museum Neuenburg).

Abb. 168 Exlibris des Abbé d'Orléans de Rothelin (†1745).

geht es dann weiter mit *dreimaliger Schrägteilung, zwei Schrägbalken,* dann *schräggestreift* (mit sechs Plätzen) (Abb. 139, 19): *Golden-rot schräggestreift,* Thoire et Villars (Bresse); drei Schrägbalken, siebenmal schräggeteilt (acht Plätze) ebenso wie dreimal, fünfmal, siebenmal schräglinksgeteilt (zu vier, sechs, acht Plätzen) und entsprechend: Schräglinksbalken (Abb. 139, 20).

Die *Schrägleiste* ist die Verschmälerung des Schrägbalkens und die *Schräglinksleiste* die Verschmälerung des Schräglinksbalkens (166) (4). Bei weiterer Verringerung der Breite wird die Schrägleiste zum *Schrägfaden,* eventuell auch *Schräglinksfaden* (Abb. 680). Bei unbestimmter Anzahl oberhalb von neun Teilungslinien sagt man *schräggestreift* bzw. *schräglinksgestreift.* Parallel laufende Schrägleisten sind *Zwillingsschrägbalken,* entsprechend gibt es auch *Drillingsschrägbalken:* Lustrac in der Gascogne führt *zwei Drillingsschrägbalken* (Abb. 163). Oft findet man einen beiderseits von einer Leiste begleiteten Schrägbalken, wie in den Wappen verschiedener Familien der Freigrafschaft Burgund und bei den Livron im Pays de Gex: *In Rot ein goldener von zwei silbernen Leisten begleiteter Schrägbalken* (Abb. 139, 21). Auch hier gibt es schwebende Figuren, den *bâton péri* (Abb. 167) (5), der besonders als Beizeichen vorkommt und oft kürzer als die Hälfte der normalen Länge ist (Abb. 168) (6); daß er schrägrechts liegt, muß nicht angegeben werden, hingegen das Gegenteil, wenn der *verkürzte Schrägbalken schräglinks* liegt.

Die Kombination von gespalten und geteilt ergibt *geviert (quadriert)*: schwarz-silbern geviert (Abb. 467), die Kombination von Schildhaupt und Pfahl den *Hauptpfahl* (Abb. 139, Nr. 22), Balken und Pfahl ergeben zusammen ein *Kreuz* (Abb. 139, Nr. 23): *In Rot ein silbernes Kreuz*: Wappen von Savoyen; ein stark verschmälertes Kreuz ergibt ein *Fadenkreuz*. Über weitere Kreuzformen wird im folgenden Kapitel zu sprechen sein.

Wie oben erwähnt, ist es oft tunlich, den Heroldstücken eine geringere Breite als ein Schilddrittel zuzumessen. Dies gilt besonders für das Kreuz, das sonst leicht zu schwer erscheint. Der Künstler muß sich von Gestalt und Verhältnismaßen des Schildes und den Gesetzen des optischen Eindrucks leiten lassen: Ein silbernes Kreuz auf schwarzem Felde muß etwas breiter sein als ein blaues Kreuz auf silbernem Felde. Das schwebende Kreuz der Schweizerischen Eidgenossenschaft ist in seiner amtlichen Form (Länge der Arme 7/6 seiner Breite) weniger gefällig als die älteren schlankeren Kreuze (Abb. 169).

Je zweimalige Spaltung und Teilung ergibt *neungeschacht*, wie das *Neunschach aus Gold und Blau* (Abb. 171) der Grafen von Genevois; je drei Teilungen in beiden Richtungen ergibt ein *Schach zu vier Reihen oder sechzehn Plätzen*. Meistens wird das Schach mit fünf oder sechs Streifen gestaltet (Abb. 139, Nr. 24): *golden-rot geschacht*: Die Vicomtes de Ventadour im Limousin. Manchmal hat ein Schach auch sieben oder gar mehr Streifen, da sich deren Anzahl den Verhältnismaßen des Schildes anzupassen hat. Die Heroldstücke, wie Schildhaupt (Abb. 100), Schrägbalken (Abb. 116) oder Balken (Abb. 172) sind meistens in drei Streifen geschacht, bei größerer Anzahl in zwei Streifen (Abb. 139, Nr. 25). Wechseln die Farben nur in einem Streifen, so spricht man von gestückt (Abb. 173 und Abb. 179, wo ein gestückter Schildrand, ein gestückter Turnierkragen und ein gestückter Schrägbalken vorkommen). In Italien und besonders in Spanien trifft man Schachfelder zu zwölf Plätzen, die man auch als dreimalige Teilung mit einem Pfahl in verwechselten Farben beschreiben könnte; in Deutschland begegnet man hingegen Schachfeldern, die wie zwei Pfähle aussehen, die mit einem Balken in verwechselten Farben überdeckt sind.

Abb. 169
Patengeschenk der Schweizerischen Eidgenossenschaft und ihrer Verbündeten anläßlich der Taufe der Prinzessin Claudia von Frankreich, Arbeit des Züricher Graveurs Jakob J. Stampfer, 1547 (Schweizerisches Landesmuseum, Zürich).

Abb. 170 *In silbern-blau quergestreiftem Felde ein rotes Freiviertel:* Montigny-Saint-Christophe (Hennegau) (um 1280) (WN Nr. 1226).

Abb. 171 *Golden-blau neungeschacht:* Graf Amadeus von Genf (†1369) (GA Nr. 328).

Abb. 172 *In Gold ein silbern-rot geschachter Balken:* Graf von der Mark (um 1370) (GA Nr. 1587).

Abb. 173 Ludwig II. von Savoyen, Herr der Waadt, nach seinem Siegel (1305) (ISV 32/4) führt *in (Rot) ein (silbernes) Kreuz, überzogen von einer (golden-blau) gestückten Schrägleiste.*

Abb. 174 Gedenktafel (sogen. Cabinet d'Armes) für Philipp Snoy aus Mecheln (†1637).

Abb. 175 *In Gold drei rote schwebende Schrägkreuzchen:* Exlibris van Stryen (Holland) (um 1780).

Abb. 176 *In Silber ein schwarzer zweimal gebrochener Sparren, begleitet von drei schwarzen Fußspitz-Knopfkreuzchen:* Thomas Fynderne (England) (Ancestor Roll, um 1460).

Das erste Feld einer Quadrierung allein ist ein *Freiviertel* (Abb. 170). Ein alleinstehendes zweites Quartier (Abb. 81, Nr. 2) ergibt das Wappen der Grafen von Aichelberg in Schwaben, nämlich *in Rot ein silbernes linkes Freiviertel.* Die *Oberecke* ist ein verringertes Freiviertel (Abb. 174) (7), übrigens eine oft schwer zu treffende Unterscheidung. Ein solches in der Mitte des Schildhauptes stehende Feld heißt ein *Ort.*

Die Kombination von schrägrechts- und schräglinksgeteilt ergibt *schräggeviert* (Abb. 208, Nr. 1); *silbern-blau schräggeviert* (die Farbe im Schildhaupt ist zuerst zu nennen). Diese sehr dekorative Schrägquadrierung kommt vor allem in Spanien vor (Abb. 630). Schrägbalken und Schräglinksbalken geben zusammen das Schrägkreuz (Abb. 208, Nr. 2): in Rot ein goldenes Schrägkreuz, Thurey im Lyonnais. Für das schwebende Schrägkreuz gibt es, wenn es verkleinert und in größerer Zahl vorkommt, auf französisch einen besonderen Ausdruck: *flanchis.* Diese Figur ist in den Niederlanden häufig (Abb. 175): *in Gold drei rote schwebende Schrägkreuzchen,* und in Spanien, wo zahlreiche Schildränder damit belegt sind (Abb. 180).

Eine andere Kombination von Schrägbalken und Schräglinksbalken ergibt den *Sparren,* eine häufige Figur; Poligny in der Freigrafschaft führt *in Rot einen silbernen Sparren* (Abb. 208, Nr 3). Der Sparren stößt mit seiner Spitze fast oder gänzlich an die Oberkante des Schildes; steht er deutlich tiefer, ist er *erniedrigt*; steht die Spitze unten, ist er *gestürzt*, steht die Spitze am rechten Schildrand, haben wir einen *Rechtssparren*, in der umgekehrten Richtung einen *Linkssparren*. Beim *gebrochenen* Sparren kann die Mittelpartie nach oben oder nach unten verschoben sein (Abb. 176) (8). Beim *giebellosen Sparren* ist die Spitze entweder waagerecht wie in vielen Wappen des Hauses La Rochefoucauld, manchmal sogar schräg (Abb. 177) abgeschnitten. Wenn einer der Schenkel nicht an den Schildrand stößt, ist der Sparren *verstutzt* (Abb. 208, Nr. 4). Durch Vervielfachung der Teilungslinien gelangt man zu mehreren Sparren (Abb. 184) (9) oder zu *gesparrt*. Für einen verschmälerten Sparren gibt es auf französisch einen Ausdruck: *chevronel*. Der schwebende Sparren hat keinen besonderen Namen; bei größerer Zahl schwebender Sparren muß deren Stellung, z.B. zwei zu eins angegeben werden.

Eine sparrenförmige Teilung, deren Spitze die Oberkante des Schildes berührt, ergibt eine Spitze (Abb. 81, Nr. 1 und 178): von Blau und Rot durch eine silberne eingebogene Spitze geteilt. Auf französisch wird nicht das Feld, sondern die Spitze als das Feld angesehen, so daß dieses Wappen zu beschreiben wäre: d'argent chapé d'azur à dextre et de gueules à sénestre (wörtlich: silbern, mit rechts blauer, links roter Kapuze). Ist die Spitze niedriger, heißt es auf französisch *mantelé* (bemantelt), in umgekehrter Richtung bei einer gestürzten Spitze spricht man auf französisch von *chaussé* (geschuht) (Abb. 208, Nr. 5). Liegt die Spitze quer und ist

Abb. 177
Jeton von Etienne Baudinet, Bürgermeister von Dijon, 1719.

P · F · Joan · odonis de Thesut
ordinis F · F · Prædicatorum
Divio-   mensium

Abb. 178   Exlibris des Dominikanerpaters Jean-Odon de Thesut, zu Dijon (18. Jahrhundert).

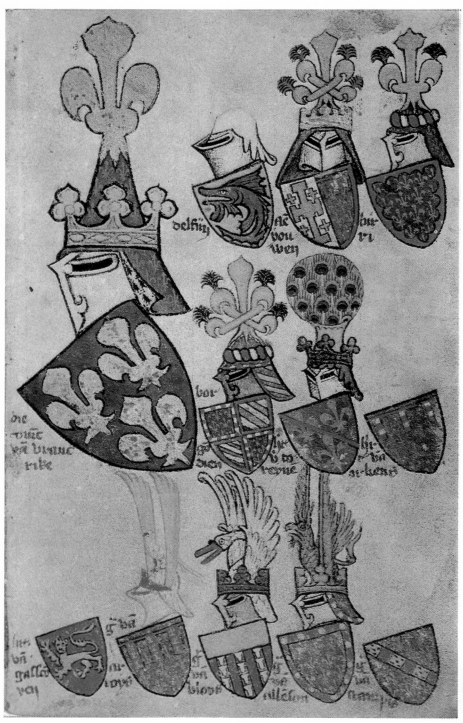

Abb. 179 Der König von Frankreich und seine Lehnsleute (um
1370). (GA Blatt 46r).

Ab. 180 *Innerhalb roten, mit acht
goldenen Schrägkreuzchen belegten Schildrandes gespalten von
Frankreich (alt) und halbgeteilt von
Kastilien und León:* Louis de la Cerda
(1344) (Zeichnung DLG).

Abb. 183 *Silbern-blau schrägge-rautet oder schräggeweckt:* der Herzog von Bayern (um 1380) (GA Nr. 202).

Abb. 181 *In silbern-blau geteil-tem Schild eine anstoßende Raute in verwechselten Farben:* Papst Gregor XII. (Correr, Venedig) (Richental, Conciliumbuch, 1482).

Abb. 182 *In schwarz-silbern ge-spaltenem Schilde zwei Spickel an der Hauptstelle in verwechselten Far-ben:* Schilter (Konstanz) (um 1370) (GA Nr. 255).

Abb. 184 *In Rot drei goldene Sparren:* Pierre de Garancières (Ile de France) (um 1267) (WN Nr. 82).

Abb. 185 *In Silber fünf schrägbal-kenweise aneinanderstoßende schwarze Rauten:* nicht identifiziertes Wappen in einem Fenster der Nord-rosette der Kathedrale zu Sens (um 1500).

Abb. 186 Das von König Karl VI. von Frankreich 1395 dem Gian Ga-leazzo Visconti verliehene Wappen: *Geviert, in 1) und 4) innerhalb eines rot-silbern nach der Figur unterteilten Schildrandes blau mit goldenen Li-lien bestreut (Frankreich alt) in 2) und 3) in Silber eine sich pfahlweise ringelnde blaue Schlange, einen roten Menschen verschlingend* (Visconti) (Photo Arch. Nationales, Paris).

109

nach rechts gerichtet, so heißt sie auf deutsch eine rechte Spitze und auf französisch *embrassé à dextre* (wörtlich: rechts umrahmt), in der umgekehrten Richtung *embrassé à sénestre* (wörtlich: links umrahmt): eine linke Spitze. Entsprechend ergibt die Kombination von chapé und chaussé ein *vêtu* (wörtlich: bekleidet) (Abb. 181) (10), auf deutsch wird auch hier umgekehrt gedacht, so daß es sich dann um eine durchgehende Raute handelt. Wenn die Breite der Spitzenfelder verringert ist, entsteht ein Keil, der ohne besondere Bezeichnung nach unten weist, (französisch: pile) oder aber unter Angabe der vielfach möglichen Richtung pfahlweise, schrägbalkenweise, schräglinksbalkenweise (Abb. 208, Nr 6) oder auch balkenweise (Abb. 187) (11) gelegt sein kann. Ein verkürzter Keil ergibt eine seltene Figur, den *Spickel* (Abb. 182).

Durch Vervielfachung der rechten und linken Schrägteilungen gelangt man zu *gerautet* (Abb. 208, Nr. 7) und bei stärkere Neigung der Trennlinien strecken sich die Rauten zu Wecken, wodurch sich *Geweckt* ergibt, das auch wie im Wappen von Bayern schräg liegen kann (Abb. 183). Wenn

man die Rauten durch einen Querstrich teilt, erhält man eine aus Drei
ecken gebildete Teilung, die man nur in deutschen Gebieten findet (Abb.
79, Nr. 8) und für die es keinen französischen heraldischen Ausdruck gibt.
Hierosme de Bara hilft sich in solchen Fällen mit der Beschreibung: etwa:
quergestreift und in verwechselten Farben gezähnt (12). Eine unbestimmte
Anzahl von verschränkten rechten und linken Schrägleisten ergibt das
Schräggitter; gewöhnlich nimmt man nur drei oder vier Schrägleisten in
jeder Richtung (Abb. 208, Nr. 8): *in Silber ein schwarzes Schräggitter*; man
findet aber auch dichtere Schräggitter. Dann spricht man von einem
Fadengitter. Wenn die Kreuzpunkte mit Nägeln versehen sind, wird das
Gitter *genagelt* genannt. Eine fast nur in der englischen Heraldik vorkom-
mende Figur ist der *mit einer Fensterraute verflochtene Schragen* (Fret).

Die *Rauten* sind fast niemals auf die Ecke gestellte echte Quadrate,
sondern ähneln oft den *Wecken*, von denen sie dann schwer zu unterscheiden sind; die Abmessungen passen sich der Zahl und der Stellung im
Schilde an: *In Silber fünf schrägbalkenweise aneinanderstoßende schwarze
Rauten* (Abb. 185) (13).

Verbinden wir außerdem miteinander: gespalten, geteilt, schrägrechts-
und schräglinksgeteilt, dann kommt *geständert* zustande (Abb. 208, Nr.
9). Theoretisch besteht geständert aus acht oder zwölf Stücken und muß
eine Spaltung und eine Querteilung aufweisen, anderenfalls handelt es sich
um *'unregelmäßig geständert'*: Maugiron in der Dauphiné führt *zu sechs
Plätzen von Silber und Schwarz unregelmäßig geständert ('malgironné').*
(Abb. 208, Nr. 10). Aber in Wappen des Mittelalters stößt man oft auf
zehn Ständer bei Familien, die später acht führen (14). Einzelne Plätze
einer Ständerung heißen *Ständer*. Wenn aber die Ständer an ungewöhnlichen Stellen stehen, nennt man sie besser *Keile* oder *Spickel*: der Schild in
Abb. 189 zeigt drei aus den Schildecken hervorkommende *Spickel* und
Abb. 407 drei aus der linken Flanke hervorkommende *Keile*.

Ein in geringem Abstand vom äußeren Schildrand umlaufender Strich
begrenzt einen Schildrand: *silbern mit rotem Schildrand* war der Schild des
aus Saverdun in der Grafschaft Foix stammenden Papstes Benedikt XII.
(Abb. 208, Nr. 11). Verläuft der Strich besonders nah am Schildrand,
spricht man nicht von einem Schildrand, sondern von einem *Saum*.
Schmale, rein dekorative Säume ohne heraldische Bedeutung (15) gab es
zu allen Zeiten, aber ein moderner Künstler sollte sie vermeiden. Durch
eine gleichförmige Trennlinie kann ein Schildrand in zwei Schildränder
aufgeteilt sein (Abb. 186) (16).

Schildränder kommen besonders in der spanischen Heraldik häufig vor
und sind dort oft mit verschiedenen Figuren oder Sprüchen belegt (Abb.
188) (17).

Normalerweise ergeben zwei mit dem Außenrand des Schildes parallel
laufende Striche den Innenbord (Abb. 208, Nr. 12) und vier solche Striche
einen doppelten Innenbord.

Wenn man die Breite des Schildrandes vergrößert, verringert sich das
Mittelfeld zu einem *Herzschild* oder *Schildchen* (Abb. 190). Aufgrund der
mehr oder weniger dreieckigen Formen des Wappenschildes und des
Innenbordes, die auf den den heraldischen Gestaltungen zugrundeliegen-
den Dreieckschild des 13. Jahrhunderts zurückgehen, bleibt dessen
Dreieckform bestehen, wenn das Feld, in dem er vorkommt, wegen einer
Quadrierung oder eines Stilwandels eine ganz andere Form erhalten hat
(Abb. 191). Hingegen lehnen sich der Schildrand und der Innenbord (vgl.

Abb. 219) immer der Umrißlinie des von ihnen eingeschlossenen Feldes an.

Bleibt noch die *Deichsel* (Abb. 208, Nr. 13) zu erwähnen, eine ziemlich seltene Figur, die man aber auch gestürzt und schwebend antrifft, und das *Deichselstück*, eine oben ausgefüllte Deichsel, die außerhalb der heraldi-

Abb. 190 *In Gold ein rotes Schild-chen, überdeckt von einem blauen fünflätzigen Turnierkragen:* Jean, Herr von Faillouel (Ile de France) (um 1267) (WN Nr. 189).

Abb. 191 *In Silber ein liegender roter Halbmond, begleitet von einem mit einem goldenen Schildchen be-legten roten Freiviertel und zwei ro-ten Fünfblättern:* Maury (Bretagne) (um 1280) (WN Nr. 964).

schen Leitfäden noch nicht zu existieren scheint, daher also bei Neuent-würfen verwendbar wäre.

Somit sind wir am Ende der langen Aufzählung der Teilungen und Heroldstücke angelangt.

Die Heraldiker des 17. Jahrhunderts haben sich ausgedacht, die Heroldstücke in mehrere Unterabteilungen, Ehrenstücke erster und zweiter Ordnung und Teilungswiederholungen zu untergliedern. Diese Unterscheidungen werden heute zu Recht nicht mehr beachtet.

Die Teilungslinien (Schnitte)

Die verschiedenen Einteilungen des Schildes in Teilungen und Herold-stücke, die wir bisher betrachtet haben, sind mit geraden Linien vorgenom-men worden. Vor allem in Deutschland findet man Teilungen mittels krummer Linien, wie Flanken (Abb. 208, Nr. 14) (18), die eingebogene Spitze (Abb. 193), die erniedrigte eingebogene Spitze (Abb. 178), abgewen-dete gebogene Pfähle (Abb. 192), bogig schräggestreift (Abb. 264, Nr. 14).

Viel häufiger sind die ornamentalen Teilungslinien (Schnitte): *gewellt* (Abb. 194 und 198) (19), *gewolkt* (Abb. 199) (20). Häufig ist auch die Ausschuppung, die auch *mit Dornen* ausgedrückt werden kann (Abb. 101 und 195); das Gegenteil, der *Lappenschnitt*, ist selten (21).

Die Teilungslinien (Schnitte) können aber noch weiter ausgeschmückt werden, z.B. durch Unterlegung mit Lilien: Bréon, im Craonnais, führt einen *mit Lilien unterlegten Balken* (Abb. 200) (22). Wenn diese Lilien auf den beiden Seiten des Balkens abwechselnd hervortreten, muß dies erwähnt werden. Ein in dieser Weise außen und innen verzierter doppelter Innenbord, dessen Zwischenraum keine Lilien erkennen läßt, heißt *doppelter Lilienbord* (Abb. 205, Nr. 1 und 202), eine sehr dekorative Figur, die vor allem in Schottland und in den Niederlanden vorkommt (23).

Noch seltener sind die geknoteten oder Pfropf-Stücke, wie die Pfropf-balken mehrerer bretonischer Familien, Matignon (Abb. 196).

Die deutsche Heraldik ist reich an seltsamen Teilungen, unter denen die gebogenen und geknickten Linien vorherrschen. Sie sind schwer zu beschreiben, und über ihre Blasonierung besteht kaum Übereinkommen. Man findet sie schon in den Wappenbüchern des 14. Jahrhunderts (Abb. 264), und mit ihrer Zunahme in den folgenden Jahrhunderten (Abb. 81) (24) stecken sie sogar die Nachbarländer an.

Abb. 192
In Gold zwei abgewendete rote ein-gebogene Pfähle: Rödelheim (Mainz) (um 1370) (GA Nr. 45).

Abb. 193 *In Silber mit einer einge-bogenen schwarzen Spitze drei Sterne in verwechselten Farben:* Barfüßer-Karmeliter (18. Jahrhundert) (Teller im Palais de Mon Repos, Lausanne, AHS Jahrbuch 1964).

Abb. 194 *In Gold zwei blaue Wellen-Schrägbalken:* Caetani, Steinplastik in Rom (um 1300).

Abb. 195 *In Gold ein rotes Dornenkreuz:* Jean de Châtel-lès-Nangis (um 1267) (WN Nr. 128).

Abb. 196 *In (Gold) zwei Pfropf-balken, bordweise begleitet von zehn Merletten, alle Figuren (rot):* Matignon (Bretagne) (nach einem französischen Wappenbuch um 1375, Zeichnung DLG).

Abb. 197 *In Blau ein Krummstab pfahlweise, überdeckt von einem Zinnenbalken, alle Figuren golden:* Fenster aus dem 13. Jhr. in der Kathedrale zu Sens.

Ein rechtwinklig gebrochener Teilungsstrich heißt *geknickt* (Abb. 208, Nr. 15) (25). Durch mehrfache Knickung gelangt man zur *Zinnenteilung* (Abb. 208, Nr. 16 und 197), die auch an der Unterseite eines Balkens vorkommen kann, der dann ein *Steg* heißt. Die Zwischenräume zwischen den Zinnen heißen *Scharten*. Symmetrische Zinnen auf beiden Seiten der Figur ergeben den *Gegenzinnenschnitt* (Abb. 201 und 209) (26); stehen sich Zinnen und Scharten gegenüber, entsteht *Wechselzinnenschnitt* (Abb. 211).

Wenn die Zinnen nur aus einer Linie und nicht aus einer Figur hervorgehen, kann man nicht mehr von gezinnt sprechen. Geschieht das am Schildrand (Abb. 203 und 210) (27), wie das in Mittel- und Südfrankreich sowie in Spanien öfter vorkommt, muß man von *in regelmäßigen Abständen aus dem Schildrand hervorkommenden Würfeln* sprechen; solche Würfel können auch schrägbalkenweise aneinandergereiht sein (Abb. 204).

Wenn man die Knickung der Teilungslinien im rechten Winkel fortsetzt, gelangt man zum Stufenzinnenschnitt (Abb. 208, Nr. 17 und 212, vgl. auch Abb. 81, Nr. 12) und zu *gekrückt* (Abb. 208, Nr. 18). Wenn die Zinnen einer Zinnenteilung schräg liegen, liegt *geastet* vor (Abb. 208, Nr. 19); ein geasteter Stab wird auch *Knotenstab* genannt. Eine Teilung in der Gestalt des Fehs heißt *Eisenhutschnitt* (Abb. 217).

Eine den Schild durchschneidende Zickzacklinie heißt auch *mit Spitzen* (Abb. 218) gezogen. Figuren wie der Balken, der Schrägbalken, der Schildrand oder auch der Sparren können durch eine gebrochene Linie in zwei verschiedenfarbige Partien geteilt werden (Abb, 219, 220). Sie heißen

Abb. 198 *Geviert, in 1) und 4)*
zwei Sparren, begleitet von drei Ro-
sen (Charnot?), *in 2) und 3) ein*
Wellenschrägbalken, belegt mit drei
Fünfblättern: Holzplastik aus dem
16. Jahrhundert (Zeichnung DLG).

Abb. 199 *Geviert, 1) in Rot ein*
silbernes T; in 2) und 3) von
Schwarz und Gold im Wolken-
schnitt geteilt, darin drei Kugeln in
verwechselten Farben; 4) in Rot ein
silberner Hauptpfahl: Wappen des
Franz Tanner von Taw und Bollen-
stein (1604) nach einem Stammbuch von 1617.

Abb. 200 *In (Rot) ein mit (sil-*
bernen) Lilien unterlegter Balken:
Bréon, Steinplastik in Marigné-
Ponton (Mayenne).

Abb. 201 *Gespalten, rechts (in Silber)*
drei (rote) Gegenzinnenbalken, je belegt mit
drei (goldenen) gestielten Kleeblättern (Bi-
rague), *links angespalten die linke Hälfte*
des Wappens Erbrée: in (Silber) drei
(schwarze) Sporenräder (um 1610): Steinplastik mit dem Wappen des René de Bira-
gue und seiner Gemahlin Françoise d'Erbrée
(Museum Laval).

Abb. 202 *In Rot innerhalb eines*
goldenen doppelten Lilienbordes
zwei abgewendete goldene Barben:
Wappen des Girard de Montfaucon,
auf dem Siegel der Ballei Orbe
(1329) (ISV 133/2).

Abb. 203 *Ein Lilienkreuz, beglei-*
tet von einem aus Einzelstücken be-
stehenden Schildrand: Steinplastik
(um 1400) in der Abtei von St. Guil-
hem le Désert (Hérault).

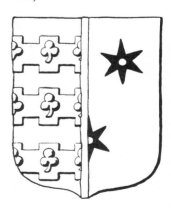

Abb. 206 *In (Gold) ein (blauer) Zickzackschrägbalken:* Siegel von Jean de la Baume, späterem Grafen de Montrevel (1350-1380) (AV Abb. 1152).

Abb. 205 Links oben: *In Gold innerhalb eines roten doppelten Li-lienbordes ein roter Löwe:* der König von Schottland (1370) (GA Fol. 64).

Abb. 204 Exlibris eines Herrn von Irval, Lille, um 1750. Im zweiten Feld: *in Silber eine aus purpurnen, beiderseits einer Schräglinie anein-anderstoßenden Würfeln gebildete Figur.*

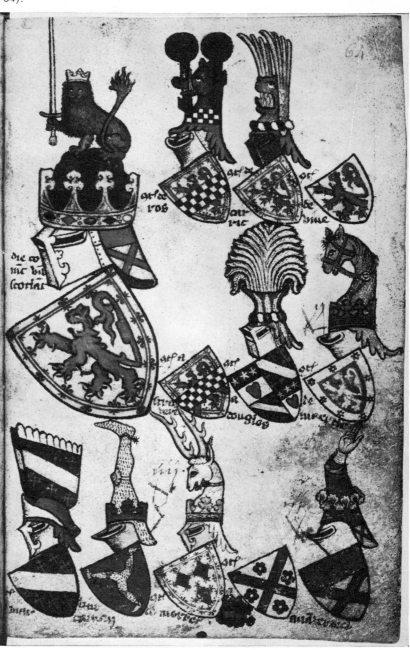

Abb. 207 *In (Rot) ein (golde-nes) aus vier Spitzen gebildetes Schildhaupt, unterhalb eines Schildhaupts mit dem Wappen der Kirche:* Steinplastik mit dem Wap-pen Urbans V. (Grimoard) (1362-1370) im Kloster St. Johannis im Lateran zu Rom.

Abb. 208

Nr. 1 *Silbern-blau schräggeviert:* Wart (Zürich).

Nr. 2 *In Rot ein goldenes Schrägkreuz:* Thurey (Lyoñnais).

Nr. 3 *In Rot ein silberner Sparren:* Poligny (Freigrafschaft).

Nr. 4 *In Blau zwei silberne Sparren, der obere rechts, der untere links gebrochen:* Maynier, Herr zu Oppède (Wappenbuch Dubuisson 1757).

Nr. 5 *In Silber eine rote gestürzte Spitze:* Popon (Burgund).

Nr. 6 *In Silber ein schräglinker blauer Keil:* Beinwil (Aargau).

Nr. 7 *Golden-rot gerautet:* Craon (Poitou).

Nr. 8 *In Silber ein schwarzes Schräggitter:* Humières (Picardie).

Nr. 9 *Rot-silbern zu acht Plätzen geständert:* Cugnac (Guyenne).

Nr. 10 *Unregelmäßig zu sechs Plätzen von Silber und Schwarz geständert:* Maugiron (Dauphiné). Ein redendes Wappen, weil auf französisch *'mal-gironné'*.

Nr. 11 *Innerhalb roten Schildrandes silbern:* Papst Benedikt XII. (Fournier).

Nr. 12 *In Rot ein silberner Innenbord:* Baillol (England).

Nr. 13 *In Rot eine silberne Deichsel:* Deichsel (Nürnberg).

Nr. 14 *In Silber zwei blau-rot quergestreifte Bogenflanken:* Zäuchinger (Österreich) (um 1400).

Nr. 15 *Im Winkelmaßschnitt von Silber und Rot (geknickt) geviert:* Kottendorf (Thüringen).

Nr. 16 *Silbern-rot im Zinnenschnitt gespalten:* Schenkon (Zürich).

Nr. 17 *Silbern-rot im Stufenzinnenschnitt schräglinksgeteilt:* Dosenrode (Mecklenburg).

Nr. 18 *In Blau ein silberner Schrägbalken, begleitet von je zwei goldenen gekrückten und gegengekrückten Leisten:* Champagne.

Nr. 19 *In Blau ein goldener geasteter Sparren:* Musard (Freiburg i.Ü.).

Nr. 20 *Unterhalb einer silbernen Zähnelung im Schildhaupt in Grün drei silberne Balken:* Saint-Chamans (Wappenbuch Dubuisson 1757).

Nr. 21 *Gespalten und halbgeteilt von Rot, Blau und Silber:* Steinmann (Aargau).

Nr. 22 *Im Deichselschnitt geteilt von Rot, Gold und Blau:* Falk, (Dänemark).

Nr. 23 *Fünfmal gespalten von Rot, Gold und Blau:* Joffrey (Waadt).

Nr. 24 *Silbern-blau zu sechs Plätzen gespalten, überdeckt von einem roten Balken:* Champvent (Waadt).

Nr. 25 *Unter rotem Schildhaupt in Silber eine schwarze Spitze:* Wolen (Zürich).

Nr. 26 *Unterhalb eines durch eine bogenförmige Wolke abgetrennten, mit zwei silbernen Sternen belegten blauen Schildhauptes in Rot ein auf den Wurzeln rechts mit einem silbernen abnehmenden Halbmond belegter goldener Baum:* Le Couturier (Wappenbuch Dubuisson 1757).

116

Abb. 209 Zwei Blätter aus den 'Biccherne senesi' von 1436 (rechts: A) und 1468 (links: B). Wegen der typisch italienischen Form der Schilde sind einige Figuren und Teilungslinien gebogen. Mehrere Schilde zeigen seltene Figuren: A, Nr. 2: *von Rot und Gold im Stufenschnitt zickzackquergestreift*; 6: *in Rot ein silbernes Gegenzinnenkreuz*; 7: *in Schwarz ein goldener Balken, begleitet oben von einem achtzackigen goldenen Stern und unten von einem hersehenden goldenen Löwenkopf*; B, Nr. 2: *in Rot ein schwarzer Schrägbalken, belegt mit drei silbernen Hexagrammen*; 4: *in Rot ein silberner Gegenzinnenschrägbalken*; 5: *in Gold ein rotes Freiviertel, belegt mit einer goldenen Glocke*; 10: *in Schwarz ein goldenes, in Form eines Unzial-M gelegtes Seil* (Bibliothek zu Siena, Photo G. Cambin).

Abb. 210 Innerhalb eines aus einzelnen schwarzen Würfeln bestehenden Randes in Silber ein goldengekrönter schwarzer Löwe: einen Ungläubigen bekämpfender christlicher Ritter (um 1285) (Fresko in der Tour Ferrande zu Pernes, Vaucluse) (Photo Berthier, Nyons).

Abb. 211 *In Silber zwei rote Wechselzinnenbalken*: Arkel (Holland) (um 1370) (GA Nr. 1017).

Abb. 212 *In Rot ein silberner Stufengiebelbalken.* Frauenberg (Bayern) (1370) (GA Nr. 221).

Abb. 213 *Von Rot und Silber fünfmal im Zickzack quergeteilt*: Vistarini (um 1400), gemalte Deckenkassette aus dem Palazzo Confalonieri in Piacenza (AH 1976, S. 36-43).

dann *mit Spitzen geteilt*. Ein ähnlicher, aber nicht so stark teilender Schnitt ergibt *gezähnt geteilt*. Ein Spitzenschildhaupt besteht aus wenigstens drei von der oberen Schildbegrenzung nach unten reichenden Dreiecken (Abb. 207), während ein *gezähntes Schildhaupt* durch eine Zickzacklinie an der normalen unteren Grenze des Schildhauptes abgeteilt ist. Indessen vermischen sich diese beiden Beschreibungen oft: Manche Familien in Brabant führen mal die eine, mal die andere Form. Die Zähnung oder Zähnelung kann rechtwinklig oder mit spitzeren Zacken verlaufen. Von *gezähnelt* spricht man, wenn die Zacken besonders klein sind. (Abb. 214), Abb. 208, Nr. 20 zeigt eine *Zähnelung*. Darüber hinaus kann man noch viele andere Teilungslinien erdenken, wie es besonders in der modernen finnischen Heraldik geschieht (28).

Man kann auch mehrere verschiedenartige Teilungslinien und Schnitte kombinieren, wie im Wappen der Champagne (Abb. 208, Nr. 18) und im Wappen Froulay (Abb. 215): *in 2 und 3 in Silber ein rotes, schwarz gezähnelt bordiertes Schrägkreuz*. Letzteres Beispiel zeigt die Anwendung von drei Farben im gleichen Wappen. In drei Farben gehalten sind auch *halbgespalten und geteilt* (Abb. 216) (29), *gespalten und halbgeteilt* (Abb. 208, Nr. 21), die Dreiteilung im Deichselschnitt (Abb. 208, Nr. 22) und die zweimalige Teilung balkenweise oder pfahlweise (Abb. 264, Nr. 19), oder die senkrechte Streifung zu sechs Plätzen (Abb. 208, Nr. 23), alle diese Beispiele in drei Farben. Die Einteilung zu neun Plätzen und drei Farben bei Abb. 221 ist zu beschreiben: zu neun Plätzen von Gold, Blau und Silber geteilt, in der Mitte belegt mit einer goldenen Scheibe.

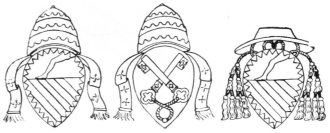

Abb. 214 Wappen der Kirche zwischen den Wappen Johanns (XXIII.) als Papst und als Kardinal nach seiner Absetzung; auf seinem Grab im Baptisterium zu Florenz (um 1420).

118

Abb. 215 Exlibris von René Colbert, Marquis de Maulévrier (1750-1760): *Geviert, in 1) und 4) unter goldenem Schildhaupt in Blau drei goldene Lilien* (Estaing); *in 2) und 3) in Silber ein rotes, schwarz gezähnelt bordiertes Schrägkreuz* (Froulay-Tessé); *im Mittelschild in Gold eine pfahlweise geschlängelte blaue Blindschleiche* (couleuvre, redend für Colbert).

Abb. 216 *Durch ein silbern gesäumtes schwarzes Kreuz geviert; in 1) und 4) in Silber ein schwarzes Tatzenkreuz, 2) und 3) halbgespalten und geteilt von Rot, Schwarz und Silber:* J.H. Freiherr von Roggenbach (†1683), Komtur des Deutschen Ritterordens (Druckstock AHS).

Überdeckende Figuren

Man kann, wenigstens theoretisch, jede Schildteilung mit jeder Figur belegen und umgekehrt. Eine auf diese Weise über eine Teilungslinie herausragende Figur wird *überdeckend* genannt. Wir geben nur einige Beispiele: Ligerz am Bieler See führt *in Blau einen goldenen Schildrand mit überdeckendem roten Schrägbalken*, d.h. der Schrägbalken liegt über dem Schildrand (Abb. 222). Ähnlich führte Champvent im Waadtland einen *roten Balken, der eine mehrfache silbern-blaue Spaltung überdeckt* (Abb. 208, Nr. 24) und Rysdorfer in Österreich: *gespalten von Rot und Blau mit einem überdeckenden silbernen Balken* (Abb. 264, Nr. 17).

Schildhaupt, Schildfuß und Schildrand werden nicht als überdeckend angesehen, da sie zum übrigen Schild hinzutreten, wie aus den folgenden Beispielen zu ersehen: *unter rotem Schildhaupt in Silber eine schwarze Spitze* (Abb. 208, Nr. 25); *unter silbernem Schildhaupt, darin ein rotes Kreuz, in Rot ein silbern-blau* (zu drei Reihen als selbstverständlich nicht zu erwähnen) *geschachter Schrägbalken* (Abb. 116), Cibo aus Genua, Familie des Papstes Innozenz VIII.; *unter rotem Schildhaupt in Silber ein blaues Schräggitter* (Abb. 224). Als Ausnahme sei das überdeckende Schildhaupt der aus der Freigrafschaft stammenden Familie Frémiot im Kanton Freiburg angeführt (Abb. 225).

Andere Heroldstücke können ebenso wie die gemeinen Figuren das Schildhaupt überdecken: *in Silber ein rotes Schildhaupt, das Ganze überdeckt von einem schwarzen Schrägbalken*, Challant, (Abb. 223) und *in Silber ein rotes Schildhaupt, das Ganze überdeckt von einem goldenbewehrten blauen Löwen*, Vendôme (Abb. 328, Nr. 15, Quartiere 2 und 3).

Um nach Möglichkeit die Anwendung von mehr als zwei Farben in derartigen komplizierten Zusammenstellungen zu vermeiden, hat man das System der *verwechselten Farben* ersonnen. So würde die Zusammenstellung einer Teilung mit einem Pfahl drei Farben erfordern, was vermieden wird, wenn man den Pfahl die Farbe tauschen läßt, wenn er aus der oberen Schildhälfte in die untere übertritt. Abb. 81, Nr. 7 zeigt *eine Teilung von*

Abb. 217 *Im Eisenhutschnitt gespalten von Silber und Rot*: Baculo genannt Stave (1370) (GA Nr. 87).

Abb. 218 *Im Zickzackschnitt gespalten von Silber und Rot*: unbekanntes Wappen (um 1280) (WN Nr. 688).

Abb. 219 *Geviert, 1) und 4) innerhalb eines silbern-rot im Zackenschnitt nach der Figur geteilten Schildrandes in Blau drei goldene Lilien; in 2) und 3) in Blau ein goldenbewehrter silberner Adler*; am 1. Januar 1432 durch König Karl VII. von Frankreich an Nikolaus II. Markgrafen von Este und Ferrara verliehenes Wappen (Donaueschinger Wappenbuch).

Abb. 220 *In Schwarz ein silbern-rot im Zickzackschnitt nach der Figur geteilter Balken, oben rechts begleitet von einem silbernen Stern*: Simon von Brugdam, Hauptmann der Festung Sluys (Holland) (um 1370) (GA Nr. 942).

Abb. 221 *Zu neun Plätzen von Gold, Blau und Silber geteilt, in der Mitte belegt mit einer goldenen Scheibe*: Fenster des Dionysius von Bar, Bischofs von Saint-Papoul (1468), in der Wandelgang-Kapelle der Kathedrale zu Bourges.

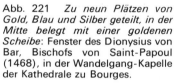

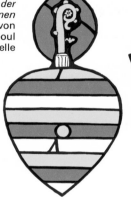

Abb. 222 *In Blau ein goldener Schildrand, überdeckt von einem roten Schrägbalken*: Ligerz (Bern) (1483) (GR).

Schwarz und Silber mit einem Pfahl in verwechselten Farben (30). In diesem Falle ist der Pfahl also nicht als überdeckend anzusehen. Der schöne Schild der Saussure (Abb. 227) *ist siebenmal schrägrechts und einmal gegengeschrägt von Schwarz und Gold geteilt*. In französischen Wappenbeschreibungen wird manchmal auch ein Unterschied darin gesehen, ob eine Figur in ein anderes Feld übertritt, oder ob mehrere Figuren mit verwechselten Farben in den einzelnen Feldern stehen; der Unterschied wird ausgedrückt durch die Formulierung *de l'un en l'autre* bzw. *de l'un à l'autre*. Moderne Heraldiker lehnen diesen Unterschied aber als Haarspalterei ab.

Von der Farbregel unabhängig werden Schildhäupter angesehen, daher auf französisch als angenäht *(cousus)* bezeichnet; vgl. das Schildhaupt im Wappen von Papst Innozenz VI. (Abb. 162). Der oft mißliche Eindruck der Verletzung der grundlegenden Farbregel kann durch Umsäumung eines Heroldstückes in anderer Farbe vermieden werden, wie bei den geränderten Balken im Wappen von Saint François de Sales (Abb. 228) (31). Zu gleicher Wirkung gelangt man auch, wenn man ein Heroldstück mit einem anderen, aber schmäleren belegt, wie z.B. der mit einer Leiste belegte Schrägbalken der Gozon (Abb. 226, Nr. 4) (32).

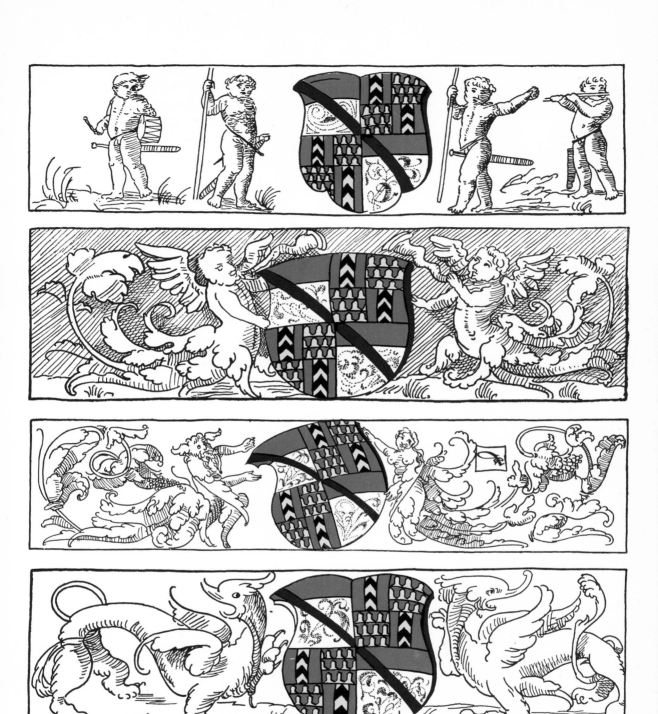

Abb. 223   Wappen von Renatus Grafen von Challant und Herrn zu Valangin, Zeichnungen und Malereien auf den Titelblättern der Bände der 'Reconnaissances' (1539 bis 1542): *geviert, 1) und 4) in Silber ein rotes Schildhaupt, überdeckt von einem schwarzen Schrägbalken* (Challant); *2) und 3) wiedergeviert von Rot, darin ein goldenschwarz gesparrter Pfahl* (Valangin), *und golden-rot gefeht* (Bauffremont) (AN II).

Abb. 224 Exlibris des Jacques de Farcy, genannt der Marquis de Cuillé, Präsident mit Barett
des Parlaments der Bretagne (um 1760): *unter
rotem Schildhaupt in Silber ein blaues Schräggitter.*

Abb. 225 Exlibris von Augustin Frémiot, Ritter
des St. Ludwigs-Ordens (1737): *In Blau drei silberne Merletten, je überhöht von einem ebenfalls
silbernen Stern, aber teilweise überdeckt von einem
roten Schildhaupt.*

Anmerkungen

1 D.L. Galbreath, *a.a.O.* (Kap. III. Anm. 9), S. 43.

2 AHS 1952, S. 127 und Tafel XIX.

3 Gelegentlich wird der Fehler gemacht, dieses Wappen als
eine rote Hamaïde in Gold zu beschreiben, wobei dann die drei
Figuren als eine einzige angesehen werden.

4 AN II Abb. 490. Die Schräglinksleiste und der schräg-
linksgelegte verkürzte Schrägbalken sind als Beizeichen unehelicher Geburt seit dem 15. Jahrhundert oft verwendet worden.

5 AN II, Abb. 505.

6 AN II, Abb. 510.

7 Le Maire, *Cabinet d'armes malinois*, Le Parchemin 1936.

8 Wappen von Thomas Fynderme in 'Ancestor Roll', einem
englischen Wappenbuch um 1460, hrsg. in der Zeitschrift *The
Ancestor*, 1902 ff. und durch J. Foster, *Two Tudor Books of
Arms*, The Walden Library, o.O.u.J.

9 In Dokumenten aus dem Mittelalter erscheint der obere
Sparren oft durch die obere Schildbegrenzung abgeschnitten
(Z.B. Abb. 183). Dies ist wohl der Ursprung des giebellosen
Sparrens der la Rochefoucauld.

10 Ulrich von Richental, *Conciliumbuch*, 1. Ausgabe Augs-
burg 1483; D.L. Galbreath, *a.a.O.* (Anm. 1), S. 43.

11 Grabstein, angeführt durch Szabolcs de Vajay, *Armoiries
étrangères antérieures à 1550 conservées et répertoriées en
Hongrie*, AH 1974, S. 27.

12 Hierosme de Bara, *Le blason des armoiries*, Paris 1581,
Neudruck Paris 1975.

Abb. 226 In der Mitte der Johanniter-Orden zwischen den Wappen der
Großmeister de Villeneuve und de Gozon und den Wappen von England
und Frankreich-England (um 1425). Von links nach rechts: *In Rot drei
goldene Leoparden* (England vor 1339); *geviert, 1) und 4) in Rot ein
silbernes Kreuz* (Johanniter-Orden) *und 2) und 3) in Rot ein Gitter aus
schräggelegten silbernen Lanzen mit je einem ebenfalls silbernen Schildchen in den Zwischenräumen* (Hélion de Villeneuve, Großmeister des
Ordens, 1323-1346); Wappenschild der 'Miliz': *in Rot ein silbernes Kreuz;
in Rot innerhalb eines Schildrandes aus silbernen Einzelstückchen ein mit
einer blauen Leiste belegter silberner Schrägbalken* (Dieudonné de
Gozon, Großmeister, 1346-1353); *geviert von Blau, mit goldenen Lilien
besät* (Altfrankreich), *und England*: Steinplastik auf der Insel Rhodos.

Abb. 227 *Siebenmal schräg-rechts und einmal gegengeschrägt von Schwarz und Gold geteilt:* Exli-bris Saussure (Waadt) (AV II).

Abb. 228 Wappen des Bischofs von Genf, Saint François de Sales (1657): *in Blau zwei golden umrahmte Balken, begleitet oben von einem goldenen liegenden Halb-mond, in der Mitte und unten von je einem goldenen Stern.*

13 Ein solcher Schrägbalken wird in alten beschreibenden Wappenbüchern manchmal als *Dornenschrägbalken* angege-ben.

14 Léon Jéquier, *Tables héraldiques de quelques armoriaux du moyen-âge*, Cahiers d'héraldique I (CNRS) 1974.

15 Vgl. Gastone Cambin, *Stemmario comasco del settecento con un studio sull'uso della filiera*, Sonderdruck aus AHS, Jahrbuch 1973.

16 Archives Nationales, Paris, JJ 145, Fol. 193 (Akt Nr. 433). Vgl. Jacques Meurgey, *Une concession des armes de France aux Visconti en 1395*, Nouvelle revue héraldique, historique et archéologique 1934, Heft 10.

17 Faustino Menéndez Pidal de Navascués, *Une tapisserie héraldique du XVIème siècle*, AH 1966, S. 36-38.

18 Nach dem unveröffentlichen Teil der Wappenbücher der Bruderschaft von St. Christoph auf dem Arlberg.

19 Abb. 194: Steinplastik, abgebildet nach Gelasio Caetani, *Caietanorum genealogia*, Perugia 1920, Abb. 195: Holzplastik in der Kathedrale von Autun, Tiefkapelle, linke Seite.

20 P. Hartmann, *Aus dem Klebebüchlein des Zuger Form-schneiders Johan Jost Hiltensperger 1765*, AHS 1952, S. 87-91.

21 Der *Lappenschnitt* ist sehr selten, und der *Dornenschnitt* wird oft mit *gezähnt* oder *gezähnelt* verwechselt (siehe unten).

22 Abbé A. Angot, *Armorial monumental de la Mayenne*, Laval 1913, S. 276.

23 Da man keinen Lilienbord an einer einfachen Linie kennt, sollte man nur *Lilienbord* und nicht *doppelter Lilienbord* sagen. Der einzige bekannt gewordene Fall eines Lilienbordes mit einer einzigen Grundlinie findet sich nicht auf einem ganzen Schilde, sondern nur auf einem Schrägbalken (Abb. 229) (WN, Nr. 108).

24 Mehrere alte wie moderne Autoren bieten ganze Reihen solcher Teilungen und seltene oder seltsame Figuren, besonders Vulson de la Colombière, *La science héroïque*, Paris 1644, der eine blühende Phantasie entwickelt. Sehr viel sparsamer geht es zu bei Philipp Jakob Spener, *Insignium theoria*, Bd. 1, Frankfurt am Main, 1690, 2. Aufl. 1717, obwohl er doch ein Deutscher (genauer ein Elsässer) ist. Vgl. auch C. Grandmaison, *Diction-naire héraldique*, Paris 1861, Spalte 270-71 und 1130.

25 Dieser Schild wird bei C. Grandmaison, *a.a.O.*, Spalte 270 als *im Winkelmaßschnitt geviert* beschrieben.

26 Abbé Angot, *a.a.O.*, (Anm. 22), S. 306.

27 Die Fresken der Tour Ferrande de Pernes (Vaucluse) sind von P. Deschamps in *Congrès archéologique de France*, 1963 beschrieben und untersucht worden. Sie stammen von ungefähr 1285.

28 AH 1971, S. 43.

29 Franz Joseph Schnyder, *Heraldische Denkmäler des See-tals...*, AHS, Jahrbuch 1958, S. 9.

30 Die Beschreibung eines Schildes gleicher Zeichnung, aber mit anderen Farben (Hegenheim), die das Armorial Général von Rietstap gibt, nämlich zu *drei Stücken gepfählt und gegen-gepfählt*, ist nicht korrekt, denn 'gepfählt' muß eine gerade Anzahl von Stücken aufweisen.

31 Kopf-Vignette eines Kapitels der *Vie de St. François de Sales* von Msgr. de Maupas de la Tour, Paris 1657.

32 Giuseppe Gerola, in *Rivista Araldica*, 1913-1914.

Abb. 229 *In Silber ein schwarzer Schrägbalken, innen mit einem ein-fachen goldenen Lilienbord ge-säumt:* Gif' de la Chapelle (um 1270) (WN Nr. 108).

124   Abb. 230   Johann, Bastard von Luxemburg, Herr von Hautbourdin, Ritter des Goldenen Vlieses (um 1460) (TO Fol. 327).

Abb. 231

Nr. 1 *Rot mit goldenen Löwen besät*: Fenster aus dem 15. Jahrhundert in der Kirche Notre-Dame de Mantes (Yvelines).

Nr. 2 *In Silber drei blaue Löwen*: Fenster mit dem Wappen La Palice (Forez) in der Kathedrale zu Limoges (14. Jahrhundert).

Nr. 3 *In schwarzem, mit goldenen Lilien besäten Feld ein silberner Löwe*: nicht identifizierte bretonische Familie (um 1267) (WN Nr. 915).

Nr. 4 *In silbern-blau gespaltenem Schilde ein silberngekrönter Löwe in verwechselten Farben, begleitet von drei goldenen Sternen*: Fenster mit dem Wappen de Chanteau (Bourbonnais) in der Kathedrale zu Moulins (1520-1530).

Nr. 5 *In Silber ein goldengekronter Löwe, besät mit goldenen Tropfen*: Fenster mit dem Wappen Hanlowe (England) (14. Jahrhundert) (Zeichnung DLG).

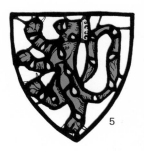

DIE GEMEINEN FIGUREN

In der Heraldik werden die gemeinen Figuren im heraldischen Stil und durchaus nicht in realistischer Weise dargestellt. Dieser Stil wechselt mit dem Kunststil jeder Epoche (Kap. II, *Die Entwicklung des heraldischen Stils*).

Eine Figur oder mehrere Figuren müssen so gezeichnet werden, daß sie nach Möglichkeit den Schild füllen und etwa die Hälfte seiner Oberfläche bedecken. Wie schon Bartolus erkannte, werden die Eigentümlichkeiten jeder Figur übertrieben: die Hörner des Steinbocks, die Fänge und der Schnabel des Adlers, die Blätter und Früchte der Bäume, das Eisen der Axt, die Eisenteile und die Flitsche der Pfeile werden immer gegenüber der Natur unverhältnismäßig groß dargestellt. Die sich daraus ergebende Verzerrung beruht nicht auf Naivität oder künstlerischer Unfähigkeit. Sie dient dazu, einen Schild von Ferne erkennbar zu machen. Eine gute Stilisierung ist immer schwierig, und die Fähigkeit dazu wird nur in langer Praxis erworben. Wenn wir den Zeichnern das Studium guter alter Vorbilder empfehlen, so geschieht das nicht aus bloßer Anhimmelung alles Altertümlichen, sondern weil die einstigen Künstler, und vor allem die des Mittelalters, weit mehr Gelegenheiten hatten als die modernen, Wappen zu zeichnen und zu malen, und somit zu einer Beherrschung des Stils gelangten, der nur wenige heutige Nachfolger gleichkommen können.

Abb. 232 *In Rot zwei silberne Leoparden*: Fenster mit dem Wappen Comborn (Limousin) in der Kathedrale zu Limoges (14. Jahrhundert).

Abb. 233 *Blau mit goldenen Lilien besät*: Fenster mit dem Wappen von Frankreich in der Kathedrale zu Chartres (um 1230).

Der heraldische Stil schwankt sowohl entsprechend den Ländern wie den Epochen (Kap. II, *Regionale Einflüsse*). Im 12. Jahrhundert sind nationale Unterschiede kaum zu bemerken. Aber schon im folgenden Jahrhundert unterscheidet ein geübtes Auge den Beginn englischen, französischen, deutschen wie italienischen Stiles. Je weiter die Zeit fortschreitet, desto mehr zeichnen sich nationale Unterschiede in der Heraldik ab, besonders seit dem Zeitpunkt, zu dem Wappen ihre militärische Verwendung verlieren, d.h. im 14. Jahrhundert.

Die gemeinen Figuren können einzeln oder mehrfach in einem Schilde stehen. Sie können sogar ohne bestimmte Anzahl *gestreut* oder *gesät* sein. In letzterem Fall sind sie über die ganz Oberfläche des Schildes regelmäßig verteilt und von den Schildrändern abgeschnitten, wie wenn der Schild aus einem das Muster unendlich wiederholenden Stoff geschnitten wäre, was sicherlich oft der Fall war. Das älteste bekannte *besäte* Wappen ist das mit den französischen Lilien (Abb. 233) (1), aber jede andere Figur, selbst der Löwe (Abb. 231, Nr. 1) kann ohne bestimmte Anzahl gesät werden. In einem besäten Wappen sind die Figuren sämtlich in gleicher Gestalt und gleicher Größe gezeichnet. Formen und Abmessungen von Figuren in bestimmter Anzahl können sich hingegen den Anforderungen des verfügbaren Raumes anpassen (Abb. 231, Nr. 2; 232; 234 und 243).

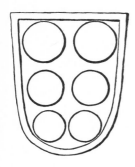

Abb. 234 *Sechs Scheiben, 2:2:2 gestellt*: Grabstein des Herrn de Palage (14. Jahrhundert) in St. Bertrand-de-Comminges.

Löwe, Leopard und Adler

Löwe und Adler sind die häufigsten Tiere. Die Redensart 'Wer kein Wappen hat, führt einen Löwen' gibt es in mehreren Sprachen. Löwe und Adler liefern die besten Beispiele für die Stilwandlungen.

Gewöhnlich ist der Löwe *steigend* (Abb. 238, 240 und 246), auf einem Hinterbein aufgerichtet und die drei anderen angriffsbereit vorgestreckt, Krallen und Zähne auffällig betont, der Schwanz nach hinten aufgerichtet und am Ende eingerollt. Das Wort steigend wird in einer Beschreibung als selbstverständlich unterstellt, da es die normale Stellung des heraldischen Löwen bezeichnet. Wenn der Schwanz gespalten ist (Abb. 13) und kreuzweise gelegt (Abb. 230 und 244), muß das gemeldet werden.

Anfänglich in ziemlich starrer Haltung, neigen sich die Löwen mit der Zeit immer mehr nach hinten, der Körper wird mit Haarbüscheln an den Gelenken ausgeschmückt, die Mähne wird detailliert gezeichnet, und schließlich wird das ursprünglich lange und an einen Hundekopf erinnernde (Abb. 241) Haupt immer runder. Zunge und Krallen sind vor dem 14. Jahrhundert nicht ausgearbeitet.

Ein auf drei Füßen schreitender und nur einen Fuß hebender Löwe wird *schreitend* genannt, manchmal auch *leopardiert* (Abb. 243 und 245). Wenn er auf allen vier Füßen steht, heißt er *stehend*. Er kommt *hockend, liegend* und '*schlafend*' vor. Ein Löwe kann alle Farben aufweisen, auch Hermelin oder Feh, sogar in verschiedenen Farben gemustert sein (Abb. 231, Nr. 4 und 240), etwa schräg gestreift, quergestreift, geschacht oder sogar mit Gegenständen wie Tropfen besät (Abb. 231, Nr. 5).

Das Löwenhaupt erscheint im Profil (2). Zeigt es die volle Vorderansicht, handelt es sich nicht mehr um einen Löwen, sondern um einen *Leoparden* (Abb. 232); dann wird er *schreitend* dargestellt, und diese Stellung muß nicht besonders gemeldet werden. Ist ein solcher Löwe aber *steigend* gezeigt, nennt man ihn einen *gelöwten Leoparden* (Abb. 264, Nr.

7). Andererseits zieht man es vor, von einem *schreitenden Löwen* zu sprechen, statt von einem *leopardierten Löwen*. Wie der Löwe kann der Leopard verschiedene Stellungen einnehmen (Abb. 242). Hebt er den Schwanz nicht, gilt er wenigstens bei den westeuropäischen Heraldikern als 'feige'.

Zwei oder drei (schreitende) Leoparden werden übereinander angeordnet (Abb. 232, 237 und 239), das gleiche gilt für zwei oder drei schreitende Löwen (Abb. 243); zwei einander zugewendete (Abb. 235) oder abgewendete Löwen (Abb. 253) sind steigend; drei Löwen sind, wenn nichts anderes angesagt ist, steigend und 2 : 1 gestellt (Abb. 231, Nr. 2).

Die Köpfe von Löwen, sowohl abgeschnittene wie abgerissene, werden im Profil gezeigt (Abb. 254) (3), die der Leoparden von vorn gesehen; man nennt sie auch *Löwenmasken* (Abb. 255) (4). In der englischen Heraldik kommen Löwenmasken vor, durch die eine Lilie gesteckt ist, hierfür gibt es einen eigenen Ausdruck *jessant de lis*.

Schon früh kommen in Wappen Einzelteile von Löwen, wie Pranken (Abb. 236) und sogar Schwänze, vor.

Die obere Hälfte eines Löwen wird als oberhalber Löwe (Abb. 256) bezeichnet und ist zu unterscheiden vom wachsenden Löwen (Abb. 257), der etwa zur Hälfte seines Körpers aus einer Teilungslinie, dem Schildrand oder einer anderen Figur hervorkommt. In der klassischen Zeit wurde

Abb. 235 *In Blau zwei zugewendete goldene Löwen mit gemeinsamem Kopf, unten begleitet von einem goldenen Stern*: Rechenpfennig von Etienne Humbert, Bürgermeister zu Dijon (1627) (Amanton, Précis historique des maires de Dijon, Dijon 1870-1873).

Abb. 236 *Ein von zwei Löwenpranken begleiteter Schrägbalken*: Steinplastik mit dem Wappen Giunti in der Kirche Santa Maria Novella in Florenz (14. Jahrhundert).

Abb. 237 *Gespalten: 1) in Rot ein goldener Adler* (Vienne), *2) geteilt von Schwarz, darin zwei goldene Leoparden* (Dinteville-Jaucourt), *und Blau, darin ein von je 5 goldenen Schindeln bewinkeltes goldenes Kreuz* (Choiseul): Wandbehang mit dem Wappen der Benigna von Dinteville, Gemahlin von Gérard de Vienne, im Schloß zu Commarin (Côte-d'Or) (Anfang 16. Jahrhundert) (Photo J.-B. de Vaivre).

127

Abb. 240 *In Blau ein silbern* *schräggevierter Löwe*: Schild Grafen Hugo de Battifolle aus Hause Guidi, Podestà von Sie nach der Malerei im Buch der cherna von 1320 (B. zu Siena).

Abb. 241 *In Gold ein schwa* *Löwe mit kreuzweise gelegtem D* *pelschwanz, begleitet von schw* *zen Schindeln*: Adam de Bruyè le-Châtel (um 1267) (WN Nr. 12

Abb. 238 Der Graf von Flandern und seine Lehnsleute (um 1380) (GA Fol. 80).

Abb. 239 *In Rot drei goldene Leo-* *parden*: Schild des Wappens von England, Malerei auf einem Kamin in Valeria ob Sitten (Wallis) (um 1250).

Abb. 242 *In Silber ein auf einem* *grünen Dreiberg stehender roter* *Leopard*: Löwenstein (Schwaben) (1483) (GR)

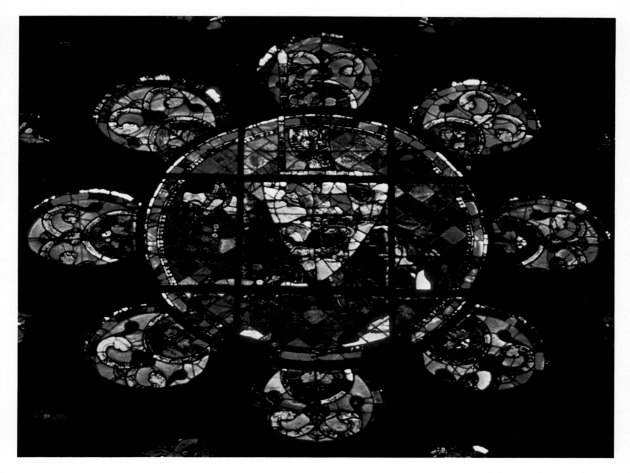

Abb. 243 *In Gold zwei schreitende rote Löwen*: Fenster des Herrn de Beaumont-les-Autels (Perche) in der Kathedrale zu Chartres (um 1230) (Photo H. Sigros).

Abb. 244 *Geviert: 1) und 4) in Silber ein roter Löwe mit kreuzweise gelegtem Doppelschwanz* (Luxemburg), *2) und 3) in Rot ein silberner sechzehnstrahliger Stern* (Baux): Banner des Jakob von Luxemburg, Herrn zu Fiennes, von den Schweizern in der Schlacht bei Murten 1476 erobert.

Abb. 246 *In blauem, mit silbernen Sternen besäten Feld ein ebenfalls silberner Löwe*: Marmorintarsia mit dem Wappen Arnolfi, Fußbodenbelag der Kirche Sante Croce in Florenz (15. Jahrhundert).

Abb. 245 *In Rot ein goldener Schrägbalken, belegt mit einem schreitenden blauen Löwen*: Grabstein eines Herrn von Pont-en-Ogo in der Abtei zu Altenryf (Freiburg) (14. Jahrhundert).

Abb. 247 Siegel von Manasse Guido Grafen von Bar-sur-Seine (1168) (DD Nr. 528).

Abb. 248 Siegel Ludwigs I. von Savoyen, Herrn der Waadt (1283) (ISV 31/5).

Abb. 249 *In Rot ein goldener Adler:* Exlibris von Vienne (Burgund) (Ende des 18. Jahrhunderts).

wenig Wert auf eine genaue Beobachtung des tatsächlich zu sehenden Teiles des Löwen gelegt.

Löwe wie Leopard können in den Pranken ein Schwert, ein Beil, einen Becher usw. halten; oft tragen sie auf dem Haupt eine Krone (Abb. 231, Nr. 4 und Nr. 5). Krone, Krallen und Zunge sind gewöhnlich von anderer Farbe als der übrige Körper; der Löwe wird dann als in dieser oder jener Farbe *gekrönt, bewehrt* und *gezungt* beschrieben (Abb. 230). Wenn das Geschlechtsteil in anderer Farbe dargestellt ist, haben die westeuropäischen Heraldiker einen Ausdruck *'vilené'* ersonnen, der etwa 'gezotet' zu übersetzen wäre. Für den weit häufigeren gegenteiligen Fall haben sie den noch überflüssigeren Ausdruck *'morné'* erfunden, was etwa mit 'getrübt' zu übersetzen wäre.

Der *Adler* (5) wird immer symmetrisch gezeichnet. Die Fänge sind gespreizt, die Flügel entfaltet; je nach der Zeit können sie gesenkt oder angehoben sein, was bedeutungslos ist, wenn man auch im 18. Jahrhundert die Adler *mit gesenkten Flügeln* von den normalen Adlern unterscheiden wollte. Sie haben nur eine geringe Anzahl von Schwungfedern, meistens zwischen drei und acht. Der Schwanz ist eine Gruppe von ornamentalen Federn in sehr verschiedener Gestaltung (Abb. 247-249, 258). Von der Symmetrie kann mit Rücksicht auf die Form des Feldes abgesehen werden (Abb. 237) (6), sie ist aber vollkommen, wenn der Adler zwei Köpfe hat, also *doppelköpfig* ist, auch *Doppeladler* genannt (Abb. 250 und 259) (7); manche Autoren nennen ihn nur dann *éployée*, das heißt eigentlich entfaltet. Dem liegt eine irrige Auffassung zugrunde, man muß jeden Vogel in der charakteristischen Adlerhaltung als entfaltet bezeichnen, so z.B. die *entfalteten Falken* der Montfalcon aus Bresse (Abb. 312). Solche entfalteten Vögel sind allerdings etwas Seltenes.

Der Doppeladler ist vor allem der Adler des Kaisers, während ein Adler mit einem Kopf der des Römischen Königs ist (8). Als Adler des Kaisers kommt sogar ein dreiköpfiger Adler vor (GR).

Die *Kleestengel,* schmale, mehr oder weniger gekrümmte, oft in Kleeblättern endende Streifen von besonderer Farbe auf den Flügeln von Adlern (Abb. 252 (9), 264, Nr. 4 und 266) sind für die deutsche und österreichische Heraldik typisch. Sie erinnern an Metallspangen, mit denen einst die Figur auf dem Schild befestigt worden ist. Manche Adler sind auf der Brust oder, wie man im 18. Jahrhundert sagte, auf dem Bauch, mit kleinen Figuren belegt (Abb. 264, Nr. 18).

Der Adler kann wie der Löwe in verschiedene Stellungen gebracht werden (Abb. 251) und mit irgendeiner Farbe versehen sein. Man findet auch gespaltene (Abb. 264, Nr. 15), geschachte (Abb. 260) und noch anders gemusterte Adler.

Seltener als der Löwe erscheint der Adler *gekrönt* (Abb. 264, Nr. 4 und 15). Der Reichsadler ist manchmal *nimbiert* (Abb. 636), d.h. ein Heiligenschein steht hinter dem Kopf. Daß der Adler *widersehend* ist, kommt selten vor. Nach und nach werden ihm Schwerter, Szepter, auch Reichsäpfel in die Fänge gegeben (Abb. 266).

Ein Adler, dem die Fänge und manchmal (seit dem 16. Jahrhundert) auch der Schnabel fehlen, wird *alérion* genannt. Eine solche Figur kommt seit dem 13. Jahrhundert im Wappen von Lothringen (Abb. 261) (10) vor.

Ein Adler in der Stellung der Adler der römischen Legionen oder des Französischen Kaiserreichs (Abb. 69) heißt *flugbereit.* In der klassischen

Abb. 250 Siegel von Jean de Vienne, Herrn zu Pagny (Burgund) (14. Jahrhundert) (Sammlung DLG).

Abb. 252 Wappenschilde von Österreich und Tirol (um 1410) im Urbar der Festung Rheinfelden.

Abb. 251 *In Silber ein querge- legter schwarzer Adler mit rotem Schnabel*: Wappen Eptingen (Elsaß) in der Stumpf'schen Chronik (1548).

131

Abb. 254 *Unter goldenem Schildhaupt, darin der Reichsadler, in Blau ein abgerissener goldener Löwenkopf*: Bicchi, auf dem Einband eines Buches der Biccherna (B. zu Siena) gemalter Schild.

Abb. 255 Leopardenmaske (14. Jahrhundert).

Abb. 253 *In Silber zwei abgewendete rote Löwen*: Rechberg (Schwaben) (um 1340) (MHZ Nr. 222).

Abb. 258 *In Rot ein goldener Adler*: Vienne-Longwy (Burgund) (um 1370) (GA Nr. 387).

Abb. 259 *Von Silber und Rot neunmal quergeteilt, überdeckt von einem goldenbewehrten schwarzen Doppeladler*: Fenster (15. Jahrhundert) in der Kathedrale zu Evreux mit dem Wappen von Guillaume de Cantiers (Photo J.-B. de Vaivre).

Abb. 260 *In Rot ein blaubewehrter golden-schwarz geschachter Adler*: Fenster mit dem Wappen von Sagax Conti, Bischof zu Carpentras (1426-1446), in der Kathedrale zu Carpentras.

Abb. 262 *In Gold ein flugbereiter silbernbewehrter blauer Adler* Richard von Blankenburg (Norddeutschland) (1361), (Wappenbuch von Mantua)

132

Abb. 256 *In blauem, mit goldenen Lilien besäten Feld ein oberhalber silberner Löwe*: Bernhard de Moreuil, Marschall von Frankreich (um 1370) (GA Nr. 359).

Abb. 257 *Unter silbernem Schildhaupt, darin ein wachsender roter Löwe, in Blau drei goldene offene Hanfbrechen oder Pferdebremsen*: Joinville (Champagne), Deckenmalerei in der Salle de la Diana in Montbrison (Loire).

Abb. 261 *In Gold ein roter Schrägbalken, belegt mit drei silbernen alérions*: Fenster mit dem Wappen von Lothringen (14. Jahrhundert) (Museum Nancy).

Abb. 263 *In Gold ein rotbewehrter schwarzer Adler*: Savoyen (um 1298), Deckenmalerei in der Salle de la Diana in Montbrison (Loire).

Abb. 264 Der Herzog von Österreich und seine Lehensleute (Wappenbuch Bellenville, Fol. 24v., um 1370). Der fünfzehnte Schild zeigt *in Rot einen goldengekrönten blau-golden gespaltenen Adler* (Totzenbach, Österreich) (Photo Bibl. Nationale, Paris).

Abb. 265 *Geviert, 1) in Silber ein königlich goldengekrönter schwarzer abgerissener Adlerkopf; 2) in Gold zwei schwarze verschränkte Sparren, der eine gestürzt, überdeckt von einem schwarzen Balken; 3) in rotem mit goldenen Lilien bestreuten Felde ein goldener (überdeckender) Schrägbalken; 4) in Blau ein goldenes Schräggitter:* Exlibris von Rudolf von Chambrier (Neuenburg) (18. Jahrhundert) (AN I).

Abb. 266 Der Adler des Königs von Preußen als Fürst von Neuenburg auf dem Szepter des Staatsrates des Fürstentums (18. Jahrhundert) (Historisches Museum Neuenburg) (AN II).

Abb. 267 *Eine schräggelegte Pflugschar; sechs Tannenzapfen, 2:2:2; Drei Adlerbeine, 2:1* (Ende des 14. Jahrhunderts): Steinplastik mit Wappen dreier Ritter des Johanniterordens in Rhodos.

Abb. 268 *In Blau ein (goldener) Flug:* Steinplastik mit dem Wappen Alest (Provence) in St.-Antonin (Tarn-et-Garonne) (14. Jhr.).

Abb. 269
Ein Flügel: Redendes Wappen (lateinisch ala = der Flügel), Grabstein des Jean d'Alava, Domherr zu Toulouse (1339) (Musée des Jacobins, Toulouse).

Heraldik kommt er selten so vor (Abb. 262). In Beschreibungen kann angegeben werden, ob er in einer besonderen Farbe *bewehrt* (mit Schnabel und Beinen) und *gezungt* ist (Abb. 262 und 263).

Der Kopf des Adlers wird im allgemeinen *abgerissen* (Abb. 265) und nicht *abgeschnitten; Adlerfänge* sind nicht selten (Abb. 267). Zwei zusammengehörige Adlerflügel werden ein *Flug* genannt (Abb. 268 und 274); einen Flügel allein kann man auch einen *Halbflug* nennen (Abb. 269 und 275). Ein Adlerbein mit angesetztem Flügel heißt ein *Klauflügel* (Abb. 276). Aus den hier gebrachten Abbildungen kann man erkennen, daß die Flügel, einzeln oder zu zweit, sehr verschiedene Formen bilden können. Das hängt von dem Künstler, der sie darstellt, und von der jeweiligen Epoche, sowie von ihrer Anzahl und Stellung im Schilde ab. Die Abbildungen 268 und 269 zeigen *hängende* Flügel.

Menschliche Wesen

In der Heraldik bilden die menschlichen Wesen eine ganze Bevölkerung, insbesondere östlich des Rheins und des Jura. Man findet Ritter zu Pferde (Abb. 277) und zu Fuß, Könige und Königinnen, Soldaten und Bauern, Männer, die sich harte Schwertschläge erteilen (Abb. 280), Kinder, Mönche (Abb. 278) und Nonnen. Riesen, der Teufel, Engel (Abb. 279) und Göttinnen (insbesondere Fortuna) (Abb. 271) finden sich ebensosehr wie religiöse Szenen und behaarte und mit Laub umkränzte wilde Männer und Frauen, mit denen der Volksglaube die Wälder bevölkerte, und die noch häufiger als im Schilde daneben stehend als Schildhalter verwendet werden (Vgl. Kapitel VIII, *Die Schildhalter*).

Die verschiedenen Teile des menschlichen Körpers sind nicht selten:
– *Köpfe* Bewaffneter (Abb. 272), von Mohren (Negern) (Abb. 273), Arabern oder Sultanen (bärtig und mit dunkler Haut und einem Turban), von Zauberern oder Juden (bärtig mit Spitzhut),
– *Augen* (Abb. 89, Nr. 8) und *Tränen*, letztere oft gesät,
– *Büsten* von Königinnen mit wehenden Haaren,
– nackte *Hände* und *Arme* (Abb. 281), oft in Fleischfarbe; *gekleidet* in Stoffen verschiedener Farben (Abb. 282) oder *geharnischt*. Der meist aus

Abb. 271 *In Blau eine Fortuna, ein Segel haltend und auf einer Kugel stehend, alles silbern*: Siegel von Marc Chemilleret (1719) (Bern) (AN I).

Abb. 272 Bernhard At de Gardtuch, Flessadier (Fabrikant textiler Decken): Steinplastik (Musée des Jacobins, Toulouse).

Abb. 273 Benitendi di Puccio und sein Sohn: Steinplastik in der Kirche Santa Croce, Florenz.

Abb. 270 Mariä Heimsuchung. Steinplastik in Saint-Guilhem-le Désert (14. Jahrhundert).

Abb. 274 *In Gold ein schwarzer Flug* und *in Silber ein rotes Hirschgeweih mit Grind*: Fenster des Hugo von Hallwyl und seiner Gemahlin Kunigunde Schenck von Castel (1559) (Photo Schweizer. Landesmuseums, Zürich).

Abb. 275 *Halbgeteilt und gespalten: zusammengesetzt aus der rechten Hälfte eines gevierten Schildes: oben in Blau ein behalsbandeter goldener Hund, unten in Rot ein silbernes Kleeblattkreuz; und der linken Hälfte: in Blau ein (nunmehr halber) goldener Sparren, begleitet von 3 (nunmehr ein und einhalb) silbernen Flügeln.* Fenster mit dem Ehewappen La Valette-Garniez (um 1500) in der Kathedrale zu Rodez (Aveyron).

Abb. 277 *In Gold ein schwertschwingender galoppierender Ritter, alles naturfarben*: Fenster mit dem Wappen Champion (Savoyen) in der Kirche zu Remunt (Freiburg) (15. Jahrhundert).

Abb. 276 *In Silber ein roter Löwe, links begleitet von einem goldenbewehrten grünen Klauflügel*: Nenningen (Schwaben) (um 1460) (TO).

Abb. 278 *In Silber ein Dominikanermönch in Gebetshaltung, alles in Naturfarben* (Haut fleischfarben, Kutte braun, Schuhe rot): Mönch (Basel) (um 1340) (MHZ Nr. 183).

Abb. 279 Scheibenriß: Ehewappen Zeender-Hackbrett (Anfang 17. Jahrhundert) (Historisches Museum, Bern).

Abb. 280 *In Rot zwei sich gegenseitig niederschlagende Geharnischte, alles silbern*: Manesse (Zürich) (1309) (MHZ, L 176). Das Wappen ist in gewissen Sinne redend: die Männer 'fressen' sich gegenseitig.

Abb. 281 *In Blau drei goldene offene linke Hände*: Jean de la Champagne (Normandie) (um 1280) (WN Nr. 451).

der linken Flanke hervorkommende rechte Menschenarm heißt ein *Rechtarm*; man begegnet solchen Armen seit den frühesten Zeiten bekleidet, ein Manipel tragend (Abb. 328, Nr. 22) oder mit einem großen Beutelärmel bekleidet. Man findet auch zwei gemeinsam einen Ring tragende oder gekreuzte Arme, auch mit zur Faust geballten Händen und zwei ineinandergelegte Hände, die man *'Treue Hände'* nennt (Abb. 283) (12). – *Beine*, meistens geharnischt (Abb. 284), manchmal bekleidet und dann schwer von der *Strumpfhose* zu unterschieden (vgl. weiter unten).

Unter den heraldischen Vierbeinern bemerken wir zunächst den *Hirsch*, der entweder auf allen vier Beinen *stehend* (Abb. 285) (13) oder *schreitend* oder *laufend* auf drei Beinen (Abb. 697d), *springend* auf den Hinterbeinen, aber auch *liegend* dargestellt wird. Wenn das Geweih in der Farbe vom übrigen Körper abweicht, wird der Hirsch *bewehrt* genannt. Der ganze

Abb. 282 *In Blau eine schräg-linksgelegte naturfarbene Hand mit Hermelin-Manschette*: Fenster des 15. Jahrhunderts (Museum Saint-Raymond, Toulouse).

Abb. 283 Petschaftabdruck des Notars Jacob Gélieu (Neuenburg) (1695) (AN I).

Abb. 284 *In Rot drei in Deich-selstellung verbundene goldenge-spornte silberngeharnischte Beine*: der König der Insel Man (um 1280) (WN Nr. 1277).

Tierstain

Abb. 285 *Unter rotem Schild-haupt in Blau ein stehender goldener Hirsch*: Fenster mit dem Wappen Andouin (Museum von Laval) (16. Jahrhundert).

Abb. 286 *Gespalten und zusam-mengesetzt aus der rechten bzw. lin-ken Hälfte* der Wappen der Barbe Cadier, Gemahlin des Peter Petitdé (15. Jahrhundert) in der Kathedrale zu Moulins (Allier): *rechts die rechte Hälfte von drei roten eingeschnitte-nen Fähnchen an goldenen Lanzen mit silberner Spitze, links die linke Hälfte von in Blau ein goldener Hirschkopf.*

Abb. 287 *In Silber ein roter Eber schräg-gestellt*: Jean la Truie (um 1287) (WN Nr. 156). Das Wappen ist redend, französisch la truie = die Sau.

Abb. 288 *In Gold eine rote Hindin auf einem schwebenden grünen Vierberg stehend*: der Graf von Tierstein (Basel) (um 1340) (MHZ Nr. 505). Das Wappen ist redend, da die Hindin auch Tier genannt wird.

Hirsch wird fast immer im Profil gezeigt, der Kopf alleine erscheint häufig von vorne gesehen, und heißt dann *'im Visier'* (Abb. 286). Das *Hirschge-weih* kann auch *mit dem Grind* zusammen dargestellt werden, aber auch allein (Abb. 274), dies gilt auch für die *Stangen* selbst. Die *Hindin* wird durch ihre großen Ohren gekennzeichnet (Abb. 288).

Das *Wildschwein* wird im Profil *schreitend* oder *springend* dargestellt. Das gilt auch für den *Eber* als Haustier (Abb. 287). Seine *Hauer* werden oft in anderer Farbe tingiert und stellen dann seine *Bewehrung* dar, abweichende Farben der Rückenhaarborsten müssen gegebenenfalls gemeldet werden. In der westeuropäischen Heraldik kommt der Eberkopf alleine – mit dem besonderen Namen *'hure'* – oft vor (Abb. 292).

Der *Bär* kann *schreitend, stehend* oder *aufgerichtet* oder auch nur zur Hälfte sichtbar sein. Ist der Kopf mit einem Halsband versehen, heißt er *behalsbandet* (Abb. 289). Manchmal trägt er auch einen *Maulkorb*.

Die Vierbeiner

Abb. 289
In Silber ein goldenbehalsbandeter aufgerichteter brauner Bär: Birklyn (Köln) (um 1370) (GA Nr. 77).

Abb. 290 *In Silber zwei abgewen-*
dete rotgezäumte schwarze Pfer-
derümpfe: Steinplastik mit dem
Wappen Trinci (Foligno) (15. Jhr.)
(Museo Stibbert, Florenz).

Abb. 291 Siegel des Gaston von
Foix, Vicomte von Béarn (1272-
1276) (PG Nr. 200).

Der *Steinbock* (Abb. 298) (14) und der *Ziegenbock* sind meistens
springend; sie können in anderer Farbe *bewehrt*, d.h. mit andersfarbigen
Hörnern und Hufen versehen sein, auch die Geschlechtsteile können vom
Körper abweichend, meistens mit der Bewehrung übereinstimmend
tingiert sein. Die Köpfe kommen allein vor, Hörner erscheinen als
Helmzier oft, nicht so oft im Schilde.

Wolf und *Fuchs* unterscheiden sich voneinander vor allem durch die
Farbe. Ihre Stellung ist normalerweise die *springende* wie die des Löwen.
Wölfe sind fast immer schwarz (Abb. 300 (15) und 303), manchmal silbern
oder blau, also in den der grauen Naturfarbe am nächsten kommenden
Farben.

Der *Fuchs* ist fast immer rot (Abb. 299). Im Wappen von Passau steht
aber ein roter Wolf. Der Fuchs wird manchmal als Eremit verkleidet oder
mit einer Beute im Rachen (Abb. 81, Nr. 3) dargestellt; letzteres gilt auch
für den Wolf, der oft ein Lamm gerissen hat.

Unter den *Hunden* sind vier Rassen zu unterscheiden: Der *Bracke* mit
hängenden Ohren, dessen Kopf als Helmzier beliebt ist (Abb. 294); das
Windspiel (Abb. 295), fast immer mit Halsband; die *Dogge* (Abb. 302) mit
gestutzten Ohren und einem Stachelhalsband; schließlich der langhaarige
Rüde. Hunde kommen in vielerlei Stellungen vor: *schreitend, laufend,*
springend, stehend, liegend und auch *sitzend*.

Das *Pferd* (es handelt sich fast immer um das schwere Kriegsroß) kann
auf den Hinterbeinen *stehend, springend,* auch *laufend* oder *schreitend* und
dazu *aufgezäumt* (Abb. 290), mit einer Pferdedecke oder einer Rüstung
versehen sein. Der Kopf steht immer im Profil.

Ochse, Stier oder *Büffel* sind meistens *schreitend,* aber mit dem Kopf
zum Beschauer gekehrt, *hersehend*. Auf den Hinterbeinen stehend wirken
sie angriffslustig (Abb. 704a). Auch sie können in anderer Farbe 'bewehrt'
sein (Abb. 160). Der im Visier sichtbare Kopf trägt oft einen *Nasenring*
(Abb. 301) (16). Büffelhörner sind schon immer und in großem Umfange
als Helmzierden verwendet worden.

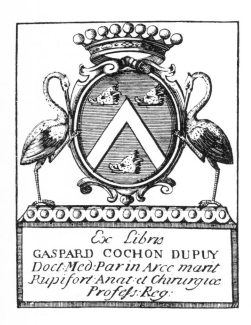

Abb. 292 *In Blau ein silberner*
Sparren, begleitet von drei goldenen
Eberköpfen: Exlibris von Gaspard
Cochon Dupuy (Poitou) (um 1740).

Abb. 293 *In Rot fünf 2:1:2 ges-*
tellte silberne Kastelle, Jean de
Hérédia, Großmeister des Johanniterordens (1376-1396); *In Rot ein*
silbernes Kreuz, Johanniterorden; *in*
Gold ein schräg aufwärtsschreiten-
der, silberbewehrter Widder mit
silberner Glocke an gleichfarbigem
Halsband, Bertrand Flotte, Stellvertreter des Großmeisters; Steinplastik
auf der Insel Rhodos (Ende des 14.
Jahrhunderts).

Abb. 294 Scheibenriß mit dem Wappen von Jean-Louis de Martines, Herrn zu Curtilles, Bourjod (Waadt) und Sergy (Genevois) und seiner Gemahlin Louise de Seytres (nach 1558) (Historisches Museum, Bern).

Abb. 295 Gestickte Kutschenbespannung mit den Wappen von Fay, Baron de Sathonay, Graf-Bürgermeister von Lyon unter dem Ersten Kaiserreich, und von Méallet, Comte de Fargnes, Bürgermeister von Lyon während der Restauration (Slg. J. Tricou, Lyon).

Abb. 296 Siegel des Dom Pierre Rat, Prior zu Burier (Waadt) (1446) (ISV 258/5).

Abb. 297 Bucheinband mit dem Wappen von Ratte, Geschäftsträger Frankreichs in Wien (Almanach royal 1772).

Abb. 298   *Auf rotem, mit goldenen Flammen besäten Tuch ein golden-bewehrter und -behalsbandeter schwarzer Steinbock, ein schräg-rechts gestürztes blaues Schwert haltend, oben begleitet von den Buchstaben E.S.D.E.C.V.*: Banner des Zendens Entremont (Wallis) (16. Jhr.)

Abb. 299   *In Gold ein springender roter Fuchs*: Voss (Mecklenburg) (um 1370) (GA Nr. 1422).

Abb. 300   *Innerhalb roten Schild-randes, darin 13 silberne Schräg-kreuzchen, in Silber zwei schreitende schwarze Wölfe*: Wandbehang mit dem Wappen Ayda (Spanien) (um 1450).

Abb. 301   *In Gold ein hersehender schwarzer Stierkopf, mit roten Augen, Ohren und rotem Nasenring*: Banner von Uri, getragen in der Schlacht von Morgarten (1315) (Museum Altdorf).

Abb. 302   *In Gold eine rotbehals-bandete schwarze Dogge*: der Graf von Toggenburg (um 1340) (MHZ Nr. 64).

Abb. 303   *In Gold ein rotgezungter schwarzer Wolfskopf*: Stifterscheibe im Stammbaum Jesu im südlichen Querschiff der Kathedrale zu Sens (14. Jahrhundert).

Abb. 304   *In Rot auf goldenem Dreiberg ein goldenbewehrter silber-ner Elefant*: Helfenstein (Schwaben) (1483) (GR).

Das für das männliche Rindvieh Gesagte gilt auch für die *Kühe*, die außerdem andersfarbige *Glocken* tragen können (Abb. 291).

Der *Elefant* hat fächerförmige Ohren (Abb. 304). Seine Stoßzähne gelten als *Bewehrung*; außerdem kann er einen Turm auf seinem Rücken tragen. Die im 16. Jahrhundert oft als Helmzier vorkommenden *Elefan-tenrüssel* sind in Wirklichkeit ursprünglich und fast immer Jagdhörner oder mißverstandene Büffelhörner.

Der *Widder* wird *schreitend* oder *springend* und auch besonders *bewehrt* (mit andersfarbigen Hörnern) dargestellt. Das *Schaf* trifft man nur *schreitend*, das *Lamm* auch äsend. Alle drei sind oft mit Halsbändern und Glöckchen versehen (Abb. 293) (17). Das *Osterlamm* hat einen durch ein Kreuz aufgeteilten Heiligenschein *(nimbiert)* und ist *schreitend*, sieht meist nach hinten und trägt einen Kreuzstab, an dem oft eine weiße oder rote mit einem roten bzw. weißen Kreuz bezeichnete, in Lätze auslaufende Fahne befestigt ist (Abb. 306).

Ratten (Abb. 296 und 297) und *Igel* (Abb. 305) sind an ihrem Umriß zu erkennen. Der *Affe* schaut sitzend in einen Spiegel. Das ebenfalls sitzende *Eichhörnchen* nagt an einer Nuß (Abb. 307); das *Stachelschwein* des Geschlechtes Maupeou ist schwarz auf silbernem Grunde.

Man könnte diese Liste ins Unendliche verlängern; denn fast alle gewöhnlichen Vierbeiner sind als gemeine Figuren in der Heraldik verwendet worden. Sehr oft bilden sie redende Wappen. Dies gilt auch für die Vögel und die Fische, die Insekten usw. (Kapitel XII, *Redende Wappen und Berufssymbole*).

Abb. 306   Osterlamm und Widder, Siegel der Metzgerzunft zu Basel (14. Jahrhundert) (Sammlung DLG).

Abb. 307   *In Rot ein naturfarbenes, an einer Nuß knabberndes Eichhörnchen, bordweise von acht liegenden silbernen Halbmonden begleitet*: Steinplastik mit dem Wappen Musard in der St. Martinskirche zu Vevey (Waadt) (um 1520).

Abb. 305   Siegel von Andreotti Ricci (14. Jahrhundert) (Sammlung DLG).

Die *Vögel* werden mit angelegten Flügeln dargestellt (Abb. 308). Wenn die Flügel erhoben sind, werden die Vögel als *flugbereit* bezeichnet. Sind beide Flügel symmetrisch angeordnet zu sehen, befindet sich der Vogel in *Adlerstellung*. Abweichend tingierte Schnäbel und Beine gelten als besonders gefärbte *Bewehrung*.

Kranich und *Reiher* kommen anfänglich mit angelegten Flügeln (Abb. 309), dann mit erhobenen Flügeln vor (Abb. 310). Der Kranich hält meistens als Sinnbild seiner Wachsamkeit einen Stein im erhobenen Fuß.

Der *Storch* ist vor allem an seinem roten Schnabel oder auch an der Schlange in demselben kenntlich.

Eule und *Käuzchen* zeigen immer das Gesicht von vorn.

In der Frühzeit ist der *Schwan* immer *stehend* (Abb. 311) oder *schreitend*. Erst später kommt er auf Wellen schwimmend vor (Abb. 118 und 119).

Die Vögel

Abb. 308   *In Blau ein linksgekehrter goldener Vogel*: Fenster des 15. Jahrhunderts in der Kathedrale zu St. Bertrand-de-Comminges.

Abb. 309   *In Blau drei rotbewehrte silberne Reiher*: Martin, Scheibe des 15. Jahrhunderts (Musée du Berry, Bourges).

Abb. 310   Siegel des Grafen Michael von Greyerz (1551) (ISV 15/7).

Abb. 311   Siegel von Frater Burkhart von Schwanden (Schweiz) (1303).

141

Abb. 312 *Geviert; 1) und 4) in Silber ein goldenbewehrter schwarzer Falke in Adlerstellung; 2) und 3) wiedergeviert von Hermelin und Rot, über das Ganze hinweg gelegt ein dreilätziger blauer Turnierkragen:* Holzplastik in der Kathedrale von Lausanne mit dem Wappen des Bischofs von Lausanne Sebastian von Montfalcon (1520).

Abb. 313 Siegel von Ulrich Brotmeister, Schultheiß von Klein-Basel (1280) (Sammlung DLG).

Abb. 315 Siegel von Jakob Rich, Freiburg (1333) (ISV 119/4).

Abb. 314 *Ein Pelikan in seinem Nest* als Verlegermarke des Amboise Girault, Paris (1529).

Von wenigen Ausnahmen abgesehen steht der *Falke* in Seitenansicht. Er kann auch das typische Häubchen tragen, manchmal auch Schellen an den Beinen. Er kann übrigens auch *Adlerstellung* einnehmen (Abb. 312).

Die *Taube* trägt erst seit verhältnismäßig neuer Zeit Laubzweige in Schnabel oder Füßen.

Der *Strauß* (Abb. 313) ist nur an dem Hufeisen oder Nagel in seinem Schnabel zu erkennen.

Der *Pelikan* zeigt sich der Legende entsprechend in der Selbstaufopferung, indem er zur Ernährung seiner Kleinen sich die Brust blutig aufreißt (Abb. 314).

Der *Hahn* (Abb. 315) kann nicht nur anders tingierte *Beine* und *Schnabel*, sondern auch (rote) *Kamm* und *Glocken* aufweisen. Wie das *Huhn* ist er meistens schwarz, aber auch gelegentlich golden.

Der *Pfau* kommt in Seitenansicht schreitend oder von vorne gesehen radschlagend (Abb. 321) vor.

Der *Papagei* oder *Sittich* ist grün, mit roten Flecken an Kopf und Hals, üblicherweise mit rotem *Schnabel* und roten *Beinen* (Abb. 322).

Unter *Merletten* versteht man kleine, wie Lerchen aussehende Vögel ohne Beine und seit dem 16. Jahrhundert auch ohne Schnabel. In Frankreich findet man seit der gleichen Zeit *Entchen* (Abb. 316), die von Merletten schwer zu unterscheiden sind, obwohl sie eigentlich Schnabel und Beine haben sollten.

Darüber hinaus findet man noch viele andere Vögel, sowie auch deren Köpfe.

142

Joannes Trochon in presidiali curia cenomanensi decanus

Andere Tiere

Unter den Fischen werden die *Barbe* und der in der Heraldik ebenfalls als Fisch geltende *Delphin* eigentümlich gestaltet. Die *Barben* sind gewöhnlich zu zweit pfahlweise Rücken an Rücken leicht gebogen angeordnet; man nennt sie dann *abgewendet* (Abb. 317 und 323) (18). Der *Delphin* ist stark gekrümmt, der Kopf in der rechten Oberecke, der Schwanz unten. Die Augen, Nüstern und der Schwanz sind beim Wappen des Dauphin du Viennois (Abb. 328) rot, im Wappen der Grafen von Forez ist der ganze Delphin einheitlich von einer Farbe (Abb. 325) (19).

Ein balkenweise gelegter Fisch kann *schwimmend* genannt werden (Abb. 697a), aber er kommt auch pfahlweise und gekrümmt vor. Die häufigsten Fische sind der *Hecht,* der *Salm* (20), der *Barsch* und die *Forelle.* Sie werden sämtlich von der Seite gesehen; nur der *Kaulkopf* (Abb. 318) und die flachen Fische wie die *Scholle,* die *Seezunge* oder die *Flunder* zeigen die Rückenansicht.

Der *Hering* ist immer ein ausgenommener und getrockneter Fisch (Abb. 326). Island führte bis 1905 *in Rot einen goldengekrönten silbernen Stockfisch* (21). Praroman führt *in Schwarz ein silbernes Fischskelett (angeblich das eines Hechtes)* (Abb. 320).

Eidechsen werden im allgemeinen von der Rückenseite gezeigt. Sie bilden das Wappen der berühmten Familie Le Tellier (Abb. 324), zu der Ludwigs XIV. Kriegsminister Louvois gehörte. *Schlangen* sind gewöhnlich grün oder blau und schlängeln sich in Pfahlstellung (Abb. 319) oder in Balkenstellung; manchmal sind sie spiralförmig eingerollt. *Schnecken*

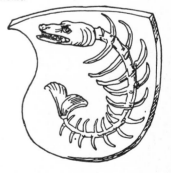

a Madame La Comtesse De Jonsac

Abb. 321 *In Rot ein naturfarbener radschlagender Pfau*: Halle, Bürger zu Ulm (um 1340) (MHZ Nr. 476).

Abb. 322 *In Gold ein rotgekrönter, -bewehrter und -behalsbandeter grüner Sittich*: Buchenau (Hessen) (um 1370) (GA Nr. 1382).

Abb. 323 *In Rot zwei abgewende-te goldene Barben*: Fenster des Grafen von Pfirt (14. Jahrhundert) in der Stephanskirche zu Mülhausen/Elsaß.

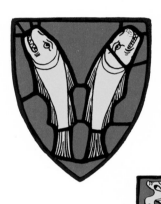

Abb. 324 *Unter rotem Schild-haupt, darin drei goldene Sterne, in Blau drei silberne pfahlweise gelegte und balkenweise gestellte silberne Eidechsen*: Le Tellier, Marquis de Louvois (um 1680).

Abb. 325 *In Rot ein goldener Delphin*: der Graf von Forez (um 1298), gemalter Schild an der Decke des Saals de la Diana in Montbrison (Loire).

Abb. 326 Allianzwappen des Nicolas de Champgirault und seiner Gemahlin Claude de Prévost: *Gespalten aus der rechten Hälfte von in Schwarz drei silberne Heringe und der linken Hälfte von golden-rot ge-schacht mit silbernem Obereck, darin ein schwarzer Greif.* (Die Schildrän-der sind dekorative Zutaten): Wap-penscheibe des 15. Jahrhunderts im Museum zu Orléans.

Abb. 327 *In Gold zwei silbernge-gitterte rote Balken, bordweise beg-leitet von acht blauen Muscheln*: Gui Mauvoisin (um 1267) (WN Nr. 67).

erscheinen mit ihrem Häuschen in Seitenansicht (Abb. 330) (22). Der *Krebs* ist fast immer rot.

Muscheln, meistens abgezählt und zur Begleitung anderer Heroldstücke oder Figuren (Abb. 327) dienend, sind sehr häufig, was sich aus der Beliebtheit erklärt, deren sich die Wallfahrt nach Santiago de Compostella erfreute. Da sie deren Symbol war, wurde die Muschel zum Kennzeichen der Pilgerschaft überhaupt.

Insekten sind selten; immerhin seien die *Heuschrecke* der Launey (Abb. 329) und die *Bienen* der Barberini erwähnt (Abb. 331) (ursprünglich übrigens Viehbremsen, italienisch tafano: Tafani de Barberino). Dicht nebeneinander golden auf blauem Feld bilden Bienen das Schildhaupt der Fürsten und Prinzen des französischen Kaiserreichs (Abb. 72). Man findet auch *Schmetterlinge, Fliegen, Grillen* usw.

144

Abb. 328   Wappenschilde des Hauses Frankreich und einiger seiner Lehensleute (um 1450) (TO Tafel 72).

Abb. 329 *In Blau eine auf einer schrägliegenden goldenen Keule sitzende goldene Heuschrecke*: Exlibris von Bernard Jourdan de Launey, 1789 Gouverneur der Bastille.

Abb. 330 Rückendeckel des Diploms als römischer Bürger für Bartholomäus Lumaga (1624) (Druckstock AHS, 1949, S. 53).

Abb. 331 *In Blau* (ursprünglich in Rot) *drei goldene Bienen*: Wappen von Papst Urban VIII. (Barberini), Werk von Bernini am Baldachin im Petersdom zu Rom (1633) (PH).

Phantastische Lebewesen und Ungeheuer

In der Heraldik gibt es eine beträchtliche Anzahl von phantastischen Lebewesen und Ungeheuern (23). Einige sind nur spielerische Kombinationen verschiedener Tiere, wie die *Seelöwen* (Abb. 332), die *Seehirsche* und die *Seehasen* (Abb. 333), alle mit Fischschwänzen. Der *geflügelte* oder fliegende *Hirsch* (Abb. 334) war das Lieblingsemblem König Karls VI. von Frankreich und einiger Prinzen aus dem Hause Bourbon.

Der *Greif* hat einen adlerartigen Oberkörper, aber mit spitzen Ohren, während der Hinterleib dem eines Löwen gleicht (Abb. 340) (24). Der *Drache* hat einen ähnlichen Kopf wie der Greif, einen Schwanz wie eine Schlange, Flügel wie ein Schmetterling, ein Adler oder eine Fledermaus; er kann zwei oder vier Beine haben und wird von der Seite gezeigt, *hockend*, *schreitend* oder *in Adlerstellung* (Abb. 339) (25) und sogar zweiköpfig (Abb. 335) oder mit Menschenkopf.

Das Wappentier des Elsgaues wird zwar als *Schlange* angesehen, ist aber wohl eigentlich ein *Basilisk*. Ein solchen Ungeheuer dient als Schildhalter des Wappens von Basel und besteht aus Hahn, Fledermaus und Schlange (Abb. 336). Die berühmte *Schlange* von Mailand ist ein

146

Ungeheuer, das einen Menschen oder ein Kind verschlingt (Abb. 186 und 610). Der *Salamander* kommt zwar in verschiedenen Formen vor, ist aber immer von Flammen umgeben; er bildet die berühmte Bilddevise König Franz' I. von Frankreich (Abb. 337).

Der heraldische *Panther* hat mit dem gleichnamigen Tier keinerlei Ähnlichkeit; es ist ein Löwe mit Stierkopf und mit Vorderbeinen wie ein Greif; er speit Flammen aus Rachen und Nüstern. Er kommt vor allem in der Steiermark vor, wo er das Landeswappen bildet (Abb. 264, Nr. 3) und in der Umgegend des Bodensees, wo man ihm Ochsenbeine erteilt (Abb. 338).

Abb. 332 *Geteilt von Schwarz, darin ein goldener Seelöwe mit silbernem Schwanz, und Silber, darin drei schwarze Rauten nebeneinander*: Siegel von Balthasar Imhof, Bern (1689) (AVI).

Abb. 333 *In Rot ein goldener Seehase mit blauem Schwanz*: Siegel von Bernhard Armbruster, Bern (1517) (AVI).

Abb. 334 *Gespalten, rechts ein geflügelter Hirsch, links eine ausgerissene Eiche*: Siegelstempel des Albert Moine und seiner Gemahlin Gabrielle de Dassin, im Bourbonnais (15. Jahrhundert) (Sammlung J. Tricou, Lyon).

Abb. 335 Siegel des Auditors der Rota Mercurio della Vipera, aus Benevent (1517) (Sammlung DLG).

Abb. 336 Stadt Basel, Druckermarke von Johann Amerbach, Basel (1511).

Abb. 337 Der Salamander, die Bilddevise König Franz' I., Steinplastik im Schloß zu Blois.

147

Abb. 338   *In Schwarz ein silberner Panther*: Hohenberg (Schwaben) (1483) (GR).

Abb. 339   *Geviert, 1) in Gold ein schwarzer Adler* (Raron), *2) in Rot ein goldener Adler* (Raron), *3) in Blau ein goldenes zweitürmiges Kastell* (Mont-la-Ville), *4) in Silber ein schwarzer Drache mit rotem Kamm, rote Flammen speiend* (Naters): Vor seiner Wahl zum Bischof auf sein Grab gemalter Wappenschild des Bischofs von Sitten Wilhelm von Raron (1437-1451), in der Kathedrale zu Valeria ob Sitten (Wallis).

Abb. 340   Kolophon des Lyoner Missale des Kardinals und Erzbischofs von Lyon, Ludwig von Bourbon (1487).

Abb. 341   Ein im Hag liegendes Einhorn: nicht identifizierter Schild (15. Jahrhundert) auf einem Schlußstein in der St. Martinskirche zu Vaulmains.

Abb. 342   *In Silber ein gekrönter roter Jungfrauenadler, auf den Flügeln mit einer goldenen Leiste belegt*: Rysdorp (Hessen) (um 1380) (GA Nr. 1404).

Abb. 343 *Nach links gekehrte Sirene, einen Kamm und einen Spiegel haltend und auf einer Wasserfläche schwimmend* (18. Jahrhundert) (Teller im Palais de Mon-Repos, Lausanne: AHS Jahrbuch 1964).

Abb. 345 In den durch den Herzog von Savoyen Karl III. an Etienne de la Mare, Bürger zu Genf (1513) verliehenen Adelsbrief eingemaltes Wappen (Société d'Histoire et d'Archéologie de Genève).

Abb. 344 Exlibris von J.F. Ranchin de Montaran aus Montpellier (1763).

Abb. 346 *In Blau drei silberne Lilien mit Sockelfüßen:* Clutinc (Brabant) (um 1370) (GA Nr. 905).

Abb. 347 *Unter silbernem Schildhaupt, darin eine goldenbesamte rote Rose, rot-silbern schräggestreift:* Orsini-Fenster in der Franziskanerkirche zu Assisi (15. Jahrhundert).

Das *Einhorn* hat die Gestalt eines Pferdes, dazu aber ein langes gerades Horn auf der Stirn, einen Ziegenbart und gespaltene Hufe (Abb. 264, Nr. 8). Manchmal findet man es in einem Hag liegend, was an die Legende von der Jungfrau mit dem Einhorn erinnert (Abb. 341).

Die *Sirene* oder *Melusine*, auch *Seejungfrau*, hat Kopf, Arme und Oberleib einer Frau; die Beine sind durch einen (Abb. 343) oder zwei Fischschwänze ersetzt. Manchmal faßt sie mit den Händen nach den beiden Schwanzenden oder sie hält in der einen Hand einen Spiegel (Abb. 345) und in der anderen einen Kamm und sitzt im übrigen in einer Wanne (Abb. 344). Die Fassung mit einem Schwanz ist die ältere. Die *Harpyie* oder der *Jungfrauenadler* ist ein Adler mit Kopf und Büste einer Frau (Abb. 342). Für einen Pfau mit einem Frauenkopf gibt es in der französischen Heraldik sogar einen eigenen Namen: *Gante*.

Seit dem Ende des Mittelalters dringt die Fauna der griechischen Mythologie ein; sie bringt die *Hydra* und den *Pegasus* (Abb. 348) (25), die *Sphinx*, den *Phönix* auf seinem Scheiterhaufen, den mit Augen übersäten *Arguskopf* usw. in die Heraldik.

Abb. 348 Siegel von Cesare Borgia (1502). Sein Schild ist geviert aus Frankreich (Verleihung durch Ludwig XII. 1499), Borgia *(innerhalb goldenen mit grünen Grasbüscheln belegten Schildrandes ein auf grünem Boden stehender roter Ochse)* und Doms *(golden-schwarz fünfmal geteilt),* die Quartiere durch den Pfahl der Gonfalonieri der Kirche (gekreuzte Schlüssel und der Ombrellino) getrennt.

149

Manche Bilder der hier geschilderten phantastischen Wesen sind außerhalb eines Schildes dargestellt, weil sie auf diese Weise leichter kenntlich sind; sie alle aber kommen auf Schilden vor. Wenn man ein Wappenbuch wie das 1483 vollendete des Konrad Grünenberg durchblättert (GR), findet man noch eine Menge anderer und noch viel seltsamerere. Viele sind Helden oder sagenhaften Personen zugeschrieben, die niemals Wappen besessen hatten.

Pflanzen

Das Pflanzenreich hat der Heraldik eine große Zahl von Figuren geliefert. Die ältesten sind die *Lilie* und die *Rose*. Beide werden als künstliche oder ornamentale Pflanzen stilisiert und dargestellt.

Die *Lilie* findet man als Ornament bereits an der Spitze des Szepters der karolingischen Könige. Anläßlich seiner Krönung 1179 trug König Philipp August mit Lilien übersäte azurblaue Gewänder, Mantel, Wams und Dalmatika. Auf den Siegeln der Könige von Frankreich erscheint die Lilie erst ab 1223 (27). In der westeuropäischen Heraldik hat die Lilie Sonderformen ausgebildet, z.B. Lilien ohne die drei unteren Blätter, die dann *'au pied nourri'* (wörtlich: mit genährtem Fuß) heißen. In Brabant

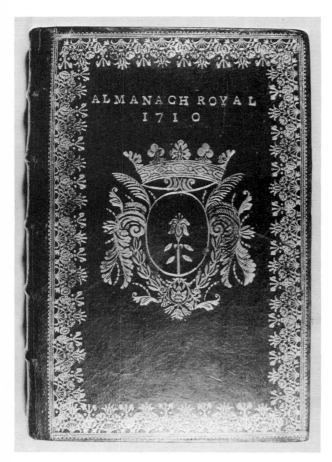

Abb. 350 *In Rot ein silbern-blau fünfmal wellengeteilter Sparren, begleitet von drei naturfarbenen Gartenlilien:* Exlibris von Antoine de Mailly, Marquis de Châteaurenard (um 1780).

Abb. 349 Bucheinband mit dem Wappen Pronde de Guermantes: *in Rot eine naturfarbene Gartenlilie* (Französischer Staatskalender – Almanach royal – 1710).

150

kommen die unteren Blätter zu einem Dreieck zusammengeschmolzen vor (Abb. 346), wofür der Ausdruck *'au pied posé'* (wörtlich: mit aufgesetztem Fuß) verwandt wird. Die natürliche gestielte und beblätterte Lilie wird als *Gartenlilie* bezeichnet (Abb. 349 und 350). Wenn die Lilien ihre Staubfäden aufweisen, werden sie *gefüllt* genannt (Abb. 93).

Die *Rose* ist die fünfblättrige Heckenrose (Abb. 347), manchmal innen mit einer zweiten Blattreihe. Wenn die Mitte anders tingiert ist, wird sie *besamt* genannt, und die zwischen den Blütenblättern hervorstehenden Spitzen des Kelches heißen die Butzen, die Rose ist dann *bebutzt*. Wenn die Rose noch ihren Stiel hat, heißt sie *gestielt*, und wenn die Blätter zu sehen sind, *gestielt und beblättert* (Abb. 351).

Das *Fünfblatt* ist eine vereinfachte Rose, die auch *Hagedornblüte* oder *Mispelblüte* genannt wird. Sie ist kaum von der Rose zu unterscheiden. Man findet auch *Vierblätter, Sechsblätter* und vor allem *gestielte* und ungestielte *Kleeblätter (Dreiblätter)*. Unter den Blättern sind noch die *Seeblätter* erwähnenswert (Abb. 352 und 355, gestürzt in Abb. 264, Nr. 16), herz-, kleeblatt- oder lilienförmig ausgeschnitten, und das sog. *Nesselblatt* der Grafen von Holstein (Abb. 356). In Weinbaugebieten kommen natürlich der *Weinstock*, wie auch die *Weintrauben* häufig vor.

Ein heraldischer *Baum* hat immer übermäßig große Blätter und Früchte, einerseits um die Art gut erkennbar zu machen, andererseits der dekorativen Wirkung zuliebe. Der wilde Pflaumen- oder Kirschbaum wird im Wappen des Geschlechts Créquy (Abb. 357) im eigentümlicher Weise stilisiert und in den französischen Beschreibungen *'créquier'* genannt. Die drei Schilde in Abb. 354, die die Stirnseite eines Grabes in Saint Bertrand-de-Comminges schmücken, zeigen eine junge, eine bejahrte und eine zur Hälfte zum *Apfelbaum* umgestaltete *Eiche*; der Umstand, daß beide Frucht tragen, hat wahrscheinlich eine mystische Bedeutung. Der *Ölbaum* kommt in Südeuropa vor (Abb. 353). In den Beschreibungen ist anzugeben, ob die Bäume in besonderer Farbe *befruchtet* sind. Wenn die Wurzeln zu sehen sind, heißt der Baum *aus-* bzw. *abgerissen*. Die Gattung *Tanne* wird vor allem durch die charakteristische Silhouette ausgedrückt (Abb. 361). Der *Maulbeerbaum* trägt sowohl Frucht wie Blüte (Abb. 358).

Der *Baumstrunk* ist ein kräftiger Ast, der aber nur die Ansatzstellen der Zweige aufweist (Abb. 359); manchmal ist er auch von Flammen umspült: *brennend*.

Pfähle, Balken, Kreuze und andere Figuren werden *geastet* genannt, wenn sie ihrerseits mit Zweigstummeln versehen sind.

Lindenblätter (Abb. 360) erscheinen oft als Schildfiguren und werden auch zur weiteren Ausschmückung von Helmzierden verwendet. In Spanien findet man den Lindenblättern ähnliche Blätter mit dem Namen

Abb. 351 *In Silber eine grün-gestielte und -beblätterte, goldenbesamte rote Rose*: Stadt Utznach (St. Gallen) (1547) (Stumpfs Chronik).

Abb. 352 Drei Seeblätter: Schild im Siegel des Pierre de Varennes (1236) (EP Nr. 711).

Abb. 353 Schild eines unbekannten Vikars *(ein ausgerissener Ölbaum)* neben der Reihe der Wappen der Kirche und des Papstes Johann XXII. (1316-1344) auf einer Steinplastik im Hof des Palazzo comunale von Siena.

Abb. 354 *Eine junge Eiche, eine Eiche im reifen Alter und eine Eiche mit aufgepfropftem Apfelbaum* (14. Jahrhundert) auf einem Grab in der Kathedrale zu St. Bertrand-de-Comminges.

Abb. 355   *In Gold ein rotes See-blatt*: Matthias van Hülse (Geldern) (um 1380) (GA Nr. 1222).

Abb. 356   *In Rot ein silbernes 'Nesselblatt'*: Grafen von Holstein aus dem Hause Schaumburg (um 1380) (GA Nr. 87).

Abb. 357   *In Gold ein roter wilder Kirschbaum (créquier)*: Créquy (Anfang 14. Jahrhundert) (Wappen-buch Montjoie-Chandon).

Abb. 358   *In (Silber) eine (grüne) Maulbeerpflanze, mit naturfarbenen Blüten und (roten) Früchten*: Pla-stischer Wappenschild Meuron auf dem Kirchenstuhl der Kirche zu Orbe (Waadt) (um 1650).

Abb. 359   *In Gold zwei gekreuzte schwarze Äste*: Duba und Leipa (Böhmen) (um 1380) (GA Nr. 141).

Panellas (Abb. 84). Die *Zweige* von Linde (Abb. 362), Hagedorn usw. (Abb. 364) werden stark stilisiert. *Palmzweige* (Abb. 178 und 367) werden immer höchst dekorativ behandelt und dienen als äußere Verzierung von Schilden. Ohne große Mühe erkennt man *Eichenblätter* und die Blätter anderer Bäume wie die der Stechpalme an ihrer Umrißform. Nicht bei allen ist das so einfach.

Kränze werden aus Ästen gelegt, die vom Lorbeer (Abb. 367) stammen oder vom Rosenstrauch, dann *Rosenschapel* genannt (Abb. 81, Nr. 23). Selten sind die achtförmig gelegten Zweige, die meistens nach außen Lindenblätter aufweisen (Abb. 365).

Unter den Früchten sind die *Birnen*, die *Äpfel*, die *Granatäpfel* sowie die *Eicheln* (Abb. 366) und die *Tannenzapfen* (Abb. 363) (28) erwähnenswert. Getreide und Hafer kommen vor allem in *Garben* (Abb. 368), manchmal auch als einzelne *Ähren* vor.

Man findet auch Gemüse, wie *Rüben* (Abb. 369), *Zwiebeln, Lauch, Kohl* usw. Grenzen setzt hier nur die Phantasie.

Abb. 360   *In Rot drei deichsel-förmig zusammenhängende sil-berne Lindenblätter*: Lynden (um 1380) (GA Nr. 272).

Abb. 361 *In Rot auf grünem Dreiberg eine grüne bewurzelte Tanne, unter der ein goldener Löwe schreitet*: J.J. Tanner, Ritter (1618). Dieses einem Stammbuch entnommene Wappen ist aus Höflichkeitsgründen nach links gewendet (AHS 1952, S. 87-91).

Abb. 362 *In (Rot) ein (silberner) dreiblättriger ausgerissener Lindenzweig*: Siegel des Nikolaus Bugniet aus Freiburg (1441) Sammlung DLG).

Abb. 363 *In Rot ein silbernes Kreuz* (Johanniterorden), angeschoben an einen weiteren Schild, darin *in Rot drei goldene Pinienzapfen* (Roger de Pins, Großmeister 1355-1365): Steinplastik auf der Insel Rhodos.

Abb. 365 *In Silber ein roter achtförmig gelegter Lindenzweig*: Seckendorf (Franken) (um 1450) (Donaueschinger Wappenbuch).

Abb. 366 *Gespalten, rechts geteilt, oben in Rot drei silberne Hagedornblüten, unten in Blau ein silberner Spangenhelm, links die linke Hälfte von in Blau drei goldene Eicheln*: Fenster des 16. Jahrhunderts mit dem Wappen des Guillaume de Laubépine und seiner Gemahlin, geb. Bochetel, im Musée du Berry in Bourges.

Abb. 364 *Aststück mit dreiblättrigem Zweig, oben begleitet von zwei Sternen*: (15. Jahrhundert), plastischer Schild auf einem Möbel im Museum zu Dijon.

Abb. 367 *Drei Lorbeerkränze, unten begleitet von zwei gekreuzten Palmzweigen*: Exlibris des Daniel Estienne aus Dijon (Ende des 18. Jahrhunderts).

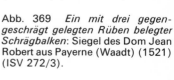

Abb. 368 *In Rot fünf kreuzweise gestellte goldene Garben, überdeckt von einem blauen vierlätzigen Turnierkragen*: Jean le Bouteiller, Herr de Brasseuse (Ile de France) (um 1267) (WN Nr. 101).

Abb. 369 *Ein mit drei gegengeschrägt gelegten Rüben belegter Schrägbalken*: Siegel des Dom Jean Robert aus Payerne (Waadt) (1521) (ISV 272/3).

153

Weitere Bilder aus der Natur

Abb. 370 *(Rot-golden) fünfmal gespalten, die ersten, dritten und fünften Plätze oben mit einem dreieckig geschliffenen (silbernen) Diamanten belegt*: Schild auf einer Rechenmünze des Charles de Pierrevive, Lyon (1549).

Abb. 371 *Gesichteter Vollmond* im Siegel des Jean de Praroman (1378) (AV II).

Zu den Bildern aus der Natur muß man auch die Steine sowie die fast nur in den Emblemen des Hauses Burgund vorkommenden, zum Feuerstahl gehörigen Feuersteine zählen (Abb. 124 und 594), dann die *Koralle* (Abb. 373) und die Edelsteine, vor allem den rautenförmig gezeichneten *Rubin* bei den Lyoner Rudis und den entweder rauten- oder dreieckförmig gezeichneten *Diamanten* (Abb. 370) (29) bei den Gayant und den Pierrevive (der Diamant gilt als pierre vive, d.h. lebender Stein), beide Familien ebenfalls aus Lyon. Man findet auch simple Kiesel über ein Feld gesät (Abb. 377).

Gestirne, Himmel und *Erde* kommen in den Wappen häufig vor. Die *Sonne* hat die Gestalt einer von Strahlen umgebenen Scheibe mit menschlichem Gesicht; die Strahlen können flammend (Abb. 378) oder gerade oder beides abwechslend (Abb. 295) sein. Manche Heraldiker nennen jede Sonne in anderer Farbe als golden einen *Sonnenschatten*, andere verstehen darunter eine Sonne ohne Menschengesicht (Abb. 379). Der *Mond* erscheint selten als Vollmond (Abb. 371), sondern viel öfter als *Halbmond*, meistens *steigend* (Abb. 380) (30), was dann nicht gemeldet werden muß. Wenn die Hörner gegen die Schildspitze gekehrt sind, heißt der Halbmond *gestürzt* (Abb. 159 und 372); wenn sie nach der rechten Seite gewendet sind, heißt er wie in der Natur *zunehmend*, sind sie nach der linken Seite gewendet, *abnehmend; gebildet* wird er genannt, wenn er ein menschliches Profil aufweist. Zwei Halbmonde sind meistens *abgewandt* (Abb. 383) und drei können 2 : 1 (Abb. 380) oder sich gegenseitig den Rücken kehrend stehen (Abb. 384).

Die *Sterne* haben in Frankreich meistens fünf, in den deutschsprachigen Ländern sechs Strahlen (Abb. 264, Nr. 5), sechs oder acht in Italien. Die Zahl der Strahlen ist, wenn sie sechs übersteigt, näher anzugeben. Ein sechzehnstrahliger Stern ist das berühmte Wappen des Hauses Baux (Abb.

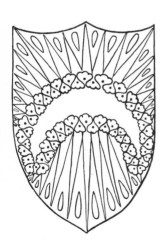

Abb. 372 *Strahlende Wolke in Gestalt eines gestürzten Halbmondes*: eine der Bilddevisen des Hauses Visconti auf einer Steinplastik in Mailand (15. Jhr.).

Abb. 373 *Geviert: 1) und 4) in Gold eine rote Koralle* (Bosc); *2) und 3) unter blauem Schildhaupt, darin drei goldene Sterne, in Silber ein blauer Sparren, unten begleitet von einem roten Löwen* (Scorbiac): Exlibris von Henri de Bosc, aus Montpellier (um 1770).

Abb. 374 *Geviert: 1) und 4) in Rot ein silberner sechzehnstrahliger Stern* (Baux), *2) und 3) in Gold ein rotbebändertes blaues Jagdhorn* (Orange); *im rautenformigen Mittelschild unter silbernem Schildhaupt, darin eine rote Rose, rot-silbern fünfmal schräggeteilt* (Orsini): Grabmal des Gian-Antonio Orsini 'del Bazo' (+ 1463) in der Katharinenkirche zu Galantina in Apulien.

Abb. 375 *Unter goldenem Schild-haupt, darin drei rote Vierblätter, in Blau ein goldener strahlender Stern*: Wappen des Bischofs von Toulon (1737-1759) Louis Albert Joly de Choin, auf den Ritualinstruktionen der Diözese Toulon (1749) (Sammlung J. Tricou, Lyon).

244 und 374). Dieser Stern wird manchmal Komet genannt, was aber einem Gestirn mit Flammenschweif vorbehalten bleiben müßte. Ein *strahlender* Stern ist von weiteren, zarteren Strahlen umrahmt (Abb. 375) (31). Von den Sternen sind die sechs- oder achtzackigen *Sporenräder* zu unterscheiden, die an dem runden Loch in der Mitte kenntlich sind (Abb. 381). Sterne wie Sporenräder kommen selten allein in einem Schilde vor, hingegen sind andere Figuren im allgemeinen von ihnen begleitet oder mit ihnen belegt. Ein durchbrochener Stern (Abb. 294) ist ein *Pentalpha (Drudenfuß)* oder ein *Hexalpha* (Abb. 209). Letzteres ist die korrekte Form des seit dem 19. Jahrhundert allgemein als Symbol des Judentums anerkannten Davidsterns.

Wolken haben eine konventionelle Gestalt aus blauschattierten silbernen Wellenbändern (Abb. 372). Früher wurden *Blitze* durch goldene Flammen dargestellt und nicht durch Zickzackstriche. In allen Ländern kommen rote Flammen (Abb. 382 und 385) vor, manchmal, wenn auch selten, von Rauchwolken begleitet (Abb. 387).

Das Siegel eines Métral aus Villeneuve (Waadt) enthält im Schilde *einen schräglinks liegenden Regenbogen, oben begleitet von drei Sternen,* die den Himmel bedeuten, *und unten drei Kleeblätter* für die Erde (Abb. 376).

Flüsse werden durch gewellte Schrägbalken, Balken oder Pfähle dargestellt. Der echte *heraldische Brunnen* ist selten und besteht aus einem drei silberne Wellenleisten umschließenden silbernen Ring. Öfter trifft man einen *natürlichen Brunnen*, dessen Wasser in ein Becken strömt.

Berge haben meistens drei Erhebungen und befinden sich im Schildfuß, den sie in Begleitung anderer Figuren ausfüllen. Weit verbreitet sind sie in der deutschen Schweiz. Ein Berg kann auch freischwebend stehen, was aber angesagt werden muß (Abb. 382). *Felsen* unterscheiden sich von Bergen nur durch ihren zackigen Umriß (Abb. 387). Der *blühende Berg* ist eine charakteristische Figur der katalanischen Heraldik (Abb. 386) (32).

Abb. 376 *Schräglinksgelegter Regenbogen, begleitet oben von drei Sternen und unten von drei Kleeblättern*: Siegel des Falcon Métral aus Villeneuve (1263) (ISV 86/8).

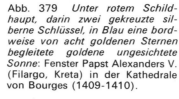

Abb. 379 *Unter rotem Schild-haupt, darin zwei gekreuzte sil-berne Schlüssel, in Blau eine bord-weise von acht goldenen Sternen begleitete goldene ungesichtete Sonne*: Fenster Papst Alexanders V. (Filargo, Kreta) in der Kathedrale von Bourges (1409-1410).

Abb. 377 *In rotem mit goldenen Kieseln besäten Felde ein alles über-deckender silberner Schrägbalken*: Peirenc, Herr zu Moras (Wappen-buch Dubuisson 1757).

Abb. 378 *In Silber eine rote Sonne*: Sonnenberg, nach dem Wiener Minoriten-Necrologium (14. Jahrhundert).

Abb. 380 *In Gold drei schwarze Halbmonde.* Helmzier: *zwei in die Krempe eines roten Hutes gesteckte silberne Windmühlenflügel*: Dui-venvoorde (Holland) (1542).

Abb. 384 *In Blau drei silberne ab-gewendete Halbmonde*: Puech-berger (Bayern) (um 1380) (GA Nr. 226).

Abb. 385 *In Silber drei aus einem bogenförmig gebildeten grünen Dreiberg hervorkommende rote Flammen*: Brennberg (Bayern) (um 1380) (GA Nr. 230)).

Abb. 386 *In Gold ein roter lilien-besetzter Berg*: Claramont (Katalo-nien) (um 1500).

Abb. 383 *In Rot zwei goldene ab-gewendete Halbmonde, oben von einem ebenfalls goldenen Kreuz-chen begleitet*: Scibor von Sciborzyce (Ungarn) (um 1380) (GA Nr. 526).

Abb. 381 *In Silber ein acht-zackiges rotes Sporenrad*: un-identifiziertes Wappen (um 1340) (MHZ Nr. 545).

Abb. 382 *In Silber ein schweben-der rotbrennender grüner Zehnberg*: Kranzegg (Bayern) (um 1340) (MHZ Nr. 396).

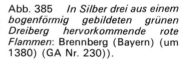

Abb. 387 *In Silber ein rote Flammen und Rauchwolken speiender schwarzer Fels*: Chaumont, Herr de la Galaisière (Wappenbuch Dubuisson, 1757).

Abb. 388 *In Blau drei silberne Zinnentürme*: Fenster mit dem Wappen Pompadour in der Kathedrale zu Limoges (14. Jahrhundert).

Unter künstlichen Figuren werden die Darstellungen von Gegenständen zusammengefaßt, die von Menschenhand hergestellt sind: Bauwerke, Waffen, Gewänder, Werkzeuge, Gebrauchsgegenstände usw. Nichts scheint den Künstler in seiner Wahl zu beschränken, und bei der Schaffung neuer Wappen wird man gerne jeden Gegenstand, sei er auch noch so modern, zulassen, vorausgesetzt, daß er einen klaren und deutlichen Umriß bietet.

Man wird aber gut daran tun, nicht jene Heraldiker von vor 50 Jahren nachzuahmen, die in Wappenschilden Dampfkessel oder Wellblech untergebracht haben und die in den gegenwärtigen Heraldikern der östlichen Länder leider Jünger gefunden haben. Das Studium der alten Vorbilder liefert die besten Hinweise darüber, was geschehen und was nicht geschehen soll. Dieses Studium ermöglicht auch die Identifizierung einer erheblichen Anzahl von Wappenbildern, die heute ungebräuchliche Gegenstände darstellen oder deren Urform dank kenntnisloser Kopisten oder dank dem Wunsch einer Familie, dem sozialen Aufstieg durch zunehmend heraldischer gestaltete Wappen Rechnung zu tragen, verloren ging (Abb. 390). Bei solchen Bestimmungsversuchen muß man oft auf das von der Familie ausgeübte Handwerk oder den von ihr getragenen Namen achten, auch auf die Bezeichnung dieser Gegenstände in den örtlichen Idiomen.

Der **Kriegskunst** sind die *Kastelle* entlehnt; sie können verschiedene Formen, mit zwei oder drei Türmen (Abb. 389) haben; die *Türme* (Abb. 388) können ihrerseits *mit Türmchen besetzt* oder mit einem *Mauerstück* fortgesetzt sein (Abb. 393). In abgezählter Menge und streng stilisiert dargestellte kleine Kastelle erscheinen vor allem in der Picardie, wo sie

Künstliche Figuren

Abb. 389
Geviert von Rot mit einem goldenen dreitürmigen Kastell (Kastilien) *und Silber mit einem purpurnen Löwen* (León): der König von Spanien (um 1380) (GA Nr. 635).

Abb. 390 Die Entwicklung des Wappens der bürgerlichen Familie Gallandre zu Neuenburg in Richtung auf ein zunehmend heraldischeres Erscheinungsbild (AN I).

Nr. 1
Abraham Gallandre (1604-1629)

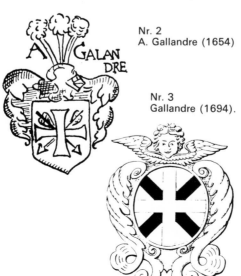

Nr. 2
A. Gallandre (1654)

Nr. 3
Gallandre (1694).

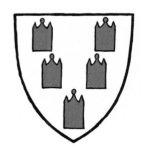

Abb. 391 *In Silber fünf rote Türmchen*: Robert de la Tournelle (Beauvaisis) (um 1280) (WN Nr. 1005).

157

Abb. 392 Wappenschild der St. Andreas-Abtei in Villeneuve-les-Avignon, darin das Eingangstor der Befestigung zwischen zwei runden Türmen, begleitet oben von einer Lilie und unten von drei Passionsnägeln (18. Jahrhundert), Steinskulptur im Garten der Abtei.

Abb. 393 *In (Rot) ein (silberner) Turm mit links angesetztem Mauerstück*: la Tour du Pin-Vinay (Dauphiné) (um 1380) (RD Nr. 884).

Abb. 394 *In Gold sechs (3:2:1) rote Schildchen*: Grabstein eines Mitglieds des Geschlechts Mathefelon in der Kirche zu Fromentières (Mayenne).

Abb. 395 *Gespalten aus zwei Wappenhälften: rechts die Hälfte eines von drei Schindeln begleiteten Sparrens, links die linke Hälfte von: innerhalb eines Schildrandes auf mit fünf schrägkreuzweise gestellten Lilien belegtem Felde ein gestürztes Schwert*: Courtois d'Arcolières (Freigrafschaft), plastisches Wappen auf einem Kaminsturz in Mouthe (Jura).

tourelles (Abb. 391) genannt werden. Der Schild der St. Andreas-Abtei (Abb. 392) in Villeneuve-les-Avignon zeigt das von zwei Türmen flankierte Tor der die Abtei umschließenden Befestigung.

Neben den schon schwieriger zu erkennenden *Sturmleitern* (Abb. 401) erwähnen wir den *Schildchen* genannten Schild (Abb. 394) und die zu seiner Verstärkung dienenden Metallteile (34), wie den *Karfunkel* (Abb. 23), wozu auch die sog. Ketten von Navarra (Abb. 402) und verschiedene Kreuz- und Schrägkreuzformen gehören: das *Ankerkreuz* (Abb. 398), das *eingerollte Ankerkreuz* (Abb. 403) (35), das sog. *Tolosaner-Kreuz* (Abb. 404) und die *Mandeln* (die neben einem Tatzenkreuz und einem Schildrand freigebliebenen Teile eines Schildes) (Abb. 399), Vollständige Rüstungen oder Teile davon und Helme (Abb. 366) kommen in vielen Wappen vor.

Aus der Zahl der Trutzwaffen findet man *Schwerter* (Abb. 395), *Morgensterne* (Abb. 400), *Beile* (Abb. 405) und *Streit-* oder *Zimmermannsäxte* (Abb. 397) (36), *Hellebarden, Lanzen*, verschiedengestaltige *Lanzeneisen* (Abb. 79, nr. 7) und *Turnierlanzenkrönlein* (Abb. 38), die kaum von *Schachrochen* (Abb. 450) zu unterscheiden sind, dann *Pfeile, Pfeileisen* und andere Waffen wie Armbrüste und, schon einer anderen Zeit angehörend, *Kanonen, Hakenbüchsen* und *Zündschnüre* mit ihren unheilschwangeren *Pulverfäßchen* (Abb. 396).

Auch die verschiedenen Ausrüstungsstücke sind nicht selten, wie *Sättel* (37), *Steigbügel* und *Pferdebremsen* (Abb. 257), die zur Zähmung gar zu feuriger Pferde dienten, dann die englischen *Wassersäcke* (Abb. 406) und

Abb. 396 *In Rot ein goldener Schrägbalken, belegt mit einer schwarzen Zündschnur, daran fünf gleichfarbige Pulverfäßchen:* Exlibris von Roger Brulart, Marquis de Sillery, Ritter der königlich-französischen Orden (1705).

Abb. 397 *Geviert, 1) und 4) in Silber ein roter Schrägbalken, belegt mit drei goldenen Axtblättern (Hellande), 2) und 3) in Gold ein rotes Kreuz, begleitet von sechzehn blauen alérions (Montmorency), das Kreuz überdeckend belegt mit einem roten Schild, darin zwei abgewendete goldene Barben, begleitet von goldenen Kleeblättern (Nesle-Offémont):* Guillaume de Hellande, Bischof von Beauvais, Wandbehang in der Kathedrale zu Beauvais (1460) (Photo: J. Bernard de Vaivre).

Abb. 398 *In Blau ein silbernes Ankerkreuz:* Exlibris Salvert de Montrognon (Auvergne) (um 1750).

Abb. 399 Siegel von Bernhard Grafen von Comminges (1249), die Verstärkung des Schildes durch ein Tatzenkreuz und einen Schildrand verdeutlichend (PG Nr. 181).

Abb. 400 *Unter (blauem) Schildhaupt, darin drei (silberne) Rosen, in (Rot) ein (goldener) Löwe, und daneben (in Gold) zwei (rot)-gebundene (schwarze) gekreuzte Morgensterne (Schlagwaffen)* (Gondy): Petschaft der Paule Françoise de Gondy, Witwe nach François de Bonne, Herzog de Lesdiguières (1707) (AN I).

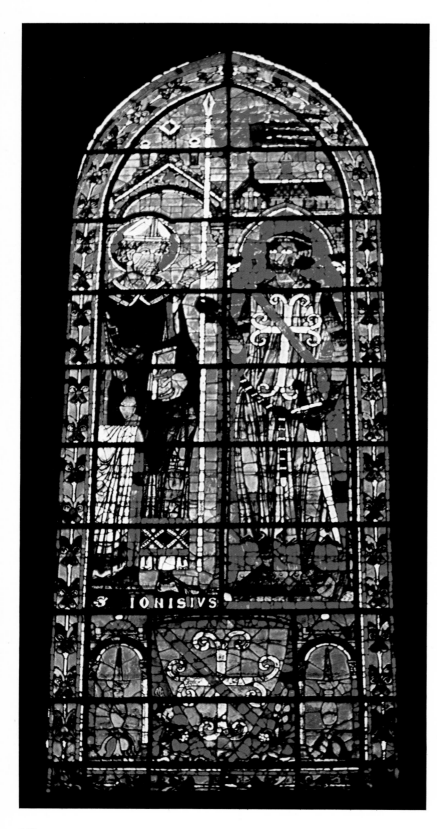

Abb. 404 *In Rot ein goldenes Schlüsselkreuz*: Toulouse (um 1250) (MP 142).

Abb. 405 *In Rot zwei abgewendete pfahlweise stehende goldene Beile*: Fenster mit dem Wappen von Etienne Bécard, Erzbischof von Sens (1292-1309), im Wandelgang der Kathedrale von Sens.

Abb. 406 *In Silber ein rotes Dornenkreuz, bewinkelt von vier schwarzen Wassersäcken*: Bourchier, England (um 1450) (TO).

Abb. 407 *Unter silbernem Schildhaupt, darin drei rote Ortbänder, in Blau drei goldene Keile aus der linken Flanke, unten begleitet von drei balkenweise gestellten goldenen Scheiben*: Bruiset (Bugey) (1650).

Abb. 408 Gespalten aus zwei Wappenhälften. *Rechts die rechte Hälfte* des Wappens Berry: *innerhalb roten Dornenbordes blau mit goldenen Lilien besät, und links die linke Hälfte* des Wappens Auvergne: *in Gold ein grüngefranster roter Gonfanon*: Fenster der Jeanne de Boulogne, Herzogin von Berry und Auvergne (1400), in der Kathedrale zu Bourges.

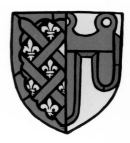

Abb. 409 *In Gold drei schwarze Wolfseisen, pfahlweise gestellt*: von Stain (Württemberg) (um 1340) (MHZ Nr. 203).

Abb. 410 *In Rot ein silberner Doppelhaken oder eine umgewendete z-förmige Wolfsangel*: Strebel (Wappenbuch der Pfisterzunft von Luzern) (1408).

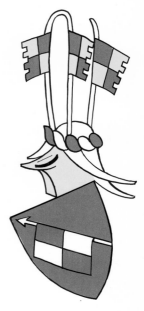

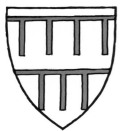

Abb. 411 *In Silber zwei rote Turnierkragen, der obere vier-, der untere dreilätzig*: Philippe d'Eaubonne (Ile-de-France) (um 1267) (WN Nr. 70).

Abb. 412 *In Gold ein rotbebändertes blaues* (sic) *Jagdhorn*: der Graf von Orange (um 1380) (GA Nr. 738).

Abb. 413 *In Gold drei silbernbeschlagene rote Hiefhörner*: der Graf von Hoorn (um 1380) (GA Nr. 1015).

Abb. 414 *In Blau ein silbern-rot geviertes Banner an schrägliegender silberner Lanze*: Bistum Würzburg (um 1380) (GA Nr. 23).

161

Abb. 415 *In (Blau) ein (golden)- gesäumtes (rotes) Kreuz, bewinkelt von zwei (goldenen) Kelchen und zwei (goldenen) dreiarmigen Ankern*: Siegel von François de la Faverge, Kantor zu Lausanne (1540) (AV II).

Abb. 416 *Ein von drei Hähnen begleiteter Gekreuzigter in einer Strahlengloriole*: Französische Druk- kermarke (Anfang 16. Jahrhun- dert).

Abb. 417 *Gespalten von (Silber) und (Rot), darin das Schwert des Apostel Paulus und der Schlüssel des Apostels Petrus in verwech- selten Farben*: Priorat Romainmôtier (Waadt) (1332) (ISV 272/5).

die *Ortbänder*, das sind die wie gestürzte Seeblätter aussehenden Beschläge an den Spitzen der Schwertscheiden (Abb. 407) (38).

Schließlich findet man alle Arten von Fahnen, den *Gonfanon* (Abb. 408) (39), das *Banner* (Abb. 414), und verschiedene Formen von *Wimpeln* (Abb. 286).

Das **Weidwerk** liefert die *Hundekoppel*, die *Riemen* und *Schellen* der Falken, *stumpfköpfige Vogeljagdpfeile* und die *Wolfseisen oder -angeln* in Form eines Halbmonds mit Griff oder eines Z (Abb. 264, Nr. 13, 409 und 410) vielleicht auch den *Turnierkragen* (Abb. 411), der vielleicht von den mit Lappen versehenen Seilen abzuleiten ist, mittels welcher die Jäger das Wild im Gehege festzuhalten versuchten. *Jagdhörner* sind mit einer Tragevorrichtung versehen, ihr *Beschlag* in anderer Farbe muß angegeben werden (Abb. 412). Das *Hiefhorn* ist ein Horn ohne Tragevorrichtung (Abb. 413).

Religion und **kirchliches Leben** stellen eine ergiebige Quelle der Anregun- gen dar: Wir finden ganze *Kirchen* (Abb. 423), *Glockentürme* und *Glocken*, *Tiaren*, *Krummstäbe* (Abb. 424) und *Pilgerstäbe*, *Monstranzen*, ja *Weih- wedel* und *Löschhörner*. Dann eine große Anzahl symbolischer Bilder: das *Osterlamm* (Abb. 306), den *Kelch*, den *dreiarmigen Anker* (Abb. 415), *Gottes Segenshand*, den *Gekreuzigten* (Abb. 416), die *Passionsnägel* (Abb. 392), den *Heiligen Geist* in Gestalt einer Taube. Die schon in den alten Volksliedern erwähnten Heiligenbilder sind hingegen ziemlich selten (Abb. 270). Ein Wappen Christi, eine heraldische Gruppierung der Leidenswerkzeuge, und Schilde mit einer graphischen Darstellung der Dreieinigkeit sind im 15. Jahrhundert häufig. Die *Schlüssel* des Apostels Petrus und das *Schwert* des Apostels Paulus (Abb. 417), das *Rad* mit dem *Schwert* der heiligen Katharina sind ebenso wohlbekannt wie der *Adler* des Evangelisten Johannes.

Das weitaus häufigste Symbol ist natürlich das *Kreuz*. Außer dem bereits (S. 105) erwähnten *durchgehenden Kreuz* gibt es zahlreiche For- men, von denen die meisten nur Abwandlungen einer kleinen Anzahl von Grundtypen darstellen. Da gibt es zunächst das *schwebende Kreuz*, wie es im Wappen der Schweizerischen Eidgenossenschaft steht und dessen Arme in einem gewissen Abstand vom Schildrand abgeschnitten sind (Abb. 169). Wenn sich die Arme des Kreuzes gegen die Schildränder hin erweitern, liegt ein *Tatzenkreuz* vor. Die Grafen von Comminges führen *in Silber ein rotes Tatzenkreuz* (Abb. 425) (41); irrigerweise hat man später diesen Schild als *vier silberne Mandeln in rotem Felde* beschrieben (vgl. S. 159). Das *Tatzenkreuz* kann auch *schwebend* sein; wenn aber mehrere Tatzenkreuze in einem Schild vorkommen, wäre es müßig, sie ausdrück- lich als schwebend zu bezeichnen.

Das schwebende Tatzenkreuz kann auch aufgespaltene Armenden haben (Abb. 426 und 80B, Nr. 10, 12 und 14); hieraus entwickeln sich verschiedene Formen von *Lilienkreuzen* (Abb. 427). Sind die Enden der Arme nicht in drei, sondern in zwei Spitzen geteilt, entsteht ein *Ankerkreuz* (Abb. 398), dessen Arme auch stärker eingerollt sein können (Abb. 403 und 418) (42). In diesem Kreuz und seinen Varianten leben die einst zur Verstärkung des Schildes dienenden Metallteile fort (vgl. S. 158). Unter diese Varianten muß man auch das *Schlangenkreuz* rechnen, dessen Arme in jeweils zwei Schlangen auslaufen. Dieses sonderbare Kreuz wird von

162

mehreren bretonischen Familien geführt und wird dem Fürstentum Morea (in Griechenland) zugeschrieben (Abb. 428); hierhin gehört auch das *Schlüssel*- oder *Schlüsselbartkreuz*, gewöhnlich *Tolosanerkreuz* genannt, das an den Enden *beknopft* ist und außerdem ausgebrochen, d.h. nur als Umrißlinie gezeichnet wird, die den Schildgrund durchscheinen läßt (Abb. 404).

Manche Schriftsteller nennen, allerdings zu Unrecht, das *Neungeschacht* ein *ausgebrochenes Kreuz* (Abb. 171) (43).

Bei einem *Krückenkreuz* enden die Arme in der Form des Buchstaben T. Das Wappen des Königreichs Jerusalem besteht aus *einem von vier goldenen Kreuzchen begleiteten goldenen Krückenkreuz in Silber* (Abb. 429). Hier liegt durch das auf Metall liegenden Metall eine Verletzung der Regel vor, die zweifellos zur Kennzeichnung des speziellen Charakters des Königreichs Jerusalem gewollt ist.

Das *lateinische* oder *Hochkreuz* ist ein schwebendes Kreuz, dessen Querarme nach oben hin verschoben sind; es kann auf Stufen stehen (Abb. 426), deren Anzahl angegeben werden soll, während das *Treppenkreuz* solche Stufen am Ende jedes Armes aufweist (Abb. 430). Das Kreuz in Form des griechischen Buchstabens *tau* und des lateinischen Buchstabens T (Abb. 420) wird auch *Antonius-Kreuz* genannt. Das *Santiago-Kreuz* ähnelt sehr einem Schwert. Als Abzeichen der alten Abtei Saint Maurice d'Agaune (Wallis) ist das *Kleeblattkreuz* wohlbekannt; es wird aus diesem Grunde auch *Mauritius-Kreuz* genannt (Abb. 431). Kleeblattkreuzchen oder Wiederkreuzchen, aber oft mit zugespitztem unteren Arm, sog. *Fußspitzkreuze*, wurden oft in unbestimmter Anzahl als Verzierungen im Schildfelde verwendet (Abb. 421). Auch Wiederkreuzchen (Abb. 422) oder Tatzenkreuzchen kommen als Besämung vor.

Das *Patriarchenkreuz* (Abb. 432) hat zwei Querarme. Hiervon ist das *Lothringerkreuz* eine Abwandlung. Das *Malteserkreuz* ist ein achtspitziges, stark getatztes Kreuz (Abb. 433) (44), das nach dem Vorbild des Johanniterordens in zahlreichen anderen Orden die Grundform des Ordenszeichens bildet.

Die Spielarten des Kreuzes gelten auch für das *Schräg*- oder *Andreaskreuz*, wofür die *Anker-Andreas-Kreuze* der Häuser Broglie und Crinsoz (Abb. 445) markante Beispiele sind.

163

Abb. 425 *In (Silber) ein (rotes) Tatzenkreuz*: Schild im Siegel des Grafen von Comminges Peter Raymond II. (1360) (PG Nr. 185).

Abb. 426 *In (Rot) ein (silbernes), an den Armenden zweimal eingekerbtes Tatzenkreuz*: Schild im Siegel des Wilhelm de Vesci, England (1220) (Birch Nr. 17027).

Abb. 423 *In Rot eine silberne Kirche*: Fenster des Kapitels in der Kathedrale von Valeria ob Sitten (14. Jahrhundert).

Abb. 424 *In Blau ein silbernes Kreuz, bewinkelt von vier goldenen abgewandten Krummstäben*: Fenster vom Ende des 14. Jahrhunderts mit dem Wappen des Bistums Sens in der Kathedrale.

Abb. 427 *In Silber ein rotes lilienendiges Kreuz:* Jully (Languedoc) (um 1460) (TO).

Abb. 428 *In Gold ein schwarzes Schlangenkopfkreuz*: der Fürst von Morea (um 1450) (Wappenbuch Montjoie-Chandon).

Abb. 429 *In Silber ein von vier Kreuzchen bewinkeltes Tatzenkreuz, alle Figuren golden*: Gottfried von Bouillon (um 1450) (Wappenbuch Montjoie-Chandon).

Abb. 430 *Innerhalb eines schmalen goldenen Schildrandes in Schwarz ein goldenes Treppenkreuz*: Grabmal des Rudolf du Mas Grenier, Unterdiakon und Domherr an Saint-Bertrand de Comminges (14. Jahrhundert), im Kreuzgang der Kathedrale.

Abb. 431 *Innerhalb roten Dornenschildrandes in Blau drei goldene Kleeblattkreuze*: Fenster mit dem Wappen des Erzbischofs von Bourges, Guillaume de Boisratier (1409-1421), in der Kathedrale.

Abb. 432 *In Rot ein schwebendes silbernes Patriarchenkreuz*: Fenster mit dem Wappen von Ungarn im Kloster Königsfelden (14. Jahrhundert).

Abb. 433 *Neben einem Freiviertel, darin ein mit drei Lilien belegter Schrägbalken, ein Johanniterkreuz*: Siegel des Komturs des Johanniterordens in Saint-Jean-en-L'Isle (Schweiz) Jean Le Roy (1475) (Sammlung DLG).

Abb. 434 *In Rot ein kreuzförmiges golden dekoriertes silbernes Reliquiar*: Fenster mit dem Wappen des St. Cäcilien-Kapitels in der Kathedrale zu Albi (15. Jahrhundert).

164

Abb. 435 *In Rot eine goldene Krone*: Küng (Wappenbuch der Pfisterzunft von Luzern (1408).

bb. 436 *In Gold zwei gekreuzte rote Lilienszepter*: Ramstein (Basel) (um 1380) (GA Nr. 248).

Abb. 437 *In Gold ein schwarzer Kochkessel*: unbekannte Person (um 1380) (GA Nr. 534).

Abb. 439 *In Silber zwei pfahlweise gelegte* (d.h. nebeneinander aufrecht stehende) *rote Schafscheren*: Johann von Giech (Franken) (um 1380) (GA Nr. 265).

Abb. 440 *In Silber eine schräggelegte schwarze Wegwalze, beiderseits bordweise von je drei roten Rosen begleitet*: Damas (Wappenbuch Dubuisson 1757).

Abb. 441 *In Blau ein goldener Schachroch*: Fenster eines nicht identifizierten Stifters des 14. Jahrhunderts in der Kathedrale von Carcassonne.

Abb. 442 *In rotem, mit goldenen Wiederkreuzchen besäten Schilde eine schräggelegte silberne Fiedel*: Truchseß von Alzey (Rheinpfalz) (um 1280) (WN Nr. 749).

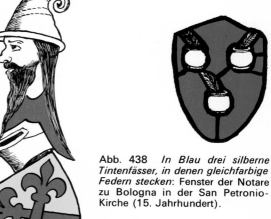

Abb. 438 *In Blau drei silberne Tintenfässer, in denen gleichfarbige Federn stecken*: Fenster der Notare zu Bologna in der San Petronio-Kirche (15. Jahrhundert).

Abb. 443 *In Silber ein blauer Schrägbalken, belegt mit zwei goldenen Hämmerchen*: Wappen von Jean Maillardoz aus Rue, in einem Urbar von 1482 im Staatsarchiv Freiburg (Schweiz).

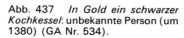

Abb. 444 *In Rot auf goldenem Dreiberg zwei abgewendete silberne Heppen (Gärtnermesser)*: Gärtringen, Württemberg (um 1340) (MHZ Nr. 525).

165

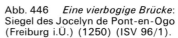

Abb. 445 *In Blau ein silbernes Ankerschrägkreuz*, daneben: *in silbernem, mit schwarzen Schindeln bestreuten Felde ein schwarzer Löwe*: Scheibenriß für Peter-Albert von Crinsoz, Herrn zu Cottens, und seine Gemahlin Barbara Salomea de Gingins, (um 1670) (Historisches Museum Bern).

Abb. 446 *Eine vierbogige Brücke*: Siegel des Jocelyn de Pont-en-Ogo (Freiburg i.Ü.) (1250) (ISV 96/1).

Abb. 447 *In (Rot) ein (silbernes) Kreuz, überdeckt von einem (golden-blau) gestückten Schrägfaden (Savoyen-Waadt), im zweiten und dritten Feld begleitet von einem Rad*: Siegel der Kastellanei Ruw (Freiburg i.Ü.) (1331) (ISV 141/2).

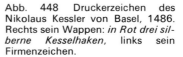

Abb. 448 Druckerzeichen des Nikolaus Kessler von Basel, 1486. Rechts sein Wappen: *in Rot drei silberne Kesselhaken*, links sein Firmenzeichen.

Abb. 449 *In (Gold) drei (rote) Krüge*: Steinplastik mit dem Wappen Montbourcher (um 1550) in Montreuil-du-Gast.

Abb. 450 *In Blau ein goldener Zirkel:* François Barillier (Neuenburg) (1681) (AN I).

Am Ende dieser Liste von dem tiefreligiösen Sinn des Mittelalters entnommenen Figuren seien noch die *Reliquiare* (Abb. 434) (45) angeführt, von denen alle möglichen Formen vorkommen.

Schließlich hat das **nichtmilitärische Leben** mehrere Hoheitssymbole geliefert, so die *Kronen* (Abb. 435), die *Reichsäpfel* und die *Szepter*, die manchmal wie langstielige Lilien (Abb. 436), manchmal wie die echten Königsszepter gezeichnet werden; dann gibt es *Bauwerke, ganze Städte* oder auch *halbe Städte* (redend bei Démiéville), *Tore* und *Brücken* (Abb. 446), *Brunnen* und *Häuser, Mauern, Herde, Wagen* und *Räder* (Abb. 447), sogar *Kerzenständer* (Abb. 420) und *Kesselhaken* (Abb. 448), *Kochtöpfe* (Abb. 437) (46) oder tiefe *Kessel* (Abb. 452), *Krüge* mit und ohne Füße (Abb. 449) (47).

Die Liste könnte fast unendlich vermehrt werden, vor allem in den Gebieten östlich des Rheins: die berühmte Wappenrolle von Zürich (um 1340) enthält schon eine Menge derartiger Gegenstände und dabei handelt es sich dort nur um Wappen adliger Familien. Bei den bürgerlichen oder bäuerlichen Familien sind die Werkzeuge der verschiedenen Berufe sehr häufig und schmücken manchen Schild: der *Schlägel* (Abb. 443) (48), *Beil* und *Hammer* des Zimmermanns sind leicht zu erkennen, wie auch das *Tintenfaß* der Notare (Abb. 438), der *Zirkel* (Abb. 450) und die *Dauben* des Küfers, die *Kröseleisen* der Glaser (Abb. 504), die *Scheren* der Tuchmacher (Abb. 439); die verschiedenen *Messer* der Gerber, Schuster (49) und Handschuhmacher erkennt man schon schwieriger, noch schwieriger die *Wegwalze* der Pflasterer (Abb. 440).

Kleidungsstücke finden sich in Wappen massenhaft: die auf französisch verschnitten (mal-taillées) (Abb. 451) genannten *Beutelärmel* sind von ganz besonderer Gestalt, aber auch Ober- und Unterbekleidung der Beine: *Strumpfhosen* (Abb. 55), *Stiefel* und *Schuhe*. Sogar *Kämme* und andere Toiletteartikel findet man.

Spiele sind durch die *Schachroche* (Abb. 441) und die *Würfel* vertreten; die Musik durch allerlei Instrumente, vor allem die *Jagd-* und die *Hiefhörner* (vgl. oben S. 162) und von Anfang an die *Harfe* und die *Fiedel* (Abb. 442).

Abb. 451   *In Silber ein schwarzer Beutelärmel*: Email von 1462 mit dem Wappen des Hosenbandritters Wilhelm von Hastings (England) in der Ordenskapelle zu Windsor.

Abb. 452   *In (Gold) zwei je mit drei (golden-rot) gefehten Balken bezeichnete (schwarze) Kessel mit in den Farben der Querbalken längsgestreiften und in je vier (schwarze) Schlangenköpfe endenden Henkeln. Zwei der Schlangenköpfe wenden sich gegen das Innere und zwei gegen die Außenseiten*: Grabmal des Lopo Fernandes Pacheco (1349) (AH 1960, S. 50).

Abb. 453   *In Blau drei goldene Mühleisen*: Exlibris von Jean-Baptiste van Brockhoven (Brabant) (um 1670). Der Flug auf dem Helm ist golden-blau übereckgeteilt.

Abb. 454   *Geviert, 1) und 4) in Grün drei silberne Fensterrauten (du Puy), 2) und 3) in Blau ein silberner Schrägbalken, begleitet von je zwei goldenen gekrückten und gegengekrückten goldenen Leisten* (Champagne): Exlibris von Gabriel du Puy du Fou, Rat am Parlament von Paris (um 1650).

Abb. 458   *In Gold ein schwarzes Majuskel-M*: Favre (Freiburg i.Ü.) (15. Jahrhundert), Schild des Stifters auf einem Gemälde im Museum von Freiburg.

Abb. 459   *In Gold fünf schrägbalkenweise aneinanderstoßende blaue 'Rustre'*: Hugues de Villiers, in der Landschaft Vexin (um 1280) (WN Nr. 269).

Abb. 455   *In Rot zwei goldene Harkeneisen*: Der Graf von Rethel (um 1380) (GA Nr. 396).

Abb. 456   *In Silber drei rote 'Säulen'*: Stephan de Zuylen van Nyevelt (Holland) (um 1370) (GA Nr. 1578).

Abb. 460   *In Gold sechs (1, 2, 3) gestellte Kugeln, die obere etwas größer als die anderen, blau mit drei goldenen Lilien belegt, die übrigen rot*: Wappen des Großherzogs von Toskana als Großmeister des Stephansordens zu Pisa aus dem Hause Medici (17. Jahrhundert).

Abb. 457   *Geviert, 1) und 4) in Blau ein goldener Balken, begleitet von drei goldenen Säulen, 2) und 3) in Rot zwei silbern-bekleidete treue Hände*: Wappen von Méric de Vic, Botschafter Heinrichs IV. von Frankreich in der Schweiz (um 1600), Stickerei auf einer Kasel.

Die Landwirtschaft liefert die *Pflugschar*, die manchmal aus Snobismus zum *Lanzeneisen* wird, ein Snobismus, dessen Lächerlichkeit der Lauf der Zeit kaum mildert, dann die *Egge*, die in besonders eigentümlicher Form (*rastrillo*) in Navarra vorkommt (Abb. 84, Nr. 10), die *Bienenstöcke*, *Heugabeln*, *Weinbauern-* oder *Gärtnermesser* (Abb. 444), die *Harken* (Abb. 455) und die *Schaufeln*, manchmal die alte Schippe aus Holz, die nur an der Schneideseite mit Eisen verstärkt ist, *Joche, Hufeisen* (Abb. 79, Nr. 6, 12 und 11) und *Sensen*, deren Stellung in Bezug auf die Anordnung der Klinge angegeben werden muß; schließlich die *Mühlräder* (Zahnräder) und die sog. *Mühleisen*, die entweder die Naben der Mühlsteine sind oder als Maueranker dienten. Diese Eisenteile haben alle die Gestalt eines mehr oder weniger verzierten, aufrechten (Abb. 453) oder liegenden X. Unter den seltsam gestalteten Figuren erwähnen wir auch die niederländischen *Säulen* von ganz besonderer Gestaltung (Abb. 456), während man in der italienischen und französischen Heraldik naturnähere Säulen (Abb. 457) (5) antrifft.

Buchstaben (Abb. 458) und *Marken*, die von Bauern und Handwerkern auf ihren Häusern und Werkzeugen, von Kaufleute auf ihren Warenballen als Eigentümerzeichen angebracht wurden, sind in Schilde gesetzt und schon früh mit Farben versehen zu Wappenbildern gemacht worden (Abb. 390).

Dann gibt es noch eine schwer zu klassifizierende Anzahl von Gegenständen, die wir hier anführen. Wir haben schon von den Rauten und Wecken gesprochen; wenn sie durchbrochen sind, heißen sie *Fensterrauten* (Abb. 454) (51) und sind als Wappen des Hauses Rohan berühmt geworden; Rauten können auch kreisförmig durchbohrt sein, haben dann in der französischen Heraldik sogar einen eigenen Namen: *rustre* (Abb. 459). Kleine kreisförmige Gegenstände werden als *Byzantiner* bezeichnet, wenn sie aus Metall sind und als *Scheiben*, wenn sie in eigentlicher Farbe gehalten sind, als *Kugeln*, wenn die Kugelgestalt erkennbar ist (Abb. 460) (52); durchbrochen werden sie zu *Ringen* (Abb. 461) oder in bestimmter Anzahl zu *Ringlein*; Ringe können auch konzentrisch angeordnet sein. Unter *Schindeln* versteht man kleine Rechtecke, die entweder aufrecht (Abb. 462) oder liegend oder auch schräg abgeschnitten zur Bestreuung des Feldes dienen können. Umrißform und Lage muß beschrieben werden. Wenn die Schindeln zur Begleitung eines Schrägbalkens dienen, folgen sie gewöhnlich dessen Richtung; sie liegen dann 'nach der Figur' wie dies in mehreren lothringischen Wappen (Abb. 463) (53) geschieht.

Abb. 461 *In Blau drei silberne Ringe*: Sainte-Beuve (Normandie) um 1280 (WN Nr. 494).

Abb. 462 *In schwarzem, mit silbernen Schindeln, deren erste mit einem schwarzen Hermelinschwänzchen belegt ist, bestreuten Feld ein überdeckender silberner Löwe*: Exlibris von François-Yves, Marquis de la Roche, Herr zu Kerandraon (Bretagne) (18. Jahrhundert).

Vaudoncourt

Abb. 463 *In Blau ein goldener Schrägbalken, nach der Figur begleitet von neun (5, 4) goldenen Schindeln*: Vaudoncourt, Lothringen (um 1750).

Anmerkungen

1 In den meisten schriftlichen alten Wappenbüchern wird das Feld, in dem die Wappenfigur steht, sofern es besät ist, so bezeichnet, als ob die Figur besät wäre. In Wirklichkeit ist die Hauptfigur von den kleinen Figürchen begleitet, die sie auch überdecken kann.

So heißt es, wenn der Schild mit Schindeln (*billettes*) belegt ist: billetté,

handelt es sich um Kreuzchen: *crusillé* (meistens sind diese Kreuzchen Fußspitzwiederkreuzchen),

handelt es sich um Lilien: *fleurdelisé* oder *fleuronné*,

handelt es sich um Sterne: *étincelé* (wörtlich befunkt).

In den gemalten Wappenbüchern des 13. und 14. Jahrhunderts wird eine Bestreuung fast immer, nur nicht bei den Lilien des Königshauses von Frankreich, so dargestellt, daß die Figürchen das Feld zwischen der Hauptfigur und dem Schildrand ausfüllen, ohne durch den Schildrand oder die Hauptfigur überdeckt zu sein (Abb. 231, Nr. 3).

2 Auf den ältesten Darstellungen kommt es vor, daß der Löwe das Gesicht im Dreiviertelprofil zeigt (Abb. 137).

3 *Le tavolette dipinte di Biccherna e di Gabella del R. Archivio di stato in Siena*, Siena 1901.

4 Einzelheit vom Grabmal eines Pembridge in Clehongre, Herefordshire (England) nach *Herald and Genealogist*, 1865, S. 188.

5 Über den Adler vergleiche man den wichtigen Aufsatz von Johannes-Enno Korn, *Adler und Doppeladler* in: Der Herold 1963-1968.

6 Ausstellungskatalog *'Chefs d'œuvre de la tapisserie'* Paris 1973, Nrn. 48-49.

7 Jean-Bernard de Vaivre, *Le vitrail de Guillaume de Cantiers, à Évreux*, Aufsatz in Vorbereitung.

8 Der den Kaiser vertretende Doppeladler erscheint in den Siegeln der Reichsstädte seit dem 12. Jahrhundert und auf den Münzen Kaiser Friedrichs II., aber der Unterschied zwischen dem doppelköpfigen Adler des Kaisers und dem einköpfigen Adler des römischen Königs festigt sich erst in den Siegeln seit 1401, obwohl er schon in der *Walford Roll* (C1 und 8) von 1275 vorkommt. Erich Gritzner, *Symbole und Wappen des alten deutschen Reiches*, Leipziger Studien aus dem Gebiet der Geschichte, VIII, 3, Leipzig 1902. Vgl. auch Korn, *a.a.O.*

9 Franz-Heinz Hye, *Das Tiroler Landeswappen*, Innsbruck 1972, Tafel 15.

10 Eines der ältesten Beispiele eines alérion erscheint in den Lothringer Schilden des WN, Nrn. 517, 518.

11 Giuseppe Gerola, *a.a.O.*, (Kap. V, Anm. 32).

12 Das Wappen einer nach der Aufhebung des Edikts von Nantes (1685) nach Neuenburg geflohenen Pfarrerfamilie enthält die Embleme der drei Kardinaltugenden: Glaube, Hoffnung (Anker) und Nächstenliebe (Herz) (vgl. Kap. XII).

13 Angot, *a.a.O.* (Kap. V, Anm. 22), S. 244.

14 Albert und Berty Bruckner, *Schweizer Fahnenbuch*. St. Gallen, 1942, S. 291.

15 Meyer, *Altspanische Kunst*.

16 Bruckner, *a.a.O.* (Anm. 14), S. 7.

17 Gerola, *a.a.O.* (Anm. 11).

18 J. Gauthier, *Étude sur les sceaux des comtes et du pays de Montbéliard*, Mömpelgard 1898, Nr. 25.

19 Bis zum Ende des 14. Jahrhunderts ist der Delphin von Viennois ganz blau. Bis zum gleichen Zeitpunkt ist es ganz üblich, daß die Löwen keine besondere Bewehrung aufweisen und daß der Adlerschnabel die gleiche Farbe wie der Leib hat. Hingegen sind die Adlerfänge oft von anderer Farbe, und die Krone sowie der gespaltene Schwanz von Löwen sind seit ältesten Zeiten vorkommende Eigentümlichkeiten bestimmter Wappen.

20 Die Salme der Grafen von Salm sind den Barben ihrer Vetter, der Grafen von Bar und der Grafen von Mömpelgard, vollständig ähnlich.

21 Vgl. besonders das Titelblatt der *Saga Landnama*, der ersten in Island 1688 gedruckten Saga, wo die Haut des Stockfischs unter einer Krone aufgeklappt ist, Kopf und Schwanz in der Schildspitze (Bibliotheca Bodmariana, Genf).

22 Jean Tricou, *Lettres de noblesse et d'armoiries des Lumague...*, AHS 1949, S. 49-56.

23 Für diese meistens aus den Bestiarien des Mittelalters entnommenen außerordentlichen Wesen vgl. R. Dennys, *The heraldic imagination*, London 1975.

24 Der silberne Löwe und der goldene Greif, die hier das erzbischöfliche Kreuz halten, stehen gegeneinander gewendet in rotem Felde auch im Wappen des Domkapitels von Lyon.

25 A. de Wolff, *La fresque armoriée du jubé de Valère à Sion*, AHS, Jahrbuch 1974.

26   D.L. Galbreath, *Papal Heraldry*, Abb. 57. – Es ist festzuhalten, daß die Hydra des Geschlechts Joyeuse (*unter rotem Schildhaupt, darin drei goldene Hydren, in Gold drei blaue Pfähle*) wesentlich älter als vom Ende des Mittelalters sein dürfte.

27   Hervé Pinoteau, *Quelques réflexions sur l'œuvre de Jean du Tillet et la symbolique royale française*, AHS, Jahrbuch 1956, S. 2-25; ders.: *L'origine des armes de France*, Anhang an *L'ancienne couronne de Charlemagne*, Sonderdruck aus Bulletin du Vieux Papier, Paris 1972.

28   Gerola, *a.a.O.* (Anm. 11).

29   Jean Tricou, *a.a.O.* (Kap. III, Anm. 19) S. 100.

30   Kopie von 1542 nach einem Wappenbuch von ungefähr 1400 nach Maandblad van het Genootschap 'De Nederlandsche Leeuw', Januar 1930.

31   Manchmal hat man einen Stern mit gewellten Strahlen *Strahlenstern* genannt, obwohl er in Wirklichkeit eine Sonne oder ein Sonnenschatten ist.

32   Paul Adam, *Traité du blason et armorial catalan de Steve Tamburini*, Sonderdruck aus Boletín de la Real Academía de Buenas Letras de Barcelona, XXIX 1961-1962.

33   Angot, *a.a.O.* (Kap. V, Anm. 22) S. 189.

34   Vgl. Kap. I.

35   Ausstellungskatalog *'Chefs-d'œuvre de la tapisserie'* Paris 1973-1974, Nr. 14.

36   Vgl. Jean-Bernard de Vaivre, *Le chandelier dans l'iconographie française du XIIIème siècle*, für AH vorbereiteter Aufsatz.

37   Nold Halder, *Der Sattel in der Heraldik und Sphragistik*, AHS, Jahrbuch 1963, S. 2-25.

38   Abbildung entnommen aus S. Guichenon, *Histoire de Bresse et de Bugey...*, Lyon 1930, 3. Teil, S. 63.

39   Die Grafen von Auvergne und die Grafen von Tübingen führen in Gold einen roten Gonfanon, der eine als Fahnenträger des Königs von Frankreichs, der andere als Fahnenträger des Kaisers. Beide Gonfanons waren rot: Hans Horstmann, *a.a.O.* (Kap. I, Anm. 24), S. 71.

40   Das Wolfseisen mit Handgriff wird manchmal, wenn der Griff verlängert ist, als *Schustermesser* bezeichnet; die Z-förmige Ausführung heißt auch *Doppelhaken*.

41   Auf den ältesten Siegeln der Grafen von Comminges erkennt man deutlich ein leicht getatztes Kreuz und einen Schildrand (PG, Nr. 179 ff.), wodurch auch eine kräftige Verstärkung des Schildes erzielt wird (Abb. 399).

42   In alten beschreibenden Wappenbüchern werden das Ankerkreuz und das Schlangenkopfkreuz als *Mühleisen* bezeichnet (vgl. unten S. 291).

43   Alte Wappenbücher nennen diese Figur korrekter *durchbohrtes Kreuz*.

44   Dieses Kreuz erscheint in vielen Wappen von Städten und Gemeinden, die auf ihrem Gebiet eine Johanniter-Komturei hatten (AH 1970, S. 28).

45   Das sog. Lothringerkreuz (schwebendes Doppelkreuz) kommt von einem Reliquiar des Wahren Kreuzes, das man seit dem 14. Jahrhundert auf den Bannern der Anjou findet (Teppiche der Apokalypse von Angers, vgl. P. Marot, *La symbolique de la croix de Lorraine*, Paris 1948).

46   Es ist nicht ganz sicher, daß diese Figur überhaupt ein Kessel ist. Man könnte darin eher eine Jagdtasche sehen.

47   Angot, *a.a.O.* (Kap. V, Anm. 22), Nr. 539.

48   Der *Hammer* (franz. maillet) ist eine Waffe und kommt im Wappen der Mailly und mehrerer anderer uradliger Familien vor.

49   Diese Klingen sind leicht mit den halbmondförmigen Wolfeisen zu verwechseln, nur ist ihr Griff länger.

50   Jean Tricou, *Une chasuble aux armes de Méric de Vic...*, AHS Jahrbuch 1956, S. 38-39.

51   Dieses Exlibris ist eine Arbeit von J. Picart, einem der besten Graveure, die sich in der ersten Hälfte des 17. Jahrhunderts der Heraldik widmeten. Er wird leider zu wenig gewürdigt. J.B. de Vaivre: *La décoration héraldique d'une demeure bourguignonne du XVIIème siècle*, erscheint demnächst.

52   Franz J. Schnyder, *Schweizer im St. Stephans-Ritter-Orden zu Pisa*, AHS Jahrbuch 1972, S. 57-66.

53   Die Abbildung ist entnommen aus Dom A. Pelletier, *Nobiliaire ou armorial général de la Lorraine et du Barrois*, Erweiterte Auflage, Paris 1975. Der dritte Band gibt das unedierte eigenhändige Manuskript von Dom Pelletier wieder, das er an Kaiser Franz I. geschickt hatte und das sich in der Österreichischen Nationalbibliothek in Wien befindet.

171

Abb. 464 Der Graf von Flandern und seine Lehensleute (um 1370) (BE Fol. 36).

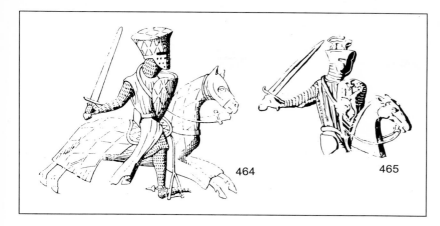

Abb. 465 Amaury de Craon, Seneschall von Anjou (1223) nach seinem Siegel (Demay, *le Costume...* S. 180).

Abb. 466 Balduin, Graf von Flandern (1197) nach seinem Siegel (DA Nr. 52).

KAPITEL VII

DIE OBERWAPPEN

Oberhalb des Schildes befindet sich oft ein *Oberwappen*: Helm mit Helmzier, Krone, Mitra oder Hut.

Im Mittelalter spielte die Helmzier eine fast so bedeutende Rolle wie der Schild, sie hat zwar in den romanischen Ländern schnell an Beliebtheit verloren, jedoch ihre Bedeutung in England und in den deutschsprachigen Gebieten voll bewahrt. Schon die Emailplatte des 1151 gestorbenen Gottfried Plantagenet zeigt uns den Ritter mit einem auf die Seite seines konischen Helmes gemalten Löwen aus seinem Wappen (Abb. 11). Bemalung der Helme ist damals nichts Seltenes (Abb. 465) (1), aber an ihre Stelle tritt bald die Helmzier. Die erste bekannte echte Helmzier ist die des Grafen Balduin von Flandern von 1197 (Abb. 466). Sein Helm trägt auf dem flachen Dach den Löwen aus dem Schild, aber auf allen Vieren stehend. Einige Jahre später verschwindet der Helm mit flachem Dach, der Topfhelm, und macht zu Anfang des 13. Jahrhunderts dem Kübelhelm Platz, und die Helmzier kommt überall allgemein in Gebrauch (2).

Bald nach 1230 werden Helme mit Helmzier auch alleine in Siegeln dargestellt (3), vor allem in Deutschland. Im 13. Jahrhundert hat man die Zusammenstellung des von einem Helm mit seiner Helmzier überhöhten geneigten Schildes erfunden. In dieser Stellung erschienen diese Waffen-teile, wenn der Ritter sie trug und wie man sie auf den Reitersiegeln und auf den Bildern von Turnieren erblickt: der Ritter trägt den Schild am leicht angewinkelten Arm und neigt den Kopf nach vorn (4). Was man allgemein Wappen nennt, ist die zeichnerische Darstellung dieser Zusammenstellung eines Helmes mit seiner Helmzier. Nicht nur die Ritter trugen solche Helmzierden, sondern in gleicher Weise waren auch die Pferde geschmückt (Abb. 94 und 173).

Helm und Helmzier

Der älteste französische Schild mit Oberwappen datiert von 1270 (5): hier ist der Schild von einem Helm ohne Helmzier überhöht. Anfänglich war es kaum üblich, auf den Schild einen Helm ohne Helmzier zu setzen; im 16. Jahrhundert wird es aber zur Gewohnheit. Seit 1560 ist in Frankreich und seit 1595 in den Spanischen Niederlanden der behelmte Schild mit oder noch häufiger ohne Helmzier sogar ein Adelsvorrecht. Die Meinung, König Karl V. habe den Bürgern von Paris das Recht verliehen, ihr Wappen mit einem Helm zu versehen, geht auf eine irrige Ausdeutung der Ausdrücke in der Charta von 1371 (6) zurück.

Seit dem 17. Jahrhundert wollte man durch Gestalt und Stellung des Helmes den Adelsgrad des Trägers zum Ausdruck bringen. Diese ziemlich wertlose Regel wurde aber kaum angewandt. In Deutschland und der deutschen Schweiz beschränkte man den Gebrauch des Bügelhelms auf den Adel, während die Bürgerlichen sich mit dem ihnen verbliebenen älteren geschlossenen sog. Stechhelm begnügen müssen.

Die Helmzierden können den Schildinhalt wiedergeben oder sich auf eine Ausschmückung des Helmes beschränken, was auf sehr verschiedene Weise geschehen kann: wir finden *Federn* aller Art, einzeln oder in Büscheln, dann *Kugeln, Laubzweige, Hüte* verschiedener Formen, *Mitren, Hirschgeweihe, Hörner* von Stein- und manch anderen Böcken (Abb. 468). *Büffelhörner* sind häufig und symmetrisch zu beiden Seiten des Helmes angebracht. Sie haben anfänglich die Gestalt eines Halbmondes (Abb. 467), biegen sich später in gefälliger Weise in Gestalt eines S (Abb. 183) und werden oft mit Federn, Rosen, Laubzweigen, Zackenkämmen verziert; letztere können ihrerseits mit Federn oder Quasten (Abb. 469) besetzt sein. Frühzeitig sind die ebenfalls als Helmzierden verwendeten *Jagdhörner* mit den *Büffelhörnern* verwechselt worden. Manchmal wurden letztere mit Mundlöchern (Abb. 470) versehen, sicherlich um bequem Federn hereinstecken zu können: so sind sie auch zu dem Namen Elefantenrüssel gekommen.

Ein *Flug* ist ein Flügelpaar; er kann von vorne (Abb. 268 und 473) oder von der Seite (Abb. 453, 471 und 472) zu sehen sein; ein *Halbflug* ist nur ein Flügel und wird immer in Seitenansicht gezeigt (Abb. 474). Die Blickrichtung von Helm und Helmzier soll stets übereinstimmen. Eine Helmzier im Profil auf einem von vorne gesehenen Helm oder umgekehrt sind leider nur zu oft anzutreffende Scheußlichkeiten. Die Gestalt der Flüge wandelt sich unendlich oft, von höchst realistischen Adlerflügeln (Abb. 453) bis zu flügelförmig ausgeschnittenen Brettern oder einfachen dreieckigen, an der Kante mit Federn besetzten Schirmen. Der *Bannerflug* ist rechteckig und manchmal auf zwei magere Federbüschel, fast nur noch Bretter (Abb. 472) reduziert.

Sehr häufig sind *Tierköpfe* (Abb. 464): Löwen, Hunde (Abb. 475 und 476), Wölfe (Abb. 477), Bären (Abb. 478), Eber (Abb. 138), Drachen (Abb. 192 und 630), Adler, Schwäne und Reiher, manchmal paarweise (Abb. 480), wie die einen Ring haltenden Schwanenrümpfe der Créquy (Abb. 481) und die verschlungenen Schlangen eines Stuart aus Schottland (Abb. 479).

Hierbei fehlen auch *menschliche Köpfe* und *Rümpfe* nicht, sie stehen manchmal auch paarweise. Ihre Kleidung gibt oft den Schildinhalt wieder, der, wie ein altes Wappenbuch sich ausdrückt 'auf den Bauch geprägt' ist (Abb. 482). Besonders häufig finden sich *Mohrenköpfe* (Abb. 485),

174

Abb. 467 *Schwarz-silbern geviert*; Helmzier: *zwei Hörner wie Schildbild*: Zollern (um
1340) (MHZ Nr. 60).

Abb. 468 Der Bischof von Trier
und seine Lehensleute (um 1380)
(GA Fol. 32).

175

Abb. 469   *In Rot ein goldener Schrägbalken*; Helmzier: *ein blaues Horn mit goldenem Rückenkamm, die Zacken mit silbernen Feder-büscheln besetzt*: Johann IV. von Chalon, Graf von Auxerre (um 1370) (GA Nr. 325).

Abb. 470   *In Rot ein silberner Adler*; Helmzier: *ein goldener Stern zwischen zwei außen mit silbernen Lindenzweigen besteckten roten Büffelhörnern*: Fenster mit dem Wappen von Vienne (14. Jahrhundert) im Baseler Münster.

Abb. 471   *In Silber drei rote Seeblätter*; Helmzier: *ein Flug als 'Hilfskleinod'*: Tecklenburg (West-falen) (um 1385) (Wappenbuch van den Ersten).

Abb. 473   *Golden-schwarz zu zehn Plätzen geständert, in den schwarzen Plätzen mit je drei oder vier silbernen Wiederkreuzchen belegt*; Helmzier: *ein schwarzgestulpter silberner Hut, auf der Krempe besetzt mit zwei schwarzen Kugeln, aus denen ein sil-berner Bannerflug hervorgeht*: Wal-ter, Herr von Enghien (+1381) (GA Nr. 1012).

Abb. 472   *In Rot vier goldene, mit blauen Schachrochen belegte Pfähle*; Helmzier: *ein rotgezungter goldener Drachenkopf zwischen einem roten Bannerflug*: Philippe Dalmau, Vicomte de Rocaberti (um 1380) (GA Nr. 649).

Abb. 474   *In Blau ein silberner Pfahl, belegt mit drei roten Schild-chen*; Helmzier: *ein Flügel als 'Hilfskleinod'*: bemalte Steinplastik mit dem Wappen Schöneck (14. Jahrhundert) im Baseler Münster.

Abb. 476   *Rotgezungter silberner Doggenkopf mit rotem Halsband, aus einem Kranz aus grünem Laub und roten Blumen hervorkommend*: An-toine de Toulongeon, Ritter des Goldenen Vlieses (um 1450) (TO).

Abb. 475   *Schwarzer Windhund-rumpf mit golden verziertem roten Halsband zwischen einem silbernen Flug*: Helmzier von Antoine, Herrn zu Croy, Ritter des Goldenen Vlieses (um 1450) (TO).

Abb. 477   *Naturfarbener Wolfs-kopf, aus roten Flammen hervor-kommend*: Helmzier von Jean, Herrn zu Commines, Ritter des Goldenen Vlieses (um 1450) (TO).

176

Abb. 478 *In (Rot) ein (goldenes) lilienendiges Kreuz, bewinkelt von zwölf (goldenen) Schindeln; Helmzier: Bärenrumpf mit Halsband und Maulkorb*: André de Villequier, Vicomte de la Guerche (Normandie), nach seinem Siegel von 1452 (GB Nr. 306).

Abb. 480 *Golden-schwarz dreimal geteilt; Helmzier: zwei rotbewehrte silberne Schwanenrümpfe*: Thumb von Neuburg (HA) (14. Jahrhundert) (Zeichnung DLG).

Abb. 481 *Eine rote Kugel zwischen zwei rotbewehrten silbernen, gemeinsam einen goldenen Diamantring im Schnabel haltenden Schwanenrümpfen; Helmzier von* Jean, Herrn zu Créquy, Ritter des Goldenen Vlieses (um 1450) (TO).

Abb. 479 Stewart, Plastik am Bischofspalast zu Elgin (Schottland) (Anfang 15. Jahrhundert).

Abb. 482 *In Rot ein golden-schwarz gesparrter Pfahl; Helmzier: wie der Schild gekleideter Frauenrumpf*: Graf Rudolf IV. von Nidau (Kanton Bern) (um 1380) (GA Nr. 1747).

Abb. 483 *In Gold ein schwarzes Kreuz, belegt mit fünf silbernen (sic) Muscheln; Helmzier: ein Midasrumpf*: Jean de Grailly, Captal de Buch, Hosenbandritter (um 1420) (Kapelle des Hosenbandordens in Windsor).

Abb. 485 *In Hermelin gekleideter Mohrenrumpf mit goldenem Halsband, bedeckt mit einem rot aufgeschlagenen Spitzhut, dieser besetzt mit einer goldenen Kugel, in der ein schwarzer Federbusch steckt*: Helmzier von Guillaume de Vienne, Herrn zu Saint-Georges, Ritter des Goldenen Vlieses (um 1450) (TO).

Abb. 484 *Gestürzt in den Helm beißender Delphin*: Helmzier von Robert de Masmines, Ritter des Goldenen Vlieses (um 1450) (TO).

Abb. 486 *Zwei mit engen blauen und zwei weiteren hermelingestulpten grünen breiten kurzen Ärmeln bekleidete Arme, mit den fleischfarbenen Händen ein Blutstropfen vergießendes geborstenes Herz (cœur crevé) pressend*: Helmzier von Jacques de Crèvecœur, Ritter des Goldenen Vlieses (um 1450) (TO).

177

Abb. 487 Siegel von Graf Amadeus VI. von Savoyen (um 1375) (ISV 24/1).

Abb. 488 *In Rot ein silberner Feuerstahl*; Helmzier: *eine Bärenmaske*: Grassauer (Österreich) (um 1340) (MHZ Nr. 237).

Abb. 489 Siegel von François, Herrn zu la Sarraz (Waadt) (1353) (ISV 82/3).

manchmal mit Eselsohren und dann *Midasköpfe* genannt (Abb. 483). Häufig sind auch die Jungfrauenrümpfe, ebenso wie die von Kriegern, Mönchen, ja sogar von Kranichmenschen (Abb. 222).

Manchmal verschlingt ein solcher Kopf die Schädelpartie des Helms, wie z.B. die Löwenmaske von Savoyen (Abb. 487), das Ochsenhaupt von der Mark (Abb. 23) (8) und der Delphin des Hauses Masmines (Abb. 484). Die Wappenrolle von Zürich führt uns sogar einen Bärenkopf vor, der den ganzen Helm umschließt (Abb. 488).

Man findet auch *Menschenarme*, wie die beiden das Herz der Crèvecœur zerreißenden Arme (Abb. 486), die aus einem Wolkenkranz hervorkommende Segenshand oder behandschuhte Hände. Noch sonderbarer sind die *Beine* gerüsteter oder ungerüsteter Menschen (Abb. 495) und selbst von Pferden (Abb. 496) oder Kühen.

Das Mittelalter ließ seiner außerordentlichen Phantasie bei der Schaffung von Helmzierden freien Lauf, wie man bei der Durchsicht der hier wiedergegebenen Tafeln aus Wappenbüchern des Mittelalters sehen kann. Man ging so weit, als Helmzierden selbst komplizierteste Maschinen zu verwenden, die auf Bewegung durch den Wind eingerichtet waren (7).

Zur Wiedergabe von Figuren aus dem Schild in der Helmzier hat man oft runde, halbrunde, ausgebogte und in anderen vielfältigen Formen begrenzte *Schirmbretter* verwendet, die häufig mit Federn oder Quasten besetzt sind. In den Wappenbüchern des Mittelalters stößt man auf zahlreiche Beispiele hierfür (vgl. besonders die Abb. 38, 45, 64, 81, 94, 205 und 507). Ein typisches Beispiel wird durch das Siegel des François de la Sarraz, Bailli der Landschaft Chablais (Savoyen) 1353 beigebracht (Abb. 489): das im Schild vorkommende, mit drei Sternen belegte rote Schildhaupt wird durch ein Schirmbrett in Gestalt eines umgewendeten Halbmondes vertreten, der seinerseits mit Sternen belegt und mit Hahnenfedern besteckt ist, während die vielfache Spaltung des Schildes sich in dem den Helm bedeckenden Überzug wiederholt und sich in den die eigentliche Helmdecke bildenden, der Länge nach geschnittenen Streifen fortsetzt. Es ist einfacher, aber weniger einfallsreich, bei der Wiedergabe des Schildinhaltes in der Helmzier die ganze Helmzier als ein Schildfeld zu betrachten (sog. Hilfskleinod), wozu sich die Schirmbretter vorzüglich eignen.

Wenn die Schildfigur ein Löwe oder ein Adler war, ist die nächstliegende Helmzier der Kopf des Adlers oder des Löwen, wie in den Siegeln des Jean de Quatremares (Abb. 490) (9) und von Jean de Blonay (Abb. 491); bei letzterem ist das Feld mit seinen daraufgestreuten Kreuzchen elegant auf der Hülse wiederholt, aus der der Löwenkopf hervorkommt. Solche

Abb. 490 Siegel von Jean de Quatremares (1392).

Abb. 491 Siegel von Jean, Herrn zu Blonay (1359) (ISV 48/2).

Abb. 492 Siegel von Antoine, Herrn zu Menthon (1482) (AV II).

Abb. 493 Siegel von Philipp, Grafen von Valois (1327) (Demay, Le costume... S. 185).

Abb. 494 Holzschnitt mit dem Wappen des Johann von Wattenwyl (1547-1604), Schultheiß der Stadt Bern, Arbeit des Johannes Le Preux (1583) (AHS 1942 S. 15).

oft mit Federn gefüllte Hülsen werden gern gebraucht; sie sind ja von schöner Wirkung. Massenhaft finden sich die Halbfiguren, vor allem von wachsenden Löwen (Abb. 492). Bisweilen setzt man ihrem Rücken einen Kamm an, der die Farbe des Schildes wiederholt.

Schon sehr früh werden vollständige Tiere und sogar Personen als Helmzierden verwendet (Abb. 493 und 500). Eine interessante Variante sind die Rümpfe von Damen, deren Arme durch Flügel (Abb. 497), Hörner oder auch Fische ersetzt sind.

Seit dem Ende des Mittelalters wurde auch die griechische Sagenwelt herangezogen; so zeigt das Siegel von Cesare Borgia als Helmzierden einen Pegasus und eine Hydra (Abb. 348).

Die Helmzierden wurden fast nur anläßlich von Turnieren und Festlichkeiten getragen. Jeder folgte seiner Laune und änderte die Helmzier ohne Zögern. Wir kennen in der Familie Blonay vier Personen mit dem Namen Jean, die folgende Helmzierden (10) führen: einen aus einer Hülse hervorkommender Löwenkopf, ein einen mit Federn verzierten Halbmond tragendes Kissen, einen zwischen einem Flug hockenden Löwen, einen wachsenden Löwe zwischen einem Flug, und später in der gleichen Familie einen vollständigen Adler mit ausgebreiteten Flügeln und einen wachsenden Adler. Solche Helmzierden haben also nicht die Eigenschaft, festzustehen und erblich zu sein, wie es für den Schild typisch ist. Es sind vielmehr persönliche Embleme. Dies trifft vor allem für die Länder französischer Sprache zu. In Deutschland wird die Helmzier von 1240 an (11) erblich, und man geht schließlich dazu über, eine Differenzierung nicht mehr durch Abänderung des Schildes, sondern durch Veränderung

Abb. 495 *Zwei goldenverzierte schwarze Harnischbeinlinge*: Helmzier des Jean de Roubaix, Ritter des Goldenen Vlieses (um 1450) (TO).

Abb. 496 *In Gold drei blaubesamte rote Fünfblätter, überdeckt von einem blauen Freiviertel, darin ein blaubewehrter silberner Adler; Helmzier: zwei silberne Pferdebeine mit silbernbeschlagenen Hufen*: Arnold, Herr zu Leefdale (Brabant) (um 1370) (GA Nr. 180).

Abb. 497 Helm und Helmzier von Eduard, Prince of Wales, genannt der Schwarze Prinz (um 1376) in der Kathedrale zu Canterbury.

Abb. 498 *Innerhalb roten Schildrandes in Silber zwei rote Balken, oben begleitet von drei roten Sternen; Helmzier: ein aus einer Krone auffliegender schwarzer Vogel*: Exlibris von George Washington (um 1790).

der Helmzier zu schaffen. Allein für das Geschlecht von Eptingen (Abb. 671, Kap. X) kennt man vierundzwanzig verschiedene Helmzierden. In den Ländern einer romanischen Sprache werden nach dem Mittelalter die Helmzierden sehr selten, ihr Platz wird von langweiligen Kronen eingenommen.

Wenn man Wappen mit Helm und Helmzier zeichnet, muß man sich immer vor Augen halten, daß letztere aus leichtem Material wie Holz und Federn bestand, mit gesottenem Leder oder dünnem Gips überzogen (Abb. 497) und am Helm mittels Bolzen oder Riemen befestigt war. So soll man auch auf einem Bein schwankend tanzende Löwen oder im Nichts aufgehängte Gestirne vermeiden, denn so etwas ist nur auf dem Papier möglich.

In England werden die Helmzierden seit dem 14. Jahrhundert oft ohne Helm, auf einem Wulst, einem Hut oder einer Krone ruhend (Abb. 498) gezeichnet; diese unnatürliche Trennung hat eine große Anzahl von Helmzierden hervorgebracht, die auf keinem Helm zu befestigen möglich wäre.

Andere kriegerische Kopfbedeckungen außer den im Vorstehenden erwähnten Helmarten haben nur selten als Oberwappen gedient. Als Beispiel hierfür führen wir den Helm des streitlustigen Bischofs von

Abb. 499 Fenster des Herzogs
Rudolf von Lothringen (1330-40)
im Kloster zu Königsfelden.

Abb. 500 Der König von England
und seine Lehensleute (um 1380)
(GA Fol. 56v).

181

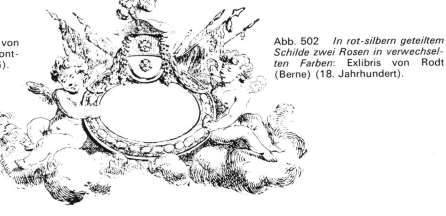

Abb. 502 *In rot-silbern geteiltem Schilde zwei Rosen in verwechselten Farben*: Exlibris von Rodt (Berne) (18. Jahrhundert).

Montauban, Jean de Lettes (Abb. 501), an, auf dem ein Kriegshelm jener Zeit (1560) liegt, und das hübsche Exlibris im Louis XVI.-Stil mit dem Schild der Berner Familie von Rodt, auf dem ein militärischer Federhut ruht (Abb. 502).

Die Helmdecken

Die Darstellungen des frühen Topfhelms zeigen diesen nackt, der spätere hochgezogene Kübelhelm scheint bald mit einer Stoffhaube bedeckt worden zu sein, deren überstehende Enden auf dem Siegel Philipps von Elsaß, Grafen von Flandern, von 1170 (Abb. 503) (12) erkennbar sind. Diese Haube, die die Wirkung der Sonnenstrahlen mildern sollte, entwickelt sich schnell, und wir sehen, wie sie alle Helme, sowohl auf Siegeln wie in den Wappenbüchern, bedeckt. Diese Helmdecke ist kurz und mantelförmig. In den Abbildungen des vorliegenden Werkes findet man zahlreiche Beispiele. Diese Deckenart steht natürlich in enger Verbindung mit der Helmzier, indem diese hierdurch fortgesetzt wird (Abb. 499).

Anfänglich in bescheidenen Abmessungen gehalten, verlängert sie sich seit dem 14. Jahrhundert. Ihre Ränder werden oft, wie die langen Ärmel und Säume der Gewänder (Abb. 482) nach der gleichzeitigen Mode ausgeschnitten. Die Künstler zeichnen sie auch in Gestalt mit gefälligen Falten fallenden Stoffes (Abb. 504) und verzieren sie mit Fransen, Quasten und Schellen.

Durch immer stärkere Auszaddelung dieses Mäntelchens gelangt man zu den unregelmäßig zerschlitzten Gestaltungen, jenen Helmdecken, die den Helm und den Schild in phantasiereicher Ornamentierung umrahmen

Abb. 503 Philipp von Elsaß, Graf von Flandern, nach seinem Siegel (1170) (Demay, Le costume... S. 190).

Abb. 504 *In schwarz-silbern gespaltenem Schilde zwei gekreuzte Kröseleisen in verwechselten Farben*; Helmzier: *schwarz-silbern gespalten gekleideter bärtiger Mannesrumpf, auf dem Haupt eine mit drei Federn besetzte Mütze*; Glaser (Basel) (15. Jahrhundert), Gemälde im Staatsarchiv Basel-Stadt.

182

und den Künstlern die Gelegenheit bieten, ihren Vorstellungen freien Lauf zu lassen (Abb. 83). Da Helmdecken dieser Art selbst die geringsten Stilwandlungen mitmachen, dienen sie hervorragend zur Datierung von Wappen.

Wie die frühen Helmdecken bilden auch die späteren sehr oft die Verlängerung der Helmzier, eine Anordnung, die besonders bei Köpfen und Rümpfen, den Büsten von Personen und oberhalb Lebewesen naheliegt. Wenn die Gestalt der Helmzier das erfordert, erhält die obere Partie der Helmdecken die Gestalt eines Überzuges; und die Verbindung der Helmzier mit dem Helm kann dann durch ein Kissen (Abb. 505), einen Hut oder eine Krone (Abb. 506) verdeckt werden. Seit dem Ende des Mittelalters findet man oft einen *Wulst*; in der 2. Hälfte des 14. Jahrhunderts kommt er erstmals vor; er besteht aus zwei zusammengewundenen Stoffstreifen in den Hauptfarben des Schildes oder der Livree; bisweilen läßt man die beiden Enden frei flattern. An die Stelle des Wulsts treten gelegentlich geschmackvolle Blumenkränze, Flammen (Abb. 508) oder Wolken. In Frankreich findet man hin und wieder zusätzlich zum Wulst und zur Helmdecke von den Wappenbildern umschlungene Helme.

Die Farben der Helmdecken aller Art haben viele Wandlungen durchgemacht. Anfänglich findet sich Rot ohne jede Beziehung zu den Farben des Schildes oder der Helmzier. Wenn die Helmdecken nur die Helmzier fortsetzen, weisen sie auf der Außenseite notwendigerweise die Farbe des letzteren auf, mit einer Innenseite aus 'Metall', sofern die Helmzier von 'Farbe' ist, und umgekehrt. Die mit Hermelin oder Feh gefütterten Helmdecken sind so selten nicht. Die Regel, wonach Helmdecken immer die Farbe des Schildes – mit Fütterung in der Metallfarbe – wiederholen sollen, setzt sich erst spät und auch nicht allgemein durch.

Vielfach sind die Helmdecken auch mit kleinen Figürchen, Kreuzchen, Kleeblättchen (Abb. 509), Schindeln, Knoten oder Blumen besät. Bei aus mehreren Wappen durch Spaltung oder Quadrierung zusammengesetzten

Abb. 505 *In golden-rot geteiltem Schilde eine ausgerissene grüne Weißdornpflanze mit silbernen Blüten*; Helmzier: *ein Basilisk auf einem Kissen vor der Weißdornpflanze des Schildes stehend*: Malespina del spino fiorito (Malespina mit dem blühenden Dornbusch), Malerei in Verona (Ende 13. Jahrhundert).

Abb. 506 *In golden-rot geteiltem Schilde eine ausgerissene schwarze dürre Weißdornpflanze*; Helmzier: *ein aus einer Krone hervorkommender Hechtkopf*: Malespina, Malerei in Verona (Ende 13. Jahrhundert).

Abb. 507 Medaillon mit dem Wappen Arnolds III., Grafen von Bentheim (1554-1606): *Geviert 1) in Rot achtzehn goldene Münzen* (Bentheim); *2) in Silber drei rote Seeblätter* (Tecklenburg); *3) in Blau ein goldener Anker* (Lingen); *4) in Gold ein roter Schwan* (Steinfurt); *im gespaltenen Herzschild rechts in Silber ein mit drei silbernen Ringlein belegter schwarzer Löwe mit einer Rose anstelle der Schwanzquaste* (Rheda) *und links rot-silbern mehrfach quergeteilt* (Wevelinghoven); Helmzierden: a) *Mannesrumpf mit Wiederholung des Schildbildes auf dem Gewand* (Bentheim); b) *ein Pfau zwischen zwei das Schildbild wiederholenden Schirmbrettern* (Tecklenburg); c) *ein Schwan* (Steinfurt) (AH 1963 S.15).

Abb. 508 *In Silber ein mit einem goldenen Sternchen belegtes rotes Kreuz; Helmzier: ein aus roten Flammen hervorkommender naturfarbener Mann mit schwarzen Haupt- und Barthaaren, rotgesäumt silbern gekleidet und ein Fähnchen mit Wiederholung des Schildbildes auf dem Tuch haltend*: Daniel van Bouchout, Herr zu Humbeek (Brabant) (um 1370) (BE Fol. 65, Nr. 1).

Abb. 509 *In rotem, mit goldenen Kleeblättchen besäten Felde zwei ebenfalls goldene abgewendete Barben; Helmzier: eine mit goldenen Kleeblättchen besäte rote Hülse, aus der ein schwarzer Federbusch hervorkommt*: der Graf von Nesle (um 1380) (GA Nr. 419).

Wappen verwendet man in vielen Fällen auf jeder Seite andere Farben, welche dann den Hauptfarben der Wappen entsprechen.

Es sei hinzugefügt, daß die Entwicklung von aus verschiedenen Quartieren zusammengesetzten Wappen, vor allem in Deutschland, dazu geführt hat, auf dem Schild mehrere Helmzierden (Abb. 507) zu gruppieren, die den Lehensverhältnisse oder Ansprüche ausdrückenden Quartieren entsprechen.

Kronen und weltliche Würdezeichen

In einer modernen Zeichnung muß natürlich der Stil der Helmdecken dem des Helms oder des Schildes entsprechen. Schon frühzeitig hat man begonnen, mittels der Oberwappen den Rang eines Wappeninhabers auszudrücken. Matthäus Paris, ein englischer Mönch und einer der großen Heraldiker des 13. Jahrhunderts, hat als erster in den Zeichnungen seiner Chronik die Mitra auf die Schilde von Bischöfen gelegt.

Kronen erscheinen als Oberwappen ganz am Ende des 13. Jahrhunderts auf den Siegeln: der Schild des Königs von Frankreich ist auf dem Siegel der Stadt Bordeaux von 1291-97 mit einer Krone bedeckt, der Schild des Herzogs der Bretagne von 1315 auf einem Siegel des Parlaments und der des Königs Peter III. von Aragon 1344 auf seinem Gegensiegel; alle diese Kronen bestehen aus Stirnreifen mit mehreren Fleurons (14).

Die Lilien der Krone von Frankreich und die Tatzenkreuze der englischen werden seit dem 14. Jahrhundert zu feststehenden Bestandteilen, aber die Gestalt der Fleurons aller anderen Kronen hat sich bis heute immer wieder verändert. Es muß darauf hingewiesen werden, daß im 14. Jahrhundert viele Kronen keine echten Würdezeichen sind, sondern nur Bestandteile der Helmzier. In dieser Eigenschaft können sie sogar verschiedene Farben aufweisen und brauchen nicht nur golden oder silbern zu sein (vgl. Abb. 238).

Die Kronen, welche die hochgestellten Persönlichkeiten des 16. Jahrhunderts, die Herzöge, Marquis und Grafen auf ihre Schilde legen, sind dieselben, wie die, welche ihre Ahnen hundert Jahre zuvor tatsächlich

Abb. 510 Wappen nach einer Münze von Peter-Ludwig Farnese, Herzog von Castro (um 1540).

getragen hatten: Es sind dies mit Edelsteinen verzierten Reifen, manchmal sogar ohne Fleurons (Abb. 510) (15), meistens aber mit mehr oder weniger hochgezogenen Zacken (Abb. 511), mit Perlen, Fleurons (Abb. 512) oder allen möglichen Kombinationen jener drei Möglichkeiten (Abb. 513) besetzt und zuweilen mit einer Mütze (Abb. 514) ausgefüllt. Erst im 17. Jahrhundert schufen die Heraldiker Übereinstimmung zwischen den Adelstiteln und speziellen Kronen.

Die Königskronen haben viele Wandlungen durchgemacht. Bei Matthäus Paris bestehen sie aus einem eine runde oder spitze Mütze einschliessenden, mit Fleurons besetzten Reif (Abb. 515). Seit dem 15. Jahrhundert findet man sie mit mehreren Bügeln ausgerüstet, die ihrerseits mit Perlen oder Laubwerk verziert sind. Den Anfang machen vier Bügel (Abb. 516), davon drei sichtbar, dann werden es acht, davon fünf sichtbar (Abb. 517 und 518). Die Kronen von England und Schottland haben im allgemeinen nur vier Bügel, und die Könige von Dänemark und Portugal (Abb. 519) haben sich bis zum Ende des 16. Jahrhunderts bisweilen offener Kronen ohne Bügel bedient, die den Herzogskronen sehr nahekommen. Die Königskronen von England, Preußen, Belgien und Italien sind mit einer auf die halbe Höhe der Bügel aufsteigenden Mütze aus rotem Samt gefüttert (16).

Der Kaiser legte auf seinen Schild einen Stirnreif mit Fleurons, den ein mit einem Reichsapfel besetzter Bügel überspannt und der mit einer spitz zulaufenden Mitra gefüllt ist (Abb. 520). Ein Exemplar dieses Kronentyps wird die österreichische Hauskrone genannt. Die echte Kaiserkrone, die Karl dem Großen zugeschrieben wurde und aus dem 10. und teilweise 13. Jahrhundert stammt (17), hat nur in Einzelfällen (obere Krone auf Abb. 636) gedient. Die deutsche Kaiserkrone von 1871 bis 1918 hat nur auf dem Papier und in einem kleinen Modell und auf Denkmälern existiert.

In der Krone des Dauphin de France werden die vier Bügel seit 1662

Abb. 513 *In Gold ein roter Schrägbalken*: Lamoral, erster Reichsfürst zu Ligne, Gouverneur von Artois 1597, 1610, Ritter des Goldenen Vlieses 1599, +1624: Steinplastik am Rathaus zu Hesdin, Pas-de-Calais.

Abb. 511 Münze von Bonifatius, Markgrafen von Montferrat, mit dem aus Montferrat, Ostrom und Paläologos gevierten Schild (1483-1493).

Abb. 512 Münze des Francesco Sforza, Herzog von Mailand (1450-1466).

Abb. 514 Schilde mit den Wappen von Robert de Melun, Marquis de Roubaix, Gouverneur von Artois (1579, +1585) und seiner Gemahlin Anne Rolin, Plastik auf einem Kamin im Rathaus zu Hesdin (Pas-de-Calais). Das Wappen Melun zeigt *unter goldenem Schildhaupt in Blau sieben silberne Münzen*; Rolin: *Geviert: 1) und 4) in Blau drei (2, 1) gestellte, pfahlweise gelegte goldene Schlüssel, 2) und 3) in blauem, mit goldenen Lilien besäten Felde ein roter Schrägbalken, belegt mit drei silbernen Löwen* (Bourbon-La Marche). Diese Quadrierung kommt durch die Eheschließung von François Rolin mit Jeanne de Bourbon-Carency (1489) zustande. Das besondere Beizeichen der Linie Carency, ein Schildrand, ist nicht erkennbar.

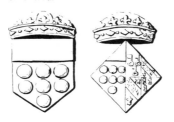

Abb. 515 Wappen und Kronen Kaiser Otto IV. (um 1240) (MP IV 5).

185

Abb. 516   Königskrone von Frankreich (1520) (Englisches Wappenbuch von Camp du Drap d'Or).

Abb. 517   Königskrone von England (1520) (Englisches Wappenbuch vom Camp du Drap d'Or).

Abb. 518   Moderne Königskrone.

Abb. 519   Münze des Königs von Portugal (1640-1656).

Abb. 520   Krone des Kaisers nach Jost Ammann, *Stamm- und Wappenbuch*, Frankfurt a.M. 1589.

Abb. 521   Spielmarke der Dauphine Marie-Antoinette (1770).

Abb. 522   Wappen des Kantons Luzern auf dem Stadtplan von Luzern von Clausner (1792).

anstelle der beperlten Bänder aus Delphinen gebildet (Abb. 521). Die Kronen der Prinzen von Geblüt zeigen nur einen mit Lilien besetzten Stirnreif (Abb. 524). Im 16. Jahrhundert wurde diese Krone den Enfants de France (Königskindern) vorbehalten, während die Prinzen von Geblüt zwei der Lilien durch Fleurons ersetzten, aber im folgenden Jahrhundert nehmen sie von neuem die Krone der Fils de France in Anspruch.

Die Krone des Prince of Wales hat nur zwei Bügel. Die Kronen der anderen Mitglieder des englischen Königshauses haben überhaupt keine Bügel; sie ersetzen gemäß dem Grad ihrer Entfernung von der Krone die Kreuzchen und die Lilien durch Fleurons.

Die Krone der Fürsten des Heiligen Römischen Reiches ist der Königskrone mit vier Bügeln, davon drei sichtbaren, ähnlich.

Die Mehrzahl der souveränen Republiken in der Schweiz haben Kronen mit fünf Fleurons geführt, darin eine Mütze aus rotem Samt, bisweilen von zwei Bügeln überspannt (Abb. 522). Solche Kronen wurden nicht nur in den Kantonen mit aristokratischer Regierung geführt, sondern auch bei den demokratischen Kantonen und sogar bei nach der Revolution gebildeten, wie dem Aargau (18).

Die französischen Prinzen und Fürsten führten Herzogskronen. Das Haus Albon als Fürsten von Yvetot und die Fürsten von Thurn und Taxis führten eine sog. antike oder Heidenkrone mit Zacken (Abb. 523), die La Trémoille, Fürsten von Tarent, einen leicht veränderten Reichsfürstenhut. In Italien und Spanien haben die Fürstenkronen fünf Fleurons und vier Perlen, in den Niederlanden und in Belgien fünf Fleurons; sie sind im allgemeinen mit roten Mützen ausgestattet.

Die Herzogskrone ist sozusagen überall ein Reif mit fünf Fleurons (Abb. 400 und 525), außer in den Niederlanden und in Belgien, wo sie nur drei Fleurons und zwei Perlen hat, dazu aber eine rote Mütze. Auf dem Grabmal der Maria von Burgund in Brügge weisen die Herzogskronen sieben Gruppen zu je drei Perlen auf. Die deutschen Herzöge führen aus acht Bügeln (davon fünf sichtbar) gebildete Kronen mit einer den Zwischenraum zwischen den Bügeln vollständig ausfüllenden Mütze; hierdurch unterscheiden sie sich von der Krone der Großherzöge, wo die Mütze nur bis zur halben Höhe aufsteigt, und von der Königskrone ohne die Mütze (außer den oben erwähnten Ausnahmen). Die Kronen der englischen Herzöge haben wie alle englischen Kronen eine rote, unten mit Hermelin gesäumte und oben mit einer goldenen Quaste abschließende Mütze. Die Krone des Großherzogs von Toskana ist eine antike Krone, deren mittlere Zacke durch eine gefüllte Lilie ersetzt ist (Abb. 460).

Die Marquiskrone weist drei Fleurons und zweimal je drei Perlen auf, die entweder eine über zweien (Abb. 329) oder nebeneinander auf dem

Abb. 523 *Geviert von Schwarz mit goldenem Kreuz* (Albon) *und Gold mit rotbefloßtem blauem Delphin* (Dauphins du Viennois): Albon, prince d'Yvetot (um 1720).

Abb. 524 Das Emblem des Herzogs von Orléans, ein Stachelschwein, mit der Halsberge um den Hals und überhöht von der Krone der Prinzen von Geblüt (um 1508) (Steinplastik im Schloß zu Blois).

Abb. 525 Krone der Herzöge und Pairs von Frankreich (Wappentafel vom Anfang des 18. Jahrhunderts).

Stirnreif stehen können. In Belgien, den Niederlanden, in Spanien und Dänemark hat sie fünf Fleurons und keine Perlen.

Die moderne Grafenkrone hat neun sichtbare Perlen, die in Belgien auf hohen Stielen stehen. Von diesem System schließen sich die Niederlande durch eine Krone mit drei Fleurons und zwei Perlen, die Schweden mit fünf Fleurons und die Engländer aus; die englische Earlkrone hat fünf Perlen auf langen Stiften, dazwischen vier kleine Fleurons, und umschließt eine Mütze (Abb. 526). Die alten Formen zeigten nur entweder eine einzelne Gruppe von drei Perlen oder auch eine zwischen sieben und fünfunddreißig schwankende Anzahl von Perlen (Abb. 527), die bisweilen an den Enden und in der Mitte von zusätzlichen einzelnen Perlen überhöht sind, oder sogar Zacken in variabler Anzahl, mit oder ohne daraufgesetzte Perlen, oder auch mit Perlen abwechselnd.

Abb. 526 Englische Grafen- (Earl-) krone.

187

Abb. 527 Fenster von Renatus, Grafen von Challant, Vicomte von Aosta, Herrn zu Valangin (1525) (Stiftskirche Bern).

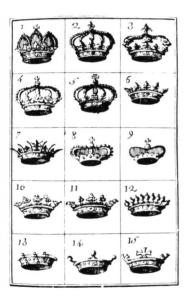

Abb. 528 Die Kronen nach den Vorstellungen der Heraldiker des 17. und 18. Jahrhunderts. Dargestellt sind die Kronen 1) des Kaisers, 2) des Königs von Frankreich, 3) des Dauphin, 4) der Könige von Spanien usw., 5) des Königs von England, 6) der französischen Prinzen von Geblüt, 7) des Großherzogs von Toskana, 8) der Erzherzöge, Kurfürsten und souveränen Reichsfürsten, 9) der Reichsfürsten und Reichsgrafen, 10) der Herzöge, 11) der Marquis, 12) der Grafen, 13) der Freiherrn, 14) der Vicomtes, 15) der Vidames.

Für die Vicomtes gibt es so viele Varianten wie Länder und Zeitabschnitte: in Frankreich und in Spanien drei Perlen auf Zinken und zwei Perlen auf dem Stirnreif, aber auch bisweilen nur drei große Perlen oder drei in der Mitte zusammengestellte Perlen und zwei an jedem Ende; in England sieben Perlen und die übliche Mütze; in Belgien drei Gruppen zu je drei auf Zacken sitzende Perlen; in Italien drei große und zwei kleine Perlen. In den Niederlanden ist die Burggrafkrone durch drei Perlen auf Zacken und zwei Fleurons gekennzeichnet.

Der Vidame soll eine Krone mit drei Kreuzchen und zwei Perlen führen dürfen.

Die Barone oder Freiherrn dürfen in Frankreich, Italien und Spanien den Tortil, einen drei- bis fünfmal von einer Perlenkette umschlungenen und bisweilen mit drei bis fünf Perlen besetzten Reif tragen. In Schweden hat die Freiherrnkrone acht Perlen, auf denen drei weitere sitzen. In England führt der Baron einen Reif mit vier großen Perlen und der Mütze; in Deutschland, Holland und Belgien, manchmal auch in Italien, besteht diese Krone aus einem Reif mit sieben Perlen, die in den Niederlanden und in Belgien auf Zinken stehen. Die noch 1792 verliehene Krone der Barone der Spanischen Niederlande weist einen fünfperligen Reif auf, auf dem eine von vier Perlenschnüren unterteilte rote Mütze sitzt.

In Frankreich erteilt man dem Chevalier Banneret einen Reif ohne Perlen und ohne Fleurons. Der Chevalier (Ritter) in Belgien und den Niederlanden führt einen Reif mit auf Zacken sitzenden Perlen, um den zweimal eine Perlenkette gewunden ist; in Italien hat der Reif drei Perlen; in Spanien trägt der Reif drei Fleurons, zweimal je drei kleeblattförmig angeordnete Perlen und vier kleine Perlen.

In Deutschland und in Schweden führt der Edelmann eine Krone mit drei Fleurons und zwei Perlen, in Italien eine Krone mit fünf Perlen (19). In England sind die Kronen ein Vorrecht der Peers, und alle, bis herunter zu den Kronen der Barone sind mit einer hermelingefütterten Mütze aus rotem Samt ausgestattet. Diese Kronen werden anläßlich einer Königskrönung von den Peers tatsächlich getragen.

Abb. 528 (20) zeigt die wichtigsten Kronen nach den Vorstellungen der Heraldiker des 17. und 18. Jahrhunderts.

Die Wappenkönige von Frankreich sollen eine aus einem Stirnreif bestehende Krone geführt haben, auf der nur ein Tatzenkreuzchen saß. In den Spanischen Niederlanden haben sie ihre Krone mit fünf Tatzenkreuzchen besetzt. Die Wappenkönige von England haben eine aus einem Reif mit der Inschrift 'Miserere mei deus' gebildete Krone, auf der neun Eichenblätter sitzen. Alle diese Kronen stammen erst aus dem 17. Jahrhundert.

Im übrigen muß darauf hingewiesen werden, daß in Frankreich zu allen Zeiten Mißbrauch mit der Führung von Kronen getrieben worden ist. In Belgien haben viele Adlige die Verleihung von Kronen erlangt, die einen höheren als ihren wirklichen Grad angaben, und die in Holland üblichen Kronen wurden von 1815 bis 1830 auch an Belgier verliehen. Übrigens bediente sich seit dem 17. und vor allem im 18. und 19. Jahrhundert jedermann mit vollkommener Ungeniertheit einer Krone. Die Marquis-Kronen waren bei Edelleuten und Bürgern durchaus im Schwange. Nur die Kronen des Königshauses sind nicht usurpiert worden, wie 1779 Mirabeau an Sophie de Monnier schrieb: 'les gens de qualité prennent tous une couronne de duc, parce qu'il n'y a point de procureur qui ne porte celle de comte ou de marquis' (Leute von Ansehen führen immer eine Herzogs-krone, weil es keinen Staatsanwalt gibt, der nicht selbst wenigstens eine Grafen- oder Marquiskrone führt) (21).

Oft sieht man den Helm, besetzt mit einer dieser Kronen, welche an die Stelle des einfachen dreiblättrigen Stirnreifs tretend die Helmzier um-schließen, man sieht sogar in die Mitte einer übermäßig großen Krone gesetzte (Abb. 530) (22) oder auf den Perlen einer Krone balancierende Helme. Moderne Künstler tun gut daran, sich nur mit einem Oberwap-

Abb. 529 Die heraldischen Würdezeichen des französischen Hofes nach Père Ménestrier (Ausgabe von 1770) I, 1. Prinzen von Geblüt, 2. Connétable, 3. Kanzler, 4. Herzog und Pair, 5. Erster Marschall, 6. Marschall von Frankreich.
II. 1. Admiral, 2. Vizeadmiral, 3. Generalfeldzeugmeister, 4. Großmeister von Frankreich, 5. Großkämmerer, 6. Großstallmeister.
III. 1. Großmundschenk, 2. Großbrotmeister, 3. Großjägermeister, 4. Großfalkner, 5. Großwolfsjagdmeister, 6. Generaloberst der Infanterie.
IV. 1. Generaloberst der Kavallerie, 2. Generaloberst der Dragoner, 3. Generaloberst der französischen Garden, 4. Generaloberst der Schweizer und Graubündner, 5. Erster Parlamentspräsident, 6. Präsident mit Barett.

Abb. 530 Rubempré: ein als Schildhalter dienender Drache ist hinter die Krone gesteckt und trägt auf dem Haupt den Helm mit Helmzier.

Abb. 531 Dogenmütze von Venedig auf einem Mosaik in der Markuskirche (Ende 12. Jahrhundert).

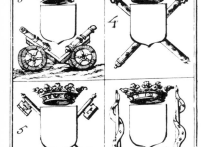

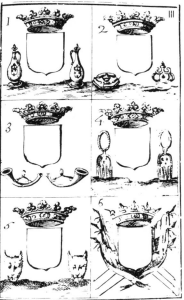

Abb. 532 Österreichischer Erzherzogshut (1490) (Ansbacher
Wappenbuch).

Abb. 533 Deutscher Reichsfürstenhut (1598): auf einer deutschen Druckermarke.

penstück zu begnügen, entweder der Krone oder dem gegebenenfalls
gekrönten Helm mit Helm und Helmzier und Decken.

Der Herzogshut geht auf das 13. Jahrhundert zurück; anfänglich war
das eine mit lappenförmig ausgeschnittenem Futter ausgestattete rote
Mütze. Der Erzherzogshut von Österreich trug außerdem noch zwei von
einem Reichsapfel überhöhte Bügel (Abb. 532). Die deutschen Kurfürsten
und Fürsten haben Bügel hinzugefügt, die ersteren acht Bügel, davon fünf
sichtbar, letztere vier, davon drei sichtbar (Abb. 533). Die italienischen
Fürsten zeigen nur zwei Bügel (Abb. 534).

Die Dogenmütze von Venedig, der *corno*, ist anfänglich eine oben
abgerundete und mit Gold und Steinen verzierte rote Mütze, wie man es
auf einem Mosaik vom Ende des 12. Jahrhunderts in der St. Markus-
Basilika in Venedig sehen kann (Abb. 531). In der Folgezeit formte sie sich
zu einer phrygischen Mütze aus Goldstoff um, die von einem mit
Edelsteinen besetzten goldenen Reif umschlossen und mit einem schräg-
verlaufenden Perlband verziert war.

Der *Tellen-* oder *Freiheitshut*, ein Filzhut mit breiter Krempe, dient
manchmal zur Bedeckung der Wappen schweizerischer Kantone und
selbst von Privatpersonen.

Guillaume Juvenal des Ursins, ein Kanzler von Frankreich, war der
erste, der seinen Schild mit einem mit goldenen Tressen besetzten
schwarzen Barett besetzte, wie sein von Jean Fouquet 1460 geschaffenes
Portrait (Musée du Louvre) zeigt.

Später bestand das Barett des Kanzlers aus hermelingefüttertem
Goldstoff, das des ersten Parlamentspräsidenten aus schwarzem Samt mit
zwei goldenen Tressen (Abb. 535) und das der 'Präsidenten mit Barett' aus
einem schwarzen Barett mit einer goldenen Tresse (Abb. 224).

Die Heraldik des französischen Kaiserreichs setzte an die Stelle der Helme

Abb. 534 Im rechten Schild: *Ge-
viert von Egmond, Pignatelli und
Arkel, mit Herzschild Geldern und
Jülich*; im linken Schild: *Durfort*:
Exlibris von Henriette-Julie de
Durfort-Duras, Gemahlin von
P.C.N.A.L. Pignatelli-Bisaccia,
Grafen von Egmond (um 1750).

Abb. 535 Der rechte Schild ist *ge-
viert von Rot, darin ein silbernes
Sporenrad, und ledig von Blau*
(Boisgelin); der linke Schild zeigt *in
Rot drei Hermelinschildchen* (Coët-
logon), das Beizeichen der Familie
Le Prestre *(goldener Dornenschild-
rand)* ist weggelassen: Exlibris von
Thérèse-Pauline le Prestre, Gemäh-
lin von R.G. de Boisgelin, Marquis
von Cucé, Präsident mit Barett im
Parlament der Bretagne (um 1770).

Abb. 536   Kopf vom Grabmal des Gegenpapstes Clemens VII. (Robert von Genf (+1394): Kathedrale U.I.F. des Doms in Avignon).

und Kronen andere Barette (toques) (Abb. 295 und 72), die mit mehreren Straußenfedern besteckt waren, welche von einer für die Ritter bis zu sieben für die Fürsten gestaffelt waren. Wollen wir uns nicht über die Verirrung verbreiten, die damals hinter dem Schild ornamentale Gehänge in bestimmter Zahl und Farbe hervorkommen ließ! Die Könige und regierenden Fürsten indessen haben die Kronen beibehalten (Abb. 69).

Die kirchlichen Oberwappen sind Tiara, Mitra und die Hüte.

Die *Tiara* ist das eigentliche Oberwappen des Papstes. Anfänglich war das eine spitzzulaufende Mütze, die unten von einem meistens mit Edelsteinen besetzten Reif umschlossen war (Abb. 541) (23). Dieser Reif hat sich vom 13. Jahrhundert an zu einer mit Fleurons besetzten Krone gewandelt (Abb. 537). Bonifatius VII. (1294-1303) gab ihm eine zweite Krone bei, und Benedikt XI. (1335-1342) eine dritte, wodurch das Triregnum entstand, dessen Gebrauch sich nicht sofort verallgemeinerte (Abb. 536). Von der Mütze hängen zwei Fanoni genannte Bänder herab. Früher hatte die Mütze irgendeine Farbe, das galt auch für die Fanoni, meistens war das schwarz. Heute ist die Mütze weiß und die Fanoni sind silbern, rotgefüttert und mit einem oder mehreren schwarzen Tatzenkreuzchen besetzt. Vom 16. Jahrhundert an nimmt die Tiara eine zunehmend rundlichere Gestalt an, bis sie schließlich zu der leider meist gebrauchten unschönen Gestalt gekommen ist (Abb. 114, 115 und 120) (24).

Die *Mitra* (Abb. 538) ist eine Mütze mit zwei Spitzen, aus Leinwand oder Seide, mit Stickereien, Besteinung oder Perlen verziert, ebenfalls mit

Die kirchlichen Oberwappen

Abb. 537 Die päpstliche Tiara nach der Geschichte des Offa von Matthäus Paris (um 1240).

Abb. 538 *In Blau ein silberner Halbmond, überhöht von einem goldenen Stern, das Ganze begleitet von zwei goldenen Palmzweigen*: Exlibris des François du Bellay, Herrn zu Resnel (Normandie), Abt von Sept-Fontaines (1742-1761).

Abb. 539 *Schräggeviert: 1) gespalten von Foix und Béarn, 2) und 3) Grailly, 4) gespalten Béarn und Foix*: Wappen des Kardinals Pierre de Foix (1418) nach seinem Siegel (Sammlung DLG).

zwei Fanoni versehen. Sie wird von Erzbischöfen, Bischöfen und anderen Prälaten geführt, die dieses Vorrecht vom Papst erhalten haben. Wie bei der Tiara hat die Gestalt der Mitra von den einfachen Formen des Mittelalters, als die Hörner der Mitra seitlich auf dem Haupt des Prälaten saßen (Abb. 541), bis zur Gegenwart ebenfalls Veränderungen durchgemacht (Abb. 538). Wie die Tiara konnte die Mitra alle möglichen Farben aufweisen. Derzeit ist sie immer weiß mit goldener Verzierung. Manche Bischöfe setzten als weltliche Fürsten auf ihren Schild nur den Helm allein (Abb. 64) oder die Mitra und den Helm, dieser mit oder ohne Helmzier.

Der Gebrauch der *kirchlichen Hüte* in der Heraldik scheint eine italienische Erfindung vom Anfang des 14. Jahrhunderts zu sein. Der rote Hut wurde auf dem Konzil von Lyon 1245 (25) durch Innozenz IV. den Kardinälen gewährt, um daran zu erinnern, daß sie stets bereit sein müßten, ihr Blut für die Kirche zu vergießen (Abb. 214 und 539). Anfänglich und noch lange gab es nur zwei Arten von Hüten, rot für die Kardinäle und schwarz für die apostolischen Protonotare. Die grünen Bischofshüte sind am Ende des 15. Jahrhunderts aus Spanien nach Mitteleuropa gekommen (Abb. 540). Die Anzahl der Quasten war anfangs veränderlich und ohne Bedeutung und ist erst 1832 endgültig und auch nur für die Kardinäle geregelt worden. Gegenwärtig gilt folgende Ordnung der Hüte (26):

Kardinäle: roter Hut, 30 rote Quasten, 15 auf jeder Seite in fünf Reihen, 1, 2, 3, 4, 5.

Für den *Bischofsrang* gilt als Sonderfarbe das Grün:

Patriarchen: grüner Hut, 30 grüne Quasten, 15 auf jeder Seite in fünf Reihen, 1, 2, 3, 4, 5.

Erzbischöfe: 20 Quasten, 1, 2, 3, 4.

Bischöfe: sowie auch bischöfliche Jurisdiktion ausübende Äbte und Prälaten 'nullius': 12 Quasten, 1, 2, 3. Die Schweizer Bischöfe haben als direkt dem Heiligen Stuhl unterstehend die Gewohnheit angenommen, erzbischöfliche Hüte zu führen.

Die *Prälatur* greift zu violett:

Palastprälaten, ständige Protonotare und Protonotare 'ad instar', Vikare, apostolische Präfekten und Administratoren, sofern sie nicht Bischöfe sind: violetter Hut mit 12 roten Quasten, 1, 2, 3.

Hausprälaten: violetter Hut mit 12 violetten Quasten.

Prälaten von niederem Rang führen einen schwarzen Hut:

Ordensgenerale, Generalvikare, sofern sie nicht Bischöfe sind, infulierte Äbte und Pröpste, Titularprotonotare: schwarzer Hut mit 12 schwarzen Quasten.

Geheimkämmerer und -Kaplane: schwarzer Hut mit 12 violetten Quasten, 1,2,3.

Priore, Klosterobere und Kanoniker, sofern sie nicht andere Vorrechte genießen, was häufig der Fall ist, führen einen schwarzen Hut mit 6 schwarzen Quasten, 1.2.

Dekane, externe Erzpriester und Vikare: schwarzer Hut mit 4 Quasten, 1,1.

Pfarrer und Seelsorge ausübende Kaplane: schwarzer Hut mit 2 Quasten, einer auf jeder Seite.

Außer den vorstehenden Abbildungen findet der Leser verschiedene Darstellungen kirchlicher Hüte in den Abbildungen 568, 570 und 647.

Anmerkungen

1 Viele bemalte Helme findet man in *Carmen in honorem Augusti* (vgl. Abb. 61 im Kapitel I). Im *Hortus deliciarum* der

Abb. 540 *Innerhalb goldenen Zackenschildrandes in Rot ein goldener Schrägbalken, belegt mit drei blauen Delphinen:* Jean de Rochetaillée, Patriarch von Konstantinopel (1412-1424) (Richental, Chronik des Konstanzer Konzils).

Abb. 541 Papst Clemens IV. überreicht Karl von Anjou die ihn als König von Sizilien einsetzende Bulle (1260): Fresko in der Tour Ferrande in Pernes, Vaucluse (um 1285) (Photo Berthier, Nyons).

Herrad von Landsberg (um 1170) wie in vielen alten Fenstern des Straßburger Münsters (12. Jahrhundert) sind die Topfhelme sehr hoch, am Scheitel mehr oder weniger gerundet, mit einer Nasenschiene oder mit vollständigem Gesichtsschutz versehen (J.J. Waltz, *L'art héraldique en Alsace*, S. 129 ff.).

2 Abb. 5 zeigt die eigentlichen Topfhelme, Abb. 542 (Schweizerisches Landesmuseum, Zürich) einen Helm aus dem ersten Drittel des 14. Jahrhunderts mit einer Vorrichtung, um die Helmzier zu befestigen. Dieser Helm zeigt deutlich die Schlitze für die Augen mit getrennter Nasenpartie, Luftlöchern und dem kreuzförmigen Loch zum Durchziehen der auf der Rückseite der Rüstung befestigten Kette, die dazu dient, den Helm während des Rittes, ohne ihn immer auf dem Kopf tragen zu müssen, befestigen zu können. So sieht man ihn auf der Statue, die eines der berühmten Grabmäler der Scaliger in Verona schmückt. Derartige Einzelheiten sieht man auch in den gemalten Wappenbüchern des 14. Jahrhunderts (vgl. verschiedene Tafeln in diesem Werk). Der Kübelhelm macht am Ende des 14. Jahrhunderts dem stärker gewölbten Stechhelm Platz. Daher sieht man auf mehreren Tafeln des Wappenbuches des Herolds Gelre nebeneinander Kübel- und Stechhelme (vgl. besonders Abb. 205 den Kübelhelm bei Nr. 1, 8, 10 und den Stechhelm Nr. 7, 9 und vor allem 12) (Vgl. L. Jéquier, *L'armorial Bellenville et l'armorial du héraut Gelre*, Recueil des 11. CISGH, S. 293 - 300).

3 Hohenlohe, *Über den Gebrauch der heraldischen Helmzier-*

den (Stuttgart 1868). Das in den *Sphragistischen Aphorismen* des gleichen Autors zitierte Siegel von 1209 ist falsch datiert.

4 Prinet, *L'origine du type des sceaux à l'écu timbré*, Sonderdruck aus dem Bulletin Archéologique, Paris 1910. Das älteste Siegel mit gelehntem Schild, Helm und Helmzier scheint das von Walter von Geroldseck von 1253 zu sein. Ein Gegensiegel Albrechts, Grafen von Orlamünde und Holstein (1224) zeigt

Abb. 542
Kübelhelm aus dem ersten Drittel des 14. Jahrhunderts, mit deutlicher Vorrichtung zur Befestigung der Helmzier (Photo Schweizerisches Landesmuseum, Zürich).

einen ersten, wenn auch ungeschickten Versuch, Schild, Helm, Helmzier und Banner zusammenzustellen (Abb. 543). Anscheinend hat der Graveur ein aus Schwert, Schild und Banner gebildetes Bündel darstellen wollen, woraus sich die umgekehrte Stellung des auf der breiteren Seite stabileren Schildes erklären würde (Seyler, *Geschichte...* S. 192-195, wo weitere Beispiele von verschiedenen Stellungen des Helms in Bezug auf den zugehörigen Schild geboten werden).

5   Siegel des Marschalls Lancelot de Saint-Mard (DD, Nr. 217).

6   Matthieu, *a.a.O.*, S. 204 ff. In der Freigrafschaft und in Belgien (ausgenommen das Fürstentum Lüttich) wurden durch das Edikt Philipp II. von 1595 Wappen mit Oberwappen dem Adel vorbehalten.

Abb. 543 Aus dem Gegensiegel von Albrecht, Grafen von Orlamünde und Holstein (1224).

7   Seyler, *Geschichte* , S. 113 ff.

8   In dieser Abbildung benützt Adolph I., Graf von der Mark die väterliche Helmzier, aber als Graf von Kleve den Schild von Kleve.

9   Oudot de Dainville, *Sceaux des Archives de la ville de Montpellier*, 1952, S. 232.

10   AV I.

11   Seyler, *Geschichte...*, S. 107

12   Was uns hier das äußere Ende einer Haube zu sein scheint, könnte auch ein aus Eisenplatten bestehender Nackenschutz sein, der mittels Ringen am Helm befestigt wäre; man hat einige Helme mit dieser Schutzvorrichtung gefunden. Auf manchen späteren Siegeln ist die Haube aber ganz deutlich.

13   MPI 55.

14   Prinet, *Armoiries couronnées, figurées sur les sceaux français de la fin du XIIIième siècle et du commencement du XIVième siècle*, Sonderdruck aus der Revue archéologique, Paris 1909. Sagarra, *Sigillografia catalana*, Vol. I, Tafel XXX, Nr. 58. Den Souveränen erteilt MP bereits Kronen, also um 1240.

15   D.L. Galbreath, *Papal Heraldry*, Abb. 121.

16   Betreffend weitere Einzelheiten über ausländische Kronen vgl. Azzi und Cecchini, *Codice nobiliario araldico*, Florenz 1928; Bosmans, *Traité d'héraldique belge*, Brüssel 1890; Graafland und Stalins, *Encyclopédie héraldique*, Den Haag 1932; und das unschätzbare Werk von Ströhl, *Heraldischer Atlas*, Stuttgart 1899. Über die Krone von Frankreich vgl. auch H. Pinoteau, *L'ancienne couronne de Charlemagne*, Sonderdruck aus Bulletin du Vieux Papier, Paris 1972.

17   Über diese sog. Karlskrone vgl. Vorwort und Titelkupfer bei R. Folz, *Xème siècle, les événements, la naissance du Saint-Empire*, Paris 1967.

18   AHS 1920, S. 142.

19   Man findet auch eine Blätterkrone: siehe A. Monti della Corte, *Le patriciat en Italie*, Recueil des 9. CISGH, Bern 1968, S. 62-65.

20   Die Tafel ist entnommen aus der *Nouvelle méthode raisonnée du blason ou de l'art héraldique* des Père Ménestrier, Lyon 1770. Darin befinden sich gegenüber den oben gemachten Ausführungen einige kleinere Abweichungen. Das Werk von C.A. von Volborth, *Heraldik aus aller Welt*, Berlin 1975, bringt Zeichnungen von noch gegenwärtig in den verschiedenen Ländern gebrauchten Kronen, ohne Quellenangabe.

21   Zitiert bei R. Mathieu, *Le système héraldique français*, S. 210. Und dies alles, obwohl ein am 13. August 1663 vom Gerichtshof des Parlaments von Paris herausgegebener Erlaß 'allen Eigentümern von Ländereien verbot, sich Freiherrn, Grafen, Marquis zu nennen und zu ihren Wappen die entsprechende Krone zu nehmen, außer kraft eines im Gerichtshof gebührend geprüften Patentes' (défense à tous propriétaires de terres de se qualifier Barons, Comtes, Marquis et d'en prendre la couronne à leurs armes, sinon en vertu de lettres-patents bien et duement vérifiées en la cour...) (L.N.H. Chérin, *a.a.O.*, Kapitel I, Anm. 8, S. 138).

22   *Armorial de la Comédie Humaine*, présenté par Fernand Lotte, Paris 1963, S. 101.

23   Siehe Kap. V. Anm. 27.

24   Betreffend die Tiara und die Prunkstücke des päpstlichen Wappens s. D.L. Galbreath, *Papal Heraldry*, Cambridge 1930, Reprint London 1973, der über die Einzelheiten der Entwicklung des päpstlichen Wappens, ihre Bekrönungen und ihre äußeren Verzierungen unterrichtet.

25   Der Kardinalshut wurde erstmals von den bei der Begegnung zwischen dem Heiligen Ludwig und Papst Innozenz IV. am 30. November 1245 in Cluny anwesenden Kardinälen getragen. (R. Pernoud, *La reine Blanche*, Paris 1972, S. 290). Die Hüte kommen über Wappen in Italien seit 1300, in Frankreich seit 1500 vor (C. Grandmaison, *Dictionnaire héraldique*, Paris 1861, Spalte 104).

26   Wegen Einzelheiten siehe besonders B.B. Heim, *Wappenrecht und Wappenbrauch in der Kirche*, Olten 1947.

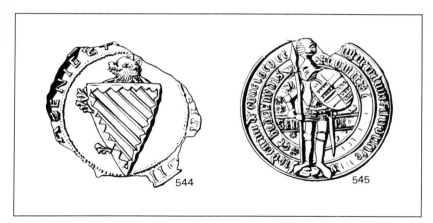

KAPITEL VIII

Abb. 544 *Innerhalb (roten) Zackenschildrandes siebenmal von (Gold und Blau) schräggeteilt*: Siegel des Gilles de Trazegnies (Brabant) (1195) (DF Nr. 1161).

Abb. 545 *Geviert, in 1) und 4) fünfmal von Feh und (Rot) geteilt (Coucy) und 2) und 3) in (Rot) ein (silberner) Balken (Österreich)*: Siegel des Enguerrand VII. von Coucy (1369) (DF Nr. 308).

DIE PRACHT- ODER PRUNKSTÜCKE

Schildhalter

Unter den zusätzlichen sogenannten Pracht- oder Prunkstücken widmen wir uns zunächst den Schildhaltern (1). Deren Ursprung muß wie der Ursprung so vieler anderer heraldischer Sitten in den Siegeln gesucht werden. Schon im 12. Jahrhundert findet man einen an den Schultern eines Löwen aufgehängten Schild (Abb. 544), und seit dem folgenden Jahrhundert werden die Fälle häufig, in denen die Siegeleigner Abb. (545) selbst mit dem von ihnen gehaltenen Schild dargestellt werden. Vor allem Damen sind es, die in dieser Weise den Schild ihres Vaters und den ihres Gemahls (Abb. 546) halten (s. Kap. IX, *Damenwappen*).

Wir haben schon früher auf die weitverbreitete Mode hingewiesen, nur den fast immer dreieckigen Schild in das fast immer kreisförmige Feld des Siegels zu setzen. Um den zu beiden Seiten des Schildes verbleibenden freien Raum zu füllen, brachte man dort kleine frei erfundene Ornamente (Abb. 547) oder Tiere an, die sich entweder voneinander abwenden oder gegen den Schild zurückgewendet sind (Abb. 548), oder ihn mit ihren Fängen halten (Abb. 549), oder auch kleine Personen (Abb. 250). Sicherlich sind manche dieser Dekorationen, wie die vier Evangelistensymbole in Abb. 656, gewählt worden, um ein uns unbekanntes Symbol darzustellen, das bisweilen deutlich erkennbar wird (s. weiter unten, bei den *Devisen*).

Dieser doppelten Quelle also ist der Ursprung der *Schildhalter* zuzuschreiben.

Da gibt es zunächst *schildhaltende* Menschen oder menschliche Wesen, wie die Sirenen (Abb. 395), die Melusinen (Abb. 344), die Engel (Abb. 553) (2), wofür in der fanzösischen Terminologie ein eigener Ausdruck 'tenants' (wörtlich: Halter) besteht. In dieser Terminologie werden nämlich nichtmenschliche Lebewesen (Tiere) jeder Art als *Träger (supports)* und alle übrigen als *Stützen (soutiens)* wie die Bäume (Abb. 550), Bauwerke, schließlich alle unbelebten Gegenstände von den tenants unterschieden. Alle Schildhalter können alleine stehen (Abb. 551), auch zu zweit (was das häufigste ist), aber auch zu dritt oder in größerer Anzahl, alle von der gleichen oder verschiedenen Gattungen.

Abb. 546 Der rechte Schild zeigt *(in Gold) einen (rot-silbern) gesparrten Pfahl* (Neuenburg); der linke zeigt *(in Rot) einen (silbernen) Schrägbalken* (Neuchâtel-en-Bourgogne): Siegel der Katharina von Neuchâtel-en-Bourgogne, Herrin von Neuenburg am See (1354) (AN II).

Abb. 547 *Unter (goldenem) Schildhaupt, darin ein (roter) wachsender Löwe, ledig von (Blau)*: Siegel des Jean de Prez (Waadt) (1329) (ISV 99/5).

Abb. 548 *In (rotem), mit (goldenen) Lilien bestreuten Felde ein (silberner) Schrägbalken (Alamand), als Beizeichen belegt mit einem (golden-rot) schräggestreiften Schildchen* (Thoire et Villars): Siegel des Humbert Alamand, Herrn zu Aubonne (1343) (ISV 37/1).

Abb. 549 Siegel des Gegenpapstes Clemens VII. (Robert von Genf) (1396) (PH).

Abb. 550 Exlibris von Philippe Chifflet, Abt von Balerne (um 1630).

Abb. 551 Steinplastik mit dem gespaltenen Schild: rechts Rovéréa (Chablais) und links: geviert aus Châteauvieux (Bresse) und Coucy (um 1480) in der Corsinges-Kapelle in der Kirche von Commugny (Waadt).

Abb. 552
Nr. 1 Siegel von Thibaut VI., Herrn von Neuchâtel (1369) (AN II).
Nr. 2 Siegel von Thibaut VII., Herrn von Neuchâtel (1377-1398) (AN II).
Nr. 3 Siegel von Thibaut IX., Herrn von Neuchâtel (1442) (AN II).

Abb. 553 *Unter (goldenem) Schildhaupt, darin drei (blaue) Schrägkreuzchen, in (Blau) drei (silberne) Schrägkreuzchen, in der Mitte als Beizeichen begleitet von einem Kreuzchen*: wahrscheinlich Robert de Balzac, Knappe, Herr von Rieu-Martin, Rat und Kammerherr des Herzogs von Guyenne, Seneschall von Agenais und Gascogne (um 1470).

Häufig haben die Mitglieder einer und derselben Familie verschiedene Schildhalter verwendet. Aber nach und nach hat sich der Gebrauch verfestigt, immer bei den gleichen Figuren zu verbleiben, wie den Engeln der Könige von Frankreich (Titelbild) seit Franz I., den Mönchen der Fürsten von Monaco, den Greifen der Kaiser (Abb. 636) und dem Basilisk von Basel (Abb. 336).

Drei Siegel des Hauses Neuchâtel-en-Bourgogne zeigen den Übergang von den ursprünglichen Löwen zu den wilden Männern, die seit dem 15. Jahrhundert zu den gewohnten Schildhaltern des Hauses (Abb. 552) geworden sind.

Ein als Schildträger verwendeter Adler steht oft allein; er trägt dann den auf der Brust befestigten Schild (Abb. 554), oder er hält ihn mit seinen Fängen (Abb. 555). Zwei Adler können den Schild mit einem ihrer Fänge halten (Abb. 454) oder nur einfach neben dem Schild aufgestellt sein.

Manchmal erscheint auch der Löwe allein, den Schild haltend oder an den Schultern hängend (Abb. 544 und 556), außerdem auch mit dem übergestülpten Helm (Abb. 558).

Man findet jede Gattung von Lebewesen als Schildhalter, und die

Abb. 559 Rechts: *unter silbernem Schildhaupt, darin drei achtstrahlige goldene Sterne, in Rot rechts oben ein Äolus, gegen eine auf einem Boden wachsende Gartenlilie blasend, alles in Naturfarben* (Braschi, Rom), und links: *innerhalb roten, mit acht goldenen Schrägkreuzchen belegten Schildrandes in Silber ein naturfarbener Baum, belegt mit einem silbernen Helm* (Zelada, Spanien): Exlibris mit dem Wappen Papst Pius VI. und des Kardinals Zelada, Bibliothekar der Heiligen Kirche (1780) (PH).

Abb. 560 *In (Rot) ein (goldener) gesichteter Halbmond, pfahlweise oben begleitet von einem (silbernen) Pfeil*: Siegel von Johann Lenzburger (Freiburg i.Ü.) (1521) (AV II).

Abb. 561 *In silbern-blau neunmal geteiltem Schilde drei rote Sparren:* Exlibris de la Rochefoucault (18. Jahrhundert).

Abb. 562 *In blauem, mit goldenen Lilien bestreuten Feld ein roter Schrägbalken*: Siegel von Louis de Bourbon, Kämmerer von Frankreich (1357) (DD Nr. 451).

Abb. 563 Siegel des Grafen Amadeus VI. von Savoyen (1375) (ISV 24/6).

menschlichen reichen von Mohren und Mohrinnen (Abb. 557) bis zum Amor (Abb. 559) und dem Tod (Abb. 560). Die wilden Männer und Frauen sind stark behaart, ihr Bart und ihre Haare flattern, und sie sind fast immer mit Laubkränzen gegürtet und gekrönt und mit Keulen bewaffnet (Abb. 561). Zuweilen findet man sie auf Hirschen oder Ungeheuern sitzend (Abb. 562).

Alle Arten von Schildhaltern tragen manchmal Wappenbanner (Abb. 556 und 563). Sie können mit heraldisch oder unheraldisch gestalteten *Mänteln* (Abb. 564 und 565) *bekleidet* sein und auch den Helm mit der Helmzier auf dem Haupt tragen.

Schreitende und scheinbar hinter dem Schild hervorkommende Schildhalter werden *'en baroque'* genannt. (Abb. 523).

In der Schweiz wie in Frankreich ist der Gebrauch von Schildhaltern jedermann freigestellt, er stellt weder eine Verpflichtung noch ein Vorrecht dar. In den ehemaligen Spanischen Niederlanden untersagte das Edikt von 1616 ihren Gebrauch, sofern nicht eine Verleihung oder ein Gebrauch seit unvordenklichen Zeiten vorlag.

Abb. 564 *Schräggeviert von Savoyen-Waadt und Châlon-Arlay*: Siegel der Isabella von Châlon, Herrin der Waadt (1318) (ISV 33/5).

Abb. 565 *Innerhalb roten Schildrandes (Beizeichen) silbern-blau schräggestreift*: Siegel von Girard de Gramont (1336) (ISV 723).

Die kirchlichen Prunkstücke

So selten uns die Bedeutung von Schildhaltern klar ist, so wenig müssen wir diesen Umstand bei den anderen Prunkstücken neben einem Schild beklagen. Betrachten wir zunächst die der Kirche.

Die *Schlüssel* von St. Peter werden hinter dem Schild des Papstes gekreuzt (Abb. 569). Anfänglich sind die beiden Schlüssel silbern, gelegentlich golden, aber seit der Mitte des 15. Jahrhunderts ist es, von Ausnahmen abgesehen, üblich, einen goldenen Schlüssel schrägrechts und über einen anderen, silbernen, schräglinks liegenden zu legen (3). Dank eines in den heraldischen Leitfäden festverwurzelten Irrtums wird während einer Vakanz des Heiligen Stuhles die päpstliche Standarte in Form eines großen, *Ombrellino* genannten Sonnenschirms mit rot-goldener Längsstreifung aufrecht hinter den Schild des Kardinal-Camerlengo gestellt. Es handelt sich hier um eine Nebeneinanderstellung ohne besondere Bedeutung, die aber schon auf den 'sede vacante' von 1521 bis 1846 geprägten Münzen und Medaillen vorkommt und in unseren Tagen wieder aufgegriffen worden ist (4). Das aus dem Ombrellino und gekreuzten Schlüsseln gebildete Sinnbild der Kirche steht hier einfach nur in Nachbarschaft mit dem persönlichen Wappen des Kardinals-Camerlengo (Abb. 566) (5). Eine solche Zusammenstellung des Ombrellino mit den gekreuzten Schlüsseln erscheint hingegen berechtigterweise in den Wappen der Gonfaloniere der Kirche (Abb. 567) und in den Wappen der päpstlichen Familien. Das Wappen der Kirche und gegenwärtig das der Vatikanstadt zeigt die von der Tiara überhöhten gekreuzten Schlüssel.

Ein *Prozessionskreuz* (gewöhnlich mit Kleeblattenden) war lange das ausschließliche Attribut der Erzbischöfe (Abb. 570). Erst im 16. Jahrhundert wurde es von einigen Bischöfen in Anspruch genommen, eine Usurpation, die sich im 19. Jahrhundert ausgebreitet hat. Anfänglich wird

Abb. 566 *Unter Devotionsschildhaupt Medici* (Papst Leo X.) *in Gold drei schwarze Sparren* (Armellini, Perugia), Zechine des Kardinal-Camerlengo Armellini (1521) (PH).

Abb. 567 *In blau-golden geviertem Schilde vier Rauten in verwechselten Farben*: Wappen des Vinzenz Rospigliosi, Fahnenträger der Kirche (Schlüssel und Schirm), Bailli des Malteserordens (Malteserkreuz), General der päpstlichen Galeeren (zwei gekreuzte Anker), Nepote des Papstes Clemens IX. auf einem Portraitstich (um 1680) (PH).

Abb. 568 Exlibris des Kardinals Luigi Valenti-Gonzaga, Erzbischof von Cäsarea (1716).

199

Abb. 569 *In Blau eine goldene Eiche*: Papst Julius II. della Rovere (Savona bei Genua) (1503-1513), Fenster in der Kirche Santa-Maria-del-Popolo in Rom.

Abb. 570 Fenster mit dem Wappen von Tristan de Salazar, Erzbischof von Sens (1474-1518), in der Kathedrale von Sens.

Abb. 571 Bemalte Steinplastik mit dem Wappen von Jean de Rochetaillée, Patriarchen von Jerusalem (um 1415), (Museum für Kunst und Geschichte, Genf).

Abb. 572 *Unter (rotem) Schildhaupt von (Gold) und (Schwarz) fünfmal gespalten*: Schlußstein mit dem Wappen von Benedikt von Montferrand, Bischof von Lausanne (1476-1491), im Schloß zu Lucens (Waadt).

Abb. 573 *In Silber drei rote Sparren*: Einbandvergoldung von Armande du Plessis de Richelieu, Priorin der Benediktiner, genannt 'de la Présentation' in Paris (um 1730).

Abb. 574
In Blau zwei abgewendete goldene Barben, begleitet von vier goldenen Fußspitzwiederkreuzchen, überdeckt von einem fünfflätzigen roten Turnierkragen als Beizeichen und außerdem von einem schrägrechts darübergelegten silbernen Krummstab: Hugo von Bar, Bischof von Verdun (1351-1362) (Breviarium von ungefähr 1360 in der Bibliothek zu Verdun).

es wie ein Beizeichen über den Schild hinweggelegt. Dann setzt sich am Ende des 15. Jahrhunderts die Gepflogenheit durch, dieses Kreuz hinter den Schild zu legen. Seit dem gleichen Jahrhundert führen die Patriarchen ein zweiarmiges Kreuz, deswegen *Patriarchenkreuz* genannt (Abb. 571), das ebenfalls im 15. Jahrhundert von den Primaten aufgenommen worden ist. Seit die Bischöfe zum einfachen Kreuz gegriffen haben, sind die Erzbischöfe ihrerseits zum doppelten Kreuz übergegangen (Abb. 568). Die Päpste haben das einfache oder auch das doppelte Kreuz vor allem während des 15. Jahrhunderts geführt (Abb. 159); man hat für sie —vor allem in Frankreich— ein dreiarmiges Kreuz erdacht.

Der *Krummstab* ist das Unterscheidungszeichen der Bischöfe (Abb. 572), der Äbte (Abb. 550) und der Äbtissinnen; aufgrund spezieller Privilegien kann es auch Pröpsten und Prioren (Abb. 573) zustehen. Es erscheint zu Beginn des 14. Jahrhunderts schräggelegt (Abb. 574) oder aufrecht über den Schild gezogen (Abb. 575) und seit dem folgenden Jahrhundert aufrecht hinter den Schild gestellt. Anfänglich sind die Krummstäbe sehr einfach, aber nach und nach werden sie mit Krabben, Laubwerk, kleinen Tieren und menschlichen Figürchen derartig ausgeschmückt, daß sie schließlich zu Wunderwerken der Goldschmiedekunst werden. Häufig findet man an dem Knauf, aus der die Krümme hervorkommt, einen langen Stoffstreifen, der *Sudarium* (Schweißtuch) oder besser *Pannisellus* heißt und durch den sich der Krummstab der Äbte von dem der Bischöfe unterscheidet. Die Stellung des Krummstabes nach links oder nach rechts ist ohne Bedeutung (6).

Die Prioren, Pröpste und Kantoren haben seit dem 15. Jahrhundert bisweilen ihre *pilgerstabartigen Stäbe* hinter den Schild gestellt. In Frankreich hat sich im 17. und 18. Jahrhundert dank der Ausdehnung des Bestallungssystems daraus fast das obligate Attribut der Geistlichen unterhalb des Ranges der Äbte (Abb. 576) entwickelt.

Die mit Hochgerichtsbarkeit ausgestatteten Bischöfe und Äbte deuteten dies dadurch an, daß sie hinter ihrem Wappenschild den Krummstab mit einem Schwert kreuzten (Abb. 577). Dieser Gebrauch erscheint seit dem Ende des 15. Jahrhunderts, war aber nicht allgemein: manche Bischöfe, wie die von Lausanne, haben es lange vorgezogen, mit dem Krummstab einen Palmzweig zu kreuzen.

Abb. 575 *In Rot ein silbernes Kreuz, überdeckt als Beizeichen von einer blauen Schrägleiste und außerdem von einem pfahlweise gelegten goldenen Krummstab*: Fenster mit dem Wappen Eduards von Savoyen-Achaia, Bischof von Sitten (1375-1386), in der Kathedrale zu Sitten (Wallis).

Abb. 576 *In Gold ein schwarzer Löwe*: der Prior von Montpensier (um 1450) (Wappenbuch Revel).

Abb. 577 *Unter (blauem) Schildhaupt, darin ein (goldenes) Kreuz, fünfmal schräggeteilt von (Gold) und (Blau)*: Siegel des Matthias Schiner, Bischof von Sitten (1499-1511), (ISV 183/1).

Mit dem *Richtschwert* kommen wir zur zeitlichen Welt. Im 15. Jahrhundert stellten die Könige von Frankreich neben ihren Schild ein *Szepter* (Sinnbild der souveränen Gewalt) und eine *Gerechtigkeitshand* (die Gerechtigkeitshand besteht aus einem Stab, der oben in eine Schwurhand aus Elfenbein übergeht, die mit ihren drei erhobenen und zwei heruntergeklappten Fingern als Symbol der richterlichen Gewalt gilt). Später haben sie beide Stäbe hinter dem Schild gekreuzt. Im Laufe des 16. und 17. Jahrhunderts stellten die Herzöge von Lothringen zu beiden Seiten ihres Schildes ein Schwert. Die Herzöge von Mailand haben einen Palm- und einen Lorbeerzweig, die hinter dem Schild durch eine Krone gesteckt erscheinen.

Die Heraldiker des 17. Jahrhunderts stellen vollständige Listen von Attributen der obersten Hofbeamten der Krone Frankreichs auf, die man wohl kaum alle durch Urkunden wird belegen können. In Abb. 529 sind ihre Prachtstücke nach der Neuausgabe der *Nouvelle Méthode du blason* des Père Ménestrier von 1770 zusammengestellt.

Das Attribut des Großmeisters der Armbrustschützen scheint das einzige zu sein, das auf das 14. Jahrhundert zurückgeht: Das Siegel von Guichard d'Auvergne, Meister der Armbrustschützen von Frankreich im Jahre 1388 zeigt einen Schild, darin einen Delphin und darüber eine und daneben zwei Armbrüste. Eine ähnliche Anordnung von fünf Armbrüsten erscheint auf dem Amtssiegel des Meisters der Armbrustschützen unter Jean de Torsay im Jahre 1415 (Abb. 578); zwei andere Amtssiegel unter David de Rambures, 1412, und unter Jean de Torsay, 1415, zeigen den

Weltliche Prunkstücke

Abb. 578 Amtssiegel des Meisters der Armbrustschützen unter Jean de Torsay (1415) (DC Nr. 8952).

Abb. 579 *Golden-rot gevierter* Bannerschild: Siegel von Armand de Gontaud-Biron, Marschall von Frankreich (1555) (Sammlung DLG).

Abb. 580 *Geviert: 1) in Gold vier rote Pfähle* (Aragon); *2) in Rot ein goldenes Tolosaner-Kreuz* (Toulouse); *3) in Silber drei balkenweise aneinanderstoßende rote Wecken* (Voisins); *4) in Rot ein goldengekrönter silberner Löwe* (Lautrec); *im blauen Herzschild ein goldener Löwe* (Gelas): Exlibris von Daniel-François de Gelas de Voisins, Marschall von Frankreich, genannt der Marschall de Lautrec (1757).

Schild des Meisters der Armbrustschützen nur von einer einzigen Armbrust überhöht (7).

Das Schwert mit Scheide und liliengeschmücktem Bandelier des Großstallmeisters erscheint auf einer Spielmarke des 15. Jahrhunderts, die ebenfalls eher dem Amt als dem Amtsträger persönlich zuzuschreiben ist, aber der Großstallmeister Claude Gouffier brachte dieses Schwert auf einer Spielmarke von 1568 und auf einem Bucheinband unter. Seit 1623 (Spielmarke des Marquis de Saint-Mars) erscheinen gleichartige Schwerter zu beiden Seiten des Schildes. Auf einer Spielmarke Heinrichs von Lothringen von 1641 stehen sie mit den Spitzen abwärts gegeneinandergekehrt unterhalb des Schildes.

Der Connétable von Frankreich Anne de Montmorency führte 1538 ein blankes Schwert, umschlungen von seinem Gehänge mit seiner persönlichen Devise *Aplanos* auf einem Buch von 1555 und in seinem Siegel von 1557 zu beiden Seiten seines Schildes; ein weiteres Siegel von 1567 zeigt diese Schwerter von je einer Hand getragen, auch hier mit dem Wort *Aplanos*. Der Connétable Henri de Montmorency kehrte zu den beiden aufrechten Schwertern zurück (1617), aber das Siegel des letzten Connétable François de Bonne des Lesdiguières, zeigt 1626 von neuem die von zwei Händen gehaltenen Schwerter.

Der Marschall von Frankreich, Jacques d'Albon-Saint-André, ließ auf einer Spielmarke von 1555 seinen Schild von zwei sturzsparrenförmig zusammengestellten Marschallstäben begleiten, und der Marschall Armand de Gontaut-Biron stellte zwei Marschallstäbe in Gestalt gekrönter Szepter aufrecht beiderseits neben seinen Schild (Abb. 579). Seit dem 17. Jahrhundert (spätestens 1639) werden die beiden Marschallstäbe hinter dem Schild gekreuzt (Abb. 580).

Der Admiral von Frankreich legt seinen Schild auf einen Anker (Grabmal von Charles d'Amboise, Herrn zu Chaumont, Großmeister und Admiral von Frankreich, † 1511; Spielmarke des Admirals de Coligny, 1552-72, und Siegel von Henri de Montmorency, 1617). Richelieu war zwar nicht Admiral, sondern nur Großmeister und Superintendent der Schiffahrt, tat dennoch desgleichen. Einer seiner Nachfolger, César de Vendôme, kreuzte hinter dem Schild zwei Anker, und seit 1669 blieb dies für das wiederhergestellte Admiralsamt von Frankreich üblich, nicht ohne gelegentliche Rückfälle in frühere Übungen (8).

Der Generalkapitän der Artillerie, Jean d'Estrées hat auf einer Spiel-

Abb. 581 *Geviert: 1) und 4) in Blau zwei goldene gekrönte Leoparden* (Voyer, Touraine); *2) und 3) in Silber ein schwarzer Balken* (Gueffaut d'Argenson); *im königlich gekrönten roten Herzschild der ein offenes Buch haltende goldene Markuslöwe* (Argenson war Patensohn der Republik Venedig): Exlibris von Marc René de Voyer, Marquis d'Argenson, Siegelbewahrer (1718).

marke von 1570 unter seinem Schild zwei abgewendete Kanonen; so halten es auch seine Nachfolger, die Großmeister der Artillerie.

Die übrigen Attribute kommen anscheinend erst seit dem 17. Jahrhundert vor, so der spezielle Anker des Generals der Galeeren (Abb. 567), die Fahnen der Generalobersten, die gekrönten Schlüssel der Großkämmerer und selbst die gekreuzten Stäbe der Großmeister von Frankreich. Wir glauben, daß sie großenteils eine Erfindung des Heraldikers Vulson de la Colombière (1647) sind.

Die gekreuzten Keulen des Kanzlers von Frankreich und des Siegelbewahrers (Abb. 581) gehen ebenfalls nicht über das 17. Jahrhundert zurück. Man findet sie jedenfalls auf einer Spielmarke des Kanzlers Charles de Laubespine von 1632, nicht aber auf einer Marke des Pomponne de Bellièvre von 1601.

Die Kanzler von Brabant und Flandern, sowie die Präsidenten des Großrats von Mecheln haben nach Angabe von Butkens (1724 und 1726) (9) hinter ihrem Schild zwei Keulen gekreuzt.

Halten wir noch weiter fest, daß der Marschall des Conclave zwei aufrecht neben seinem Schild gestellte Schlüssel führt (10), und daß im 18. Jahrhundert der Portalhauptmann am Hofe der Könige von Frankreich es ebenso hielt (11).

In Frankreich und in Belgien haben die Wappenkönige ihre Szepter hinter dem Schild gekreuzt, wahrscheinlich ebenfalls erst seit dem 18. Jahrhundert; diese Szepter sind mit den Wappenbildern bestreut und mit Kronen besetzt (Abb. 77). Einziges noch existierendes altes Szepter ist das eines englischen Wappenkönigs aus dem 18. Jahrhundert; es ist silbernvergoldet und mit dem emaillierten königlichen Wappen und einer Krone besetzt.

Mäntel

Nach mancher Autoren Meinung sollen die heraldischen Mäntel von den wappengeschmückten Zelten abstammen, die manchmal von kleinen Persönchen in den Feldern einiger seltener fürstlicher Siegel des 14. Jahrhunderts gehalten werden. Da aber diese Zelte auf der Innenseite heraldisch geschmückt sind, die Mäntel hingegen außen, scheint es richtiger, den Vorläufer des Mantels in der kurzen Helmdecke des 14. Jahrhunderts zu erblicken, oder noch besser, in dem von Herren und Damen getragenen Mantel, der oft außen mit Wappenbildern geschmückt und innen mit Pelzwerk gefüttert war (12).

Seit dem 17. Jahrhundert werden in Frankreich Mäntel vom König, den Prinzen, den Herzögen und Pairs, ihren Frauen und Kindern geführt (Abb. 525). Sie sind außen mit Wappen geschmückt, mit Hermelin gefüttert und gehen gewöhnlich aus einer Krone oberhalb des Schildes hervor. Der Kanzler von Frankreich führt einen Mantel aus Goldstoff. Die der Parlamentspräsidenten sind rot; diese Mäntel sind ebenfalls hermelingefüttert (Abb. 581).

Die deutschen Reichsfürsten führen hermelingefütterte rote Mäntel, die meist mit goldenen Schnüren hochgebunden sind (Abb. 534 und 582). In Belgien ist der Mantel der königlichen Familie und achtzehn Geschlechtern, die dieses Recht vor 1830 erlangt hatten, vorbehalten.

Unter einem *Wappenzelt* kann ein vollständiges Wappen mit Oberwappen, Schildhaltern usw. zusammengefaßt sein. Wie eine Zeichnung aus

Abb. 582 Domenico Caracciolo, Principe della Torella (Neapel) (um 1730).

Abb. 583 Zeichnung mit dem Wappen des Bischofs von Lausanne Haimon von Montfalcon (1510), (Staatsarchiv der Waadt, Lausanne).

dem Jahre 1510 mit dem Wappen des Bischofs von Lausanne, Haimon von Montfalcon, zeigt, bedienten sich manche Geistlichen einer solchen Bedachung; in diesem Beispiel wird sie beiderseits von zwei Engeln offengehalten und oben von einer aus Wolken hervorkommenden Hand getragen (Abb. 583). Der Père Ménestrier hat in der Kapelle des Erzbischofs Charles de Bourbon in der Kathedralkirche zu Lyon dessen Wappen unter einem mit den Namensbuchstaben des Königs übersäten und mit dem Kardinalshut bedeckten derartigen Zelthimmel gesehen (13). Aber schnell sind die Wappenzelte den Souveränen allein vorbehalten worden (Titelbild).

Orden

Abb. 584
Siegel des Templerordens in Aquitanien (1251) (DD Nr. 9867).

Die Orden können in Profeßorden, Pilgerorden, fürstliche und Verdienst-Orden eingeteilt werden (14). Im folgenden erwähnen wir nur die wichtigsten.

Der *Hospitaliter-Ritterorden St. Johannis von Jerusalem*, genannt *Rhodiser*, dann *Malteser*, 1070 als almafitanisches Lazarett gestiftet, 1096 reorganisiert und um 1120 zu einem Ritterorden umgebildet, der *Templerorden* (Orden der *armen Ritter des Tempels zu Jerusalem* oder *militia templi*), gegründet 1118, und der *Deutschritterorden (Orden der Brüder St. Marien vom Hause der Deutschen in Jerusalem)*, gegründet 1198, setzten sich alle die Beschützung der ins Heilige Land wallfahrenden Pilger und

204

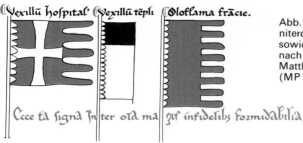

Abb. 586 Der Hochmeister des Deutschen Ordens in Preußen (um 1370) (GA Fol. 111 v).

den Kampf gegen die Ungläubigen zum Ziel. Anfänglich scheinen die Ritter dieser Orden nur die Wappen des Ordens selbst geführt zu haben (Abb. 584), die aus Kreuzen verschiedener Gestalt und Farben bestehen: für den Johanniterorden *in Rot ein silbernes Kreuz*, für den Deutschen Orden *ein schwarzes Kreuz in weißem Grunde.*

Das 'Baucens' genannte Banner der Templer war *weiß und im oberen Drittel schwarz* (Abb. 585). Wappenbücher des 13. Jahrhunderts geben für diesen Orden einen *schwarz-silbern geteilten* Schild an, *der mit einem roten Tatzenkreuz belegt ist* (15); sein Mantel war weiß mit einem roten Kreuz auf der linken Schulter. Die Johanniterritter trugen einen schwarzen Mantel mit weißem Kreuz, das zuerst tatzenförmig, dann in einer charakteristischen Weise schwalbenschwanzförmig verbreitert war, die ihm den Namen Malteserkreuz eingetragen hat. Wegen ihres mit dem Ordenszeichen versehenen Waffenrocks nannte man sie bisweilen 'die roten Mönche'. Der Deutsche Orden trug einen weißen Mantel mit schwarzem Kreuz. Dessen Hochmeister haben immer einen eigenen Schild geführt (16), indem sie *auf den weißen Schild mit dem schwarzen Kreuz des Ordens ein goldenes Krückenkreuz auflegten* (das gegen Ende des 15. Jahrhunderts zum Lilienkreuz umgestaltet wurde) *und auf dessen Mitte ein Reichsschildchen (in Gold ein schwarzer Adler)* anbrachten (Abb. 586). Im Deutschen Orden war es übrigens verboten, den weißen Grund silbern zu färben.

Die Großmeister der Johanniter haben anfänglich zwei nebeneinandergestellte Schilde geführt, rechts den des Ordens und links den persönlichen. Seit ungefähr 1420 quadrieren sie diese beiden Wappen. Seit dem 14. Jahrhundert führten die Ritter ihr Familienwappen beizeichenfrei, nur von einem Ordensschildchen überhöht oder als Beizeichen mit einem oder zwei Kreuzchen (Abb. 433 und 588) oder einem eingefügten Ordensschildchen (Abb. 589). Seit ungefähr 1470 fügen die Johanniterritter ihrem Familienwappen das Ordenswappen als Schildhaupt bei (17). Die Baillis und die Komture legen diesen Schild auf ein Malteserkreuz (Abb. 567) und umgeben ihn im allgemeinen mit einem Rosenkranz. Die dem Orden angehörenden Prälaten legen ihren Schild auf ein Malteserkreuz.

Ähnlich wie die Kreuzzüge gegen Osten zur Errichtung dieser ruhmreichen Orden geführt haben, zog auch die Reconquista der iberischen Halbinsel die Stiftung mehrerer mönchischer Ritterorden nach sich: *St. Jakob von Compostella*, genannt *vom Schwert* (gegründet 1162), *Calatrava, Alcántara* und *Avis* sind die bedeutendsten. Nach Beendigung der Reconquista wurden diese Orden nach und nach durch die Kronen Spanien und Portugal säkularisiert. Alle diese Orden, ausgenommen der Santiago-Orden (von Compostella), haben Lilienkreuze als Abzeichen. Die Santiago-Ritter trugen einen weißen Mantel mit dem Kreuz dieses Ordens, das aus einem Schwert mit lilienendigem Gefäß besteht, das auf

Abb. 587 Wappen von Don Manuel de Navascués (geb. 1663, +1713), Feldadjutant des Herzogs von Orléans, Santiago-Ritter (1698). Der Schild ist gespalten aus Navascués und Orobio: *die rechte Hälfte ist geviert; 1) in Blau ein schwebendes goldenes Kreuz, 2) in Rot zwei goldene Kastelle, 3) in Blau fünf (2, 1, 2) goldene Münzen, 4) in Silber drei schwarze Kochkessel; die linke Hälfte ist geviert; 1) in Silber ein rotes Lilienkreuz, 2) in Blau ein goldenes Kastell, 3) in Rot ein springender schwarzer Wolf, 4) in Silber ein naturfarbener ausgerissener Baum;* der Schild ruht auf dem Santiago-Kreuz; Stahlhelm mit goldenem Bügelvisier; Helmzier: vier Straußenfedern, eine rote und eine blaue zwischen zwei goldenen; Helmdecken in den gleichen Farben (Manuskript Wappenbuch der Familie Navascués) (Photo Faustino Menéndez Pidal de Navascués).

Abb. 588 *In (Schwarz) ein (goldener) Adler, oben begleitet von zwei (silbernen) Tatzenkreuzchen*: Siegel des Johanniterritters Jean d'Oron (1347) (ISV 309/4).

Abb. 589 *Unter (goldenem) Schildhaupt, darin ein Johanniterordens-Schildchen, (silbernrot) fünfmal gespalten*: Siegel des Johanniterritters Jean de Montagny, Präzeptor von Epailly (Côte d'Or), (1330) (ISV 309/3).

Abb. 590 *Unter einem Schildhaupt, darin ein wachsender gekrönter Löwe, drei abgerissene Löwenköpfe, begleitet von einem T*: Siegel des Guillaume de Brionne, Generalpräzeptor von St.-Antoine de Bailleul, (1426) (DF Nr. 7542).

dem Kreuzpunkt oft mit einer silbernen Muschel belegt ist (Abb. 587) (18).

Der Hospitaliterorden von St. Antonius, dessen Zentrum die Abtei Saint-Antoine-en-Viennois war, hat ein blaues *Tau-Kreuz* als Abzeichen, das die Großmeister und Präzeptoren in ihren Schild aufnehmen (Abb. 420 und 590) (18a).

Die *Orden vom Heiligen Grab zu Jerusalem* und von *St. Katharina auf dem Berge Sinai* haben als Embleme ein rotes Jerusalem-Kreuz und die Marterwerkzeuge der Heiligen, ein Rad und ein Schwert (Abb. 591) und waren Pilgern edler Geburt vorbehalten, die sie am Heiligen Grabe oder im Katharinenkloster auf dem Sinai erhalten konnten (19); der älteste der anwesenden Ritter umarmte hierbei den neuen Kandidaten. Im 15. Jahrhundert stellten diese Orden nur noch Andenken an die Wallfahrt, um nicht zu sagen an die Reise dar, waren aber trotzdem in dieser Eigenschaft hoch angesehen.

Die **fürstlichen Orden** waren anfänglich unter die Schirmherrschaft eines Heiligen gestellt, und ihre Satzungen legten den Rittern verschiedene religiöse Verpflichtungen auf. Wegen der hohen Anzahl dieser Orden müssen wir uns hier auf einige Angaben über die ältesten und wichtigsten beschränken, die nur eine begrenzte Anzahl von Rittern aufnehmen (20).

Der *Hosenbandorden* wurde 1348 von König Eduard III. von England gestiftet. Das Ordenszeichen ist ein blaues Knieband mit den daraufstehenden Worten 'Honny soit qui mal y pense' (ein Schurke sei, wer Schlechtes dabei denkt). Es wird von Männern unter dem linken Knie, von Damen am Arm getragen, und heraldisch um den Schild gelegt dargestellt. Heinrich VI. fügte die aus Knoten und aus von Hosenbandbändern umschlossenen Rosen gebildete Kette hinzu, an der eine Darstellung des Heiligen Georg als Ordenspatron hängt (Abb. 593).

Der *Orden vom Halsband*, später genannt *von der Verkündigung* oder *Annunziatenorden*, wurde 1363 von Amadeus VI. von Savoyen, dem sog. Grünen Grafen gestiftet (Abb. 592) Das anfänglich variable Halsband besteht heute aus Liebesknoten und den Buchstaben 'FERT', mit einem Anhänger, dessen drei Liebesknoten auf die Stiftungszeit zurückgehen, während die Hinzufügung der Verkündigungsszene innerhalb dieser Knoten neueren Datums ist (21).

Der *Orden vom Goldenen Vlies* wurde 1430 von Herzog Philipp dem

Abb. 591 *Innerhalb goldenen Schildrandes in Rot ein silberner Falke*; Helmzier: *der Falke auffliegend zwischen zwei Hirschstangen*. Der Schild ist von den Abzeichen der Orden vom Heiligen Grabe und von St. Katharina begleitet: Siegel von Jost Fegely aus Freiburg i.Ü. (1590) (AV I).

Abb. 592 Halsband, Spruch und Kriegsruf des Grafen Amadeus VI. von Savoyen (1382), oberhalb der Urkunde über die Stiftung einer Messe für die Kathedrale von Lausanne eingezeichnet (Königliches Archiv Turin).

Guten von Burgund gestiftet. Die Halskette besteht aus verschränkten Feuerstählen und flammensprühenden Steinen, während der Anhänger aus einem goldenen Widderfell oder Vlies besteht (Abb. 594 und 595) (22), das auch allein an einer Kette oder einem (roten) Band getragen werden kann. Das rote Astschrägkreuz als Emblem des Herzogtums Burgund wird oft neben diesem Orden dargestellt.

Der *St. Michaelsorden* wurde 1469 von König Ludwig XI. von Frankreich gestiftet. Die Halskette besteht aus goldenen Knoten und silbernen Muscheln, die bisweilen doppelt stehen; der Anhänger ist ein einen drachengestaltigen Teufel niedertretender Erzengel Michael (Abb. 187 und 597).

Dieser Orden wurde bald so freigiebig verteilt, daß König Heinrich III. 1578 einen weiteren, den *Orden vom Heiligen Geist* stiftete. Dessen Halskette war anfänglich aus Lilien und Monogrammen gebildet; diese Monogramme bestanden aus dem Buchstaben H und aus den beiden

207

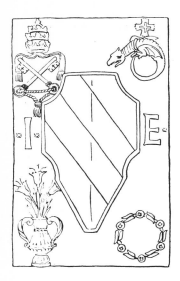

Abb. 596 Grabstein von Giovanni Emo, Venedig, 1483, mit den Abzeichen der Orden vom Goldenen Sporn, des Drachen von Ungarn, der Kanne von Aragon und der Ginsterschote (Museum Treviso).

Abb. 597 Wappen des Ritters des Michaelsordens Jacques de la Fin (Bourbonnais), quadriert aus la Fin und Salins-la-Nocle (1578).

griechischen Buchstaben lambda (für Luise von Lothringen, die Gemahlin Heinrich III.), außerdem phi und delta (ein Anagramm für fidelitas). 1597 ersetzte man die griechischen Buchstaben durch Waffentrophäen. Vereinzelt unter Ludwig XIII., und noch zu Beginn der Regierung Ludwigs XIV. findet man gekrönte L anstelle des H (Abb. 580), aber 1679 wurde die Beibehaltung des H beschlossen, und seitdem besteht die Halskette aus Lilien, von drei Kronen umschlossenen H und Waffentrophäen, alles mit Flammen verbunden. Da die Ritter des Ordens zum Heiligen Geist stets auch Ritter des St. Michaelsordens waren, umrahmten sie ihren Schild konzentrisch mit den Ketten beider Orden, der des Heiligen Geistes außen, und führten den Titel Ritter der Orden des Königs. Unser Titelbild zeigt diese Orden um den königlichen Schild gelegt. Bis 1789 führten die dem Orden als Komture angehörenden Prälaten das Ordenskreuz an einem um den Schild gelegten breiten blauen Band. Das Ordenskreuz besteht aus einem Malteserkreuz mit vier Lilien in den Ecken und der aufgelegten Taube des Heiligen Geistes. Wie die Geistlichen verhielten sich auch die Ordensbeamten (Schatzmeister, Kanzlist, Herold und Weibel), aber seit 1648 beginnen sie damit, ihren Schild wie die Ritter mit den beiden Halsketten von St. Michael und vom Heiligen Geist zu umrahmen. Diese Mode herrscht im 18. Jahrhundert allgemein.

Der *Orden vom Stern* oder *Unserer Lieben Frauen vom Edlen Hause* wurde 1351 von König Johann dem Guten von Frankreich gestiftet. Der achtstrahlige Stern war weiß und hatte in der Mitte 'eine blaue Rundung, und darauf eine kleine goldene Sonne'. Er wurde auf der linken Schulter des Mantels angesteckt (23).

Abb. 598 Herzog Ludwig II. von Bourbon nimmt, von den Rittern des Goldenen Schildes begleitet, 1369 eine Widmung entgegen.

208

Abb. 599 Reiterportrait von Charles d'Artois, Grafen von Eu, Pair de France (1458), mit dem Orden der Halsberge am Halse (Wappenbuch Berry, Bibliothèque Nationale, Paris, Ms. fr. 4985, Fol. 37v) (Photo Bibl. Nationale).

Abb. 600 Wappen von Guichard de Montberon, Baron de Mortagne, Großstallmeister des Königs von Sizilien, Ritter des Ordens vom Halbmond. *Geviert, 1) und 4) silbern-schwarz fünfmal geteilt* (Montberon); *2) und 3) in Rot zwei abgewendete goldene Barben mit je einem Kleeblatt im Maul und begleitet von vier Kleeblättern, alles golden* (Wappenbuch des Ordens vom Halbmond, um 1450) (Photo Bibliothèque Nationale, Paris).

Der *Ginsterorden* bestand vielleicht schon unter König Karl V., sicher aber unter Karl VI. Seine Halskette bestand aus grünen und weißen Schoten, manchmal auch mit den Stielen des Ginsters (Abb. 596).

Herzog Ludwig II. von Bourbon stiftete 1366 anläßlich seiner Rückkehr aus der Gefangenschaft den *Orden vom Goldenen Schilde*, dessen Ritter auf der Brust einen goldenen Schild trugen (Abb. 598) (24), auf dem ein Schrägbalken aus Perlen mit dem Wort 'allen' stand.

Herzog Ludwig I. von Orléans stiftete 1394 den *Orden von der Halsberge*. Dies ist ein zahnrandiger Halskragen aus Ringelmaschen, der neben oder um den Schild gelegt geführt wurde (Abb. 599) (25).

Renatus von Anjou, König von Sizilien, Herzog von Anjou, Graf der Provence schuf 1448 den *Orden vom Halbmond*, dessen Emblem ein mit dem Spruch 'Los en croissant' beschrifteter goldener Halbmond ist, an dem goldene Nesteln hängen (Abb. 600) (26).

In der Bretagne bestanden zwei *Orden*, der *vom Hermelin* und *von der Ähre*. Die Halskette des ersteren besteht aus zwei aus schreitenden Hermelinen und abwechselnd schwarzen und weißen Bändern mit der Inschrift 'A ma vie' gebildeten Kränzen; an einem der Kränze hängt ein

Abb. 601 Orden de la Banda von Kastilien und von der Kanne von Aragon, nach einem Scheibenriß des 16. Jahrhunderts (Zeichnung DLG).

weiteres Hermelin, das ein Band mit demselben Wort hält. Die Halskette des Ordens von der Ähre besteht aus Getreideähren mit einem Hermelin als Anhänger. Erst vom 17. Jahrhundert an hat man mit der gemeinsamen Darstellung dieser beiden Orden begonnen, indem man sie in der Art der königlich französischen Orden umeinanderlegte.

Die *Goldene Miliz* geht auf den Zwangsaufenthalt der Päpste von Avignon zurück. Die Ritter erhielten eine Gürtelschließe mit den gekreuzten Schlüsseln, die dann in ihrem Wappenschild auftaucht. Im 15. Jahrhundert wurde die Tiara oberhalb der Schlüssel hinzugefügt (Abb. 596).

Der ungarische *Drachenorden* besteht aus einem auf dem Rücken mit einem Kreuz bezeichneten Drachen (Abb. 596); er wird entweder um den Schild gelegt oder auf der linken Schulter wie ein moderner Orden getragen; oft wird er mit dem österreichischen *Salamanderorden* verwechselt.

Der *Orden de la Banda (von der Schärpe)* von Kastilien ist eine von der rechten Schulter zur linken Hüfte oder umgekehrt getragene weiße Schärpe, die sehr oft mit der Vase des *Ordens von der Kanne* von Aragon (Abb. 601) belegt ist. Die Kette des letzteren besteht aus Kannen oder Vasen und der Anhänger daran ist ein auf einem Schriftband stehender halsgekrönter Greif.

Abb. 602 Geviert; *1) und 4) in Rot zwei verschränkte silberne Drachenrümpfe, 2) und 3) dreimal silbern-schwarz gespalten und überzogen von zwei Zickzackbalken in verwechselten Farben*; Helmzierden: *die Drachenrümpfe und ein mit zwei Zickzackbalken belegter Flügel*; Kannenorden von Aragon, Schwanenorden von Brandenburg und die SS-Kette von England: Wappen des Florian Waldauf aus Hall in Tirol. Holzschnitt von Albrecht Dürer im *Leben der Heiligen Brigitte* (1517).

Abb. 603 *Unter blauem Schildhaupt, darin ein goldener, eine Treuhand bildender Ring, in Silber drei Vögel*: Exlibris von Bartolomeo Amico, Grafen zu Castellafero, Ritter des Mauritius- und Lazarus-Ordens (um 1770).

210

Der *Schwanenorden* von Brandenburg besteht aus einer Halskette, deren Glieder zwischen zwei Sägeblätter geklemmte Herzen sind und an der ein von einem herumgelegten Handtuch umschlossener Schwan hängt (Abb. 602).

Zwei englische Halsketten sind Parteiabzeichen. Das eine besteht aus dem doppelten Buchstaben SS und gehört zum Hause Lancaster (Abb. 602), und das andere, aus Sonnen und Rosen bestehende ist das des Hauses York.

Der 1434 von Herzog Amadeus VIII. gestiftete *Mauritius-Orden* bestand nur kurze Zeit. 1572 wurde er von Herzog Emanuel-Philibert wiederbelebt und sogleich durch Papst Gregor XII. unter dem erblichen Großmeistertum der Herzöge von Savoyen mit dem Lazarus-Orden vereinigt. 1816 und 1868 wurde er modernisiert. Das achtspitzige grüne Lazarus-Kreuz ist mit dem weißen Kleeblattkreuz des Heiligen Mauritius vereinigt (Abb. 603).

Der Hospitaliter-*Ritterorden von St. Lazarus* wurde 1572 mit dem Mauritius-Orden vereinigt. In Frankreich wurde diese Vereinigung nicht zugelassen, hingegen vereinigte Heinrich IV. den Orden 1608 mit dem neugegründeten Orden *Unserer Lieben Frau vom Carmelberge*. Die Päpste genehmigten ihrerseits diese Vereinigung nicht, indem sie nur dem Orden Unserer Lieben Frau vom Carmelberge allein die Bestätigung erteilten. Die Ritter des *Ordens von St. Lazarus und Unserer Lieben Frau vom Carmelberge* trugen ein achtspitziges Kreuz mit einem Mittelmedaillon, darin auf der einen Seite die Muttergottes und auf der anderen der Heilige Lazarus, an einem amarantroten Band und etwa seit 1645 an einer aus den Monogrammen SLL und MA gebildete Halskette; sie fügten ihrem Schild ein Schildhaupt mit dem Ordenswappen, *einem rot-grün gevierten Kreuz in Silber*, bei. Dieses Wappen wurde vom Großmeister und dem Generalvikar mit ihrem eigenen Familienwappen quadriert.

Hinsichtlich der zahlreichen moderneren Orden genügt es wohl zu sagen, daß sie im allgemeinen an ihren speziellen Bändern oder Ketten hängend unterhalb des Schildes angebracht werden (Abb. 604).

Mit den soeben behandelten Kleinodien haben die Zeichen der großen, im 15. Jahrhundert in Hochblüte stehenden deutschen Turniergesellschaften starke Ähnlichkeit. Besonders oft stößt man auf das Abzeichen der Gesellschaft von Fisch und Falk (Abb. 605) (27), das auch einen Platz im Herzschild des Wappens der Freiherrn von Reinach gefunden hat.

Abb. 604 *In Silber ein roter Balken (Béthune), begleitet als Beizeichen rechts oben von einem roten Schildchen, darin ein von sechs goldenen Schindeln begleiteter goldener Schrägbalken (Saveuse):* Exlibris von Eugène, Reichsfürst zu Béthune, Marquis von Hesdigneul, Großkreuz des Kapitularordens von Limburg und des Löwen von Holstein, Ritter des Weißen Adlers von Polen, des Pfälzischen Löwenordens und von St. Ludwig (um 1820).

Abb. 605 Abzeichen der Gesellschaften vom Georgenschild und von Fisch und Falk (Schwaben), nach einem Scheibenriß des 16. jahrhunderts.

Bilddevisen

Die Bilddevisen (28) (altfranzösisch bages, englisch badges, italienisch imprese) sind besondere Zeichen, die ganz wie die modernen Kokarden seitens ihres Eigentümers oder anderer Personen frei als dekorative Motive gebraucht worden sind. Die Halsketten und Anhänger der Orden sind meistens aus solchen Abzeichen gebildet worden. Das ausgehende Mittelalter hat die Bilddevisen mit Vorliebe gepflegt und sie im 14. und 15. Jahrhundert an allen möglichen Stellen, selbst auf Wappenschilden angebracht. Mit dem Sinneswandel infolge der Renaissance verfielen die Devisen der Vergessenheit, ausgenommen übrigens in England (29) und in Italien.

Der bildliche Teil der Devise, der Körper, wurde meist vom 'Wort', der

Abb. 606 Siegel von Girard d'Estavayer, 1405 (ISV 66/7).

'Seele' der Devise, begleitet. Dieses 'Wort' besteht aus einem oder mehreren Buchstaben, aus einem einzelnen Wort oder einem ganzen Satz, dessen Sinn nicht von vornherein ins Auge springt (Abb. 592). Ein neben einem Wappen (Abb. 606) oft vorkommendes M bedeutete wahrscheinlich Maria, vor allem wenn es gekrönt ist, und bezeugt die seinerzeit so verbreitete Marienverehrung; das Y (Abb. 558) hat wie das im 16. Jahrhundert so häufige E vermutlich eine mystische Bedeutung.

Aus der Zahl der bekanntesten Devisen seien die einiger großer Häuser angeführt:
– der Feuerstahl und das Astschrägkreuz des Hauses Burgund (Abb. 124);
– der Liebesknoten des Hauses Savoyen mit dem Wort 'FERT' (Abb. 592);
– die rote Rose, das Badge des Hauses Lancaster, und die weiße Rose, das Badge des Hauses York, die an die Zeit des 'Rosenkrieg' genannten englischen Bürgerkrieges erinnern.
– der in zwei Drachenrachen verschwindende Schrägbalken der Könige von Kastilien (Abb. 607), hier von der 'Schuppe', der Bilddevise König Johanns II., umschlossen;
– die brennenden Äste mit den Feuerlöscheimern und andere Impresen (Abb. 610) (30) der Visconti;
– die Brillantringe und Straußenfedern der Medici;
– die drei Straußenfedern der Princes of Wales mit dem Spruch 'ich dien';
– der Bär und der Schwan mit dem Spruch 'Oursine le temps viendra' in zahlreichen Illustrationen der kostbaren Manuskripte Herzog Johanns von Berry;
– das Hermelin der Herzöge der Bretagne mit dem Spruch 'A ma vie';
– das Stachelschwein des Hauses Orléans mit dem Spruch 'Cominus et eminus', der sich auf die Meinung bezieht, das Stachelschwein könne seine Stacheln verschießen (Abb. 524);
– der Salamander Franz' I. mit dem Spruch 'Nutrisco et extinguo' Abb. 337);
– die Sonne Ludwigs XIV. mit dem Spruch 'Nec pluribus impar';
– das Doppelkreuz von Lothringen (Abb. 608);
– das Wort 'humilitas' (unterhalb einer Krone!) der Fürsten Borromeo, mit dem die Wände ihres Palastes auf der Isola Bella verziert sind.

Die Devisen der Herzöge von Bourbon sind besonders verschiedenartig. Man findet sie teils in der Kirche von Souvigny, teils in Moulins: einen Feuertopf und eine platzende Granate, ein Hermelin mit goldenem Halsband, den Gürtel der Hoffnung (Abb. 609) (31), einen weißen

Abb. 607 Der von zwei Rachen verschlungene Schrägbalken der Könige von Kastilien, umgeben von der persönlichen Devise Johanns II., der 'Schuppe', im El Pantar-Kloster (Segovia) (um 1450) (Photo Faustino Menéndez Pidal de Navascués).

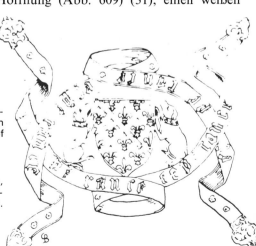

Abb. 608 Karl-Ludwig von Lothringen-Guise, +1668, Abt von Chalais, Prior von Aleyrac, Bischof von Condom (1659).

Abb. 609 Schild von Bourbon, umschlossen vom Gürtel der Hoffnung (um 1400), Fresko in St. Bonnet-le-Château (Loire).

212

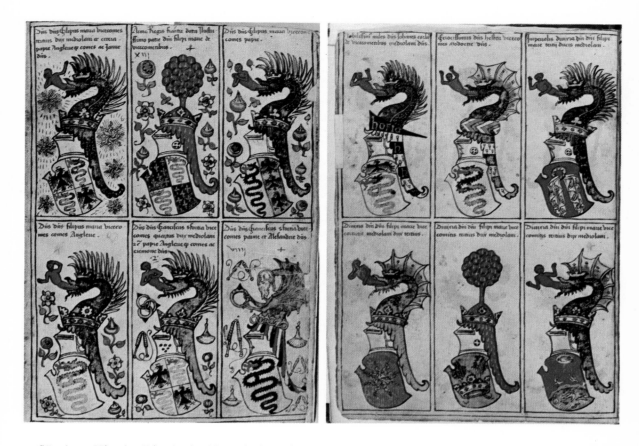

geflügelten Hirsch, Disteln in Naturfarbe oder golden mit silbernen Blättern, ein brennendes Schwert mit silbernem Gurt, einen aus zwei Knochen und einer Rippe gebildeten Zirkel, entweder mit einem Stern oder mit einer Schmetterlingspuppe zusammengestellt, dazu der Spruch 'in te est'. Der Schild der Bourbons erscheint dort auch von einem Band, darauf das Wort 'allen', überhöht, oder auch unter einem mit sieben Straußenfedern, 2, 3, 2 besteckten Wulst, darüber eine emporlodernde Flammengarbe.

Die Devise Karls V. besteht aus zwei gekrönten Säulen, die mit dem Feuerstahl von Burgund verschränkt und von den Bilddevisen König Ferdinands von Aragon (einem Joch) und der Königin Isabella von Kastilien (einem Pfeilbündel) begleitet sein können (Abb. 614). Daß diese Devise aus der Zeit vor der Krönung Karls als Kaiser von 1520 datiert, zeigt der auf der linken Säule ruhende Erzherzogshut (32).

Der Flügel (ala) auf dem Siegel des Bastarden von Savoyen Humbert ergibt mit dessen aus einer Wegerichpflanze bestehendem Badge und den Buchstaben 'hac' das arabische Wort 'allahac', Gott ist gerecht, eine in England recht beliebte, Rebus genannte Kombination von Gegenstand und Buchstaben (Abb. 611).

Auch weniger hochstehende Persönlichkeiten hatten Devisen wie z.B.:
– das blanke Schwert des gefürchteten Blaise de Montluc mit dem Spruch 'Deo duce, ferro comite' (Abb. 613);
– das Flammenschwert des Wortes Gottes des Reformators Guillaume Farel, mit dem Spruch 'quid volo nisi ut ardeat' (Abb. 727, Nr. 3).

Abb. 610   Tafel 2 und 3 des Codex 1390 (15. Jahrhundert) der Biblioteca Trivulziana in Mailand, mit den Wappen und Devisen der Visconti und Sforza (Photo C. Locatelli, Mailand).

Abb. 611   Siegel des Bastarden von Savoyen Humbert (1419) (ISV 34/7).

Abb. 614   Devisen Karls V. (vor 1520).

Abb. 613 Devise des Marschalls von Frankreich, Blaise de Montluc, Bordeaux (1592).

Abb. 612 Exlibris Merode Westerloo (um 1780).

– 'espoir et foi croissant entre les croix' als Umschrift um einen gevierten Schild, darin in 1) und 4) ein Kreuz, in 2) und 3) ein Halbmond (croissant) (Abb. 727, Nr. 2) im Siegel des Pfarrers Clément (Neuenburg) (1597).

– 'guete et prent loisir' des Notars Perret-Gentil genannt Maillard aus Neuenburg (1629) (33).

Die heute allgemein Devisen genannten Sprüche beziehen sich meistens auf die Geschichte, das Vaterland oder die Religion, wie das 'plus ultra' Spaniens, das 'Dieu et mon droit' von England, das 'Je maintiendrai' der Niederlande. Häufig sind auch klassische Zitate wie 'Si qua fata sinant' und 'Fortun(a)e sapientia victrix', Devisen der beiden Bischöfe von Lausanne aus dem Hause Montfalcon, die in der Kathedrale von Lausanne an vielen Stellen erscheinen, oder wie das 'Transvolat nubila virtus' auf den Münzen des Grafen Michael von Greyerz.

Unserer Zeit näher stehen die zahlreichen Devisen, welche an die soldatische Ehre (Abb. 612), eine ruhmreiche Waffentat, wie das 'a victoria nomen' der Barbarigo von Venedig, an jedermann bekannte Ereignisse wie das 'Post tenebras lux' von Genf, oder an den Namen erinnern wie bei Jacques Cœur: 'A cœur vaillant rien d'impossible'. Viele andere bleiben aber mehr oder weniger rätselhaft.

Es muß darauf hingewiesen werden, daß diese Sprüche anders als die Wappen sehr oft persönlicher und nicht familienbezogener oder erblicher Natur sind. Dieser Umstand hat aber zahlreiche adlige und bürgerliche Familien nicht daran gehindert, sich im vorigen Jahrhundert alte Devisen zurechtzuschneidern.

Der **Kriegsschrei** diente als Sammlungs- und Schlachtruf. Sehr oft bestand er aus dem Familiennamen des Familienhauptes oder des Landesherrn. Im allgemeinen behielt ein Haus, das Namen und Wappen infolge einer Erbschaft geändert hatte, den alten Schlachtruf bei. Manchmal bezieht sich dieser auf das Wappen, wie 'Flandres au lion' der Grafen von Flandern, oder auf den Schutzheiligen, wie 'Montjoye Saint Denis' in Frankreich. Viele andere sind in der Literatur nachgewiesen (34).

Seit dem 14. Jahrhundert geben mehrere Wappenbücher, insbesondere das Wappenbuch Revel (um 1450) regelmäßig neben dem Namen den Kriegsschrei an. Fast immer ist es der Name der eigenen oder der einer verschwägerten Familie (Abb. 83). Der Graf von Montpensier ließ 'Montjoye à Bourbon' rufen.

Anmerkungen

1   La Perrière et du Roure de Paulin, *Des tenants, supports et soutiens dans l'art héraldique*, Rom und Paris 1910.

2   Holztäfelung in der St.-Cernin-Kirche (Cantal) aus der Stiftskirche von Mont-Coutans in St.-Chamond (Cantal).

3   D.L. Galbreath, *Papal Heraldry*, S. 39

4   *a.a.O.*, S. 33

5   Jean Tricou, *Méréaux et jetons armoriés des églises et du clergé lyonnais*, Sonderdruck aus Bulletin historique du diocèse de Lyon, 1923-1926.

6   Über die Entwicklung des Krummstabes, vgl. besonders G. Schaeffer, D. Hummel, *Das Vorbild des Baselstabes*, AHS 1947, S. 81-86.

7   Boilleau, *Recherches sur les archers, arbalétriers et arquebusiers de France*, Tours 1848.

8   Diese Veränderung könnte darauf zurückgehen, daß der Graf von Toulouse und sein Sohn, der Herzog von Penthièvre, beide Admirale von Frankreich und Bibliophile waren und auf diese Weise ihre Bucheinbandstempel unterscheiden wollten (Duc de La Force, *L'établissement des enfants de Louis XIV.*, Recueil du IXème CISGE, Bern 1968).

9   C. Butkens, *Trophées tant sacrés que profanes du Duché de Brabant*, 2 Bde. Den Haag 1724-26.

10   Von Fürst Mario Chigi 1878 geprägte Medaille (Annuario Pontificio, 1899, S. 71).

11   Zeitgenössischer Stich, *Bulletin historique* 1911, S. 111.

12   Demay, *le Costume...* S. 98.

13   Père Ménestrier, *Origine des ornements des armoiries*, Paris 1680, S. 122. Über das Wappenzelt im königlichen Wappen, besonders das dänische, vgl. Nils.G. Bartholdy, *Suveraenitetssymbolikken i det store danske kongelige vaben og dens kulturhistoriske baggrund*, Heraldisk Tidskrift, März 1976, S. 127-138.

14   Wegen Einzelheiten der wichtigsten militärischen und zivilen Orden vgl. A. Chaffanjon, *Les grands ordres de chevalerie*, Paris 1975, sowie den Ausstellungskatalog *'Ordres de chevalerie et récompenses nationales'*, Paris 1956, und auf deutsch Maximilian Gritzner, *Handbuch der Ritter- und Verdienstorden...*, Leipzig 1893, Reprint, Graz 1962, und Arnhard Graf Klenau, *Großer Ordenskatalog, Orden und Ehrenzeichen* 1700-1918, München 1974. Betreffend die österreichisch-ungarische Monarchie ist auch zu zitieren: W. Mericka, *Orden- und Ehrenzeichen der Österreichisch-Ungarischen Monarchie*, Wien 1974 und Roman von Procházka, *Österreichisches Ordenshandbuch*, München 1974. Betreffend die spanischen religiösen Ritterorden gibt es eine gute bibliographische Studie bei D.W. Lomax, *La historiografía de las órdenes militares en la península ibérica 1100-1550*, Hidalguía 1975, S.

711-724. Vgl. auch das Sammelwerk: *Historia de las órdenes de caballería y de las condecoraciones españolas*, Madrid 1864. Die in Verbindung mit Wappen abgebildeten Ritterorden gestatten oft eine genaue Zuschreibung der Wappen. Siehe besonders Ottfried Neubecker, *Ordensritterliche Heraldik*, Herold 1939, S. 17-43, 83-176, 220-245, Tfl. 2-8, 11-33.

15   Wappenbuch des Turniers von Chauvency 1285, Kopie im Wappenbuch des Herolds Beyeren (15. Jahrhundert), Privatbesitz, Den Haag, und in mehreren späteren Kopien. C 21 gibt: *in Silber ein schwarzes Schildhaupt, das Ganze überdeckt von einem roten Kreuz*. Vgl. außerdem Ottfried Neubecker, Das Wappen des Templerordens in: Der Tappert, 1969, S. 33-49.

16   F.A. Vossberg, *Geschichte der preußischen Münzen und Siegel*, Berlin 1843.

17   D.L. Galbreath, *Armoiries des Chevaliers de Saint-Jean*, AHS 1918, S. 211, nach den Arbeiten von Giuseppe Gerola über die Plastiken in Rhodos und an anderen Stellen im Ägäischen Meer, Rivista araldica, 1913, 1914. Vgl. auch Mario de Visser, *I sigilli del sovrano militare ordine di Malta*, Mailand 1942.

18   M. del Saltillo, *Catálogo de la Exposición de la Heráldica en el Arte*, Madrid 1947, Nr. 99 bis.

18a   G. Vallier, *Armorial des grands-maîtres et des abbés de Saint-Antoine de Viennois*, Marseille 1881; ders., *les peintures murales des Lover de Montfalun*, Valence 1891.

19   Vgl. M.H.L. Rabino, *Le Monastère de Sainte-Catherine (Mont-Sinaï)* in: Bulletin de la Société Royale de Géographie d'Égypte, Kairo 1935, S. 21-126, XVI. Tfln

20   Nicht nur Fürsten, sondern auch einfache Edelleute haben manchmal nicht gerade echte Orden, aber etwas sehr ähnliches gestiftet wie der nachfolgende Text aus *Voyaige d'oultremer en Jhérusalem de Nompar, seigneur de Caumont* (1418), (veröffentlicht von P.S. Noble, Oxford 1975, S. 47 f.) zeigt.: 'Ci... comence a parler de la divize de la eschirpe d'azur que NOPER, seigneur de Caumont, de Chasteau Nuef, de Chasteau Cullier et de Berbeguières fais assavoir que j'ay enpris de porter sur moi en divize, une eschirpe d'azur qui est une couleur que signifie loyauté a memoyre et tesmoign que le vueill maintenir. E en icelle eschirpe a une targe blanche a une croix vermeillie pour mieux avoir en remembrance la passion Nostre Seigneur, et aussi en honneur et souvenance de monseigneur Saint George par tel qu'il luy plaise moy estre en toute bonne ayde. E hault en le targe ha escript FERM. Se Dieux faisait son comandemant d'aucun de ceux de le ditte eschirpe, sceu qu'ilz l'aient, chacun fera chanter trois messes, deux de requiem et une de monseigneur saint George pour l'âme d'ycelluy et moy... Et oultre ce ay establi et ordonné que se null de le ditte eschirpe perdait son heritage et n'avait de quoy vivre, suy tenus, la que par luy seray requis ly donner et tenir son estat sellon qu'il appartiendra'.

21   Dino Muratore, *Les origines de l'Ordre du Collier de Savoie dit le l'Annonciade*, AHS 1909 S. 5-12, 59-66; 1910, S. 8-16, 72-88 Tfln. IX a X.

22   T. van der Laars, *Wapens, vlaggen en zegels van Neder-land*, Amsterdam 1913.

23   Miniatur aus Ms. fr. 2813 der Bibliothèque Nationale, Paris, stellt die Stiftung des Ordens durch König Johann dar. Vgl. auch Lavisse, *Album historique*, 1907, S. 6.

24   Miniatur aus den *Hommages du comté de Clermont*, Kopie in der Sammlung Gaignères, Paris, Cabinet des Estampes. Der Orden vom Gürtel der Hoffnung oder Unserer Lieben Frau von der Hoffnung, dessen Stiftung auch Ludwig II. zugeschrieben wird, scheint nur in der Einbildung Favyns bestanden zu haben, des Autors des berühmten *Théâtre d'honneur et de chevalerie*, Paris 1620. Die auf einem Gürtel getragene Devise 'Espérance' war kein Ritterorden (vgl. J.B. de Vaivre, *Un document inédit sur le décor heraldique de l'ancien hôtel de Bourbon à Paris*, AH 1972, S. 2-10). Douët d'Arcq, *Choix de pièces inédites relatives au règne de Charles VI.*, Paris 1863, S. 370, erwähnt noch einen Orden vom *Gefangeneneisen*, der 1415 ebenfalls von einem Herzog von Bourbon gestiftet worden sei und dessen Ritter am linken Bein ein an einer Kette hängendes Gefangeneneisen (en la jambe senestre chascun le fer de prisonnier pendant à une chesne) getragen hätten. Diese Ordenszeichen wären für die Ritter golden und für die Knappen silbern gewesen, eine Unterscheidung, die in vielen anderen Orden ebenfalls vorkommt.

25   J.B. Vaivre, *Les armoriaux équestres* (in Vorbereitung).

26   J.B. de Vaivre, *Les armoriaux de l'Ordre du Croissant*, CH Nr. 3, Paris 1976.

27   Dieses Abzeichen ist hier mit dem ebenfalls in Schwaben sehr verbreiteten Abzeichen der Gesellschaft der Ritter vom St. Georgenschild zusammengestellt.

28   Max Prinet, *Les usages héraldiques au XIVème siècle d'après les Chroniques de Froissart*, Sonderdruck aus Annuaire-bulletin de la Société d'Histoire de France, 1916.

29   Vgl. besonders H.S. London, *Royal Beastst*, East Knoyle 1965.

30   C. Santoro, *Gli Stemmari della Biblioteca Trivulziana*, AHS 1948, S. 97-102.

31   Eine sehr schöne Abbildung des Gürtels der Hoffnung und des Ordens vom Ginster bieten J. Tricou und D.L. Galbreath in: *Les documents héraldiques du Musée des tissus de Lyon*, AHS 1930-1931, Nr. 6-10.

32   F.J. Schnyder in AH 1968, S. 58

33   AN II.

34   Vgl. besonders C. Grandmaison, *Dictionnaire héraldique*, Paris 1861, Spalten 234-247. Dort auch zahlreiche Devisen, Spalte 254-259. Betreffend die durch alte Wappenbücher überlieferten Kriegsschreie vgl. P. Adam, *Cris d'armes des rois chrétiens*, AH 1954, S. 35-38. Der Kriegsschrei 'Montjoie' und der gleichlautende Name der Oriflamme Karls des Großen erscheinen mehrfach im Rolandslied (Ende 11. Jahrhundert) (vgl. Kap. I, Anm. 13). J. Dielitz, *Die Wahl- und Denksprüche, Feldgeschreie, Losungen, Schlacht- und Volksrufe, besonders des Mittelalters und der Neuzeit*, Frankfurt am Main 1884.

KAPITEL IX

Abb. 615 *Fünfmal (golden-rot) schräggeteilt, überdeckt von einem (blau-silbern) gestückten Schräglinksbalken* (Miolans-Urtières): Siegel von Michel de Blonay, Herrn zu Maxilly (Savoyen), der Erbansprüche an das Haus Miolans erhob (1531) (AV II).

Abb. 616 Siegel von Jean de Châlon, Herrn zu Arlay, Fürsten von Orange (1404): der Ritter trägt sein Familienwappen *(ein oben mit einem Stern belegter Schrägbalken),* während der Schild seines Fürstentums (ein Jagdhorn) im Siegelfeld steht (ISV 4/1).

ZUSAMMENSTELLUNGEN VON WAPPEN

Allgemeines

Anfänglich waren die Wappen im allgemeinen an den Grundbesitz gebunden, wie das Banner, unter dem sich die Männer der Herrschaft oder der Burgmannschaft versammelten. Daraus ergibt sich logischerweise, daß der Herr nur ein 'Inhaber' des Wappens war, da er es nur als 'Besitzer' der Herrschaft führte. Man kann nämlich in zahlreichen Fällen einen Wappenwechsel der gleichen Persönlichkeit anläßlich des Wechsels in Besitz oder Erbansprüchen verfolgen (1).

Der Herr über mehrere Lande konnte sich also im Besitz von mehreren verschiedenen Wappen befinden. Was war da zu tun? Die häufigste Lösung bestand zweifellos in der Beibehaltung des Wappens der bedeutendsten Besitzung (Abb. 615) oder des väterlichen Grundbesitzes, wodurch die anderen mehr oder weniger schnell der Vergessenheit anheimfielen (2). So konnte es vorkommen, daß Jean de Montfort-l'Amaury (Abb. 13) auf seinem Schild und seinem Banner die Wappen zwei verschiedener Lehen führte und daß das letztere schnell unterging. Aus anderen Gründen zog man es manchmal vor, zwei Schilde zu verbinden: etwa wegen zweien Herren unterstehender Gerichtsbarkeit (Abb. 555), der Mitgliedschaft in einem Ritterorden und dergleichen.

Die im 13. und 14. Jahrhundert häufigste Methode bestand darin, das Hauptwappen auf dem Siegel und zweitrangige Wappen auf dem Gegensiegel unterzubringen, wofür man zahlreiche Beispiele beibringen könnte. Die bezüglichen Inschriften geben bisweilen die den Schilden entsprechenden Titel an (4). In den Reitersiegeln brachte man während des 14. und 15. Jahrhunderts manchmal mehrere Schilde im Siegelfeld unter (Abb. 616). Eine Anzahl Siegel der Herzöge von Burgund gehören diesem Typ an (4). Auf einigen besonders seltenen alten Siegeln trägt die Pferdedecke ein anderes Wappen als der Schild des Reiters (5).

Abb. 617 Gespalten von Savoyen-Waadt und Greyerz: Siegel
der Burgmannschaft von Korbers
(Freiburg) (um 1330) (ISV 135/5).

Zusammenstellungen in einem einzigen Schilde

Abb. 618 *Gespalten; rechts in
(Blau) ein (goldener) Schrägbalken, begleitet beiderseits von je
zwei (goldenen) gekrückten und
gegengekrückten Leisten; links die
linke Hälfte eines von mehreren
Tatzenkreuzchen bewinkelten Kreuzes*: Siegel des Marschallamtes von
Frankreich unter Louis de Sancerre
und Jean de Blainville (1388) (DD
Nr. 222).

In einer gezeichneten oder plastischen Darstellung genügte es, die Schilde zu zweit, zu dritt oder zu mehreren nebeneinanderzustellen. Der bedeutendste Platz ist der heraldisch rechte, wenn nur zwei Schilde in Betracht kommen, bei mehreren der mittlere Platz; dies wird besonders bei den Wappen der Großmeister des Johanniterordens deutlich, wo der Schild des Ordens stets den ersten Platz einnimmt (6) (Abb. 226, 293 und 363).

Schnell gelangte man zu der bequemsten Methode, nämlich zwei Wappen in einem einzigen Schilde zu verbinden. So haben die Landgrafen von Thüringen einen Löwen und eine mehrfache Querstreifung zu einem quergestreiften Löwen verschmolzen (Abb. 622) (7). Während mehrerer Jahrhunderte setzten die Äbte von Saint-Maurice d'Agaune einfach das Kreuz ihrer Abtei in ihren eigenen Schild (Abb. 623). Aber diese Methode hat sich doch nicht verallgemeinert, denn sie hat oft das eigentliche Wappen entstellt, auch verhinderte sie die Beobachtung der Grundregel, weder Farbe auf Farbe noch Metall auf Metall zu legen (vgl. Kap. IV).

So nahm man häufiger die Hälfte der beiden zu vereinigenden Schilde und schob sie in einem einzigen Schild aneinander. Fast immer ist die rechte Hälfte dem wichtigeren Schild entnommen und die linke dem anderen (Abb. 618 und 619) (8). In manchen Fällen ergibt diese Zusammenstellung seltsame Doppeltiere wie den Doppeladler Philipps, Grafen von Savoyen und Burgund (1269) (Abb. 621) (9). Diese Methode hat indessen den Fehler, daß sie manche Figuren, wie den Sparren, das Kreuz (Abb. 618) oder das Schrägkreuz unkenntlich macht, weswegen man bald jede Hälfte des neuen Schildes (Abb. 617) oder wenigstens die eine Hälfte mit einem vollständigen, dann manchmal ein wenig vereinfachten Wappen ausstattete. In Erinnerung an alte Praxis verschwindet der Schildrand in einem gespaltenen Schilde längs der Spaltlinie (Abb. 179, Nr. 3) (10). Man findet sogar in einem Allianzwappen die halbe Halskette eines Ordens des Mannes und den ebenfalls halbierten Knotenstrick der Frau (11).

Wegen weniger wichtiger Lehen oder als Hinweis auf eine Abstammung oder einen Anspruch fügte man in den Hauptschild ein Schildchen ein, das an verschiedenen Stellen stehen (Abb. 604, 605, 620, 624) oder sogar wiederholt auf dem Schildrand erscheinen kann (Abb. 625).

Abb. 619 *Gespalten aus zwei halbierten Quadrierungen*, rechts Gingins und Joinville, links Grailly und
Villagrand: Siegel von Aimé de Gingins (um 1472) (ISV 6915).

Abb. 620 Siegel und Gegensiegel
von Eudo, Herrn von le Pont (Normandie) (1218) (DN Nr. 473).

218

Abb. 622   Der Landgraf von Hessen und seine Lehensleute (um
1380) (GA Fol. 96v).

Abb. 621 Siegel von Philipp,
Grafen von Savoyen und Burgund
(1269) (CB 82).

Abb. 623   *Ein oben und unten von
einem Mauritiuskreuz begleitetes
Schrägkreuz*: Siegel von Guillaume
Villieni, Abt von Saint-Maurice
d'Agaune (Wallis) (1428) (SA).

Abb. 624 Siegel der Burgmann-schaft von Bourjod (Waadt) (um 1540). Schild des Herrn (Greyerz), darin unten der Schild des vorigen Herrn (Billens) (ISV 135/1).

Abb. 626 *In Silber ein mit drei silbernen Löwen belegter roter Sparren, überdeckt von einem blauen Freiviertel, darin ein rechts von einem silbernen Halbmond begleiteter silberner Bock*: Exlibris von Etienne-Claude, Baron de Marivetz (Lothringen) (um 1730).

Abb. 627 Wappen der Stadt Bologna, der Kirche, Papst Innozenz VI. und der Tuch-händler von Bologna (1362), nach der Malerei auf dem ersten Blatt der Satzungen der Korporation der Tuchhändler von Bologna.

Abb. 625 *Innerhalb eines mit sechs silbernen Schildchen, darin drei rote Balken, belegten blauen Schildrandes in Gold ein roter Löwe*: Rigaud d'Aigrefeuille (Languedoc) (Zeichnung DLG).

Statt eines Schildes hat man oft den zweitrangigen Schild in einem Freiviertel (Abb. 626) untergebracht und dies schon recht früh. In Italien begegnet man oft dem Reichswappen *in Gold ein schwarzer Adler*, als Schildhaupt, das von den Ghibellinen ihrem Wappen hinzugefügt wurde (Abb. 254), und einem Anjouschildhaupt. *in blauem, mit goldenen Lilien besäten Felde ein roter Turnierkragen*, das die Guelfen (Abb. 627) wählten. In Deutschland und den Niederlanden führte man manchmal den Schild einer Familie und die Helmzier einer anderen (Abb. 629).

Quadrierte (gevierte) Schilde

Abb. 628 *Geviert* von Brienne und Eu, in den Winkeln Rauten mit dem Wappen von Savoyen-Waadt: Sie-gel der Katharina von Savoyen-Waadt, Gräfin von Eu und Guines (1343) (ISV 7/2).

Die Methode, die sich schließlich durchsetzte, war die Quadrierung (Abb. 628). Dieses Verfahren scheint in Spanien erfunden worden zu sein, wo bereits um 1200 eine Quadrierung von Adler und Löwe vorkommt, wie im letzten Schilde der Abb. 631 zu sehen ist. Wenig später führt der heilige König Ferdinand von Kastilien den klassischen gevierten Schild mit Kastell und Löwe, um die besondere Stellung seiner Königreiche Kastilien und León (12) anzuzeigen. Die Quadrierung dehnt sich langsam über ganz Europa aus, wo sie sich im 15. Jahrhundert allgemein durchsetzt. Anfäng-lich verbindet man durch Quadrierung nur zwei Wappen, die somit im ersten und vierten Quartier das eine, im zweiten und dritten das andere stehen. Vier verschiedene Quartiere (13) findet man seit dem Ende des 14. Jahrhunderts.

Im Süden Europas, vor allem in Spanien, tritt neben die Quadrierung auch eine Schrägquadrierung (Abb. 630), deren Prototyp das bekannte Wappen von Aragon-Sizilien (14) ist. Es kommt sogar vor, daß man, wie aus Laune oder der Symmetrie zuliebe, die Quadrierung weiter fortführt, indem man durch eine Querteilung und eine zweifache Spaltung sechs Felder erzeugt, in deren erstem, drittem und fünftem das eine Wappen, im zweiten, vierten und sechsten das andere in jeweils gleicher Weise (Abb. 632) (15) erscheint.

Drei Schilde können durch einen Mantelschnitt oder durch eine

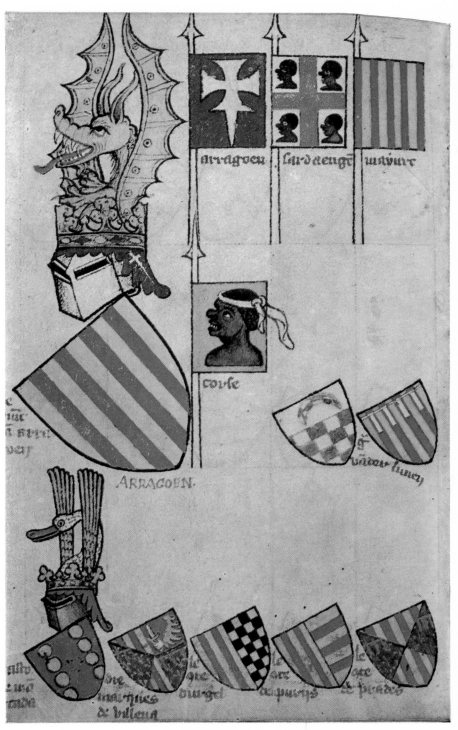

Abb. 629 *In Gold ein schwarzer Steinbock*;
Helmzier: *ein aus einer goldenen Krone hervorkommender, oben mit einem Pfauenfederbusch besetzter
Hermelinspitzhut*: Heinrich von Bodman (Schwaben)
(um 1380) führt den Schild der Meyer von Windeck
und die Helmzier der Bodman (GA 239).

Abb. 630 Der König von Aragón,
Peter IV. der Prächtige, und seine
Lehensleute (um 1380) (GA Fol.
62v)

221

Abb. 631 Eines der Grabmäler von Las Huelgas bei Burgos (um 1200) mit folgenden Schilden: mit Löwe, mit Adler, Geviert Adler-Löwe, Schildbeschlag mit Adler und Löwe in den Oberecken (Photo Faustino Menéndes Pidal de Navascués).

Abb. 632 *Zweimal gespalten und einmal geteilt: 1), 3) und 5) in Gold zwei purpurne Wölfe* (Vilalobos); *2), 4) und 6) in Gold vier rote Pfähle* (Lima); *Herzschild ledig von Gold* (Meneses); Helmzier: *ein purpurner Wolfskopf:* Wappen von Don Pedro de Meneses (1431), Malerei auf der ein Majorat für sein Haus errichtenden Urkunde.

Abb. 633 *Geviert; 1) Wiedergeviert* von Vizegrafschaft Aosta und Challant; *2) und 3) Wiedergeviert* von Valangin und Bauffremont, *4) wiedergeviert aus einem Adler* und Miolans (?): Siegel von René de Challant, Herrn zu Valangin (1556) (SN).

Quadrierung vereinigt werden, bei der dann das wichtigste Wappen das erste und vierte Feld einnimmt.

Seit dem Ende des 14. Jahrhunderts hatten die Wappen ihre militärische Notwendigkeit eingebüßt, so konnte man sie dann ohne Bedenken in zunehmender Zahl auf einem Schilde vereinigen. Die dreieckige Form des Schildes ging dabei verloren; der Schild wurde unten so breit wie oben (Siehe Kap. III).

Wegen der immer weiter wachsenden Anzahl der in einem Schilde unterzubringenden Wappen griff man zur Wiederquadrierung (Abb. 633), oder man unterteilte verschiedene Felder der Quadrierung (Abb. 594) und legte Schildchen in die Mitte auf. Schließlich blieb nichts anderes übrig, als den Schild in so viele Quartiere zu unterteilen, wie man Wappen zur Verfügung hatte, und folglich Beschreibungen mit der Angabe der Anzahl von Spaltungen (zweimal, dreimal gespalten usw.), Teilungen (einmal, zweimal, dreimal usw. geteilt) zu beginnen, was bei zwei Spaltungen und einer Teilung sechs Felder ergibt. Die Wappen der Staaten und großen Familien des 17. und 18. Jahrhunderts sind auf diese Weise genealogische und geographische Übersichten geworden, wie das Wappen der Herzöge von Lothringen (Abb. 634), von dem es manchmal heißt: vier Könige (Ungarn, Neapel, Jerusalem, Aragon) über vier Herzögen (Anjou, Geldern, Jülich, Bar) mit Lothringen über allen.

Dies ist noch ein bescheidenes Beispiel. Später findet die Anzahl der Felder ihre Begrenzung fast nur noch in den Möglichkeiten des Zeichners. Abb. 635 bietet ein schönes Beispiel des 18. Jahrhunderts. Es ist ein leichtes, noch mehr solche Beispiele in Deutschland aufzutreiben. In Frankreich hat man im allgemeinen mehr Schlichtheit bewahrt, wobei der König (Titelbild) im Gegensatz zum Kaiser beispielhaft wirkte: das Wappen des letzten Kaisers des Heiligen Römischen Reichs, Franz II., zeigt eines der kompliziertesten Beispiele mit ungefähr siebzig Feldern

Abb. 634 Zwei Schilde, der rechte: *Geviert aus* la Tour d'Auvergne, Boulogne und Turenne, *Mittelschild gespalten* aus Auvergne und Sedan; im linken Schild Lothringen mit den 'vier Königen über den vier Herzögen' *im Herzschild* Lothringen *mit als Beizeichen einem roten Turnierkragen* (Guise) *und einem mit Scheibchen belegten Schildrand* (Marsan): Exlibris von Louise, Tochter von Louis de Lorraine, Comte de Marsan, Gemahlin von Godefroy-Charles-Henri, Prince de Turenne, Duc de Bouillon (um 1760).

Abb. 635 Vollständiges Wappen von Don Fernando de Silva, Alvarez de Toledo y Beaumont, 12. Herzog von Alba (geb. 1714, +1776): *einmal gespalten und viermal geteilt (zehn Felder):* 1) Mendoza, 2) Haro, 3) *gespalten von* Sotomayor und Beaumont de Navarra, 4) Guzman, 5) Manrique, 6) *gespalten von* Fonseca und Zuñiga, 7) Enriquez de Ribera, 8) Enriquez de Cabrera, 9) Sandoval, 10) Rojas, *Mittelschild gespalten von* Toledo und Silva. Herzoglich gekrönter, nach vorn gewendeter Bügelhelm; Helmzier: *ein wachsender mit dem Wappen Toledo bekleideter, in der Rechten ein Schwert und in der Linken einen Reichsapfel haltender Engel;* der Schild liegt auf dem Kreuz des Calatrava-Ordens, umzogen von den Ketten des Michaels-Ordens, des Ordens vom Heiligen Geist und des spanischen Goldenen Vlieses und ist unten von zwei 'Justizarmen' begleitet. Das Ganze liegt auf dem Mantel der Granden von Spanien und ist umgeben von den zu den Prunkstücken des Hauses Alba gehörenden Fahnen, darüber auf einem flatternden Bande der Spruch: 'tu in ea et ego pro ea' (Stich auf dem Widmungsblatt des Don Joaquin José de Navascués auf seinen rechtswissenschaftlichen Thesen, die er dem Herzog von Alba darbrachte).

Abb. 636   Wappen Kaiser Franz' II.
(11.8.1804 - 6.8.1806).

(Abb. 636) (16). Einige Staaten, wie z.B. Großbritannien, haben in ihrem Wappen diese Überlieferung fortgesetzt.

Die in der Anordnung der Felder beobachtete Rangordnung kann verschiedener Art sein: der Stammschild oder der ranghöchste Schild steht im allgemeinen im Schildhaupt rechts oder in der Mitte. Bei der Aufnahme von Namen und Wappen einer erloschenen Familie bekommt das aufgenommene Wappen grundsätzlich den Ehrenplatz im ersten Feld. Seit dem 16. Jahrhundert mußten die Übernahmen von Namen und Wappen durch das Staatsoberhaupt genehmigt werden.

Meistens begnügte man sich über einem gevierten Schild mit einem

Helm mit seiner Helmzier, aber in Deutschland findet man oft auch mehrere (Abb. 507).

Ein zusammengestellter Schild kann auch ein eine Ahnenprobe begleitender Adelsnachweis sein. Dann erscheinen darin die Wappen der verschiedenen Vorfahren, und die ganze Kombination hat im Französischen einen eigenen Namen: *pennon*. Ein solcher Pennon besteht entweder aus vier (Großeltern), acht (Urgroßeltern), sechzehn (Ururgroßeltern) oder sogar aus zweiundreißig Plätzen (Urururgroßeltern). Er kann auch nur den reinen Mannesstamm aufweisen. In diesem Fall steht der Schild des Vaters im Mittelschild, das erste Feld zeigt das Wappen der Mutter, das zweite das Wappen der Großmutter väterlicherseits, das dritte das der Urgroßmutter väterlicherseits usw., wobei die Anzahl der Felder sich nach der Zahl der nachzuweisenden Generationen richtet.

Oft findet man auch das von den Wappen der vier Großeltern (Abb. 637), der acht Schilde der Urgroßeltern oder der sechzehn der Ururgroßeltern (Abb. 638) begleitete väterliche Wappen, wobei dann der Stammschild zweimal vorkommt. Die Reihenfolge der Gruppierungen dieser

Abb. 637 *In Rot eine schräggelegte silberne Forelle* (Neve), in Gold *ein schreitender schwarzer Hund* (Courten, Flandern, Großmutter väterlicherseits), *in Blau ein von drei goldenen Sporenrädern begleiteter goldener Balken* (Osterlinck, Großvater mütterlicherseits), *in Schwarz ein silberner Wechselzinnenbalken* (Surmont, Großmutter mütterlicherseits): Exlibris von Christian, Baron de Neve, Flandern (um 1740).

Abb. 638 Exlibris von Dietrich van Linden, Sohn Dietrichs van Linden, Vicomte von Dormael, Herrn zu Othey, und der Marie van Elderen, Domherr zu Saint-Lambert in Lüttich (1587). Er war Erzdekan der Ardennen, Propst Unserer Lieben Frau zu Dinant und zu Maastricht, Prior von Aywaille und Generalvikar von Lüttich. Die Gravur ist auf 1587 zu datieren. Das Wappen Linden ist *in Rot ein goldenes Kreuz.*

Abb. 639 Deckenmalerei (5 x 6m) vom Schloß zu Öschgen, jetzt im Histor. Museum zu Basel, mit dem Wappen des Johann Franz von Schönau, Sohnes des Otto Rudolf und der Maria Anna von Kageneck. Aus Schönau und Kageneck gevierter Schild; darunter die Wappen der Großeltern: Schönau und Sickingen, Kageneck und Andlau; oben die Eltern der beiden Großväter: Schönau und Zu Rhein, Kageneck und Zorn von Bulach; ganz unten die Eltern der beiden Großmütter: Sickingen und Ostein, Andlau und Hagenbach (nach 1687). Histor. Museum Basel Kat. Nr. 1893, 247

Abb. 640 Fenster mit dem Wappen der Stadt Baden im Aargau, von Lukas Zeiner (1500), im Rathaussaal zu Baden.

226

Schilde schwankt, und man darf daraus genealogische Folgerungen nur mit großer Vorsicht ziehen (639) (17). Andererseits sind die heraldisch ausgestatteten Ahnentafeln (641) (18) als Anlagen zu Adelsprobeakten sowohl für den Heraldiker wie für den Genealogen sehr wertvoll.

Es kommt sogar noch im 16. und 17. Jahrhundert vor, daß man das eigentliche Familienwappen preisgibt, um nur Felder zu führen, durch welche besessene Herrschaften oder erloschene Familien repräsentiert werden (19).

Die deutschen Reichsstädte verbanden ihr Wappen seit dem 15. Jahrhundert mit dem Reichsadler, indem sie entweder über ihren Schild den des Kaisers setzten (Abb. 640) oder zwei gleiche Schilde durch einen Adler überhöhten oder auch drei Schilde zusammenstellten, wobei dann zwei gleiche die der Stadt und der darüberstehende der des Reiches sind.

Mehrere deutsche Fürsten führten ein besonderes Abzeichen ihres Amtes im Herzschild oder in einem quadrierten Schild (Abb. 642). In den vielfeldigen Wappenschilden deutscher Fürsten sieht man oft ein *rein rotes* Feld, womit der Besitz der Regalien, also der politischen Unabhängigkeit, angedeutet werden soll. Die Reichsvikare führten seit dem 13. Jahrhundert den Reichsadler allein und haben dann in Italien den Reichsadler mit ihrem Wappen quadriert (Abb. 512). Die Vikare der Kirche und die Gonfalonieri (Fahnenträger) der Kirche fügten in ihren Schild einen mit der *Basilica* (20) belegten Pfahl ein; die Basilica besteht aus zwei, vom Ombrellino überhöhten gekreuzten Schlüsseln (Abb. 510).

Nichtmilitärische weltliche Einrichtungen

Abb. 641   Ahnentafel des Ignatius von Valoreille (um 1730).

Abb. 642 *Geviert* von Württemberg, Teck, Reichssturmfahne und Mömpelgard, *im Herzschild* Coligny; Helmzierden: Württemberg, Mömpelgard und Teck: Siegel von Leopold Eberhard, Herzog von Württemberg, Fürst von Mömpelgard (1707) (AN II).

Abb. 645 Siegel des Gerichtshofs zu Brantôme (um 1300) (Sammlung C. Coste, in Lyon).

Abb. 646 *Geviert* von Neuville und Audrehem; Helmzier Audrehem: Siegel des Marschallamtes von Frankreich unter Jean de Neuville und Arnoul d'Audrehem (1356) (DD Nr. 5961).

Die Gerichtshöfe des Mittelalters führen oft nur den Schild des Herrn. Manchmal stellen sie, wie im Siegel der Grande Saulnerie de Salins mehrere Schilde zusammen (Abb. 643), wo der Schild des Herzogs von Burgund als der des Herrn, der der Freigrafschaft als der des Landes und der Schild von Salins (mit dem Schrägbalken) beieinander stehen. Manchmal hat man auch ein besonderes Wappen erdacht, indem man den Schild des Herrn mit einem Beizeichen versah: die Burgmannschaft von Ruw (Freiburg) führt den Schild von Savoyen-Waadt, ergänzt durch zwei Räder (Abb. 447). Der Gerichtshof zu Gex (Ain) führt 1301 (Abb. 644) drei offene Hanfbrechen (aus dem Wappen der Joinville), begleitet oben von zwei abgewendeten Fischen, dem alten Wappen der Herren von Gex, die von den Joinville beerbt worden sind. Das Siegel des Gerichtshofs von Brantôme (Périgord) erinnert an das Urteil Salomonis, indem es im gespaltenen Schild zwei der Adlerbeine des Hauses Bourdeilles und einen Mann unterbringt, der sich anschickt, ein Kind zu zerteilen (Abb. 645).

Die aus zwei Wappen gespaltenen Schilde deuten nicht immer die Ehe von zwei Familien an. Man kennt Siegel von Burgmannschaften, die einen derartigen Schild zeigen, wodurch der gemeinsame Besitz der Burgmannschaft in der Hand von zwei Familien angedeutet wird, eine Gemeinsamkeit, die nicht auf eine Eheschließung, sondern auf einen Kauf zurückgehen kann (Abb. 617). Die Siegel des Marschallamtes von Frankreich haben lange Zeit die Wappen der beiden Marschälle von Frankreich in einem einzigen gespaltenen (Abb. 618) oder einem aus den beiden Wappen gevierten Schilde aufgewiesen, während die Helmzier die des einen der beiden Marschälle war (Abb. 646). Die Siegel anderer Marschallämter zeigen ebenfalls die Wappen beider Marschälle (Abb. 555); etwas ähnliches findet man auf den Siegeln der Aufseher bei Heerschauen. Selbst Stifter haben manchmal ihre Familienwappen in einem einzigen Schild zusammengestellt (21).

Die Geistlichen

Die Würdenträger der Kirche stellen ihr eigenes Wappen, im allgemeinen am zweitrangigen Platz, mit dem ihres Bistums (Abb. 647 und 648 (22)), ihres Ordens, ihrer Abtei oder deren Gründer (23) in zwei Schilden, gespalten oder geviert, zusammen.

Weltliche oder regulierte Kirchenleute führen oft das Wappen ihrer Mutter, dem ihres väterlichen Wappens nachgeordnet, entweder in zwei nebeneinandergestellten Schilden (Abb. 649) oder auch in gespaltenen oder gevierten Schilden.

Abb. 650 zeigt eine Gruppierung von drei Schilden auf einer Glocke, den Schild der Pfarrei Giez (Waadt): *der Schlüssel von St. Peter*, den Schild

Abb. 648 Rechts: Kapitel St.-Jean de Maurienne; links *in Blau ein goldener Sparren* (Gorrevod, Bresse): Louis de Gorrevod, Erzbischof von Saint-Jean de Maurienne, 1512.

Abb. 647 Kardinal Max Sittich von Hohenems, Bischof von Konstanz: Holzschnitt in einem 1575 gedruckten Missale.

Abb. 649 Im rechten Schild *ein links oben von einem sechszackigen Stern begleiteter behalsbandeter Windhund* (Cevins, Savoyen); links: *innerhalb (blauen) Dornenschildrandes in (Silber) drei (rote) Sparren* (Chevrier, Mâconnais, Familie der Mutter des Abtes): Siegel von Bartholomäus de Cevins, Abt zu Ainay (Lyon) (1338) (J. Tricou, Armorial et répertoire lyonnais...).

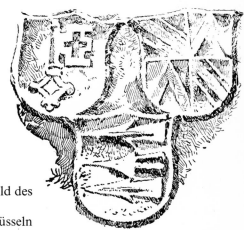

der Herren von Giez aus der Familie de Pierre, und unten den Schild des Pfarrers Bicaux, darin *drei Pflugscharen.*

Die Päpste verbanden ihren persönlichen Schild mit den Peterschlüsseln entweder allein oder von der Tiara überhöht (Abb. 207 und 379), entweder im Schildhaupt oder in dem einen von zwei nebeneinander stehenden Schilden untergebracht (24).

Kardinäle führen manchmal das Wappen des Papstes, dem sie ihren Rang verdanken, an erster Stelle zusammengestellt mit ihrem eigenen Wappen (Devotionswappen, Abb. 566 und 647). Familien, die der Kirche einen Papst gestellt haben, setzen die Schlüssel und den Schirm (Ombrellino) entweder in oder hinter den Schild (Abb. 510 und 567).

Abb. 650 Die Wappen der Pfarrei Giez (Waadt), der Herren aus der Familie de Pierre und des Pfarrers Bicaux (1501).

Wappenführung durch Frauen

Bei der Besprechung des Ursprungs der Wappen (Kap. I) haben wir gesehen, daß seit der Mitte des 12. Jahrhunderts Frauen Wappensiegel gebraucht haben, aber daß das doch nicht allgemein üblich war. Fast während des ganzen 13. Jahrhunderts findet man fast nur nichtheraldische Frauensiegel, auf denen die Dame stehend erscheint. Wenn Wappen vorkommen, dann nur auf dem Gegensiegel (Abb. 651).

Anfänglich sind die auf einem weiblichen Siegel vorkommenden Wappen die des Gemahls (Abb. 652) oder des Vaters, meistens beide in getrennten Schilden oder bei Platzmangel in einem gemeinsamen Schild (Abb. 653). Manchmal findet man auch einen dritten Schild, der dann der der Mutter (Abb. 654) ist, oder Schilde von Lehengütern (Abb. 655). Ob nun ein, zwei oder drei Schilde vorkommen, stets soll der Schild des Ehemannes den Ehrenplatz einnehmen; aber sowohl im Mittelalter wie auch später gibt es zahlreiche Ausnahmen.

Abb. 651 Siegel und Gegensiegel von Elisabeth de Ray, Witwe nach Guillaume I. de Vergy (1269). An das Wappen de Vergy *(in Rot drei goldene Rosen)* erinnern nur die Rosen, welche die Dame in der Hand hält, und die Rose auf dem Gegensiegel (AHS 1950, S. 61).

Abb. 653 Siegel und Gegensiegel der Beatrix von Burgund, Gemahlin Hugos XIII. des Braunen von Lusignan, Grafen de la Marche (1328): auf dem Siegel führt sie den Schild ihres Vaters an erster Stelle *(innerhalb eines Schildrandes schräggestreift)* und auf dem Gegensiegel an zweiter Stelle (AHS 1951, S. 37).

Abb. 654 Siegel von Sibille de Tregoz, Herrin zu Grandison (1286): Grandison, Tregoz, Fitzwarin (Familie der Mutter) (Sammlung DLG).

Abb. 655 Siegel der Prinzessin Margarete von Frankreich, Gräfin von Flandern, Artois und Burgund (1367): gespalten von Flandern und Frankreich, daneben am Rande je zwei Schilde von Artois und der Grafschaft Burgund (ISV 6/1).

Abb. 652 Siegel der Margarete von Neuenburg, Gemahlin von Jean de Blonay (1310): sie trägt nur den Schild ihres Gatten (AN II).

Abb. 656 Siegel der Katharina von Savoyen-Waadt, Gräfin von Namur (1352): der Schild ist *gespalten* von Namur und Savoyen-Waadt (ISV 17/4).

Im 14. Jahrhundert haben die Siegelstecher bei der Herstellung von Siegeln großer Damen ihre Kunst und ihre Phantasie in reizender Weise walten lassen. (Abb. 628, 656, 657). Aber nicht nur auf Siegeln findet man weibliche Wappen. Überall, wo Schmuck am Platze ist, kann man ihnen begegnen, unter anderem auf Handschriften (Abb. 664) (25), (665). Seit dem 16. Jahrhundert läßt die Kraft der Phantasie nach, die Damen benützen nur noch brav nebeneinandergestellte (Abb. 658), gespaltene (Abb. 659) oder durch Spaltung halbierte gevierte Schilde (Abb. 662).

Außer in Deutschland führen die Damen keine Helmzier, dafür benützen sie aber das Oberwappen ihres Gemahls, Krone oder Barett (Abb. 660).

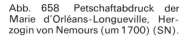

Abb. 657 Siegel von Catherine de Neuchâtel-en-Bourgogne, der zweiten Gemahlin von Ludwig, Grafen von Neuenburg (1354-1357) (SN).

Abb. 658 Petschaftabdruck der Marie d'Orléans-Longueville, Herzogin von Nemours (um 1700) (SN).

Abb. 659 Siegel der Katharina von Gonzaga, Herzogin von Longueville (um 1610) (SN).

Abb. 660 Der rechte Schild: *in Blau ein silbernes Tatzenkreuz, in der Mitte belegt mit einem roten Sparren, dieser rechts und links begleitet von einem schwarzen Sporenrad und unten von einer roten Rose* (Le Peletier); der linke Schild: *schwarz-silbern gerautet mit einem Hermelinfreiviertel* (Lamoignon de Malesherbes): Exlibris von Marguerite de Lamoignon, Gemahlin von Louis Le Peletier, Herrn zu Rosambo, Präsident mit Barett im Parlament von Paris (um 1780).

Abb. 661 *Schräggestreift von (Gold) und (Rot), mit einem dreilätzigen (blauen) Turnierkragen als Beizeichen*: Siegel der Agnès de Villars (Bresse) Herrin zu Aubonne (1312) (ISV 106/5).

DE LA BIBLIOTHEQUE de Madame la Presidente de Rosanbo.

Abb. 662 Siegel der Jakobine de Rohan, Herzogin von Longueville (1560) (SN).

Ursprünglich unterscheidet sich die Gestalt eines weiblichen Schildes nicht von dem Schilde ihres Gatten, aber schon im 14. Jahrhundert herrscht ein wenig mehr Phantasie, und man findet Rautenschilde (Abb. 628). In der Folgezeit werden diese Form und das Oval allgemein den Frauen vorbehalten; oft bezeichnet ein Rautenschild sogar eine Witwe oder eine nichtverheiratete Tochter. Letztere benützen im Mittelalter nur selten Wappen, sofern sie kein Lehen besitzen: so führte Agnes von Thoire und Villars, Herrin zu Aubonne und Coppet vor ihrer Heirat den mit einem Turnierkragen versehenen Schild von Villars (Abb. 661).

Seit etwa 1500 erscheinen Liebesknoten um die Wappen von Frauen (Abb. 658 und 663), und später sind diese von einen ganzen Knotenstrick (Abb. 659) (26) umgeben, eine Mode, die vor allem von Witwen gepflegt wurde.

Wiederverheiratete Frauen setzen, wenigstens theoretisch, das väterliche Wappen in die Mitte eines zweimal gespaltenen Schildes mit dem Wappen des derzeitigen Gemahls rechts und dem des verstorbenen links. Diese Regel wurde allerdings kaum angewandt. Wiederverheiratete Witwer sollten sich ebenso verhalten, aber meistens gruppieren sie die Wappen ihrer Frauen in irgendeiner Reihenfolge.

Abb. 663 Siegel der Margarete von Österreich, Herzogin von Savoyen, (1510) (AV II); außer von den savoyischen Liebesknoten wird der Schild von den burgundischen Emblemen: Feuerstahl, Stein und Funken begleitet.

231

Anmerkungen

1 J. Roman, *Description des sceaux des familles seigneurales du Dauphiné*, Paris 1906, bringt in der Einleitung S. X-XIII mehrere Beispiele hierfür. Vgl. auch das folgende Kapitel. Alexandre de Pins griff, nachdem er von seinem Schwiegervater die Baronie Caumont geerbt hatte, mit Wirkung für zwei oder drei Generationen den Namen und das Wappen des Hauses Caumont wieder auf (Mitteilung des Herzogs de La Force).

2 So haben auch die Châtillon-sur-Marne, nachdem sie durch Erbschaft um 1250 Grafen von Blois geworden waren, auf den Siegeln den Schild ihres Hauses geführt; den Schild ihrer neuen, doch erheblich bedeutenderen Grafschaft setzten sie nur auf das Gegensiegel, von dem er in weniger als einem Jahrhundert wieder verschwand (PA II 835 ff., DD 364, 961, 963, 964, 967).

3 Wir begnügen uns mit der Zitierung folgender aus EP (Nrn. 147 und 310) entnommenen Siegel: Robert de Bomez (1260) führt auf der Vorderseite einen Ritter, mit dem Schilde Bomez *(Geviert)* mit der Legende 'Roberti de Bomez, militis. Dni. Montis. Falcon…' und auf dem Gegensiegel den Schild von Montfaucon *(Zackenschildhaupt und mehrere Merletten bordweise)* mit der Umschrift ' + secretu. Dni. Rob'ti motis. Falconis'; Raoul de Brienne, Graf von Eu (1323), auf der Vorderseite einen Ritter mit dem Wappen de Brienne *(in einem mit Schindeln bestreuten Schild ein Löwe)*, Legende abgefallen, und auf der Rückseite der Schild der Grafschaft Eu (?) *(Dornenschildrand)* mit der Inschrift ' + 9tra sigillum. radulphi. comitis. augi.' Das Siegel von Humbert I., Dauphin von Vienne, Herrn de la Tour (1294), zeigt auf der Vorderseite den Dauphin, den Schild mit dem Delphin tragend, dazu die Inschrift 'S: Humberti: Delphini: Vienens: Albon: Comitis.' Die Rückseite trägt den Schild mit dem Turm und links anschließender Mauer dazu die Inschrift 'Et: de: Turre: Domini: F.N.' (RD Nr. 828) (Vgl. auch Kap. I, Anm. 4).

4 CB, Nr. 79; DF, Nr. 103 (1411), 106 (1448), 107 (1468).

5 DD, Nrn. 728 (1225) und 582 (1229).

6 D.L. Galbreath, *Armoiries des chevaliers de Saint-Jean*, (AHS 1918, S. 211 ff.).

7 Der Löwe soll das Zeichen der Arpaden sein, die Querstreifung das Königreich Ungarn bedeuten. Vgl. Seyler, *Geschichte*, S. 178 f., der noch weitere Fälle anführt.

8 Nur selten sind quergeteilte Schilde zu finden, wie der des Ulrich von Arberg (1249) (SN), der auf diese Weise das Siegelbild seines Hauses (eine Burg) mit seinem Wappen (dem gesparrten Pfahl) verbindet. Sein Vetter Rudolf III. von Neuenburg benützt (1247) (SN) ein Siegel mit der rechts von einem Schild mit den gesparrten Pfählen begleiteten Burg.

9 Weitere Beispiele von doppelköpfigen Tieren bei Seyler, *Geschichte…* S. 185.

10 Die linke Hälfte dieses gespaltenen Schildes stellt selbst eine Kombination der Schilde von Alt-Anjou (Frankreich mit Turnierkragen) und Neu-Anjou (Frankreich mit Schildrand) dar. Es kommt vor, daß in einer Quadrierung der Schildrand nur bis zu den Teilungslinien reicht.

11 Die gespaltenen Schilde weichen, ausgenommen für die Frauenwappen, seit dem 15. Jahrhundert vor der Quadrierung zurück. Man findet jedoch im 18. Jahrhundert noch Nachklänge, z.B. auf dem wunderschönen Bucheinband mit dem Wappen des Kardinals Rohan, der Rohan-Bretagne führt. (Bibliothek Bodmeriana, Genf).

12 Die gestückten Schildränder auf Abb. 631 sind nur dekorativ gemeint und haben keine heraldische Bedeutung. Diese Abbildung zeigt eines der beiden Grabmäler in las Huelgas bei Burgos; sie stimmen in Bezug auf die heraldische Ausschmückung überein. Es ist unbekannt, für wen sie um 1200 gefertigt worden sind (Gomez Moreno, *El Panteón real de las Huelgas de Burgos*). Die Quadrierung Kastilien-León wurde von Ferdinand III., dem Heiligen, der als Erbe seiner Mutter seit 1217 König von Kastilien war, angenommen, als er nach dem Tod seines Vaters (1230) das Königreich León erbte. F. Menéndes Pidal de Navascuès, *El nacimiento de la armas de León y de Castilla*, Hidalguía 1973.

13 H.J. von Brockhusen, *Kleine heraldische Beiträge*, Herold 1969, S. 17-28.

Abb. 665 Robert, Graf von Clermont, ein Sohn des Heiligen Ludwig und seiner Gemahlin Béatrix von Bourbon (Armorial Revel, um 1450).

14   Diese Tafel enthält zwei halbierend gespaltene Schilde (Grafschaft Urgel und Ampurias, mit nur zwei der vier Pfähle von Aragon in der rechten Hälfte); einen schräggevierten Schild (Grafschaft Prades: Aragon und Anjou). Der Schild des Markgrafen von Vilena ist halbierend gespalten, mit der rechten Hälfte eines wie der vorige schräggevierten Schildes und mit der linken Hälfte der Quadrierung Anjou-Vilena.

15   F. Simas Alves de Azevedo, *Les plus anciennes armoiries portugaises timbrées*, AH 1962 S. 2-5.

16   H.C. de Z(einiger), *Les armoiries du dernier Empereur du Saint-Empire*, AH 1955, S. 34-37.

17   C.A. Müller, *Heraldische Denkmäler der Familie Schönau zu Oeschgen*, AHS 1949, S. 1-4 und Tafel I.

18   R. Genevoy, *Les quartiers de noblesse d'un curé de Delémont*, AHS Jahrbuch 1962, S. 21-26.

19   Etienne de Caylus, Herr zu Colombières, führt 1563 quadriert: Colombières *(drei Tauben)*, Clermont-Lodève *(unter Hermelinschildhaupt quergestreift)*, Caroubes *(ein Bär)* und Brouque *(innerhalb aus Würfeln gebildeten Schildrandes ein Delphin)*. Keine Spur vom Wappen Caylus *(von mehreren Sternen begleiteter Löwe)*. E. Harot, Rivista Araldica, 1920, S. 141-143).

20   D.L. Galbreath, *Papal Heraldry*, S. 35-37.

21   DC, Nrn. 2236, 3902, 8858, 9659-9664 und J.J. Waltz, *L'art héraldique en Alsace*, Abb. 246, 248 und 249.

22   Besson, *l'Eglise et l'imprimerie dans les arrières-diocèses de Lausanne et Genève jusqu'en 1525*, Genf 1937, I Tafel XXIV.

23   Vgl. hierzu: M. Prinet, *Armoiries combinées d'évêques et d'évêchés français*; Sonderdruck aus: Bibliothèque de l'Ecole des Hautes Etudes, Paris 1921.

24   D.L. Galbreath, *Papal Heraldry*.

25   Bibliothèque de l'Arsenal, Paris, Ms. As 655, Fol. 133. Vgl. J.B. de Vaivre, *Quelques manuscrits aux armes de leurs possesseurs bourguignons* (in Vorbereitung).

26   Der Knotenstrick wurde manchmal auch von aus dem Franziskanerorden hervorgegangenen Prälaten geführt (C. Grandmaison, *Dictionnaire héraldique*, Spalte 188).

Abb. 666 Johann und Adam von Bruyères (um 1270) (WN Nr. 24 und 26)

KAPITEL X

BEIZEICHEN UND WAPPENÄNDERUNGEN

Wir sprachen bereits weiter oben von der engen Bindung zwischen Wappen und Grundbesitz und der Familie, dem er gehört. Zwar berichten uns mehrere alte Texte von 'Einschild-Rittern' (1), d.h. Leuten, die alle den selben Schild wie ihr Anführer trugen, doch haben die Lehensleute sehr schnell eigene Wappen angenommen. In jener Zeit boten der Kampf und das ihm nahe verwandte Turnier gute Gelegenheit, sich persönlich hervorzutun, und wenn man sich hierbei von seinem Gegner unterscheiden mußte, so mußte man sich auch von den Rittern seiner eigenen Truppe abheben. Dabei ist est natürlich, daß die Wappen von Lehensleuten häufig vom Banner des Anführers abgeleitet sind, unter dem sie sich versammelten und kämpften (2).

Beizeichen

Beim Turnier, wie in einer Schlacht, dienen die Wappen hauptsächlich dazu, den Ritter kenntlich zu machen. Man muß, und dies ist eine Hauptaufgabe der Herolde, vermeiden, daß eine Verwechslung zwischen den Wappen naher Verwandter oder benachbarter Familien vorkommt. Aus diesem Bemühen entsteht die Praxis der *Beizeichen* (*difference* auf englisch, *brisures*, wörtlich Brechungen, auf französisch) oder kleiner Abänderungen, die dem Wappen einen Persönlichkeitswert verschafften, ohne den Haupteindruck zu beeinträchtigen (3). Solche Beizeichen erscheinen seit dem Ende des 12. Jahrhunderts, also seit der Frühzeit der Heraldik.

Grundsätzlich behielt das Familienhaupt das ererbte Wappen, während es seine Söhne und Brüder mehr oder weniger abänderten.

Ein durch seine Teilungen, seine Heroldstücke und seine Figuren und durch seine Farben charakterisiertes Wappen kann man auf mehrere Art und Weise abändern:

– Durch vollständigen Wappenwechsel. Das ist selten und entspricht im allgemeinen dem Erwerb eines neuen Grundbesitzes durch einen Nachgeborenen (Vgl. unten den Abschnitt betr. Wappenwechsel).

– Durch Änderung der Farben des Feldes oder der Heroldstücke. So führt Simon de Corbeil im Wappenbuch Wijnbergen (um 1270) in Silber einen roten Drachen und Balduin von Corbeil in Rot einen silbernen Drachen. Dieses Vorgehen ist im 13. Jahrhundert noch ganz geläufig, und so schrieb seinerzeit Gilles, Herr von Mailly, seinen vier Söhnen vor, 'das Wappen nicht durch Beizeichen zu verändern, sondern die Farben der Hämmer unter Beibehaltung des Feldes zu verändern' *(afin de ne pas déformer ses armes par des brisures, de changer les émaux de leurs maillets en retenant le champ)*: Jean, Herr zu Mailly, behielt die grünen Hämmer bei, Anton, Herr von Lossignol, machte sie rot, Gilles, Herr zu Authuille, blau und Jean, Herr zu Nédon, schwarz (4).

– Durch Abänderung des Feldgrundes durch Bestreuung mit kleinen Figuren (Abb. 666) (5).

– Durch Abänderung wichtiger Heroldstücke, indem man sie mit Dornenschnitt versieht, mit einem Gitter belegt und dergl.: der Zweig Montrevel des Hauses la Baume (Bugey) änderte den Schrägbalken in einen Zickzackschrägbalken (Abb. 667). Manche Familien gingen noch weiter, indem sie ein Kreuz zum Schrägkreuz, einen Balken zum Schrägbalken umgestalteten (6).

– Durch Abänderung kleinerer Figuren: die in England niedergelassenen Grandson schufen Varianten durch Ersatz der wohlbekannten Muscheln ihres Wappens durch Adler, eine Mitra und zwei Alérions (Abb. 668), durch Kleeblätter, Löwen oder Gürtelspangen (7).

– Durch Vermehrung oder Verminderung der Anzahl der Heroldstücke, wie es die La Fay, im Bourbonnais, taten, die einen silbernen Löwen in einem roten Feld führen, in welchem er einen, zwei oder drei goldene Balken überdeckt (Abb. 83) (8).

– Durch Hinzufügung einer oder mehrerer kleiner Figuren *(Beizeichen* im engeren Sinn) zum Stammwappen. Das älteste Beizeichen dieser Art scheint das von Guillaume de Guines (um 1177) zu sein, einem Sohn von

Abb. 667 *In Gold ein blauer Zickzackschrägbalken*: Jean de la Baume, (Freigrafschaft) (um 1370) (GA Nr. 362).

Abb. 668 Altarverkleidung mit dem Wappenschild des Bischofs von Exeter John of Grandson (1327-1369).

236

Arnoul, Grafen von Guines, der dem golden-blau gefehten Schild seines Hauses einen Schrägfaden beigab (9).

Von der Mitte des 13. Jahrhunderts an gewinnt diese Art von Wappenveränderung vollauf die Oberhand (10) und verdrängte schließlich alle anderen, die meistens das Familienwappen zu tiefgreifend veränderten und Gefahr liefen, daß der neue Schild dem einer anderen Familie zu ähnlich wurde.

Die am häufigsten als Beizeichen gebrauchte Figur ist der drei- oder mehrlätzige *Turnierkragen* (11), gefolgt von *Schrägfaden* und *Schildrand*; seltener sind das *Freiviertel* und der *Herzschild*, massenhaft aber kommen kleine Figuren vor, wie *Muscheln, Merletten, Lilien* usw. Mit einem Turnierkragen 'brach' vorzugsweise der älteste Sohn; diese Gepflogenheit hat sich in England erhalten (12).

Turnierkragen, Schrägfaden und Schildrand können mit allerlei Figuren belegt, gedornt, gestückt usw. werden, was die Ausdehnung des Systems nach Belieben gestattet.

In zahlreichen Fällen nimmt ein Freiviertel oder ein Herzschild das Wappen der mütterlichen oder einer verschwägerten Familie auf. Als einmaliger Fall sei das Freiviertel angeführt, in dem ein den Schild der mütterlichen Familie des Siegeleigners tragender Ritter zu Pferde steht (Abb. 669).

Recht früh kommen Wappenveränderungen vor, die durch Anspaltung des mütterlichen Schildes an den väterlichen erzielt werden (Abb. 670) (13).

Seit dem 14. Jahrhundert schuf man Veränderungen auch, indem man dem väterlichen Wappen durch Spaltung (14) oder durch Quadrierung das Wappen seines oder seiner eigenen wichtigsten Lehen hinzufügte. Abb. 328 zeigt eine Reihe von vierzehn Beizeichen (15) des Hauses Frankreich um 1450. Daraus ist ersichtlich, daß für die Annahme dieser Beizeichen (16) ein geschlossenes System besteht, aber es ist schwierig, dessen ohne gründliches Studium der Beizeichen und ihrer Veränderungen als Auswirkung der Genealogie und der Geschichte der Persönlichkeiten und ihrer Lehen sicher zu sein. Selbst für die wichtigsten Geschlechter ist eine derartige Geschichte noch weit von der Ausarbeitung entfernt. Diese Ausarbeitung würde dem Heraldiker, dem Historiker und dem

Abb. 669 Siegel von Jean Berthout, Herrn zu Neckerspoel (1295), Sohn des Jean Berthout *(in Gold drei rote Pfähle)* und der Marie de Mortagne *(in Gold ein rotes Kreuz)* (Raadt I 246).

Abb. 670 Siegel des Alfons von Poitiers, Schild und Pferdedecke halbiert aus Alt-Frankreich und einem mit kastilischen Kastellen bestreuten Feld (1249) (DD 1077).

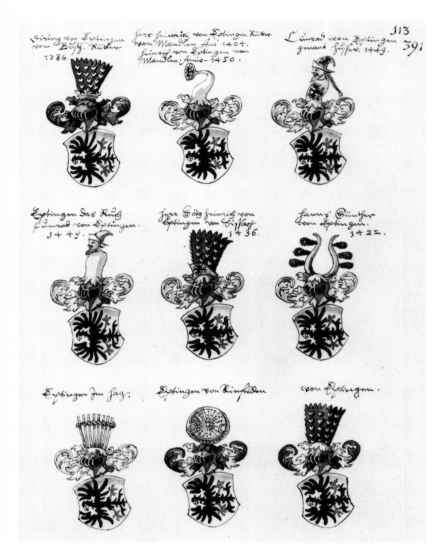

Abb. 671 Zwei Seiten aus dem Wappenbuch des Hieronymus Vischer mit der Darstellung eines Teils der verschiedenen Helmzierden des Geschlechts von Eptingen (XVI. Jahrhundert, nach der Kopie im Staatsarchiv Basel-Stadt) (Photo Staatsarchiv Basel-Stadt).

Archäologen nützliche Auskünfte verschaffen und wäre zu besserer Kenntnis der Gedankenwelt unserer Vorfahren nützlich.

Auf der erwähnten Abb. 328 sind bemerkenswert der silberne Turnierkragen von Orléans, der rote, mit je drei goldenen Kastellen auf den Lätzen von Eu und der gleiche von Artois, auf dem das erste Kastell durch eine silberne Muschel ersetzt ist; neben dem einfachen Schildrand von Anjou kommen der gedornte von Berry, der gestückte von Burgund, der mit weißen Scheiben belegte von Alençon vor; auf den einfachen Schrägfaden von Bourbon treten bei Bourbon-la-Marche drei kleine Löwen, während der Schrägbalken für Evreux gestückt ist (17).

Die Beizeichen brauchen der Farbregel nicht zu unterliegen, denn sie werden meistens über das Feld und seine Hauptfigur oder seine Hauptfiguren gelegt.

Es ist klar, daß man zu einer Wappenveränderung nur greift, wenn hierzu ein triftiger Grund vorliegt: wenn der Nachgeborene Erstgeborener wird und das Beizeichen entfernt, dann aber ein wichtiges Lehen erwirbt

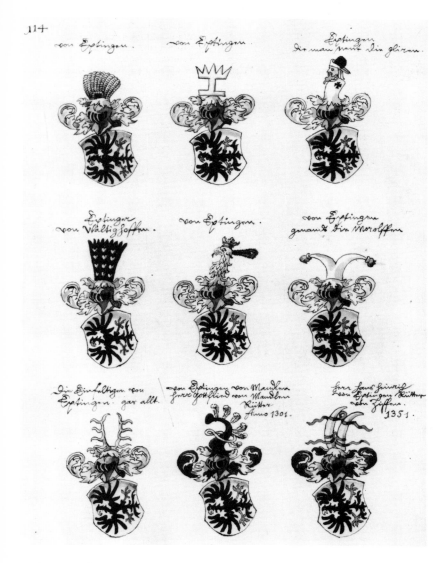

Abb. 672 Siegel des Johann von Greyerz, Herrn zu Montsalvens (1320) (ISV 10/6).

Abb. 673 Siegel des gleichen Johann von Greyerz, Herrn zu Montsalvens (1340), wo der Kranich nur noch von einem Kreuzchen begleitet ist (ISV 11/1).

und erneut das Wappen des Erstgeborenen abändert. So gab 1279 Otto, Graf von Burgund, den Adler seiner Väter auf, um den *goldenen Löwen in dem mit goldenen Schindeln bestreuten Felde* anzunehmen, worauf sein Nachgeborener Hugo diesem einen rot-silbern gestückten Schrägfaden beigab; der nächstgeborene Reinald gab nunmehr den Turnierkragen auf, mit dem er seinen Adlerschild belegt hatte; der Turnierkragen wurde nunmehr von dem Jüngsten, Johannes, Herrn von Montaigu, aufgegriffen (18). Man findet aber auch, vielleicht nur aus Mangel an Information (19), unerklärliche Änderungen von Beizeichen (Abb. 672 und 673).

Die Ausbreitung der verschiedenen Typen von Beizeichen ist natürlich mehr oder weniger vom Zeitgeschmack, landschaftlichen Sitten oder familiären Gewohnheiten bestimmt. Sie haben sich vor allem in England, Frankreich und in den Niederlanden entwickelt (20), blieben aber in den Mittelmeerländern selten. In Deutschland schafft man seit dem 15. Jahrhundert Veränderungen fast nur noch durch Wechsel der Helmzier (Abb. 671). In Polen sind derartige Veränderungen unbekannt. In Spanien

Abb. 674 Le Haze, Bastard von Flandern: *ledig von Silber mit einem Freiviertel Flandern* (um 1370) (BE fol. 36v.).

Abb. 675 Petschaftabdruck des Philippe de Bourbon, Seigneur de Busset, 1552 (Hervé Pinoteau, *Héraldique capétienne*, Band II).

Abb. 676 Wappen von Renaud, Bastard von Bourbon, Erzbischof von Narbonne (1472, +1482) auf einer Glocke aus dem Kloster Savigneux (Loire) (AHS 1952, S. 116).

Abb. 677 Siegel von Philippe Ravoyri (1344), unehelicher Sohn von Berlion de Rivoire (ISV 202/8).

sind Beizeichen deswegen selten, weil die Auswechselung von Quartieren an ihre Stelle treten kann.

Grundsätzlich verändern Nichtkämpfer, also Frauen und Geistliche, das Wappen ihres Vaters nicht (21). Aber die im Mittelalter als außerhalb der Familie stehend betrachteten Bastarden mußten deutlichere Veränderungen vornehmen als die legitimen Söhne, obwohl sie den sozialen Status der Familie teilten.

Während des Mittelalters ist das typische Beizeichen von Bastarden in den Ländern nördlich der Loire die Führung eines ledigen Schildes mit dem väterlichen Wappen in einem Freiviertel (Abb. 674) oder auf einem anderen Heroldstück, etwa einem Balken (Abb. 675), Schrägbalken (676), Schräglinksbalken (22) oder selbst einem Sparren. In seltenen Fällen begegnet man auch derartig zusammengepreßten mütterlichen Wappen.

Es gibt aber noch weit mehr andere von den Bastarden benützte Beizeichen: so haben drei Bastarde von Savoyen im 14. Jahrhundert das Kreuz mit fünf Adlern, mit fünf Löwenmasken oder fünf Halbmonden belegt (23), während keines der legitimen Kinder etwas auf das Kreuz legt. Ein Bastard von Grandson führt in Blau einen silbernen, mit drei roten Muscheln belegten Schrägbalken, womit er das wohlbekannte Wappen dieses Hauses völlig verändert hat. Ein Bastard von Rivoire (Savoyen) (Abb. 677) macht aus dem eine Querstreifung überdeckenden Schrägbalken einen von zwei gestückten Leisten und oben einem Stern begleiteten Schrägbalken.

Vom XV. Jahrhundert an gilt als Beizeichen illegitimer Abstammung überwiegend der mehr oder weniger in eine Schräglinksleiste oder einen Schrägfaden reduzierte Schräglinksbalken, der entweder über alle Felder des Schildes (Abb. 608 und 680) (24) oder manchmal auch nur ein einziges herübergezogen ist. Im Schilde des Admirals von Frankreich Louis, Bastarden von Bourbon, Grafen von Roussillon, ist der Schräglinksbalken geastet (Abb. 679).

Im Schilde des Bastarden von Orléans, des sogenannten Großen Dunois, diente eine schwarze Schräglinksleiste als Beizeichen über dem Schild von Orléans (Abb. 633). Seiner Verdienste wegen wurde diese Schräglinksleiste unter Karl VII. (25) in einen silbernen Schrägrechtsfaden abgeändert. Dieser reduzierte sich im XVII. Jahrhundert ebenso wie der Schrägbalken der Bourbon zu einem immer kleiner werdenden gestutzten Schrägbalken (Abb. 679 und 681).

Legitime Kinder von Bastarden nehmen manchmal Beizeichen an, die von den ursprünglichen Beizeichen der illegitimen Abstammung abweichen, oder reduzieren diese, wie soeben bei den Nachkommen der Dunois zu sehen, bis zum schließlichen Verschwinden (26).

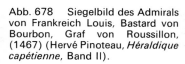

Abb. 678 Siegelbild des Admirals von Frankreich Louis, Bastard von Bourbon, Graf von Roussillon, (1467) (Hervé Pinoteau, *Héraldique capétienne*, Band II).

Abb. 679 Siegel von Ludwig, Herzog von Longueville, 1536 (SN).

Im Falle der Nachkommen des Großen Bastarden Anton von Burgund (†1504) verschwindet der Schräglinksfaden zugunsten von Quadrierungen (Abb. 680) (27). Grundsätzlich dürfen Bastarde nicht die väterliche Helmzier führen: wie unsere Abbildung zeigt, hat der Große Bastard die Lilie seines Vaters durch einen großen goldenen Uhu ersetzt (28). Da die Annahme von Wappen durch illegitim geborene Personen zusehends leichter und häufiger wird, zerbrechen sich manche amtliche Heraldiker den Kopf, wie man in einem Wappen diese Art verwandtschaftlicher Beziehung ausdrücken könnte. Über diesen Punkt gibt es aber noch keine Einmütigkeit. In England würde das Heroldsamt vorschlagen, im Schildhaupt zwei verschränkte Eheringe anzubringen, um anzudeuten, daß das Wappen von den Adoptierenden auf die Adoptierten und deren Nachkommenschaft übergeht (29).

Abb. 680   Nr. 1 Anton, der Große Bastard von Burgund (Ende XV. Jahrhundert).

Abb. 680   Nr. 2 Philipp von Burgund, Sohn des Großen Bastarden: *geviert* von Burgund (ohne Beizeichen) und La Vieiville *(siebenmal golden-blau geteilt, die beiden oberen Felder belegt mit drei roten Ringen)*, der Familie seiner Mutter.

Wappenänderungen

Neben den kleineren Veränderungen an Wappen, die das Wesentliche nicht beeinträchtigen, findet man im Mittelalter auch vollständigen Wappenwechsel. Derartiger Wechsel erklärt sich oft durch eine wichtige Lageveränderung: z.B. die Annahme eines Helmes mit Helmzier oder Schildhaltern, wenn der Knappe Ritter wird (30). Andererseits erscheinen sie uns manchmal auch willkürlich, aber vielleicht nur wegen unseres Mangels an Einzelkenntnis?

Zu Anfang der heraldischen Zeit sind die Wappen noch nicht ganz festgelegt, und man begegnet Änderungen wie der des Kaisers Otto IV., der neben seinem Doppeladler einen gespaltenen Schild mit den Leoparden von England und dem Adler (Abb. 515) führte: *'scutum mutatum pro amore regis Anglie'* (aus Zuneigung zum König von England geänderter Schild) (31). Soll man zu diesem Vorfall die beiden folgenden fast gleichzeitigen Siegel in Verbindung bringen? 1225 führt Robert III., Graf von Dreux, auf dem Schild seines Siegels und auf seinem Gegensiegel das Schachfeld von Dreux, aber auf der Pferdedecke einen von einem

Abb. 681   Siegel von Léonor, Herzog von Longueville, 1562 (SN).

241

Abb. 682 Emailplatte mit dem Wappen von Guido-Wilhelm von Lusignan, Herzog von Valence (+1296): geviert von England und Lusignan-Valence (AH 1954, S. 10).

Schrägstab überdeckten Löwen. 1229 verhält sich Hugo III., Graf von Rethel ebenso, indem er auf seinem Schild und auf seinem Gegensiegel die Harken seines Hauses führt, aber auf der Pferdedecke abgewendete Fische auf einem mit Kreuzchen übersäten Feld, also das Wappen der Grafen von Bar (32).

Im *Miroir des nobles de Hesbaye* von Jacques de Hemricourt (2. Hälfte des XIV. Jahrhunderts) sind einige ähnliche Beispiele aufgeführt, wo die Ritter das Wappen ihres Vaters aufgeben, um wegen Schwierigkeiten mit der väterlichen Familie oder wegen seitens eines Vetters von Mutterseite erwiesener Dienste das Wappen der Mutter anzunehmen (33).

Entsprechend hat auch die ritterliche Patenschaft manchmal die Annahme des Wappens desjenigen, der dem Kandidaten die Ritterwürde erteilt hat, durch den nunmehrigen Ritter nach sich gezogen. Wir haben in Kapitel I, Anm. 50 auf Hugo IV. Candavène, Graf von Saint-Pol, hingewiesen, der im Jahre 1179 von König Heinrich II. von England zum Ritter geschlagen worden ist und nach Preisgabe der Garben seiner Vorfahren einen Schild mit zwei schreitenden Löwen führte. Auf dem Gegensiegel seiner Tochter und Erbin steht ein von schreitenden Löwen und den kreuzweise gestellten Garben gespaltener Schild. Deren Nachkommen, Grafen von Saint-Pol aus dem Hause Châtillon, führen das Wappen Châtillon auf ihrem Siegel, aber auf den Gegensiegeln nur die Garben. Nachdem König Heinrich III. von England Guido von Lusignan 1247 zum Ritter geschlagen hatte, führte dieser fortan eine Quadrierung von England und Valence *(in silbern-blau quergestreiftem Felde bordweise neun rote Merletten)* (Abb. 682) (34).

In diese Gruppe gehört auch Macaire de l'Ilhe und Flémalle, der um die Mitte des XIII. Jahrhunderts *drei goldene Fensterrauten in schwarzem Schilde* führte, aber, nachdem er zum Bundesgenossen des Grafen von Looz geworden war, von diesem sein Wappen *(golden-rot quergestreift)* erhielt, woraufhin er beide Wappen in gespaltenem Schilde vereinigte (35).

Auch anläßlich von bestimmten Feldzügen sollen Farbänderungen vorgenommen worden sein: so führt Otto II. von Böhmen bei seinen Kreuzzügen in Preußen einen *schwarzen doppelschwänzigen Löwen in silbernem Feld, der ein goldenes Kreuzchen auf der Schulter trägt.* Er nimmt also die Farben des Deutsch-Ritterordens anstelle seiner eigentlichen (silbern auf rotem Grunde) an. So ist auch das an sich *silbern-schwarz gevierte* Wappen der Zollern golden-grün bei Sempach (1386) und silbern, rot, grün und silbern bei Nikopolis (1396), wofür bis jetzt jede Erklärung fehlt (36).

Sehen wir uns auch noch einige kompliziertere Fälle an.

Die Grafen von Clermont im Beauvaisis führten in ihrem Schilde Garben. Diese Garben treten bei ihren Nachkommen in weiblicher Linie, den Grafen von Chester und den Herren von Gerberoy (seit vor 1100 getrennt) und den Bouteiller de Senlis (getrennt um 1150) wieder auf. Die Linie Bouteiller, die von den Clermont nicht abstammt, hat natürlich ein ganz anderes Wappen, nämlich bordweise gestellte Merletten geführt. Nachdem die Grafschaft Clermont zeitweilig an die Grafen von Chartres gefallen war, fiel sie an den jüngeren Zweig der Clermont zurück. Simon von Clermont, Herr zu Nesle, und seine Miterben verkauften die Grafschaft 1219 an den König von Frankreich. Simon gab nunmehr die Garben auf, um einen *mit goldenen Kleeblättern besäten roten Schild* anzunehmen, *darin zwei abgewendete goldene Barben*, wobei es seine

Nachkommen beließen. Dieser Schild ist dem Hause der Grafen von Bar entliehen, die in einem mit goldenen Wiederkreuzchen besäten blauen Schilde zwei goldene abgewendete Barben führten. Nach der Preisgabe seines Hauptlehens und seines Grafentitels pochte Simon de Nesle somit auf seine Verwandtschaft mit einem bedeutenden Geschlecht, von dem er durch seine Urgroßmutter, Clémence de Bar, die zweite Frau Reinalds II., Grafen von Clermont († um 1162) abstammte. Warum aber um die Mitte des XIII. Jahrhunderts ein Zweig der Bouteiller de Senlis, nämlich die Herren von Ermenonville, ebenfalls die Garben zugunsten eines quadrierten Schildes preisgaben, ist unbekannt. (Abb. 684) (37).

Im Grafenhause von Burgund muß *der silberne Adler im roten Felde* mindestens bis auf Stephan, Grafen von Burgund und von Vienne (†1102) zurückgehen. Nach dem Übergang dieser Grafschaft durch weibliche Erbschaft an Kaiser Friedrich Barbarossa (†1191) führten seine Nachkommen *den schwarzen Reichsadler auf goldenem Grunde.* Der aus der jüngeren Linie stammende Hugo, der 1230 die Erbin der Grafschaft heiratete, führte *in rot-golden gespaltenem Schilde einen silbern-schwarz gespaltenen Doppeladler.* Dessen Sohn, Otto IV. (†1302), blieb zu Beginn seiner Regierung dabei, gab aber infolge seiner Annäherung an den König von Frankreich den Adler auf, der zu sehr an sein Lehensverhältnis zum Reich erinnerte, und nahm *einen goldenen Löwen in einem mit goldenen Schindeln bestreuten blauen Felde* an.

Möglicherweise war der Adler mit dem gräflichen Titel verknüpft: man findet ihn, diesmal golden, bei den Grafen von Vienne. Hingegen führen die anderen, keine Grafschaft besitzenden Zweige einen Schrägbalken: *golden in Rot* bei den Chalon, *rot in Gold* bei den Salins, *im Zickzack gezogen golden auf Rot* bei den Oiselet, einer Bastardenlinie der Chalon. Zudem führen die Coligny, vielleicht weil sie von Ide de Vienne (†1224) abstammen, *in Rot einen goldengekrönten silbernen Adler.*

Der jüngere Bruder Ottos IV., Reinald, hatte 1282 Guillemette von Neuchâtel (†1317) geheiratet und erbte mit ihr zusammen nach dem Tod Dietrichs III. (†1283), des Urgroßvaters von Guillemette, die Grafschaft Mömpelgard. Sein Wappen war der Adler von Burgund. Die ältere seiner beiden Töchter, welche Mömpelgard erbte, führte die beiden Barben dieses Hauses, während die jüngere den väterlichen Adler beibehielt.

Durch Heirat ging die Grafschaft Vienne vor 1235 auf das Haus der Herren von Pagny, Antigy und Sainte-Croix über. Der ältere Zweig behielt das Wappen Vienne, selbst nach dem Verkauf der Grafschaft 1250, bei. Der jüngere Zweig hatte Sainte-Croix geerbt und führte *in Silber ein rotes Kreuz* (Abb. 685) (38).

Die Dauphins von Vienne führten das redende Wappen mit *dem blauen Delphin in goldenem Felde.* Anscheinend leitet sich der Titel Dauphin von einem durch die Heirat Guidos VIII., Grafen von Albon, (†1132) mit der auch Regina genannten Mathilde (†1142) übernommenen Vornamen ab. Die Farben gold und blau sind die des Herzogtums Burgund *(innerhalb eines roten Schildrandes golden-blau schräggestreift)*, wohl weil Guido X. (†1236), bei dem dieser Schild zum ersten Mal vorkommt, ein Sohn von Beatrix, der Dauphine von Vienne (†1228) und ihres zweiten Gemahls, Hugo III., Herzogs von Burgund (†1192) war. Der Delphin findet sich in den Farben *golden in Rot* wieder bei den Grafen von Forez, die von einem Bruder Guidos VIII. abstammen.

Robert III., Graf von Auvergne (†1155), hatte Margarete (†1169), eine

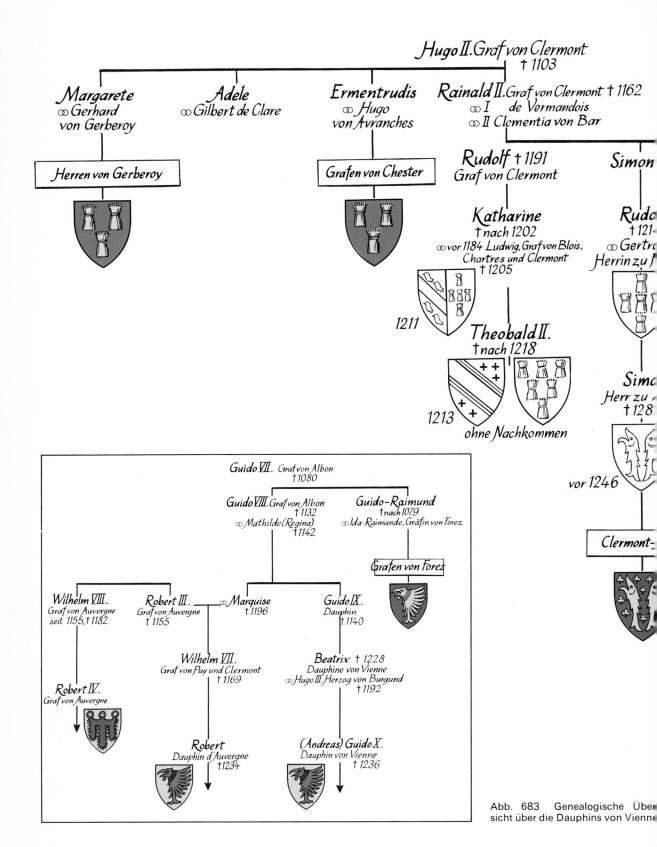

Hugo II. Graf von Clermont † 1103

Margarete
∞ Gerhard
von Gerberoy

Adele
∞ Gilbert de Clare

Ermentrudis
∞ Hugo
von Avranches

Rainald II. Graf von Clermont † 1162
∞ I   de Vermandois
∞ II Clementia von Bar

Rudolf † 1191
Graf von Clermont

Simon

Herren von Gerberoy

Grafen von Chester

Katharine
† nach 1202
∞ vor 1184 Ludwig, Graf von Blois,
Chartres und Clermont
† 1205

Rudo
† 121
∞ Gertru
Herrin zu

1211

Theobald II.
† nach 1218

1213

ohne Nachkommen

Simo
Herr zu
† 128

vor 1246

Guido VII. Graf von Albon
† 1080

Guido VIII. Graf von Albon
† 1132
∞ Mathilde (Regina)
† 1142

Guido-Raimund
† nach 1079
∞ Ida-Raimunde, Gräfin von Forez

Grafen von Forez

Clermont-

Wilhelm VIII.
Graf von Auvergne
seit 1155, † 1182

Robert III.
Graf von Auvergne
† 1155

∞ Marquise
† 1196

Guido IX.
Dauphin
† 1140

Robert IV.
Graf von Auvergne

Wilhelm VII.
Graf von Puy und Clermont
† 1169

Beatrix † 1228
Dauphine von Vienne
∞ Hugo III. Herzog von Burgund
† 1192

Robert
Dauphin d'Auvergne
† 1234

(Andreas) Guido X.
Dauphin von Vienne
† 1236

Abb. 683   Genealogische Übersicht über die Dauphins von Vienne

244

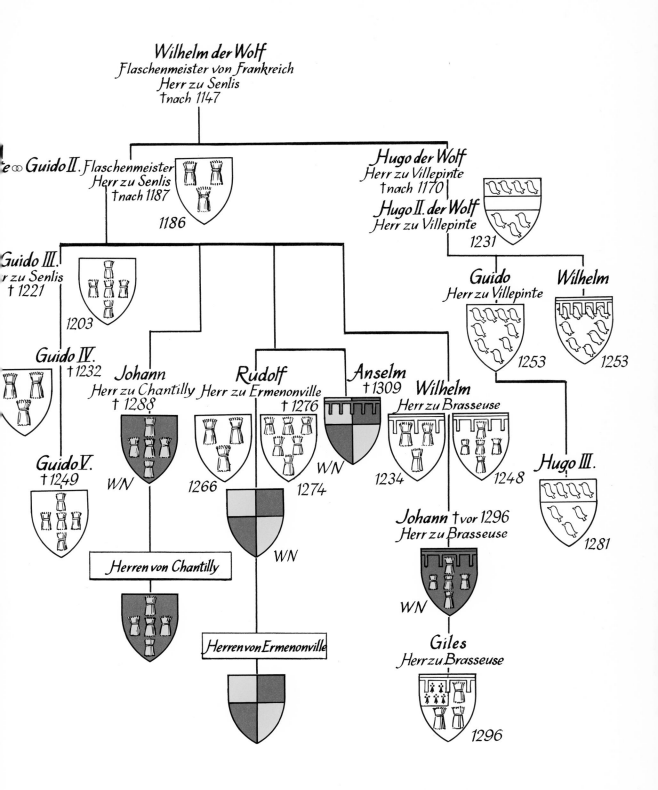

Wilhelm der Wolf
Flaschenmeister von Frankreich
Herr zu Senlis
†nach 1147

e∞ Guido II. Flaschenmeister
Herr zu Senlis
†nach 1187

1186

Hugo der Wolf
Herr zu Villepinte
†nach 1170
Hugo II. der Wolf
Herr zu Villepinte

1231

Guido III.
r zu Senlis
† 1221

1203

Guido
Herr zu Villepinte

1253

Wilhelm

1253

Guido IV.
† 1232

Johann
Herr zu Chantilly
† 1288

WN

Rudolf
Herr zu Ermenonville
† 1276

1266

Anselm
† 1309

WN

1274

Wilhelm
Herr zu Brasseuse

1234

1248

Guido V.
† 1249

Herren von Chantilly

Johann *† vor 1296*
Herr zu Brasseuse

WN

WN

Herren von Ermenonville

Hugo III.

1281

Giles
Herr zu Brasseuse

1296

Abb. 684 Genealogische Übersicht über das Haus der Grafen von
Clermont in der Provinz Beauvaisis.

245

Tochter Guidos VIII. geheiratet. Der Sohn aus dieser Ehe, Wilhelm (†1169), wurde durch seinen Oheim, Wilhelm VIII., der Grafschaft beraubt, nachdem dieser seit 1155 Graf von Auvergne geworden war. Dessen Nachkommen führten den bekannten Schild mit dem *grüngefransten roten Gonfanon in goldenem Felde*. Die Nachkommen seines auf die Grafschaften Le Puy und Clermont reduzierten Neffen Wilhelm nahmen den Titel Dauphin d'Auvergne und das Wappen ihrer mächtigen Vetter von Vienne an (Abb. 683) (39).

Rasso IV. († vor 1186), Herr zu Gavre (Flandern) führt 1166 auf seinem Reitersiegel *einen (goldenen) Schild mit einem (grünen) Lilienbord*, den auch sein Sohn Rasso V. (†1217) führt. Sein Enkel Rasso, Herr zu Boulaer, (†1214) legte 1210 als Beizeichen einen Turnierkragen darüber, während sein Bruder Arnold (1205-1239) den Lilienbord mit einem roten Sparren überdeckte, den seine Nachkommen, die Gavre-Escornaix, beibehielten. Der vor seinem Vater gestorbene Rasso von Boulaer hinterließ einen minderjährigen Sohn. Da in Flandern rechtliche Vertretung unzulässig war, konnte er die Herrschaft Gavre nicht erben, die an seinen Onkel Rasso VI. fiel. Das Kind erlangte indessen doch das Recht auf das Wappen mit dem Lilienbord, das auf seinen Sohn überging. Der neue Herr von Gavre nahm vermutlich, um kein Beizeichen anbringen zu müssen, 1224 ein neues Wappen an, nämlich *drei silberne Löwen in Rot*, die von seinen Nachkommen weiter gebraucht wurden. Der jüngere Zweig Liedekerke änderte die Farbe der Löwen in gold. (40).

Ein ähnliches Beispiel: Graf Heinrich von Vianden starb 1252 nach seinem ältesten Sohn. Die Grafschaft ging, unter Benachteiligung seiner minderjährigen Enkel, auf seinen jüngeren Sohn, Philipp I. (†1273), über. Die benachteiligten Kinder behielten aber den väterlichen Wappenschild, *in Rot ein silbernes Schildchen*, während der neue Graf das Wappen seiner mütterlichen Familie Namur führte und seine eigenen Nachkommen das ihrer Mutter, Marie von Perwez: *in Rot ein silberner Balken*, annahmen (41).

Der König von Ungarn aus dem Hause Anjou-Sizilien führte 1333 einen von Frankreich und Ungarn gespaltenen Schild, um somit seine aus der Abstammung von der Dynastie Anjou begründeten Ansprüche auf das Königreich Neapel zu betonen. Nach späterem Verzicht auf seine Ansprüche änderte er die Reihenfolge in dem gespaltenen Schilde (42).

Unter den weniger wichtigen Familien führten die Mortagne (Flandern) anfänglich einen Schild mit einem Rechtarm, dann seit 1238 *ein rotes Kreuz in Gold*. Nachdem ein jüngerer Sohn, Balduin, die Erbin von Landas geheiratet hatte, nahm deren Sohn den Schild der mütterlichen Familie, *silbern-rot mit Spitzen gespalten,* an. Der Schild mit dem Rechtarm findet sich noch 1275 auf dem Gegensiegel von Roger aus der Linie der Herren von Espierre, dessen Reitersiegel den Kreuzschild aufweist (43).

Die Burgherren von Lille hatten 1223 drei Löwen geführt, 1235 und 1237 einen Rechtarm in Feh-Feld, 1227 einen Löwen, schließlich erscheint seit 1242 *ein roter Schild mit goldenem Schildhaupt*, der mit verschiedenen Beizeichen oder Veränderungen schließlich Familienwappen wird (44).

Im Hause Wavrin (Flandern) steht der Adler der ältesten Siegel (1177, 1199, 1214, 1235) nicht im Schilde. Ein Schild erscheint nur im Gegensiegel ab 1199 *(in Blau ein silbernes Schildchen)*. Der Adler verschwindet aber nicht vor 1272 (Abb. 31-34) (45). Einen ähnlichen Fall findet man bei den

Burgherren von Lens, wo der Adler aber von 1210 an verschwindet (46).

In den letzteren Fällen erlebt man anscheinend den allmählichen Sieg des Bannerbildes über das des Schildes oder des Siegels (siehe Kapitel I). In anderen Gegenden vollzieht sich eine ähnliche Erscheinung. In der welschen Schweiz findet man in den großen Vasallenhäusern Siegelbilder (Grandson: ein Löwe; Neuenburg: eine Burg, usw.), Bilder, die im Verlauf des XIII. und XIV. Jahrhunderts verschwinden, um heraldischen Schilden Platz zu machen (47).

In der gleichen Gegend lebte Pierre de Vaumarcus, der 1309 seine Herrschaft dem Grafen von Neuenburg verkauft hatte und daraufhin das Wappen seiner Väter (mehrfach gespalten) aufgab, um einen neuen Schild anzunehmen, der *in blauem Felde einen goldenen, von drei Kreuzchen begleiteten Sparren* enthält (48).

Man könnte noch zahlreiche weitere Beispiele von Wappenänderungen anführen, unter denen mehrere in der Aufnahme des Wappens der mütterlichen, sozial höherstehenden Familie (49), andere in der Annahme redender Wappen (50) bestehen, während schließlich mangels von Urkunden eine Reihe schwer zu erklären bleibt. So sei noch ein auf ein größeres Gebiet bezügliches Beispiel erwähnt: In der zweiten Hälfte des XII. Jahrhunderts führen die wichtigsten Reichsfürsten einen Adler im Schilde. Nachdem sich seit dem Erlaß der 'Constitutio in favorem principum' 1231 ihre Selbständigkeit verstärkte, gaben sie einer nach dem anderen dieses kaiserliche Emblem auf (51).

Die oben erwähnten und die im Kapitel 1 angeführten Fälle zeigen, daß in den ersten Jahrhunderten nach dem Erscheinen der Wappen diese noch keineswegs feststehend sind, sondern daß sie aus verschiedenen Gründen, vor allem wegen Änderung ihrer lehensrechtlichen Lage wechseln konnten, also wegen:
– Verlust oder Erwerb eines wichtigen Lehens,
– Veränderung der Bindung an den Oberherrn.

Es scheint, daß in der Frühzeit vielfach manche Herren verschiedene Embleme benützt haben, von denen sich schließlich eines durchgesetzt hat, im allgemeinen das Bild von dem Banner, unter dem sich die meisten seiner Lehensleute sammelten.

Schließlich blieben verwandtschaftliche Bindungen im Gedächtnis der großen Familien als eine dauerhafte Erinnerung haften, die man, wenn man zu einem Wappenwechsel genötigt war, zu bestätigen trachtete. Das gilt auch für die ritterliche Patenschaft, die manchmal für eine oder zwei Generationen die Annahme des Emblems jenes Ritters nach sich zog, der einem den Ritterschlag erteilt hatte, vorausgesetzt er war mächtig genug.

Seit dem XIV. Jahrhundert wechselt man Wappen kaum mehr, sondern fügt dem väterlichen Schilde weitere Quartiere hinzu, wie es im vorigen Kapitel bei der Behandlung der Wappenzusammenstellungen zu lesen war.

Stephan † 1102
Graf von Burgund und Vienne

Rainald III. † 1148
Pfalzgraf von Burgund

Wilhelm
Graf von Vienne und Burg...

Beatrix † 1185
Pfalzgräfin von Burgund
∞ 1156 **Friedrich I.** †1191
Kaiser Barbarossa

Stephan I.
Graf von Burgund
und Auxonne

Stephan II. † 1240
Graf von Burgund und Auxonne
∞ 1. **Beatrix**, Gräfin von Chalon (illegit...

Otto I. † 1200
Pfalzgraf von Burgund
Römischer König

Johann der Weise † 1267
Graf von Burgund und Chalon
verkauft Chalon 1237

Stephan...
Herr vor...

Beatrix † 1231
Pfalzgräfin von Burgund
∞ 1208 **Otto** † 1234
Herzog von Meranien

Herren von C...

Otto † 1248
Herzog von Meranien
Pfalzgraf von Burgund
ohne Nachkommen

Alix † 1278
Pfalzgräfin von Burgund
∞ II.1267 **Philipp**,
Graf von Savoyen

∞ I 1230

Hugo † 1266
Pfalzgraf von Burgund

Johann †
Graf von A...

Grafen von Au...

Otto IV. † 1303
Pfalzgraf von Burgund 1279-1295
Graf von Artois 1302
∞ II.1287 **Mahaud** † 1329
Gräfin von Artois

Hugo † nach 1312
Verweser der Grafschaft

Rainald † nach 1321
Graf von Mömpelgard 1283
∞ **Guillemette**
von Neuenburg † 1317

Johann † 1...
Herr zu Mon...

?

Gerhard

Agnes † vor 1377
Gräfin von Mömpelgard 1322

Johanna

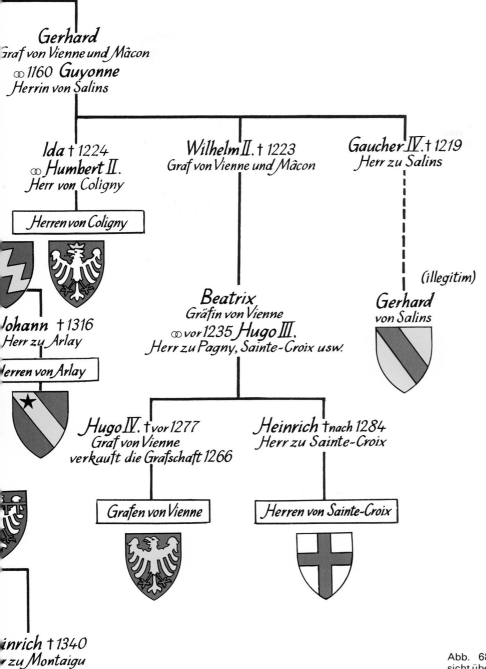

Gerhard
Graf von Vienne und Mâcon
∞ 1160 **Guyonne**
Herrin von Salins

Ida † 1224
∞ **Humbert II.**
Herr von Coligny

Herren von Coligny

Johann † 1316
Herr zu Arlay

Herren von Arlay

Wilhelm II. † 1223
Graf von Vienne und Mâcon

Beatrix
Gräfin von Vienne
∞ vor 1235 **Hugo III.**
Herr zu Pagny, Sainte-Croix usw.

Hugo IV. † vor 1277
Graf von Vienne
verkauft die Grafschaft 1266

Heinrich † nach 1284
Herr zu Sainte-Croix

Grafen von Vienne

Herren von Sainte-Croix

Gaucher IV. † 1219
Herr zu Salins

(illegitim)

Gerhard
von Salins

...inrich † 1340
...zu Montaigu

Abb. 685 Genealogische Übersicht über das Geschlecht der Grafen von Burgund.

249

Anmerkungen

1 Vergleiche besonders Paul Adam, *Les usages héraldiques au milieu du XIIème siècle...*, AH 1963 S. 18-29. Diese Gepflogenheit begegnet uns auf Turnieren bis ins XV. Jahrhundert: Max Prinet, *Les usages héraldiques au XIVème siècle...* Sonderdruck aus Annuaire-Bulletin de la Société de l'Histoire de France, Paris 1917.

2 Vgl. Kapitel I. Es ist nicht immer einfach, die Beizeichen von Nachkommen eines feudalen Hauses von den durch die Lehensleute angenommenen Abänderungen zu unterscheiden.

3 Paul Adam, *Chevalerie et héraldique*, S. 8.

4 TO S. 85.

5 Diese Änderungsweise steht einer Änderung der Feldfarben sehr nahe und wird mit ihr manchmal auch verknüpft, wie im Fall der Herren von Antigny aus dem Hause Mömpelgard, welche die beiden abgewendeten goldenen Barben in einem mit goldenen Lilien bestreuten schwarzen, statt roten Felde führen (AHS 1952, S. 69).

6 Beispiele hierfür bringt S.M. Collins, *Differencing in English medieval Heraldry*, The Antiquaries Journal, London 1946, S. 172-174. Diese Methode ist seltener als der Farbenwechsel, wahrscheinlich, weil die Farben von geringerer Bedeutung als die Heroldstücke oder Figuren waren (Seyler, *Geschichte...*, S. 128).

7 A VI; AH 1973, S. 43.

8 Die drei Balken führt der Erstgeborene; zu beachten ist auch, daß die Helmzierden ein wenig verschieden sind.

9 Rémi Mathieu in *Emblèmes, totems, blasons, catalogue de l'exposition du Musée Guimet*, Paris 1964, S. 70.

10 Léon Jéquier, *A-t-on au XIIIème siècle cherché à indiquer les émaux sur les sceaux?* in AHS 1952 S. 112-115.

11 Die Anzahl der Lätze scheint wenigstens anfänglich nebensächlich gewesen zu sein: bei der gleichen Person kommen je nach dem im Schild verfügbaren Platz 3, 4 oder 5 Lätze vor. Allerdings hält Jacques de Hemricourt, der in der zweiten Hälfte des XIV. Jahrhunderts schrieb, die Zahl der Lätze eines Turnierkragens immer fest (L. Bouly de Lesdain, *L'héraldique dans Hemricourt*, Sonderdruck aus der Revue du Nord, Lille, November 1913).

12 R. Gayre of Gayre and Nigg, *Heraldic Cadency*, London 1969, hat die Systematisierung der Beizeichen zu weit getrieben.

13 Vgl. auch Léon Jéquier, *Le début des armoiries en Suisse romande*, in AHS, Jahrbuch 1972, S. 14, wo diese Wappenveränderung von meist geistlichen Personen niederen Ranges vorgenommen wurde.

14 Szabolcs de Vajay, *L'héraldique, image de la psychologie sociale*, Sonderdruck aus den Atti dell'Academia Pontaniana, Neapel 1967, führt den Fall des Königs von Ungarn an, der den seine Abstammung aus dem Hause Anjou bedeutenden Turnierkragen ablegte, als er um 1300 einen von Frankreich und Ungarn gespaltenen Schild annahm.

15 Der auf die Schilde des Königshauses folgende Schild zeigt ein Beizeichen; es ist der Schild des Herrn von Albret, der aufgrund einer königlichen Verleihung Frankreich und Albret quadrierte.

16 S.M. Collins, *a.a.O.* (Anm. 6) kommt zu dem Schluß, daß es auch in England im Mittelalter kein geschlossenes Beizeichensystem gab. Erst später hat man eine ausgearbeitete Systematisierung schaffen wollen: Der Präsident de Boissieu schrieb 1644 in seiner *Science héroïque* S. 74: 'In der Bibliothek des Grafen von Brienne habe ich ein sehr schönes Wappenbuch gesehen, das bei der Behandlung der Beizeichen dem ältesten Sohn zu Lebzeiten seines Vaters einen an die Schildränder anstoßenden dreilätzigen Turnierkragen zuteilt. Dem zweiten Sohn einen Halbmond in der Mitte des Schildhauptes. Dem dritten Sohn ein Sporenrad, ebenfalls in der Mitte des Schildhauptes. Dem vierten eine schwarze Merlette (Schwälbchen) an der gleichen Stelle weil, wie er sagt, dieser sich entschließen muß, wie die Seeschwalbe über See zu gehen. Dem fünften einen goldenen Ring an der gleichen Stelle zum Gedenken und Verpflichtung seiner Geburt, wenn er in ferne Länder geht. Dem sechsten eine Lilie, um seine Heimat und seinen Fürsten erkennen zu lassen. In Frankreich aber kann man Lilien als Wappen oder Beizeichen nur durch königliche Verleihung annehmen. Für den siebenten eine doppelte Rose ... Für den achten ein Ankerkreuz, um ihn wissen zu lassen, daß er sich dort, wo er kann, festhaken muß. Dem neunten ein doppeltes Vierblatt ... – Aber was mich betrifft, so halte ich dies alles für überflüssigen Zwang, weil sie nicht auf jedes Wappen passen können' (Originaltext TO, S. 84).

17 Da es uns zu weit führen würde, diese Beizeichen im einzelnen zu erörtern, verweisen wir den Leser auf das Werk von Hervé Pinoteau, *Héraldique capétienne*, 3 Bände, Paris 1954-1956.

18 AN I.

19 Manche zu Erstgeborenen aufgerückte jüngere Söhne behalten ihr Beizeichen bei. So haben die Molé im XVII. Jahrhundert den Sparren beibehalten, das Beizeichen ihres Vorfahren, dessen älterer Bruder ohne Nachkommenschaft gestorben ist. Da beide Brüder Bibliophile waren, haben die Nachkommen des jüngeren den Schild auf den Superlibros ihres Ahnen beibehalten wollen (Mitteilung des Herzogs de la Force).

20 Über die Beizeichen, vgl. Elisabeth Leemans-Prins, *Les brisures de la haute noblesse des Pays-Bas septentrionaux*, Recueil des IX. CISGH, Bern 1968, S. 105-130. Über die Wappenänderungen einer bedeutenden Familie vgl. Duc de la Force, *Les brisures des Montmorency*, Recueil des X. CISGH, Wien 1970, S. 513-518.

21 Natürlich gibt es Ausnahmen. Bei den Frauen kann man Agnes von Thoire und Villars (Abb. 661) anführen, die wie ihr Bruder einen Turnierkragen führt, obwohl ihr Vater keinen führt (ISV). Bei den Geistlichen kann man die Einfügung eines

Krummstabes, eines Kreuzes, einer Mitra oder irgendeines anderen Abzeichens ihrer Würde oder ihres Ordens in ihr Wappen nicht als Wappenänderung ansehen. Derartiges kommt bis 1400 (Abb. 574, 575 und 588 bis 590) oft vor. Es sei hinzugefügt, daß einige mit einem Turnierkragen als Beizeichen versehenen Schilde von Geistlichen diesen deswegen aufweisen, weil sie bereits in dem uns unbekannten Wappen ihres Vaters gebraucht worden waren.

22   Rémi Mathieu, *Le système héraldique français*, S. 119.

23   Das Wappenbuch von Turin (1312) gibt dem Wilhelm, Herrn von Bioley ein mit 5 schwarzen Adlern belegtes Kreuz, obwohl sein Siegel nur 4 Adler auf dem Kreuz und einen darüber gezogenen Schrägfaden zeigt, welcher an das Beizeichen seines Vaters, Ludwigs II., Herrn der Waadt, einen gestückten Schrägfaden, erinnert.

24   Wappen von Anton, dem Großen Bastarden von Burgund. J.B. de Vaivre, *Quelques manuscrits aux armes de leurs possesseurs bourguignons* (in Vorbereitung).

25   Diese Wappenbesserung soll 1465 anläßlich einer in Paris abgehaltenen Ständeversammlung vorgenommen worden sein, in deren Verlauf die Teilnehmer zugunsten des Dunois gerufen haben sollen 'Barre à bas, barre à bas' (Nieder mit dem Schrägbalken!) (Mathieu, *a.a.O.*, S. 120). Die Änderung wurde durch Patent Karls IX. 1572 bestätigt (PA).

26   Über den Fall Bourbon-Busset und andere Illegitime von Burgund vgl. H. Pinoteau, *Héraldique capétienne*.

27   Wappen Philipps von Burgund (†1504), Sohn des Großen Bastarden (J.B. de Vaivre, *a.a.O.*, Anm. 24 und H. Pinoteau, *a.a.O.* Anm. 17).

28   Die Lilie ist die durchaus normale Helmzier des Herzogs von Burgund, wie für die anderen Nachkommen des Königs. Da aber, wie wir oben schon dargelegt haben, die Helmzier persönlichkeitsgebundener ist als der Schild, ist nicht übermäßig erstaunlich, den Uhu als Helmzier des Herzogs von Burgund in TO (um 1450) anzutreffen.

29   V. de Cadenas y Vincent, *Símbolos heráldicos para los hijos adoptivos*, Hidalguía 1974, S. 943-944.

30   Paul Adam, *Chevalerie et héraldique*, S. 14.

31   T.D. Tremlett, *The Matthews Paris Shields*, Nrn. I 21, II 46, IV 5.

32   DD Nrn. 728 und 582. Vielleicht muß man die Frage stellen, ob hier nicht in Nordfrankreich eine dem von E. Le Roy Ladurie, *Montaillou, village occitan de 1294 à 1324*, Paris 1975, S. 182, untersuchten 'afrèrement' vergleichbare Erscheinung als eine den südfranzösischen Provinzen eigentümliche künstliche Verwandtschaft vorliegt.

33   L. Bouly de Lesdain, *a.a.O.* (Anm. 11).

34   Léon Jéquier, *A propos des origines des armoiries*. Vortrag auf dem XII. CISGH, München 1974; Paul Adam, *A propos d'un curieux usage héraldique*, AH 1954, S. 9-10.

35   L. Bouly de Lesdain, *a.a.O.* (Anm. 11).

36   H.J. von Brockhusen, *Kleine heraldische Beiträge*, Herold 1969, S. 17-28.

37   Léon Jéquier, *a.a.O.* (Anm. 34).

38   *Ebenda* – betreffend die Annahme eines neuen Wappens durch Otto IV., vgl. auch: J.B. de Vaivre, *La probable signification politique du changement d'armes des comtes de Bourgogne à la fin du XIIIème siècle*, Recueil des XI. CISGH, S. 499-506, Lüttich 1972.

39   *Ebenda*.

40   Paul Adam, *Notes sur quelques changements d'armoiries*, in AHS 1952, S. 38 f.

41   *Ebenda*.

42   Szabolcs de Vajay, *a.a.O.* (Anm. 14).

43   L. Bouly de Lesdain, *Notes sur quelques changements d'armoiries aux XIIème et XIIIème siècles*, AHS 1899. S. 108-112.

44   *Ebenda* S. 81 f.

45   *A.a.O.* S. 112-114; P. Feuchère, *L'écusson en abîme et ses brisures...*, Paris 1948.

46   P. Feuchère, *Etude sur l'écartelé en Artois aux XIIIème et XIVème siècles* in AHS 1950, S. 81-86, vgl. Kapitel I, S. 34.

47   Léon Jéquier, *Le début des armoiries en Suisse romande*, *a.a.O.* (Anm. 13) S. 9 f.

48   *Ebenda* S. 14.

49   L. Bouly de Lesdain, *a.a.O.* (Anm. 11).

50   Das Geschlecht Münch von Basel führte als Wappen im geteilten Schild oben einen schreitenden Affen und unten gesparrt. Nachdem einer von ihnen mit seinem Übernamen Münch gerufen wurde, ging dieser Name allmählich auf die ganze Familie über, die ein neues Wappen mit dem Mönch annahm (Abb. 278) (MGH, Bd. III, Art. Münch; Staehelin, *Wappenbuch der Stadt Basel*, Basel 1932 ff.). Etwas ähnliches liegt bei dem Geschlecht Pot (Burgund) vor, indem einige Mitglieder dieser Familie ihren *goldenen Schild mit dem blauen Balken* durch Auflegung eines weißen Henkeltopfs (pot à anse) verändert haben (J.B. de Vaivre, *Les sceaux et armoiries de la famille Pot*, in Vorbereitung).

51   Hans-Enno Korn, *Adler und Doppeladler*, Sonderdruck aus Herold 1963-1968, S. 47, 52.

Abb. 686 Fenster von Pierre Mauclerc, Grafen von Bretagne, und von zwei Gräfinnen von Dreux-Bretagne (XIII. Jahrhundert) in der Kathedrale von Chartres (Photo J.B. de Vaivre).

Abb. 687 Landgraf Ludwig I. von Hessen neben seinem gestürzten Schild an den Füßen aufgehängt, nach einem 'Scheltbrief' von 1438.

KAPITEL XI

Abb. 688 Der König von Sizilien Karl von Anjou verläßt sein Feldlager auf dem Wege in die Schlacht. Fresko in der Tour Ferrande in Pernes (Vaucluse) (um 1280) (Photo Berthier, Nyons).

WAPPENFÜHRUNG

Militärischer Gebrauch und Trachten

Zunächst sind die Wappen zu militärischen Zwecken gebraucht worden, um ihren Träger, Freund oder Gegner, aus der Ferne oder Nähe erkennbar zu machen. Man benützt sie also zur Ausgestaltung des Schildes, des Helmes, des Waffenrockes und der Pferdedecke. In Gestalt eines Banners oder eines Wimpels zieren sie auch die Lanze des Ritters. Zahllose Beispiele sind in all den voraufgehenden Kapiteln angeführt.

Es kommt aber auch vor, daß Wappen dazu dienen, die Ächtung eines Herrn bekanntzumachen. Dann dreht man es um (Abb. 687) (1). So tat man auch bei einer entehrenden Verurteilung.

Mit Wappen können auch andere militärische Gegenstände, besonders Zelte, verziert werden (Abb. 688) (2), und ganz natürlich gehen sie auf die Gewänder (3) der Herren und der Damen über (Abb. 541, 665, 686) (4).

In der Schiffahrt des Mittelalters dienen die Wappen wie zu Lande als Erkennungszeichen. Man findet sie auf den Segeln, auf den Bannern an den Mastspitzen und am Heck, auf den Schilden der von dem Schiff transportierten Ritter, die von diesen längs der Reling aufgehängt werden (Abb. 695) (5).

Wenn man nach dem XIV. Jahrhundert noch immer auf verschiedenen Waffen, sogar Kanonen, eingravierte oder eingelegte Wappen findet, so sind sie nur noch Eigentumszeichen, die ihre militärische Nützlichkeit und selbst ihre ursprüngliche Bedeutung verloren haben.

Nach und nach werden sie selbst bei den Turnieren durch andere, persönlichere und weniger familiengebundene Embleme oder Devisen verdrängt. Schließlich verliert man ihren ursprünglichen Sinn derart aus

Abb. 689 Banner von Georges de Menthon (um 1470).

253

den Augen, daß sie in einem heraldischen Schilde auf einem Schutzschilde oder anderen Rüstungsteilen erscheinen können (Abb. 690).

Fahnen

Abb. 690 Siegel von Heinrich II. von Orléans, Herzog von Longueville (1625) (SN).

Im Verlauf einer ähnlichen, von uns hier in ihren großen Linien nachgezeichneten Entwicklung werden die überflüssig gewordenen Banner nach und nach durch die Fahnen ersetzt (6).

Die ursprüngliche Fahne ist der *Gonfanon* (Abb. 691 und 403), von dem in Kapitel I (SS. 20 und 28) schon die Rede war. Dessen Gebrauch hat sich noch lange erhalten (Abb. 694) (7) und dauert sogar bis auf unsere Tage in den Bannern der Kirchen und mancher Städte, vor allem in Italien (8) fort. Mit dem Ursprung der Heraldik geht die Erfindung des *Banners* im eigentlichen Sinne einher. Ohne Lätze, anfangs höher als breit, hat es langsam die Maßverhältnisse mit dem Ergebnis verändert, daß es schließlich länger als hoch wurde. Ein Banner ist dem Bannerherrn eigentümlich; das ist ein Ritter, der von einer bestimmten Anzahl anderer Ritter zum Kampf begleitet wird. Das Tuch des Banners wird wie das Feld des Schildes behandelt, wobei die rechte Seite mit der Seite an der Lanze gleichgeachtet wird. Was heute die 'Standarte' des Königs und der Königin von England genannt wird, sind Beispiele modernen Gebrauchs des heraldischen Banners (9). In der Schweiz ist eine große Anzahl von mittelalterlichen Bannern erhalten geblieben, aus der wir nur die Banner von Georges de Menthon und von Jakob von Luxemburg, Herren von Fiennes, (Abb. 244 und 689) aus der den Burgundern in den Schlachten von Grandson und Murten (10) abgenommenen Beute erwähnen möchten.

Das Banner war das Vorrecht der bedeutendsten Herren, der Bannerherren. Die Herren von geringerer Wichtigkeit bedienten sich des *Wimpels* (Abb. 88). Dieser war kleiner als das Banner, dreieckig, mit der kürzesten, manchmal auch mit der längsten Seite an der Lanze befestigt. Meistens ist der Wimpel wie das Banner, selten wie der Gonfanon mit Wappenzeichen ausgestattet. In den Kriegen der alten schweizerischen Eidgenossenschaft begleitete das Banner das gesamte Heer eines Kantons, während Wimpel mit Abteilungen von geringerer Wichtigkeit und mit Spezialwaffen, wie Hakenschützen und Reiterei, auszogen.

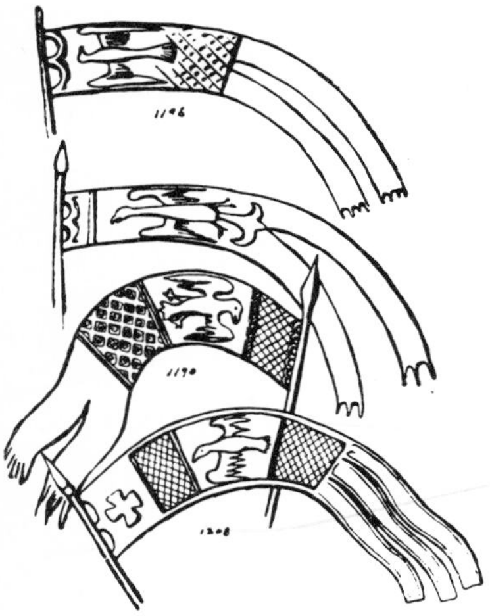

Ein *Schwenkel* ist eine dekorative Verlängerung des Banners, vielleicht ein Nachklang der Lätze des Gonfanons, der vom XIV. Jahrhundert an wieder vorkommt. Eine fest eingewurzelte Meinung beharrt darauf, der Schwenkel erinnere an eine Niederlage. Die Liste der ersten bekannten Beispiele von Schwenkeln, die wir in Anmerkung (11) bringen, müßte diese Idee umbringen, wenn nicht die falschen Ideen ein erstaunlich dauerhaftes Leben hätten. Vielleicht hat man dem Schwenkel aus folgendem Grunde einen herabsetzenden Sinn zugeschrieben: Wenn man in XIV. und XV. Jahrhundert aus einem Ritter einen Bannerherrn machte, schnitt man die Spitze seines Wimpels ab, wodurch man dem Tuch die quadratische Form des Banners gab (Abb. 692) (12).

Die Bürger der Städte versammelten sich unter ihrem Banner. Die Handwerkszünfte von Basel mußten sich 1272 mit Bannern ausrüsten, und der Ausdruck 'bannière' für die Stadtquartiere von Lausanne ist für 1327 belegt. Der Ursprung der Tatsache, daß so viele Städte einfache Teilungen als Wappen führen, muß im Banner gesucht werden.

Abb. 691 Gonfanons nach Siegeln von ungefähr 1200.

Abb. 692 Der König macht aus einem Wimpel ein Banner (um 1370).

Abb. 694 Wappenverziertes Porträt (um 1400) von Jobst von Mähren, mit dem Gonfanon von Mähren *(in Blau ein silbern-rot geschachter Adler)*; er wird von einem aus Luxemburg und Brandenburg gevierten Schild überhöht.

Abb. 693 Banner von Mülhausen (Elsaß), Geschenk des Papstes Julius II. (1512).

Die dekorativen Freiviertel, die die Oberecke vieler alter schweizerischer Banner schmücken, sind wahrscheinlich italienischen Ursprungs; das älteste ist das Eckquartier von Schwyz, aber die meisten gehen auf die Schenkungen zurück, die Papst Julius II. durch Vermittlung des Kardinals Schiner den Schweizern und ihren Verbündeten (13) – wie z.B. der Stadt Mülhausen (Abb. 693) (14) – zum Geschenk machte.

Im XV. und XVI. Jahrhundert gebrauchte man sehr lange Wimpel, auf denen Heilige, Sprüche oder Bilddevisen dargestellt waren. Das Zeughaus Solothurn besitzt neben vielen anderen Kostbarkeiten einige solcher

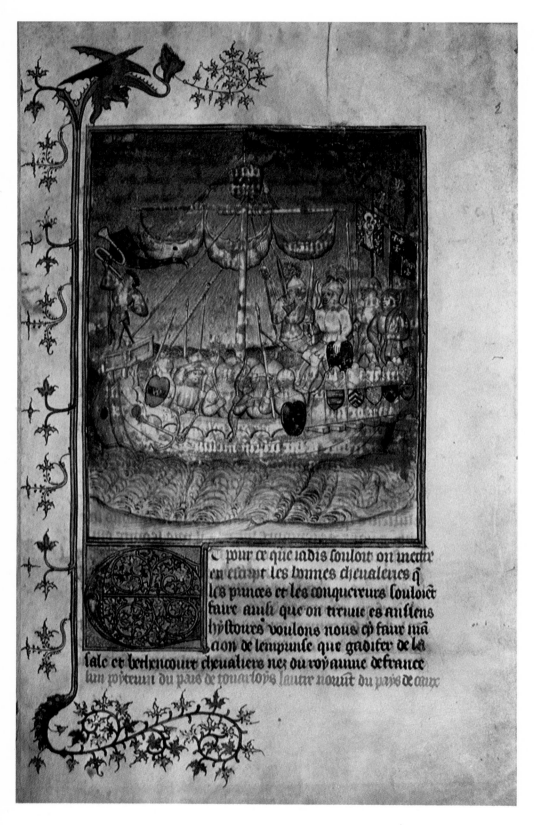

Dpour ce que iadis souloit on mectr
en escript les bonnes cheualeries q̃
les princes et les conquereurs souloiẽt
faire ainsi que on treuue es ansiens
hystoures voulons nous cp faire men
aon de lempruse que gaditer de la
sale et berlencourt cheualiers nez du royaume defrance
lun poseruti du pais de touarloys lautre nouut du pais de caux

Abb. 695 Buchmalerei auf einer der ersten Seiten des Codex *L'histoire de la conquête des Canaries par Jean de Bethencourt et Cadifer de la Salle*. Der inmitten seines auf die Inseln zusegelnden Schiffes stehende Gadifer ist ohne jeden Zweifel an seinem Wappen *(im gevierten Schilde in 1) und 4) drei Tatzenkreuzchen)* zu identifizieren. Hinter ihm weht das Lilienbanner, in dessen Mitte das Bild der Madonna, die er während eines Feldzuges nach Preußen 1390 mit sich getragen hatte, erscheint (British Museum, Ms. Egerton 2709 fol. 22, Anfang XV. Jahrhundert) (Photo British Museum).

Abb. 696 Ordinärfahne des Regiments der Schweizergarden in französischen Diensten (1720).

Wimpel aus der Beute von Grandson. Noch prunkvoller sind die dreieckigen, in ein oder zwei Zungen auslaufenden Standarten, deren sich die großen Herren des XV. und XVI. Jahrhundert bedienten. Die Rechnungsbücher und Inventare beschreiben uns sehr schöne Stücke und liefern uns den Beweis für eine unerschöpfliche Erfindungskraft. Oft war das Feld einer solchen Standarte in mehrere Farben, nämlich die Farben der Livree des Herrn unterteilt. So wird eine Standarte König Karls VI. von Frankreich 1412 folgendermaßen beschrieben: 'Eine sehr reiche Standarte aus drei Farben, nämlich weiß, rot und schwarz aus doppeltem Satin, mit 2 großen Stickereiapplikationen, die eine auf der einen, die andere auf der anderen Seite und übersät mit Sonnenstrahlen, Pfauenfedern und Ginsterzweigen' ('Un très riche étendard de trois couleurs, c'est à-savoir blanc, rouge et noir de satin double, à deux grands pans de broderie, l'un d'un côté, l'autre de l'autre, et semé de rais de soleil et de plumes de paon et de branches de genestres') (15). Eine Standarte von Olivier de Clisson war aus blauem und grauem Satin und mit Tauben und mit gekrönten Buchstaben M bestickt ('de satin pers et gris brodé à tourtres et à M couronnées') (16). Eine Standarte des Erzbischofs von Lyon Karl von Bourbon (vor 1476) bestand aus den Farben seiner Livree, blau, weiß und rot; sie war mit Lilien besät und trug einen den Schild von Bourbon mit einem das erzbischöfliche Kreuz haltenden Löwen und in den vier Ecken Greifen und bannertragende Bären, schließlich den Spruch: 'N'espoir ne peur' (Weder Hoffnung, noch Angst) und das Monogramm des Erzbischofs ('chs') (17). Die Vielfalt der damaligen Feldzeichen kann man in den Fahnenbüchern von Glarus, Freiburg, Solothurn und Luzern studieren, in denen die Fahnen des Landes und die von den Schweizern dem Feinde abgenommenen und einst in den Kirchen aufgehängten Fahnen darge-stellt sind. Die beiden erstgenannten sind in schönen Wiedergaben veröffentlicht worden (18).

Im Lauf der Neuzeit haben sich Fahnen und Flaggen bei Militär, Schiffahrt und Bürgertum in Richtung auf die modernen Nationalfahnen entwickelt (19). Diese Entwicklung verlief nicht in allen Ländern überein-stimmend; wir beschränken uns hier auf die Erörterung von zwei den Einfluß politischer Bedingungen beweisender Beispiele.

Im Frankreich des XVII. Jahrhunderts, der Zeit der Schaffung stehen-der Regimenter, trugen die Infanteriefahnen im allgemeinen ein durchge-hendes weißes Kreuz. Die bei der Leibkompanie, der Kompanie des Obersten, geführte *Leibfahne* ist immer weiß; das Kreuz ist nur durch die Nähte angedeutet. Manche Figuren, wie Lilien oder ein Spruch können mit Goldfaden auf der Leibfahne eingestickt sein. Neben dieser Fahne besitzt jedes Regiment mehrere *Ordinärfahnen* (Abb. 696), die innerhalb des Regiments vollständig gleich sind. Die meisten sind durch ein weißes Kreuz in vier Quartiere unterteilt, die bei den ältesten Regimentern einfarbig sind oder in verschiedenster Weise, oft in Form von heraldischen Teilungen und Heroldsbildern verteilte, verschiedene Farben aufweisen. Die Standarten und Wimpel der reitenden Truppen (Kavallerie-, Drago-ner-, Husaren-Regimenter) führen Wappen oder Sprüche auf einem einfarbigen Grund. Aber allen Regimentern der französischen Armee ist die Führung der *weißen Krawatte* gemeinsam, die unterhalb des Lanzenei-sens an die Spitze der Stange geknüpft ist.

Diese weiße Schleife wird 1790 durch eine Schleife in den Nationalfar-ben blau, weiß und rot ersetzt. Die Fahne des ersten Bataillons eines jeden Regiments ist 1791 noch immer weiß mit dem weißen Kreuz, aber im ersten Feld an der Stange werden die Nationalfarben eingefügt und um das Ganze wird ein dreifarbiger Rand herumgelegt. Die Fahne des zweiten Bataillons ist in der eigentümlichen Farbe des Regiments gehalten und trägt ebenfalls das weiße Kreuz, mit vier Lilien belegt. Diese verschwinden 1792 und werden unter einer dreifarbigen Raute versteckt. 1794 schafft der Konvent neue Fahnen für die nunmehr Halbbrigaden heißenden Regimenter. Das zweite von drei Bataillonen (das Bataillon des Zentrums) tritt nunmehr an die Stelle des ersten Bataillons des Ancien Régime. Seine Fahne ist der Fahne von 1791 gleich, bis auf das endgültig verschwundene Kreuz, an dessen Stelle das neue Emblem der Revolution tritt: ein von der roten Freiheitsmütze überhöhtes Liktorenbündel. Die Fahnen des ersten und des dritten Bataillons jeder Halbbrigade zeigen die für jedes Corps nach einem oft sehr komplizierten Entwurf verteilten Nationalfarben.

Kaiser Napoleon I. erteilt jedem Bataillon oder jeder Schwadron 1804 eine Fahne eines einheitlichen neuen Modells: ein auf die Ecke gestelltes weißes Viereck wird von vier rechtwinkligen Dreiecken eingeschlossen; das Dreieck oben an der Stange ist blau, das untere rot; für das fliegende Ende sind die Farben umgedreht. Die Inschriften, Nummern und Verzierungen sind golden gemalt. Das Hauptteil der neuen Fahne ist der als Bekrönung der Lanze in Erinnerung an den römischen Adler angebrachte Adler aus vergoldeter Bronze; dieser ist von solcher Bedeutung, daß die Fahnen selbst *Adler (aigles)* genannt werden. Von 1812 an sind die Nationalfarben wie noch heute senkrecht nebeneinander angeordnet, blau an der Stange, weiß in der Mitte, rot am fliegenden Ende. Je Regiment gibt es nur noch einen Adler. Während der Restauration (April 1814 bis März 1815 und Juli 1815 bis Juli 1830) findet die Armee zu weißen oder aus weiß und einer anderen Farbe schräglinksgeteilten Fahnen zurück, mit dem königlichen Wappen in der Mitte. Die dreifarbige Fahne erscheint unter Louis-Philippe wieder und überlebt dann alle Wechsel der Staatsform. Alle diese Fahnen unterscheiden sich untereinander auf dem Tuch nur durch die Inschriften, aber vor allem auch durch das auf der Stange sitzende Emblem: den gallischen Hahn unter Louis-Philippe (1830-1848), ein Lanzeneisen unter der Zweiten Republik (1848-1851), einen Adler seit dem Staatsstreich vom Dezember 1851 bis zum Sturz des Zweiten Kaiserreichs 1870, und schließlich erneut ein Lanzeneisen. Die auf den Fahnen und Standarten der französischen Armee erscheinenden Inschriften haben seit der Revolution stark gewechselt. Gegenwärtig steht 'République Française' und darunter die Bezeichnung der Einheit golden gemalt auf der Vorderseite, der Wahlspruch 'Honneur et Patrie', gefolgt von den Schlachtennamen, auf der Rückseite.

Die Schlacht von Marignano (1515) bedeutet für die Schweiz das Ende der Kriege um die Nation und die politische Ausdehnung; seitdem hatten die Eidgenossen kaum mehr Gelegenheit, ihre heraldischen Banner zu entfalten. Stattdessen zogen die Schweizer während 300 Jahren für fremde Fürsten auf den Schlachtfeldern Europas ins Gefecht. Fahnen eines neuen Stils treten nunmehr auf den Plan: seit der Mitte des XVI. Jahrhunderts bis zum Ende des XVII. sind die schweizerischen Militärfahnen, besonders die der schweizerischen Truppen in französischen Diensten, besonders groß, rechteckig, das fliegende Ende oft abgerundet; sie sind durch ein weißes Kreuz in vier nach den Farben des Hauptmanns gestreifte Felder unterteilt. (Manchmal trifft dies nur für die beiden oberen Felder zu, während die beiden unteren nur in einer Farbe gehalten sind.) Im Lauf der zweiten Hälfte des XVII. Jahrhunderts nahm man das in der Schweiz und für die meisten Schweizer Regimenter in fremden Diensten zum klassischen Vorbild gewordene Modell an: Ordinärfahnen quadratisch mit weißem Kreuz, die Eckfelder *geflammt*, im allgemeinen in den Farben des Wappens oder der Livree des Oberst-Inhabers des Regiments (20). Abgesehen von der kurzen Periode der Helvetischen Republik bleibt dieses Modell für die schweizerischen kantonalen Truppen bis zur Einführung der einheitlichen roten Bundesfahne mit dem schwebenden weißen Kreuz 1848 in Gebrauch.

Die Geschichte der Schiffsflaggen geht weit zurück (21). Seit dem Anfang des XVI. Jahrhunderts folgten die Niederlande den Beispielen Italiens und Portugals und schufen für den Gebrauch ihrer Handelsmarine große Bildtafeln mit allen damals bekannten Flaggen. Diese seltenen

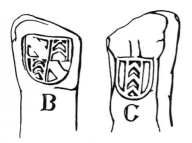

Wappenführung im zivilen Bereich

und gesuchten 'Flaggentafeln' bilden eine wertvolle Informationsquelle für die Historiker (22).

Die modernen Fahnen, vor allem die der unzähligen Vereine waren früher zu schwer, mit zahlreichen unnützen und häßlichen Einzelheiten überlastet und mit schweren Goldfransen verziert. Seit einigen Jahrzehnten hat man endlich begriffen, daß eine Fahne, wenn sie gut wehen soll, leicht sein muß und folglich nur aus einer Stofflage bestehen darf. Das Hauptmerkmal des Entwurfs muß Einfachheit und Klarheit sein. Die schönsten Fahnen sind diejenigen, deren heraldisches Motiv die ganze Fläche bedeckt und nicht in eine Ecke verdrängt oder zu einem kleinen Mittelmotiv reduziert ist. Inschriften sollten auf einer besonderen Banderole angebracht werden. Die Hauptachse einer zum Tragen bestimmten Fahne sollte immer mit der Stange parallel laufen, so daß Tiere sich gegen die Stange zu wenden oder an ihr emporzuklimmen scheinen, und dies auch, wenn man die Stange gelegentlich, zum Beispiel durch Herausstecken am Fenster, fast waagerecht legen muß. Eine dekorative Fahne des Typs Gonfanon mit langen Lätzen ist nur darauf eingerichtet, in senkrechter Stellung erblickt zu werden, mit den Lätzen nach unten; ein Wappen muß in diesem Fall aufrecht in der Mitte stehen. Bei Volksfesten sieht man jetzt neben vielen Scheußlichkeiten manch eine vernünftig entworfene und gut gefertigte Fahne, die den Vergleich mit den alten Wappenbannern oder den Fahnen der Dienste im Ausland aushält. Schließlich hatten einige Körperschaften den Mut, sich herrliche Fahnen anfertigen zu lassen, die den Standarten der Zeit der Jungfrau von Orléans und Karls des Kühnen nahestehen. In dieser Richtung sind auch von zahlreichen Institutionen und Gemeinden vieler Länder, vor allem in Skandinavien, Anstrengungen unternommen worden; hier ist besonders das Beispiel Finnlands zu nennen, wo selbst die Militärfahnen in bestem heraldischen Stil entworfen sind (23).

Der Gebrauch von Wappen hat sehr schnell den zivilen Bereich erfaßt, wo er seine schönste Entwicklung erlebt hat: Wappen sind praktische, klare und dem Zeitgeist angemessene Zeichen. Sie werden zunächst auf allen Dingen angebracht, welche die Persönlichkeit eines Individuums oder seine Macht zum Ausdruck bringt (24), hauptsächlich Siegel und Münzen, auch Grenzsteine (Abb. 698). In Kirchen dienen sie sogar zur Betonung gewisser Rechte (25).

Selbst die einfachsten Leute (Abb. 699) bringen ihre Wappen zur Bekundung ihres Eigentums an ihrer Behausung an. Die noch älteren Hausmarken bürgerlicher Familien werden durch sie ersetzt oder in den Schild hereingenommen. Kostbare und weniger wertvolle Gegenstände sind oft mit Wappen verziert. Heute wie einst ist es üblich, damit sein Geschirr und sein Silberzeug zu kennzeichnen.

Wieviel Manuskripte, Emailgegenstände, Elfenbeine, Waffen, Fensterscheiben, Wandbehänge, Möbel, Truhen und Kasten (Abb. 700) (26), Platten vor Kaminen und Öfen früherer Jahrhunderte sind mit Wappen verziert! Man hört auch nicht auf, sein Eigentum in einem Buch durch Einkleben des Exlibris oder Einprägen eines wappenverzierten Buchstem-

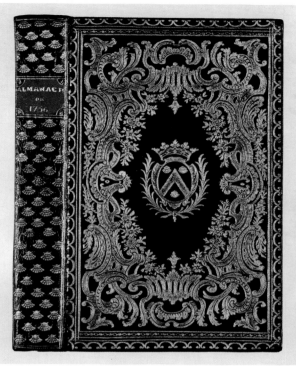

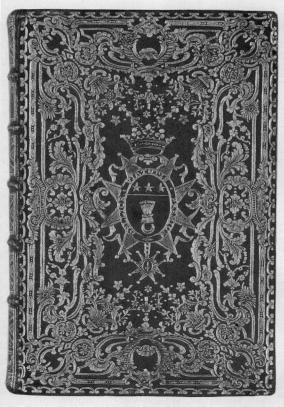

Abb. 699 Wappen von Jean Varnier und seiner Ehefrau Anne Rosière (1678) auf einem Fenstersturz in Cressier (Kanton Neuenburg) (Olivier Clottu in AHS Jahrbuch 1957, S. 46).

pels (Abb. 697 und 704) auszudrücken. Unnötig, diese Liste zu verlängern, die alle von unseren Ahnen einst gebrauchten Gegenstände umschließen könnte.

Viele Porträts (Abb. 593) tragen Wappen, die deren Zuschreibung erleichtern, und in manchen Gegenden kennzeichneten selbst die Bauern ihre Säcke für Getreide und andere Produkte (27), ihre Waffeleisen oder Kuchenformen heraldisch. Andererseits haben Kaufleute, selbst wenn sie ein Wappen besaßen, obwohl manche Hausmarken, wie oben dargelegt, zu Wappen umgebildet worden sind, fast immer weiter ihre Waren mit nichtheraldischen Zeichen gekennzeichnet und ihre Geschäftsbriefe mit Petschaften gesiegelt, die ihre Marke und nicht ihr Wappen trugen.

Wappen kennzeichnen auch oft ein Geschenk: Fenster, Goldschmiedearbeit, verschiedene an Kirchen oder Zünfte geschenkte Gegenstände. Hier seien nur zwei Beispiele angeführt (Abb. 701 und 703), die wegen der vielen auf ihnen vorkommenden bürgerlichen Wappen von Interesse sind: man könnte sie mühelos vervielfachen.

Wappen sind aber nicht nur Eigentumszeichen: ihre Schönheit verleiht diesen Zeichen einen ebenso wesentlichen dekorativen Wert. Die Fenster gemahnen nicht nur an das Gedächtnis des Stifters, sondern sie beleben mit ihren bunten Farben die Kirchen und Säle, wo sie eingesetzt sind. In manchen Fällen bilden die Wappen einen wesentlichen Schmuck dank der Lebhaftigkeit ihrer Farben, wie in so vielen Deckengemälden, Wandbehängen vom Mittelalter bis auf unsere Tage.

Leichenbegängnisse und Grabstätten

Sehr schnell wurde die Heraldik zu Leichenfeiern herangezogen. In den Trauerzügen des Mittelalters ließ man das Kriegspferd des Verblichenen der Bahre folgen, Freunde oder Herolde trugen sein Wappen, die 'Ehrenstücke', die in der dem Anlaß entsprechend schwarz ausgeschlage-

Abb. 700 Kästchen im Domschatz zu Aachen (um 1350), Vorderseite mit den emaillierten Bronzeschilden des Herzogs von Brabant *(in Schwarz ein goldener Löwe)*, des Herrn von Bourbon *(in Gold ein von mehreren blauen Muscheln bordweise begleiteter roter Löwe)*, des Vicomte von Limoges *(gespalten von Blau mit drei goldenen Löwen und einer golden-roten vielfachen Schrägstreifung)* und des Herzogs von Burgund *(innerhalb roten Schildrandes golden-blau schräggestreift)*.

Abb. 702 Leichenbegängnis des Dietrich van Arnheim (1656).

Abb. 701 Feldflasche der Schützengesellschaft von Neuenburg (1654) (AN I).

nen Kirche oder Privatkapelle über dem Grab angebracht werden sollten (Abb. 702) (28). Diese 'Ehrenstücke' bestehen aus dem Schild, manchmal dem echten Kriegs- oder Turnierschild, dem Wappenrock, dem Helm mit seiner Helmzier, dem Schwert, dem Wappenbanner des Verblichenen (oder, je nach Rang, seinem Wimpel), weiteren Fahnen oder Schildchen mit den Wappen der vier Ahnen, Eisenhandschuhen und, falls er Ritter war, seinen goldenen Sporen. In Canterbury kann man über dem Grab des Schwarzen Prinzen seinen Schild, seinen Helm (Abb. 497), seinen Wappenrock, seine Schwertscheide und seine Eisenhandschuhe (in Nachbildung) besichtigen. Die Leichenfeiern für bedeutende Persönlichkeiten erinnern auch heute noch an einige dieser Gebräuche.

Im XV. Jahrhundert, d.h. seit dem Ende des kriegerischen Gebrauchs des Schildes entstand in den deutschsprachigen Ländern und in England die Sitte, in der Kirche einen besonderen Totenschild aufzuhängen, der anfänglich die Gestalt eines Wappenschildes (29), dann aber bald eine runde oder rautenförmige Gestalt annahm und das gemalte oder plastisch

263

ausgearbeitete Wappen des Verstorbenen zeigte. In manchen Privatkapellen Süddeutschlands kann man bis zu etwa vierzig solcher Schilde einer einzigen Familie bestaunen (30). In England und in Belgien, wo diese Schilde *'Obiits'* genannt werden, ist diese Sitte noch nicht gänzlich untergegangen.

In den Niederlanden wurden seit dem XVI. Jahrhundert die kostspieligen Ehrenstücke durch gemalte oder auf Pappe gezeichnete Darstellungsgruppen (Abb. 174) ersetzt, die man 'Cabinet d'Armes' nennt. In der Kirche Unserer Lieben Frau zu Brügge haben sich nur zwei solche Original-Tafeln erhalten, aber die Wiedergaben in gedruckten Büchern oder Handschriften sind ziemlich zahlreich (31).

In Frankreich hielten die Hochgerichtsbarkeit innehabenden Herren und Gründer von Privatkapellen eifersüchtig an ihrem Recht auf 'Litre' fest. Was ist ein Litre? Du Cange definiert das so: "das ist ein schwarz

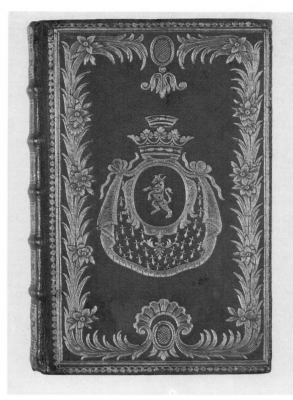

Abb. 705 Begräbnis-'Litre' aus
der Kapelle von Ropraz (Waadt).

Abb. 706 Grab von Diego Alfonso
de Sousa (+1344).

Abb. 708 Modell aus Solnhofer
Stein zum Grabmal Herzog Ludwigs
VII. von Bayern (um 1435), Werk
des Hans Multscher aus Ulm (Kata-
log der Ausstellung *Wappen in
Bayern*, München 1974, Nr. 8).

Abb. 707 Grabstein von Claude
d'Arberg, einem illegitimen Nachkommen des Hauses Valangin
(+1524) (AN I).

Abb. 709 Grab des Johanniter-
bailli de Saint-Simon (+ 1777) in der
St. Johanniskirche in Valetta (Malta).

gemalter Streifen, eineinhalb oder höchstens zwei Fuß breit, der rund-
herum auf der Wand eines Kirchenschiffs, sowohl drinnen wie draußen,
zum Zeichen der Trauer nach dem Ableben des Patrons und Justizherrn
gemalt ist, auf welchem 'Litre' von Abstand zu Abstand das Wappen des
Verblichenen mit Oberwappen, Helmdecken, Schildhaltern und Helmzier
aufgemalt ist": es ist die in verkürzter Form gemalte Wiedergabe der mit
gestickten oder auf Pappe gemalten Wappen verzierten schwarzen Bespan-
nungen, deren Gebrauch wir für das XV. und XVI. Jahrhundert kennen
(32). Eine gewisse Anzahl von 'Litres' gibt es noch, vor allem in den
burgundischen (33) und schweizerischen (Abb. 705) (34) Kirchen.

Wappen auf Gräbern, Grabsteinen oder bronzenen Grabplatten sind so
häufig, daß man sie zu unseren wichtigsten Quellen rechnen darf. Sie
haben vielerlei Gestalt. Zahlreich sind jene, die uns nur einen Schild zeigen
(Abb. 96 und 706) (35), häufig bäuerliche, oder der von seinem Schild
begleitete Ritter (Abb. 707). Die Zusammenstellung kann komplizierter
werden, und die reichsten Leute ließen sich Wunderwerke von Grabmä-
lern anfertigen, wie die der della Scala in Verona, das von Philippe Pot im
Louvre, die zahlreichen aus buntem Marmor in der Johanniter-Kirche zu
Valetta (Malta) (36) (Abb. 709), die rotmarmornen in vielen süddeutschen
und österreichischen Kirchen (Abb. 708). Sie bieten dem Heraldiker einen
Augenschmaus, denn seit dem XIV. Jahrhundert kommt die Gewohnheit
auf, dort die Schilde der vier Ahnen (Abb. 710) unterzubringen. In den
beiden folgenden Jahrhunderten findet man die Wappen der acht Urgroßeltern, der 16 Ururgroßeltern, sogar der 32 Urururgroßeltern (Abb.
711) (37) um den Hauptschild herum angeordnet. Oft sind die beiden
Ehegatten nebeneinander gelegt und von den Schilden ihrer Ahnen begleitet (Abb. 712) (38).

Wie bei ähnlichen gemalten Gruppierungen und auf Exlibris (Abb. 638)
muß man auch hier bei genealogischen Schlußfolgerungen vorsichtig sein,
denn die Ordnung der Quartiere schwankt. Von dem folgenden Schema
kann man wenigstens aussagen, daß es sich oft vorfindet; aber es gibt auch
andere, und der Fall ist häufig, wo man für eine bürgerliche Großmutter
eine annehmbarere Urgroßmutter eingesetzt hat. Wenn man die Urur-

Abb. 710 Grabmal Heinrichs von Metzenhausen (+1575) und seiner beiden Ehefrauen, Eva Walpod von Bassenheim (1565) und Jeanette d'Autel, die 1596 das Denkmal errichten ließ. Neben jeder Person stehen die Wappen ihrer vier Großeltern, links: Metzenhausen *(in Schwarz ein silberner Doppelhaken;* Helmzier: *eine gestulpte Mütze als Hilfskleinod, mit einem Federbusch besetzt),* Orley *(in Silber zwei rote Pfähle;* Helmzier: *ein goldener Löwenrumpf zwischen einem schwarzen Flug),* Boos von Waldeck *(in Rot drei schrägbalkenweise gelegte silberne Gürtelschnallen;* Helmzier: *ein schwarzer Flug, je belegt mit einer das Wappenbild wiederholenden roten Scheibe),* Argenteau de Houffalise *(geviert, 1) und 4) in Blau ein goldenes Kreuz, belegt*

mit 5 roten Muscheln und bewinkelt von 20 goldenen Fußspitzwiederkreuzchen; 2) und 3) silbern-blau quergestreift mit goldenem Freiviertel, das Ganze überdeckt von einem roten Löwen; Helmzier: ein Mannesrumpf als Hilfskleinod entsprechend den Feldern 1) und 4)). In der Mitte: Drachenfels (in Rot ein silberner Drache mit ausgebreiteten Flügeln; Helmzier: der Drache wachsend), Walpod von Bassenheim (silbern-rot zu zehn Plätzen geständert; Helmzier: ein wachsender silberner Schwan mit ausgebreiteten Flügeln, auf jedem Flügel wie der Schild bezeichnet), Greifenklau (geviert, 1) und 4) in silbern-blau geteiltem Felde ein goldener Lilienhaspel; 2) und 3) in Schwarz ein silberner Schrägbalken; Helmzier: ein goldenes Adlerbein, auf den Helm gekrallt und

mit einem Busch aus schwarzen, silbernen und blauen Federn besetzt). Rechts: Autel (in Rot ein goldenes, von 16 Schindeln (5, 5, 3, und 3) bewinkeltes Kreuz; Helmzier: Mannesrumpf als Hilfskleinod), von der Leyen (in Blau ein silberner Pfahl; Helmzier: ein silberner Windhundrumpf zwischen einem blauen Flug), Warsberg (in Schwarz ein goldengekrönter, -bewehrter und -gezungter silberner Löwe; Helmzier: der Löwe zwischen einem schwarzen Flug sitzend), Harange (in Gold ein goldengekrönter, -bewehrter und -gezungter blauer Löwe; Helmzier: der Löwe wachsend). Die ersten sechs Wappen sind aus Courtoisie gewendet. (Kirche zu Junglinster, Großherzogtum Luxemburg) (Photo Marcel Schroeder, Luxemburg).

großeltern einer Person, vom 'Probanden' ausgehend in der Reihenfolge beziffert, in der sie in der Ahnentafel bei deren Aufstellung hinzukommen, erhält man folgende Tabelle:

1	9	5	13	3	11	7	16	2	10	6	14	4	12	8	16
1		5		3		7		2		6		4		8	
1			3					2			4				

1(Vater)   2(Mutter)

Abb. 712   Grabstein von Georges Beaulaincourt, Herrn zu Bellenville und seiner ersten Gemahlin, Hélène de Mons (+1624).

Abb. 711   Epitaph des Freiherrn Johann Franz von Greuth (+1689): der große Schild in der Mitte zeigt in den vier Feldern die Wappen der vier Ehefrauen des Freiherrn, sein Familienwappen im Herzschild; seine eigenen 32 Ahnenwappen umrahmen die Darstellung. Ganz oben das Abzeichen der Rittergesellschaft von Fisch und Falk.

und bei Anwendung dieser Numerierung auf Beispiele bekannter Ahnentafeln gelangen wir zu folgenden Anordnungen: Das Hauptwappen befindet sich in der Mitte, die Wappen der acht Ahnen des Vaters sind links angeordnet, oben beginnend, auf der Vaterseite: 1, 3, 5, 7, 9, 11, 13, 15 und auf der Mutterseite: 2, 4, 6, 8, 10, 12, 14, 16. Alle Schilde auf der Vater- oder Schwertseite können gewendet sein (Abb. 638). Wenn die 16 Schilde in vier Gruppen zu je zwei angeordnet sind, kann man bekommen:

1	9		10	2
3	11		12	4
		1		
5	13		14	6
7	15		16	8

aber man findet auch:

1	3		4	2
5	7		8	6
		1		
9	11		12	10
13	15		16	14

Acht Schilde sind gewöhnlich geordnet:

1	3		2	4
		1		
5	7		6	8

oder:

1		2
3		4
	1	
5		6
7		8

Vier Schilde stehen meistens folgendermaßen:

1		2
	1	
3		4

(Abb. 637):

Manchmal gibt man nur die ehelichen Verbindungen im Vaterstamm an, um vier adlige Generationen auszuweisen, woraus zich das Schema ergibt:

2		3
	1	
5		9

aber es gibt auch andere Anordnungen:

9		5
	1	
3		2

Mit der Zeit werden die figürlichen Darstellungen immer seltener, und die Grabsteine sind überhaupt nur noch heraldisch dekoriert (Abb. 713)! Seit dem Ende des XVIII. Jahrhunderts verschwindet die Heraldik dann von den Gräbern wie von den Leichenfeiern.

Die Ausbreitung des Wappengebrauchs in den letzten mittelalterlichen und den folgenden Jahrhunderten bietet dem Archäologen oft eine wertvolle Hilfe. Dieser besitzt, wenn Wappen vorliegen, ein Dokument, das ihm Auskünfte liefern kann über den, der dieses oder jenes Werk geschaffen hat, und gestattet Datum und Ort der Fertigung oder Zusammenstellung einzukreisen. In dieser Richtung sind schon mehrere Untersuchungen angestellt worden, die aber noch beschränkte Wirkung haben, denn das wissenschaftliche Studium der Heraldik ist noch weit davon entfernt, so weit durchgearbeitet zu sein, wie es es verdiente.

Abb. 713 Grabstein von Carola Franziska von Neuchâtel, Herrin zu Gorgier (+1718), Witwe nach Philipp Eugen d'Achey (AN II).

Wenn einerseits die Kommunen, insbesondere die Städte, von ihrem Wappen ausgedehnten Gebrauch machen, so bieten sich Gelegenheiten, private Wappen vorzuführen, heute eher selten. Wir hängen unser Wappen nicht mehr an der Fassade des uns beherbergenden Hotels auf, und wenn wir zu Pferde steigen, entbehrt dieses klar jeder heraldischen Ausschmückung. Aber noch befinden sich plastische Schilde über den Eingängen unserer Häuser und über den Kaminen, Fenster in schönen Farben beleben unsere Zimmer, vor allem in der Schweiz, wo der Gebrauch, Scheiben mit dem eigenen Wappen zu verschenken, niemals ganz erloschen ist. In der Inneneinrichtung sind mit dem Wappen bestickte Sessel und Tapeten selten geworden, und es bleibt uns fast nur noch der Siegelring, das Exlibris und der Buchstempel, das Silberzeug und das Briefpapier mit Wappen; selbst auf der Tür seines Wagens bringt man sein Wappen nicht mehr an, seit dieser ein Gegenstand schnellen Verbrauches geworden ist.

Moderne Wappenführung

271

Eigentlich sollte es dem Künstler, Maler, Graveur oder Goldschmied ein leichtes sein, seinen Kunden zufriedenzustellen. Aber weit gefehlt, dieser hat Auffassungen von der Heraldik, die umso rückständiger sind, je summarischer sie sind: 'Das ist unser Wappen, kopieren Sie es genauestens'. Und der Künstler nimmt es hin; denn wenn er wagen würde, den kleinsten Fetzen von Helmdecke, die meistens doch nur von einem lithographierten ordinären Wappenbuch kopiert ist, zu ändern, würde er Gefahr laufen, seine Arbeit als nicht der Bestellung entsprechend zurückgewiesen zu sehen. Das verleiht uns den Mut, einige Ratschläge zu geben, die, wie man uns verzeihen wird, die Sache ein wenig vereinfachen: In der Heraldik gibt es Unveränderliches und Veränderliches. Nicht verändert werden dürfen die Farben und der Inhalt des Schildes. Alles übrige kann entweder nach der Persönlichkeit des Wappenträgers oder nach dem Geschmack des Künstlers modifiziert werden. Eine Wappenbeschreibung kann man vergleichen mit dem in den Wehrpaß geschriebenen Namen 'Schulze, Hans, Gefreiter'; das hat keine Ähnlichkeit mit 'Hans Schulze, Vorsitzender Richter', was auf einer Visitenkarte in ultramodernen Lettern graviert ist, und doch ist es die gleiche Person. Schulze in Badehose ähnelt Herrn Schulze im Frack mit weißer Weste und weißen Handschuhen kaum, und doch ist es immer Herr Schulze. Vorausgesetzt, daß die Farben und die Figuren des Schildes Schulze korrekt wiedergegeben sind, kann das Wappen Schulze allein in einem Schilde beliebiger Gestalt gezeigt werden; ob der Schild nun Helm und Helmzier, mit einfachen oder aufgebauschten Helmdecken, mit oder ohne Wahlspruch versehen ist: es bleibt immer das Wappen Schulze.

Ist der Schild rautenförmig und ohne Helm, dann handelt es sich nicht mehr um den Vater Schulze, sondern um seine Tochter oder seine Schwester, aber immer noch ist es Schulze. Ein Vater, der seiner Tochter einen hübschen Wappenring zum Geschenk machen will, würde in Frankreich einen Schnitzer begehen, wenn er darauf bestünde, daß man darauf ein Wappen mit Helm und Helmzier anbrächte, denn der käme seiner Tochter nicht zu, sondern nur seinem Vater oder seinem Bruder; anders in Deutschland, wo das Vollwappen auch von den Frauen geführt wird.

Wiederholen wir: Alles was in einem Wappen unveränderlich ist, das ist dasjenige, was in einer tadellos abgefaßten Beschreibung ausgedrückt ist. Für alles übrige möge man Vertrauen zum Künstler haben. Das Exlibris der Prinzessin de Guémené (Abb. 714) ist ein hervorragendes Beispiel der wunderbaren Wirkung, die etwas Freiheit in der Heraldik erzeugen kann. Als eine Rohan geboren und mit einem Rohan verheiratet, zog sie es vor, anstatt zweimal die Felder Rohan, Bretagne, Mailand, Evreux, Schottland, Saint-Séverin und Lothringen auszubreiten, in den Kartuschen-Schild nur eine Fensterraute der Rohan und ein Hermelinschwänzchen der Bretagne zu setzen, womit sie aufs neue zeigte, daß Schlichtheit immer mit dem besten Geschmack einhergeht.

Abb. 714   Exlibris von Victoire de Rohan-Soubise, princesse de Guémené (um 1770).

Anmerkungen

1 H.-J. von Brockhusen, *Die Königstochter im Naumburger Westchor*, Herold 1971, S. 217-232, vgl. auch M. de Vulson de la Colombière, *Le vray Théâtre d'honneur et de chevalerie*, Paris 1648, Bd. II S. 558 ff.

2 Vgl. Kapitel V, Anm. 27. Man findet den Reichsadler am Gipfel des kaiserlichen Zeltes in zahlreichen Darstellungen (H.-E. Korn, *Adler und Doppeladler*).

3 G. Demay, *Le Costume...* S. 91 ff.

4 J.-B. de Vaivre und Lacour, *Les vitraux héraldiques de Chartres*, in Vorbereitung. – Das Haus Dreux-Bretagne führte *innerhalb roten Schildrandes ein golden-blaues Schach* (Dreux), *dazu als Beizeichen ein Hermelin-Freiviertel*. Der Schildrand ist hier nur am Kragen einer der Damen, am Kragen, den Ärmeln und am Saum des Kleides der anderen und am Kragen und am Saum des Wamses des Grafen zu sehen.

5 Vgl. J.-B. de Vaivre, *L'héraldique dans le roman du petit Jehan de Saintré d'Antoine de La Salle*, Vortrag auf dem XII. CISGH, München 1974, und Hans Horstmann, *Vor- und Frühgeschichte des europäischen Flaggenwesens*, Bremen 1971. Sehr schöne Bilder von Siegeln mit Schiffen findet der Leser auch in *Le navire: motif sigillaire des villes du moyen-âge*, Images Roche, Nr. 32, Basel 1972, S. 10-16; bei Herbert Ewe, Schiffe auf Siegeln, Bielefeld/Berlin 1972, 232 Seiten, 408 Abb.

6 Betreffend die Entwicklung der Militärfahnen siehe Ottfried Neubecker, *Fahnen und Flaggen*, Leipzig 1939, und derselbe: Artikel *Fahne (militärisch)* im *Reallexikon zur deutschen Kunstgeschichte*, Bd. 6, Stuttgart 1972, Spalte 1060-1168. Kürzlich erschien in deutscher Sprache ein erschöpfendes Fahnenwerk: Whitney Smith und Ottfried Neubecker, *Die Zeichen der Menschen und Völker, unsere Welt in Fahnen und Flaggen*, Luzern 1976. Für die Schweiz ist das wichtigste Werk das *Schweizer Fahnenbuch* von A. und B. Bruckner, St. Gallen 1942; vgl. auch das hervorragende Werk von Paul Martin, *St. Galler Fahnenbuch*, St. Gallen 1939. Die Entwicklung der Schweizer Fahne bildet den Gegenstand einer guten Studie von E.A. Gessler, *Schweizerkreuz und Schweizerfahne*, Zürich 1937. Die Schweizerische Gesellschaft für Fahnen- und Flaggenkunde publiziert regelmäßig in ihrer Jahresschrift *Vexilla Helvetica* (1. Jahrgang 1969) Artikel über schweizerische und ausländische Militärfahnen.

7 Abbildung 694 ist entnommen aus L. Wirion, *Un portrait héraldique de Josse de Moravie*, AHS 1952, S. 6 und Tafel II.

8 Vgl. besonders G.C. Bascapé, *Le insegne del Comune e del Ducato di Milano*, Sonderdruck aus G.C. Bascapé und P. Mezzanotte, *Milano nell'arte e nella storia*, Mailand 1949; Ottfried Neubecker, *Gonfaloni*, AH 1971, S. 2-7.

9 Louis Mühlemann, *L'histoire et la politique révélées par les étendards et pavillons des chefs d'Etats*, AHS Jahrbuch 1970, S. 2-14.

10 J.J. Amiet, *Die Burgunderfahnen des Solothurner Zeughauses*, Solothurn 1868; Florens Deuchler, *Die Burgunderbeute*,

Bern 1963. Es gibt verschiedene weitere Werke über die in den schweizerischen Museen verwahrten Banner, besonders A. und B. Bruckner, *a.a.O.*, Anm. 6 und mehrere Artikel in den AHS. Mehrere schweizerische Kantonal-Archive und -Bibliotheken verwahren ebenfalls handgezeichnete und -geschriebene Fahnenbücher, in denen sowohl die Fahnen des Landes, als die den Feinden abgenommenen dargestellt sind (vgl. Anm. 18).

11 Um 1300: Banner des Grafen von Homberg (Zangemeister, *Die Wappen, Helmzierden und Standarten der großen Heidelberger Liederhandschrift, Manesse-Codex*, Görlitz und Heidelberg 1892) um 1320: Banner des Bistums Konstanz (Irmer, *Die Romfahrt Kaiser Heinrich VII. im Bildercyklus des Codex Balduini Trevirensis*, Berlin 1881); um 1340: das gleiche Banner MHZ); 1358 und 1363: Banner von Österreich und Tirol auf den Siegeln des Herzogs Rudolf von Österreich (Sava, *Siegel der österreichischen Regenten, bis zu Kaiser Maximilian I.*, Wien 1871); Banner der Basler Metzger- und der Schifferzunft (Staehelin, *Basler Zunftwappen*, AHS, 1929, S. 138, und 1930, S. 210).

12 Paul Adam, *Les fonctions militaires des hérauts d'armes*, AHS Jahrbuch 1957, S. 2-33.

13 R. Durrer, *Die Geschenke Papst Julius II. an die Eidgenossen*, in 'Wissen und Leben', Zürich 1908, und '19. Historisches Neujahrsblatt für Uri', 1913; A. und B. Bruckner, *a.a.O.*, (Anm. 6), S. 164-191 und Tfln. 38-46.

14 Günter Mattern, *Das Juliusbanner der Stadt Mülhausen von 1512*, AHS, Jahrbuch 1973, S. 21-27.

15 Douët d'Arcq, *Inventaire de la grande écurie, Choix de pièces inédites relatives au règne de Charles VI*, Paris 1864, Bd. II, S. 197.

16 Gay, *Glossaire archéologique* I, S. 676.

17 Notiz von DLG (bei J. Tricou, *Armorial et répertoire lyonnais* nicht zitiert). – Über die Anfertigung dieser gemalten und gestickten Fahnen vgl. u.a. C. Gardet, *a.a.O.* (Anm. 32).

18 R. Durrer, *Glarner Fahnenbuch*, Zürich 1928; B. de Vevey, *Le Livre des drapeaux de Fribourg (Fahnenbuch) de Pierre Crolot*, 1648, Zürich 1943. Vgl. auch F. Deuchler und O. Neubecker, Artikel *Fahnenbuch* im 'Reallexikon' (*a.a.O.* Anm. 6): Spalte 1168-1183.

19 Über die modernen politischen Fahnen und Embleme und deren Entwicklung vgl. das kleine Wörterbuch von Arnold Rabbow, *dtv-Lexikon politischer Symbole*, München 1970 und Whitney Smith und O. Neubecker, *a.a.O.* Anm. 6.

20 Ordinärfahne des Regiments der Schweizergarden in französischen Diensten, nach einer um 1720 gefertigten Guasch von Deleistre (*Collection des uniformes et des évolutions militaires des troupes françaises, tant infanterie que cavalerie*, Band I, Bibliothek des Armee-Ministeriums, Paris, Signatur A1 J7). Die Anzahl der Flammen auf den Ordinärfahnen dieses Regiments war größer als bei den übrigen Schweizerregimentern.

Die Fahne der Schweizergarden wies 1720 zweiundfünfzig Flammen auf, darunter acht schmälere, in den Farben der schweizerischen Kantone, wo Werbestellen bestanden, nämlich rot, hellblau und schwarz, dazu weiß durch das Kreuz vertreten. Die Farbe aurore (d.h. hellorange), die dabei ebenfalls vorkommt, ist zweifellos eine Livreefarbe, denn in der Fahne der Schweizergarde wurden traditionsgemäß die Farben der Kantone mit denen der Livree des Generalobersten der Schweizer und Graubündener vereinigt (nach 1772 nahm man z.B. die grüne Farbe aus der Livree des Grafen von Artois, Karl Philipp, späteren Königs Karls X. hinzu).

21   Hans Horstmann, *a.a.O.* (Anm. 5).

22   Aus einer Sammlung farbig reproduzierter alter Flaggenkarten besteht *l'Histoire fixée en drapeaux, Geschichte – dokumentiert in Flaggentafeln, History captured in flags*, de Boer Maritiem, Bussum (Niederlande) o.J. (1975).

23   Siehe besonders den Artikel von G. von Numers, *Finnische Armeefahnen*, Recueil des IX. CISGH, Bern 1968, S. 257-260.

24   In Frankreich sollen diejenigen Herzoge und Pairs, die ihr Herzogtum nicht in Besitz nehmen konnten, damit angefangen haben, ihre Wappen auf ihren Wagen und dem Geschirr ihrer Pferde anzubringen, um deren Wegnahme zu verhindern, wenn sie zur Schwemme gingen (Mitteilung des Herzogs de la Force).

25   O. Clottu, *Bornes armoriées du Pays de Neuchâtel*, AHS Jahrbuch 1974, S. 43-56; L. Jéquier, *A propos des droits héraldiques dans les églises*, Recueil des IX. CISGH, Bern 1968, S. 185-190.

26   J.-B. de Vaivre, *Le décor héraldique de la cassette d'Aix-la-Chapelle* in: Aachener Kunstblätter 1974, S. 97-124.

27   W. Marti, *Sackstempel*, Bern 1964 – Siehe auch O. Clottu, *L'héraldique paysanne en Suisse*, Recueil des IX CISGH, Bern 1968, S. 91-100.

28   J. Anne de Molina, *A propos de quelques usages héraldiques dans les cortèges funèbres aux Pays-Bas*, AHS 1965, S. 50-55.

29   Ein besonders schöner Totenschild ist der des Königs Matthias Corvinus von Ungarn (†1490) in AHS, Jahrbuch 1967, S. 65.

30   Kirchen in Ulm, Bayreuth, Nürnberg – Vgl. hierzu Seyler, *Geschichte...* S. 103 ff.

31   Le Maire, *Cabinets d'armes malinois*, Parchemin 1936.

32   So fertigte Jean Bapteur, Hofmaler von Savoyen, anläßlich der in Hautecombe und dann in Pierre Châtel gefeierten Leichenbegängnisse Philipps von Savoyen, Grafen von Genf, (Februar 1445) 90 große Schilde, welche auf schwarzer Leinwand hereingebracht und um das Schiff jener Kirche aufgestellt wurden, und außerdem drei Banner und drei Wappenröcke um das Sakramentshäuschen ('90 grands écussons lesquels furent mis autour de la nef de la dite église sur les toyles noyres dessus entrées et aussi autour du tabernacle trois bannières et trois cottes d'armes...'). Zitiert nach C. Gardet, *Jean Bapteur, peintre héraldiste et miniaturiste fribourgeois à la cour de Savoie*, AHS, Jahrbuch 1975, S. 2-12, bes. S. 6.

33   Comte de Leusse, *La litre des Chevriers dans l'église Ste. Marie de Satonnay*, Annales de l'Académie de Mâcon, 1923.

34   A. Decollogny, *Dans la chapelle de Ropraz*, AHS, Jahrbuch 1956, S. 49-52; F.J. Schnyder, *Heraldische Denkmäler des Seetals und Umgebung, 7. Fortsetzung*, AHS, Jahrbuch 1959, S. 28-40.

35   F. de Simas Alves de Azevedo, *Un fameux écartelé portugais*, AH, 1965, S. 29-34.

36   Hannibal Scicluna, *The Church of St. John in Valetta*, Rom 1956, eingehend besprochen von Claire-Eliane Engel, *Les pierres tombales héraldiques de Saint-Jean de Malte*, AH 1964, S. 50-55.

37   René Goeldlin de Tiefenau, *Le monument funéraire du baron J.-F. von Greuth*, AHS, Jahrbuch 1971, S. 23-26.

38   P. Adam, L. Jéquier, *Note sur une pierre tombale du nord de la France*, AH 1964, S. 2-5. – Zahlreiche Zeichnungen nach Grabsteinen bei J.J. Waltz, *a.a.O.* Kapitel II, Anm. 29.

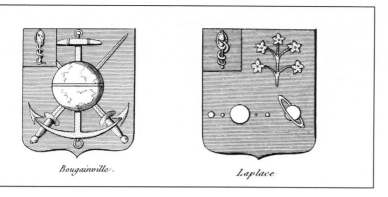

Abb. 715   Schild des Seefahrers
Bougainville   als   Graf-Senator
(1808).

Abb. 716   Schild des Astronomen
Laplace als Graf-Senator (1808).

KAPITEL XII

WAPPENSYMBOLIK

Die Natur erlaubt dem Menschen durch Bilder darzustellen, was ihm, mit
Worten auszudrücken oder klar zu erfassen, Mühe macht. Die Wappen
sind also Bilder, Erkennungszeichen, und so ist es nicht erstaunlich, daß
sie mehr oder weniger komplizierte Symbole enthalten.

Es läßt sich kaum leugnen, daß das Studium dieser Symbole uns über
die Denkweise derjenigen, die sie geschaffen oder gebraucht haben,
vielleicht sogar über manche Tatsachen aufklären kann. Es lohnt sich also,
darüber kurz zu sprechen (1).

Viele Wappen sind als mehr oder weniger klare Wiedergabe des Namens
dessen Zeichen. Schon seit Beginn der Heraldik gibt es unzählige redende
Wappen. Erwähnen wir nur das Kastell der Könige von Kastilien, den
Löwen der Könige von León und den der Grafen von Léon in der
Bretagne, den Wolf (loup) der Loubers und der Lopez, den wilden
Kirschbaum (créquier) der Créqui, den Schachroch der Roquelaure, die
Hämmer (maillets) der Mailly, die Leiter (scala) der della Scala, der
Herrscher von Verona, und ihre Helmzier, einen Hundekopf, der an ihren
Vornamen Mastino und an den Übernamen eines ihrer Mitglieder Can
Grande erinnert.

Solche Wappen findet man in ganz Europa. Die Erscheinung entwickelt
sich im Laufe der Jahrhunderte weiter, besonders nachdem die Wappen
ihre militärische Bedeutung verloren haben, immer komplizierter werden
und immer breitere gesellschaftliche Schichten erreichten. Überflüssig,
hier Beispiele aufzuführen; zahlreiche Abbildungen dieses Bandes zeigen
solche Wappen (2).

Daß ein Wappen redend ist, springt nicht immer ins Auge, wenn diese
Eigenschaft auf veralteten oder Dialekt-Wörtern beruht. So führten die

**Redende Wappen
und Berufssymbole**

275

Abb. 717 *Unter silbern-blau ge-schachtem Schildhaupt in Rot zwei gekreuzte silberne Heckenzweige* (Hecke: hallier): Ailly (Picardie) (1726) (PA I S. 253).

Abb. 718 Wappenbrief aus dem von Kaiser Karl V. dem Baseler Drucker Heinrich Petri verliehenen Adelsbrief, das seine Druckermarke in Farben wiedergibt (AN II).

Fouquet *in Silver ein springendes rotes Eichhörnchen* (fouquet). Der redende Charakter eines Wappenbildes kann auch durch die weitgehende heraldische Stilisierung verschleiert sein. So führten die Ailly (im Stamm les Luynes erloschen) *unter einem silbern-blau geschachten Schildhaupt in Rot zwei zu einem Kranz gelegte silberne Heckenzweige* (hallier, abgeleitet von alisier, Buschwerk) (Abb. 717). Solches ist auch bei zahlreichen Familien der Fall, die einen schwer erkennbaren Baum im Wappen führen: du Roure: rouvre (Steineiche); Pomey: pommier (Apfelbaum); Meuron: mûrier (Maulbeerbaum); Fayon: fayard (Buche); Sorel (Soreau); sureau (Holunder), eine Liste, die man beliebig verlängern könnte). Der Fall der Grafen von Valentinois und Diois aus dem Hause Poitiers liegt ähnlich: sie führten *unter goldenem Schildhaupt in Blau sechs silberne Kugeln* (Erbsen: pois).

Manche Wappen sind wahrlich Bilderrätsel. Eines der ältesten ist das der Grafen von Metz in Lothringen (erloschen 1211), die einen mit einem weiten Ärmel bekleideten Damenarm führten. 'Metze' bedeutete nämlich im alten Deutsch 'Geliebte', wenn dieser Sinn sich auch später sehr stark gewandelt hat. Der Arm dient hier als 'pars pro toto' (3). Später erscheint das Wappen der Médici: *in Gold sechs (1, 2, 2, 1) rote Kugeln* (medizinische Pillen). Aber im allgemeinen sind solche Rebusse neueren Datums.

Hier ein paar Beispiele: Cosseron: *unter blauem Schildhaupt, darin eine goldene Scheibe (rond) zwischen zwei goldenen Schoten (cosses), in Blau ein goldenes Schiff.* Georget: *in Blau ein schwebender goldener (or) Balken, begleitet oben von einem silbernen Eichelhäher (geai) und* unten von einem silbernen Wasserstrahl (jet) zusammen gelesen: geaior-jet. Paignon: *unter silbernem Schildhaupt, darin drei rote Zwiebeln, in Blau ein schreitender goldener Pfau.* Aus den Wörtern pa-on (der Pfau) und oignon (die Zwiebel) bilden der Anfang beziehungsweise das Ende: pa-ignon. Jeder Leser ist im Stande, zahlreiche weitere Beispiele zu entdecken, wie den Elefanten bei der Genfer Familie le Fort (deutsch: der Starke).

Es gibt aber auch noch diskretere Anspielungen auf den Familiennamen. So enthält der dem Etienne de La Mare (Abb. 345) 1513 erteilte Adelsbrief einen Wappenschild: *in Blau drei silberne Wellenbalken, oben begleitet von drei silbernen Sternen,* und als Helmzier eine Sirene, wodurch nicht gerade eine Wasserlache, aber wenigstens ihr Wasser angedeutet wird.

Seit dem 18. und auch schon dem 17. Jahrhundert macht eine andere Tendenz manche Wappen zu wahren kleinen Stilleben, in denen der echte heraldische Sinn und seine Stilisierung untergegangen sind. Wir wollen nur ein Beispiel erwähnen, das sich auf einem Votivbild im Kloster der Sankt-Antonius-Basilika in Padua befindet, wo der Schild eines gewissen Dal Porte einen vollständigen Hafen (porto) mit Mole, Leuchtturm, Häusern usw. aufweist.

Weiter oben (Kapitel II *Die Ausdehnung der Wappenführung*) hatten wir schon gesehen, daß Handwerker bei der Schaffung von Wappen oft ihr Handwerkszeug benützen. Manche Handwerker mußten hierbei zu Symbolen greifen. So setzen Gastwirte manchmal ihr Hausschild in ihren Wappenschild (4), Drucker ihre Marke (Abb. 718).

Hoheitszeichen

Die wichtigsten Herrscher führen in ihren Wappen ein Emblem ihrer Hoheit. So ist der Reichsadler den römischen Adlern (5) entlehnt und erscheint die Lilie der Könige von Frankreich schon bei den Merowingern (6).

Der aus dem Totem-System ausgesonderte Löwe wird Stammeshäuptlingen vorbehalten und erfüllt gewissermaßen mehr die Rolle eines Hoheitszeichens, denn eines gesellschaftlich-religiösen Symbols (7). So findet man ihn bei Alfons VII. (†1157), König von León und Kastilien, der sich 'emperador' von Spanien nannte (8). Seit jenem Jahrhundert wird dieses Emblem aber bei zahlreichen Fürsten und Dynasten gängig.

Der von den wichtigsten Reichsfürsten im XII. Jahrhundert geführte Adler drückt aus, daß ihre Macht sich von der kaiserlichen ableitet. Mit der zunehmenden Schwäche des Reiches verschwinden zahlreiche dieser Adler zugunsten echter Familienwappen (9).

Das *in silbernem Felde stehende goldene, von vier Kreuzchen bewinkelte Krückenkreuz* ist das wohlbekannte Emblem des Königreichs Jerusalem (10). Als solches steht es in den Wappen zahlreicher Herrscher oder anderer Fürsten, die nach dem Sturz dieses Königreichs sich mit dem anspruchsvollen Titel geschmückt haben, den Gottfried von Bouillon aus Demut nicht hatte annehmen wollen. Außerdem dient es, im allgemeinen in Form von Fußspitzwiederkreuzchen, zur Bestreuung zahlreicher Wappenfelder. Es ist behauptet worden, daß hierdurch die Teilnahme an einem Kreuzzug in Erinnerung gehalten werden sollte. Sicher ist das nicht, und nur eine eingehende Untersuchung könnte da Klarheit schaffen (11).

In Deutschland haben verschiedene regierende Fürsten neben ihren anderen Wappenfelder ein *leeres rotes Feld* eingefügt, um ihre Regalien zu betonen: diese Farbe war die des alten kaiserlichen Gonfanon.

Erinnerungswappen

Manche Wappen wollen ein übrigens oft legendäres bedeutendes Ereignis wachhalten. Dank der Eitelkeit der Erfindung werden in diesen Legenden aber Mut, Tapferkeit, Geschicklichkeit, Kraft oder Gewandtheit stark übertrieben.

Nur zwei Beispiele:

- Graf Gottfried der Bepelzte von Barcelona († vor 906) wurde in einer blutigen Schlacht verwundet und trug einen goldenen Schild, über welchen Karl der Kahle, nachdem er seine Hände in Gottfrieds Blut getaucht hatte, mit den Fingern die vier Pfähle zog, die den Schild von Barcelona zieren, der später zum Wappen von Aragon geworden ist.
- König Sancho von Navarra legte, nachdem er dem Sultan Miramolin 1212 die von diesem mit Ketten geschlossenen Burgen abgenommen hatte, zur Erinnerung an diesen Sieg Ketten auf seinen roten Schild (12).

Weiter oben (Kapitel X *Wappenänderungen*) haben wir die Wappenänderungen des Hauses Gavre behandelt. Es sei hinzugefügt, daß Jean de Gavre († 1297) als Wappen *innerhalb eines schwarzen Dornenschildrandes in Gold einen roten Löwen* annahm, das dem Helden Roland zugeschriebene Wappen. Damit wollte er die Familienlegende wieder beleben, wonach einer seiner Ahnen nach dem Verlust seines Schildes in einer Schlacht von Karls des Großen Neffen dessen eigenen Schild erhalten habe (13).

Andere Geschichten erscheinen weniger sagenhaft:

- Fangen wir mit dem Wappen des Königreichs Jerusalem an, von dem schon oben (S. 277) die Rede war. Obwohl darin Metall auf Metall steht, soll es nicht falsch sein. Und zwar deswegen, weil, nachdem Gottfried von Bouillon das Heilige Land siegreich erobert hatte, von den tapferen und frommen Fürsten, die sich in seiner Gesellschaft befanden, beraten und beschlossen worden ist, daß ihm in Erinnerung und zum Gedächtnis dieses hohen Sieges ein von dem gewöhnlichen Verhalten der anderen verschiedenes Wappen gegeben werde, damit, wenn jemand es sieht und meine, es sei falsch, er dazu bewegt werde, sich die Frage zu stellen, warum ein so edler König ein solches Wappen führe, und auf diese Weise von dem besagten Siege unterrichtet werde' (14).
- Die Montmorency führten *in Gold ein von vier blauen Adlern bewinkeltes rotes Kreuz* bis zu dem Augenblick, wo Matthias II. der Große, Herr von Montmorency sich bei Bouvines (1214) so heldenhaft schlug, daß er zwölf kaiserliche Fahnen eroberte, weswegen er die Zahl seiner Adler auf sechzehn erhöhte (15).
- Das Wappen der Herren von Anglure (Abb. 148) zeigt unten von Stoffstücken begleitete Schellen. Aus den Stoffstücken kann man Winkel (angle) bilden, wodurch ein redendes Wappen entstünde. Aber häufiger hat man aus den Stoffstücken Halbmonde gemacht: ein

Anglure sei nämlich von Saladin gefangen genommen worden, der ein überhöhtes Lösegeld verlangt habe. Der Herr von Anglure habe Saladin angeboten, er wolle nach Hause zurückkehren, um das Lösegeld zu holen. Da er die geforderte Summe nicht habe zusammenbringen können, sei er seinem gegebenen Wort gemäß zurükgekehrt, um sich wieder in Gefangenschaft zu begeben. Saladin habe ihn, von der Einhaltung des gegebenen Wortes beeindruckt, unter drei Bedingungen freigelassen: Von Generation zu Generation dem ältesten Sohn den Vornamen Saladin zu geben, sein Wappen mit Halbmonden zu bestreuen und auf seinem Besitz eine Moschee zu errichten (16).

- Seit 1407 führen die Belzunce ihr altes Wappen, nämlich das von Béarn *(in Gold zwei rote Kühe mit blauen Halsbändern und Glocken)*, geviert *mit einer grünen dreiköpfigen Hydra in Silber, deren einer Kopf abgehackt ist, aber noch ein bißchen Verbindung mit dem Hals hat, aus dem einige Blutstropfen hervorquellen.* Diese Quadrierung soll König Karl III. von Navarra infolge einer Heldentat verliehen haben. Ein dreiköpfiger ungeheuerlicher Drache hat nämlich in Lissague, nicht weit von Bayonne, große Verwüstungen angerichtet, und Gaston-Armand de Belzunce, ein nachgeborener Sohn dieses Hauses tötete den Drachen, kam aber von dem Ungeheuer erdrückt selbst um. Stimmt das, wie die alten Autoren behaupten? Sicher ist jedenfalls, daß Arnaud, der älteste Sohn von Gaston-Armand, 1407 vom Bischof von Bayonne (17) die Ländereien von Lissague erhielt und in Besitz nahm (Moreri) (Abb. 719).

- Elie de Saint-Chamans, Gouverneur von Thérouanne, in Artois, leistete der Belagerung dieser Stadt durch Karl V. 1553 heldenhaften Widerstand, und König Heinrich II. von Frankreich erlaubte ihm, seinem Wappen *(in Grün drei silberne Balken)* als Ehrenzeichen eine Zähnelung im Schildhaupt hinzuzufügen (Abb. 208 Nr. 20) (Moreri).

- Um 1318, wählte Karl I. Robert, als König von Ungarn zur Helmzier *einen goldengekrönten, rotbewehrten, silbernen Straußenrumpf, der im Schnabel ein goldenes Hufeisen hält und zwischen zwei silbernen Straußenfedern hervorkommt* (Abb. 721). Laut den symbolischen Ausdeutungen verschlingt der Strauß alles, was der Lage des Königs nach seinen bei der Eroberung seines Königreiches erfochtenen letzten Siegen gut entsprechen würde (18).

Brechen wir hier ab, die Liste der nur zu oft eine Legende wachhaltenden Wappen ist lang. Solche Legenden wurden vor allem von Dichtern aufgebracht, die ihren Zuhörern gefallen wollten (19).

In der Folgezeit haben viele Herrscher Adels- oder Wappenbriefe erteilt, in denen der Schild oder die Helmzier an ein bemerkenswertes Ereignis, eine Waffentat oder eine Leistung (20) des Begnadeten erinnern: Nur zwei bekannte Persönlichkeiten seien angeführt:

- Der Seefahrer Bougainville, der die Welt umschifft und als Offizier unter dem Kommando von Montcalm in Kanada gedient hatte, wurde von Napoleon I. 1808 zum Comte de l'Empire erhoben und erhielt als Wappen *in Blau einen goldenen Anker, dahinter zwei gekreuzte Schwerter und in der Mitte eine silberne Erdkugel; im Freiviertel das Zeichen der Grafen-Senatoren* (Abb. 715).

- Der ebenfalls zum Comte de l'Empire 1808 erhobene Astronom Laplace erhielt *in Blau die Planeten Jupiter und Saturn mit ihren Satelliten und dem Ring,* (denen er sich speziell gewidmet hatte), *in*

Abb. 719 Geviert; *1) und 4) in Gold zwei rote Kühe* (hier fehlen Halsbänder und Glocken) (Belzunce); *2) in Rot ein grüner Baum* (Pagandure); *3) in Rot eine dreiköpfige silberne Hydra* (Lissague), nach dem Libro de armería de Navarra (1572).

natürlicher Ordnung nebeneinanderstehend und rechts von einer goldenen Sonne und links von einem goldenen Zweig mit fünf Blüten begleitet; im Freiviertel das Zeichen der Grafen-Senatoren (Abb. 716) (21).

In die gleiche Richtung gehört die Erinnerung an die Erteilung des Ritterschlages durch eine erlauchte Person, die schon im XII. Jahrhundert auf einem Kampf- und Wappenschilde ihren Niederschlag finden kann, aber im Laufe des folgenden Jahrhunderts verschwindet (22).

Dieser Gepflogenheit aber schließen sich die ehrenvollen Vermehrungen oder Geschenke an, welche Herrscher mit Figuren aus ihrem Wappen erteilen, wofür leicht zahlreiche Beispiele zu finden leicht sind (23). Eine der bekanntesten Ehrenquadrierungen wurde dem Gemahl der Prinzessin Charlotte von England (†1817), Leopold von Sachsen-Coburg verliehen, der sein Wappen mit dem von England quadrierte. Dieses Wappen führte er weiter, als er, inzwischen König der Belgier geworden, Louise von Orléans geheiratet hat. Gegenwärtig bestehen derartige Ehrenquadrierungen in den Wappen der niederländischen und der dänischen Prinzgemahle.

König Wilhelm I. von Preußen verlieh, nachdem er 1871 Deutscher Kaiser geworden war, Otto von Bismarck den Fürstentitel. Außer der Krone und dem Mantel seines Ranges erhielt der Eiserne Kanzler zwei Schildhalter: *rechts den mit der goldenen Königskrone gekrönten schwarzen Adler von Preußen, auf der Brust belegt mit einem silbern-schwarz gevierten Schildchen* (Hohenzollern), *und links den mit dem Kurhut gekrönten roten Adler von Brandenburg, auf der Brust belegt mit einem blauen Schildchen, darin ein goldenes Szepter* (Reichserzkämmerer); *diese Adler halten jeder ein Banner mit den Wappen der eroberten Provinzen, Lothringen und Elsaß.*

In Italien unterscheiden sich die Guelfen und Ghibellinen durch Schildhäupter mit dem Reichsadler bzw. dem Wappen von Anjou, weil die Ghibellinen in Wappen das Metall nur für wirklich metallische Figuren wie Glocken verwendeten und die eigentlichen Farben auf nicht-metallische Figuren beschränkten, während die Guelfen sich gerade umgekehrt verhalten (24).

Abb. 720 Wappen des Konrad von Lösenich (um 1370) (GA Nr. 121).

Nur zu oft erinnern Wappen also an Heldentaten oder an politische Umstände. Andere, zugegebenermaßen seltene, lassen eher an die Liebschaften ihrer Träger denken. Der Fall des Werner von Walbach (Kapitel I, *Die Bildung von Wappen*, Abb. 26) zeigt, wie unbeständig sie sein konnten. Das Wappen des Hauses Villiers (Abb. 328 Nr. 22) zeigt einen mit dem Ärmel der geliebten Dame bekleideten Rechtarm, der im Wappen Lösenich (Trier) den Verlobungsring emporhält (Abb. 720) (25). Der Damenärmel ist eines der seltenen Liebessymbole, da die Ritter in der Zeit der Entstehung der Wappen sich mehr mit Krieg, Turnier, Ruhm und Ehre beschäftigten als mit der Liebe. Zu deren Symbol sind indessen der blühende Rosenstrauch der Grafen von Blieskastel (Rheinpfalz), vielleicht auch die Rosenschapel (Abb. 81 Nr. 23) zu zählen. Die Ritter von der Tafelrunde brachten auf ihrem Helm einen Ärmel ihrer Dame mit deren Farben an, eine Sitte, die, wie Abb. 722 (26) zeigt, sich lange gehalten hat. Mehrere Siegel von Rittern zeigen ihren Schild oder ihren Helm von Damen gehalten.

Abb. 721   Der König von Ungarn (um 1380) (GA Tafel VIII).

Abb. 722　　Das Turnier von Saint-Inglebert bei Calais (1390).

Christliche Symbole

Abb. 723　*Geviert; in 1) und 4) das Kleeblattkreuz der Abtei; in 2) und 3) ein Katharinen-Rad; im Herzschild die gotischen Buchstaben i h s:* Siegel von François Bourquier, Abt von Fontaine-André (Neuenburg) (AN I).

Obwohl der Zeitraum, in dem die Wappen entstanden sind, ganz und ga christlich geprägt war, erscheinen eigentlich christliche Symbole in de alten Heraldik nicht im Überfluß (27). Gewiß findet man viele Kreuz doch sind diese nicht die am meisten verbreiteten Ehrenstücke. Bei de größten Lehnsträgern gibt es nicht viele Kreuze. Und dabei sind sie doc von den Kreuzfahrern getragen worden, von denen sie auf die die Heide bekämpfenden Ritterorden übergegangen sind. Vielleicht sollte man sic darüber nicht gar so sehr verwundern, denn die vom Lehnswesen be stimmte Welt steht zwar grundsätzlich im Dienst des christliche Glaubens, aber der Dienst gegenüber dem Lehnsherrn ist mindester ebenso wichtig und die Bindung der Lehnstreue ist von der familiäre Bindung so untrennbar, wie es schon ganz früh das Rolandslied zeigt (28

Hingegen ist der Löwe häufig, vielleicht deswegen, weil er nicht nur da Zeichen des Häuptlings ist, sondern auch eine Allegorie auf Kraft un Macht und gleichzeitig ein christliches Symbol als 'leo de tribu Juda' (29

So ist auch die Lilie neben ihrer Symbolik der fränkischen Herrscha ein Attribut der Jungfrau Maria (30), und die Reduzierung ihrer Zahl au drei durch Karl V. von Frankreich sollte ein Zeichen der Demut vor de Dreieinigkeit bedeuten. Das Rad von Mainz könnte ein Symbol de 'Wagens des Ewigen' sein (31).

Später wurden die regiösen Symbole häufiger: Heilige, Heiligenattribute (Abb. 723) (32). Noch später findet man bei den zur Schaffung von Wappen verpflichteten Geistlichen sehr viele mit solchen Figuren belegte Schilde. Der Leser kann mehrere in den Abbildungen von Kapitel VI finden. Diese Embleme wurden zunehmend mehr naturalistisch dargestellt, mit dem Ergebnis, daß ganz und gar unheraldische Wappenschilde entstanden (Abb. 724) (33), was zu einer glücklichen Gegenbewegung geführt hat (34).

Vor allem auf der iberischen Halbinsel findet man in manchen Schilden erlauchter Familien die Worte *Ave Maria* (Mendoza) oder *Ave Gratia Plena* (La Vega) (35) (Abb. 84). Manche Wappen gehen auf ein Monogramm der Jungfrau Maria zurück (Abb. 725 und 726). Schließlich seien die der Dreieinigkeit, Christus (Leidenswerkzeuge), der Jungfrau Maria und den Heiligen zugeschriebenen Wappen erwähnt (36).

Bei den eigentlich bilderfeindlichen Protestanten findet man hingegen zahlreiche religiöse Symbole (37). Die drei christlichen Kardinaltugenden erscheinen häufig: Der Glaube durch zwei verbundene Hände (treue Hände), die Hoffnung durch einen Anker, die Nächstenliebe durch ein Herz versinnbildlicht; alle drei können in einem Schilde zusammengestellt sein. Hier findet man auch Kreuze, das Schwert vom Worte Gottes, die Bibel (Abb. 727) und vieles andere.

Aber allermeist ist, selbst seit dem Mittelalter, der Sinn eines auf einem Schild dargestellten Symbols verloren, wenn er überhaupt je bestanden hat. Diejenigen, die ein Symbol brauchten, griffen zu der viel persönlicheren Divise (siehe Kapitel VIII, *Bilddevisen*), oder Bildern im Siegelfelde (Abb. 728) (38). Die in England so häufigen 'badges' und die italienischen Impresen sind gute Beispiele solcher Devisen (39).

Unserer Zeit näherstehend findet man, da der Gebrauch von Wappen sich auf alle Gesellschaftsklassen ausgedehnt hat, auch mit freimaurerischen Symbolen gezierte Schilde (Abb. 729) (40). Hier ist aber nicht der Platz, sich über diese Symbolik zu verbreiten.

Abb. 724 Wappen des Patriarchen von Jerusalem, Louis Piavi (um 1900), im Schildhaupt das Wappen des Franziskanerordens.

Abb. 725 Siegel von Georges Chambrier (Neuenburg) (XVI. Jahrhundert) (AN I).

Abb. 726 Wappen von D. Chambrier (1654) (AN I).

Abb. 727
Nr. 1 Petschaftabdruck von Abram Perrot (Neuenburg) (Ende XVII. Jahrhundert)
Nr. 2 Petschaftabdruck des Pfarrers Clément (Neuenburg) (1597).
Nr. 3 Petschaftabdruck von Guillaume Farel (1532).
Nr. 4 Petschaftabdruck von Guillaume du Buc (1597).

Abb. 728 Siegel von Jean de Vergy (1289) (AHS 1950 S. 60).

283

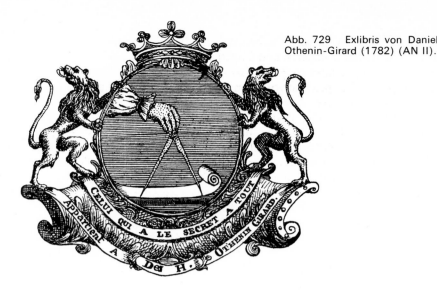

Abb. 729   Exlibris von Daniel H. Othenin-Girard (1782) (AN II).

Die großen Symbole

Mit all diesem sind wir noch weit entfernt von der Wissenschaft der Symbole, wie sie Alchimisten und viele Gelehrte des Mittelalters auffaßten. Dank dieser Wissenschaft sollten die Symbole zum Verständnis der ohne ihre Hilfe unerklärlichen Erscheinungen dienen. Das schließt eine Dauerhaftigkeit der Symbole seit sehr alten Zeiten ein, aber ihre Bedeutung verändert oder verwischt sich doch im Laufe der Jahrhunderte (41).

So könnte man manche ursprünglichen Wappen erklären, deren Symbol die Kraft des Universums ausdrücken will: die so häufigen Löwen, den Lilienhaspel, die Fensterrauten. Aber dies ist umso schwieriger darzulegen, als, ausgenommen die Hofhaltungen wie die der Aliénor von Aquitanien, die von Toulouse oder die der Champagne, intellektuelle Kultur unter den rohen Rittern, die die ersten heraldischen Schilde trugen, kaum in Ehren gehalten wurden. Zudem findet man in der alten Heraldik die großen Symbole wie die Sonne (42) und den Mond, den Baum (43), das Wasser usw. nicht. Das ist nicht erstaunlich, denn wenn die Wappen in der Hauptsorge der obersten Gesellschaft, Adeliger wie bürgerlicher, eine große Rolle spielen, üben die intellektuellen Fragen dort nur geringen Einfluß aus. Für die Intellektuellen hingegen sind die Wappen kaum von Interesse, sind aber die Symbole wesentlich. Sie machen einen Teil ihres Lebens und ihrer ganzen Gedankenwelt aus und dieses auch noch nach der Renaissance, bis die Aufklärung zur Beherrschung des ganzen Denkens des Menschen gelangt.

Wenn aber diese alten Symbole in den Wappen wirklicher Personen kaum zu erkennen sind (44), so trifft man deren viele in den Wappenschilden legendärer Personen, besonders der Ritter der Tafelrunde (45). Eine Handschrift des XIV. Jahrhunderts zeigt Parsifal mit einem Schild, darauf zwei Fensterrauten, als Symbol der Lebenskraft, wie er mit Hilfe eines Löwen, als Symbol des Guten, gegen einen Drachen, als Symbol des Bösen, kämpft (46). Ebenso zeigt ein Fresko vom Ende des XIII. Jahrhunderts einen Löwenritter als Sieger über einen heidnischen Drachenritter (Abb. 210).

Wie wir in Kapitel VI gesehen haben, kannte das Mittelalter eine ganze Blütenlese von Phantasietieren und Ungeheuern und hat ihnen sagenhafte Eigenschaften zugeschrieben. Es ist also nicht erstaunlich, daß man solche in verschiedenen Wappen und vor allem in den mehr persönlichen Devisen antrifft. Was die letzteren betrifft, kann man unterstellen, daß sie wegen der von ihnen dargestellten Symbolik gewählt worden sind, wie das Stachelschwein Ludwigs XII. oder der Salamander Franz' I. (Abb. 337 und 524). Das gilt auch für die Helmzier des Königs von Ungarn, von der wir oben gesprochen hatten, oder für die Melusine der Lusignan, die einer Legende dieses erlauchten Hauses entsprang (47).

Der Greif kann das Symbol des Guten wie des Bösen sein. Wenn er bei den großen Herren der nordöstlichen Marken Deutschlands häufig ist, dann deswegen, weil er auch ein Sinnbild für Kraft und Macht ist: denn ist er nicht stärker als der Löwe oder der Ritter, wie die vor der Sankt-Justinus-Kirche in Padua kauernden Greifen zeigen, der eine einen vollgerüsteten Ritter mit seinem Pferd, der andere einen Löwen verschlingend?

Der für die Christen als Symbol des Bösen geltende Drache ist für die nordischen Völker das Sinnbild der Wachsamkeit. Vermutlich ist er in diesem Sinn von den Herren von Corbeil bei Paris als ein Zeugnis ihres Ursprungs angenommen worden.

Aber haben diejenigen, die ein Einhorn im Schilde führen, tatsächlich darin ein Symbol der Reinheit oder der in seinem Horn versteckten Tugenden sehen wollen?

Der in seinem Nest sitzende Pelikan der nach der Aufhebung des Edikts von Nantes nach Neuenburg (Schweiz) geflohenen Familie Pourtalès ist deutlich ein durch die Devise 'Quid non dilectis' bestätigtes Symbol der Nächstenliebe (48). Die drei Pelikane der Duret, Herren zu Saint-Christ, dürften eine Anspielung auf unseren Erlöser sein, ebenso wie der eine Pelikan der Hertault *(unter blauem Schildhaupt, darin drei silberne Tränen, in Rot ein goldener Pelikan in seinem Nest sitzend, unten von einem silbernen Kreuzchen begleitet)* (Abb. 730) (49). Der Pelikan der Couvreu (Vevey) hingegen scheint nur ein Rebus zu sein: er bedeckt (bedecken = couvrir) seine Kleinen mit seinen Flügeln und belebt sie, indem er sie mit seinem Blut benetzt (50).

Beim Studium der Symbolik der Wappen muß man also sehr vorsichtig sein, denn sie ist nicht für alle Zeiten die gleiche und mischt Weltliches mit Religiösem. Diese Vorsicht muß noch verstärkt wirken, denn schon sehr früh hat man für die Farben, Teilungen, Heroldstücke und Figuren in der Heraldik einen esoterischen Sinn (51) erdacht. Die Autoren, denen wir diese Phantasien verdanken, gründeten sich offensichtlich auf keinerlei wissenschaftliche Forschung. Sie beschränkten sich darauf, ältere Au-

Abb. 730 *Unter blauem Schildhaupt, darin drei silberne Tränen, in Rot ein goldener Pelikan in seinem Nest, unten begleitet von einem silbernen Kreuzchen:* Hertault de Beaufort (1757) (Armorial Dubuisson).

toren wiederzukopieren, weswegen ihre Deutungen höchst verschieden ausfallen. Diese ausgeklügelten Spielereien haben kaum einen beschränkten Kreis Interessierter überschritten, es ist also unnütz, sich über diese Frage zu verbreiten, obwohl sie in den heraldischen Traktaten seit dem XV. Jahrhundert (52) einen großen Raum einnehmen: diese Frage ist kaum von Interesse, weder historisch noch wissenschaftlich.

Hingegen dürfte ein Studium der in den Wappen (Schild, Helm usw.) enthaltenen Symbole unter Beobachtung ihrer Ab- und Veränderungen aufgrund alter Urkunden die Entdeckung und das Verständnis familiärer Traditionen und deren Ursprung gestatten und somit zur Aufklärung der Seelenverfassung der mittelalterlichen Gesellschaft beitragen.

Anmerkungen

1 Verschiedene Beispiele in diesem Kapitel nach F. Cadet de Gassicourt und du Roure de Paulin, *L'hermétisme dans l'art héraldique*, Paris 1907, Neudruck Paris 1972.

2 Vgl. auch die Studie von M. Prinet, *Les figures parlantes dans les armoiries des familles franc-comtoises*, Sonderdruck aus Bulletin de l'Académie de Besançon 1919; für Deutschland vgl. Seyler, Geschichte... S. 146 ff. Redende Wappen werden immer häufiger, je mehr man sich von den Gebieten zwischen Loire und Rhein entfernt, wo die Heraldik ihren Ausgang genommen hat.

3 W. Möller, *Wie kommt der Frauenarm in das große Mecklenburger Wappen*? Genealogie und Heraldik, 1951, S. 69-73.

4 AHS 1951 S. 85 f. Vgl. O. Neubecker, *Medizin und Heraldik*, Medizinischer Monatsspiegel (Merck AG) Darmstadt 1968, Nr. 3, S. 52-58.

5 H.-E. Korn *a.a.O.* (Kapitel VI, Anmerkung 5).

6 Hervé Pinoteau *a.a.O.* (Kap. VII, Anm. 16).

7 Sz. de Vajay, *Hongrie, du totem au blason*, im Katalog der Ausstellung 'Emblèmes, totems et blasons, Musée Guimet, Paris 1964, S. 109.

8 F. Menéndez Pidal de Navascués, *El nacimiento de la armes de León y de Castilla*, Sonderdruck aus Hidalguia 1973.

9 H.-E. Korn *a.a.O.* (Anm. 5).

10 In den ältesten Dokumenten ist das Kreuz nicht immer gekrückt und von vier Kreuzchen bewinkelt. Es kann auch durchgehend oder schwebend sein und wiedergekreuzt auf einem mit Kreuzchen besäten Felde (WN).

11 P. Adam, *L'héraldique dans le dis des VIII blasons de Jean de Biteri*, AH 1961, S. 50-53, bes. S. 53 zeigt, daß die Kreuzchen beim Hause Salm auf die Kreuzzüge zurückgehen. In Spanien sollen diejenigen, die an der Vertreibung der Mauren beteiligt waren, zur Einfügung von Halbmonden oder Krummschwertern in ihre Wappen berechtigt gewesen sein (R. Duval de Borange, im Intermédiaire des chercheurs et curieux, November 1974, Spalte 1066).

12 Dieses Muster auf dem Schild von Navarra besteht anfänglich nicht aus Ketten (vergleiche Kapitel I, Anm. 74), womit eine weit spätere Legende entkräftet ist.

13 G.J. Brault, *Early Blason*, S. 53.

14 Originaltext nach L. Douët d'Arcq, *Un traité de blason du XVème siècle*, Sonderdruck aus Revue Archéologique, Paris 1858, S. 25: (elles) 'ne sont pas faulses. Et la raison est, car quant Godefroi de Bullon eut très victorieusement conquise la Terre Saincte, fut advisé et ordonné par les vaillans et preux princes qui en sa compaignie estoient, que en mémoire et recordation d'icelle victoire excellente, lui seroient données armes différentes du commun cours des aultres, affin que quant aucun les verroit, cuidant que fussent faulses, fust esmeu à soy enquérir pour quoi ung si noble roy porte telles armes, et par ainsi peut estre informé de ladite conqueste'.

ber die Entstehung des Wappens des Königsreichs Jerusalem l. Hervé Pinoteau, *L'héraldique de Saint Louis et de ses com-gnons*, Cahiers nobles 27, Paris 1966, S. 31-38.

Er führte auf seinem Siegel von 1218 tatsächlich noch vier dler, aber 1224 nach seiner Ernennung zum Connétable 16 gl. H. Pinoteau a.a.O., S. 41).

Im Intermédiaire des chercheurs et curieux, Nov. 1974, alte 1066, bemerkt Le Paysan de la Vesle ergänzend, daß in uzancy ein mit einem Halbmond besetztes und 'Mahomet' nanntes Haus bestanden habe.

Diese Abbildung stammt aus dem *Libro de armería del ino de Navarra* (Nr. 26), dessen Text für die Felder 2 (Pagan-re) und 3 ein blaues Feld angibt. Das Wappenbuch Dubuisson 757) gibt für Feld 2 und 3 *eine grüne dreiköpfige Hydra in lber*.

Sz. de Vajay, *L'héraldique, image de la psychologie sociale*, nderdruck aus Atti dell' Academia Pontaniana, Neapel 1967.

Seyler, *Geschichte...* S. 136 ff.

Vgl. hauptsächlich die Arbeit von Sz. de Vajay über die garische Heraldik in mehreren Lieferungen des AH seit 1967, e auch Ernö Tompos, *Wappensymbolik und Wappenbriefe im rchiv des Komitates Vas*, AH 1972, S. 18-29.

Beide Abbildungen sind aus dem *Armorial général de Empire français* von H. Simon, 2 Bände, Paris 1812 (Band I, fel 17, Abb. 9 und Band II, Tafel 3, Abb. 2) entnommen. Vgl. ch: F. Cadet de Gassicourt, du Roure de Paulin, *a.a.O.* nm. 1) S. 191 f, der viele weitere Beispiele bringt. Beim urchblättern irgendeines Wappenbuches, vor allem eines aus r Zeit nach dem XVI. Jahrhundert, findet man leicht weitere ispiele, auch in dem vorstehend zitierten und im *Armorial des incipales maisons et familles du Royaume* von Dubuisson, ris 1757, Neudruck Paris 1974, mit einer Einleitung von H. noteau.

Siehe Kapitel X.

Siehe Kapitel II.

Paul Adam, *Traité de blason et armorial catalan de Steve mburini*, S. 8.

Eine Reihe weiterer Familien aus der Gegend um Trier d die Mosel führen in ihrem Wappen den Arm einer Dame, r vermutlich von dem Wappen der Grafen von Metz (vgl. m. 3) abgeleitet ist.

Seyler, *Geschichte...* S. 142 ff.- Abb. 722 ist eine Illustra-n aus ms. Harley 4379, fol. 43 im British Museum (Repro-ktion bei C. Hibbert, *The search for King Arthur*, London 70, S. 30) und stellt das Turnier von St. Inglebert bei Calais 90 dar; der eine Kämpfer hat eine normale Helmzier (ein nhornrumpf zwischen einem Flug), der andere hat seinen elm mit einem schwarz-grauen Spitzhut besetzt, von dem ein oßer rosafarbener Schleier abweht.

Über die großen christlichen Symbole der romanischen

Epoche vgl. das bemerkenswerte Werk der Sammlung Zodiac: *Le monde des symboles*, Paris 1966.

28 Vgl. die Einführung von G. Moignet zu seiner Übersetzung des Rolandliedes, Paris 1970. Es ist auch erstaunlich zu sehen, daß, vielleicht ausgenommen die Fenster von Chartres, Wappen auf religiösen Gegenständen und Denkmälern, wenigstens bis zum Anfang des XIV. Jahrhunderts selten sind. Im Katalog der Ausstellung *Les trésors des églises de France*, Paris 1965, findet man neben den vornehmlich weltlichem Gebrauch dienenden wappengeschmückten Kästchen vor 1300 kaum ein wappengeschmücktes Weihwasserbecken, das zuvor ursprünglich durchaus einem nicht-religiösen Zweck gedient haben könnte (Nr. 547).

29 R. Viel, *Les origines symboliques du blason*, Paris 1972.

30 G. Demay, *Le costume...* und G. Braun von Stumm, *L'origine de la fleur de lis des rois de France...* Revue numismatique, Paris 1951, S. 43-58.

31 G. Braun von Stumm, *Das Rad, Symbol von Evangelium und Kirche...* Mainzer Zeitschrift 1951/52 S. 36-56. Hans Horstmann, *Das Mainzer Rad – ein Wappenbild des Heiligen Martin*? Nassauische Annalen, Wiesbaden 1966, S. 305-309, zieht diese Symbolik in Zweifel.

32 G. Demay, *Le costume...* bringt zahlreiche weitere Beispiele.

33 *Du Roure de Paulin*, L'héraldique ecclésiastique, Paris 1911, Abb. 24.

34 *B.B. Heim*, Wappenbrauch und Wappenrecht in der Kirche, Olten 1947.

35 F. Cadet de Gassicourt, du Roure de Paulin, *a.a.O.* (Anm. 1), S. 301.

36 Vgl. das schöne Werk von R. Dennys, *The heraldic imagination*, London 1975, S. 89 ff.

37 L. Jéquier, *Cachets de réformateurs et de pasteurs du XVIème siècle*, AHS Jahrbuch 1962, S. 54-57; Abb. 727 ist hieraus entnommen.

38 L. Jéquier, *Sceaux Franc-Comtois. IV. Un sceau original*, AHS 1950, S. 60 f, vgl. auch J.B. de Vaivre, *Le contre-sceau d'Henri de Vergy, sénéchal de Bourgogne au XIIIème siècle*, AH 1973, S. 50-53.

39 Betreffend das englische Königshaus siehe H.S. London, *Royal Beasts*, London 1956, wegen Italien s. Abb. 610.

40 F. Cadet de Cassicourt, du Roure de Paulin, *a.a.O.* (Anm. 1), S. 281-295.

41 R. Viel, *Les origines symboliques du blason*, Paris 1972, S. 145f.

42 Eine Ausnahme bildet der sechzehnstrahlige Stern der Herren von Baux, die hiermit ihren Anspruch, von den Heiligen Drei Königen abzustammen, betonten. Vergl. auch das Siegel in

Abb. 376, mit dem die Symbole des Himmels (Sterne) und der Erde (Kleeblätter) trennenden Regenbogen.

43 Ein solches Symbol könnte der Baum in Abb. 728 sein, wie der, an dem auf zahlreichen Siegeln der Schild aufgehängt ist.

44 Vgl. indessen den Kampfschild von Gottfried Plantagenet (Abb. 11), der neben den Löwen eine Art Verstärkung aufweist, die aus Fensterrauten als Symbol der Lebenskraft besteht, und was R. Viel, *a.a.O.* (Anm. 29), S. 36-43 dazu zu sagen weiß.

45 Außer im *Parzival* Wolframs von Eschenbach und den Romanen Christians von Troyes gibt es in den Heldenliedern nur wenig alchimistische Anspielungen. Das zeigt deutlich, daß sich nur wenige Edelleute für diese gar zu intellektuellen Fragen interessierten, was nicht ausschließt, daß deren Symbolik in religiösen, intellektuellen und künstlerischen Kreisen des Mittelalters eine bedeutende Rolle gespielt hat (vgl. besonders *Le monde des symboles* in der Sammlung Zodiac, Paris 1966 und M.M. Davy, *Essai sur la symbolique romane*, Paris 1956).

46 R. Viel, *a.a.O.* (Anm. 29), S. 100.

47 R. de La Coste-Messelière, *Nouvelles recherches sur Mélusine*, RHFS 1974, S. 21-46.

48 AN II.

49 Dubuisson, *a.a.O.* (Anm. 21).

50 AV I.

51 F. Cadet de Gassicourt, du Roure de Paulin, *a.a.O.* (Anm. 1), S. 211-279. Vgl. auch C. Rochat-Cenise, *Poésie du Blason*, Le Locle 1942, S. 15 ff und vor allem R. Dennys, *a.a.O.* (Anm. 36), der aufzeigt, daß ursprünglich die Herolde für diese Symbolik der Farben, Heroldstücke und Figuren verantwortlich sind, und zwar schon zu Anfang des XIV. Jahrhunderts.

52 L. Douët d'Arcq, *Un traité de blason du XVème siècle*, Sonderdruck aus Revue Archéologique, Paris 1858.

Abb. 731 *In golden-blau zu sechzehn Plätzen quergestreiftem Schilde ein roter Löwe*: Jean de Rouvray (um 1280) (WN Nr. 439).

Abb. 732 *In Gold ein rotes Schräggitter, überdeckt von einem roten Freiviertel, darin ein silberner Löwe*: Pierre de Neuville (um 1280) (WN Nr. 768).

KAPITEL XIII

BLASONIEREN

Eine Blasonierung ist die Beschreibung eines Wappens in Fachsprache. Derartige Beschreibungen mußten abgefaßt werden, sobald man ein Wappen in Schrift oder Wort bekanntmachen wollte. Wir kennen schon Beispiele aus dem XII. Jahrhundert (Kapitel I, S. 21), noch auf lateinisch und ziemlich ungenau. Auch noch auf lateinisch ist das älteste deutsche Wappenverzeichnis, der *Clipearius Teutonicorum* (um 1242-49) (1), abgefaßt. Wenige Jahre später bringt die *Glover Roll* (2) genannte englische Wappenliste die ersten Blasonierungen in einem dem Französischen nahestehenden Anglo-Normannisch. Wir finden dort:

Le Roy d'Angleterre porte l'escu *de gules ove trois lupards d'or* (Abb. 239) (Der König von England führt einen Schild: *rot mit drei goldenen Leoparden*).

Le Comte de Leycester *de gules ove un leon blank la cowe furchee.* (Der Graf von Leicester (Simon von Montfort) *rot mit einem weißen Löwen, der Schwanz gespalten.* Dazu das Banner: *Party endente d'or et de gules* (Abb. 13) *(Gespalten gezähnt von Gold) (sic) und Rot*;

Piers de Savoye *de gules ove une crois d'argent* (Abb. 139) (23). (Peter von Savoyen, genannt Petit Charlemagne: *rot mit einem Kreuz von Silber*).

Geffrey de Geneville *d'azur od trois breys d'or un cheif d'ermyne et un demi lion de gules.* (Gottfried von Joinville: *blau mit drei Brechen von Gold, ein Haupt von Hermelin und ein halber Löwe von Rot.*)

Eble de Genevre *noir a un lion d'argent.* (Eble von Genf (Genève): *schwarz mit einem Löwen von Silber.*)

Seitdem ist die Sprache englischer Wappenbeschreibungen der Sprache französischer Wappenbeschreibungen nah verwandt geblieben, sie hat sogar in letzterer inzwischen verschwundene Wörter oder Wendungen bewahrt.

Im ältesten, von 1254 stammenden französischen Wappenverzeichnis, dem *Armorial Bigot* (3) finden wir:

Le sire de Luselburc: l'escu *burelé d'argent et d'azur à 1 lion de gueules rampant coroné d'or.* (Der Herr von Luxemburg: der Schild *quergestreift von Silber und von Blau mit einem Löwen von Rot, aufspringend, gekrönt von Gold.)*

Die Anfänge

Le sire de Puerwez: l'escu *de gueules à la faisse d'argent.* (Der Herr von Perwez: der Schild von *Rot mit einem Querbalken von Silber.)*

Rouers d'Enghien: *gheronné d'argent et de noir croisetté d'or sur le noir.* (Rouers von Enghien: *geständert von Silber und von Schwarz, kreuzchenbesät von Gold auf dem Schwarz.*)

Glidouz d'Olfendop: l'escu *vert au kief estakié d'or et de gueules, le gueules freté d'argent.* (Glidouz von Ottencourt: der Schild *grün mit senkrecht gestreiftem Haupt aus Gold und Rot, das Rot gegittert von Silver.*)

Mehrere weitere Wappenbücher des XIII. Jahrhunderts enthalten Beschreibungen, wir begnügen uns mit der Anführung einiger Blasonierungen des Armorial Chifflet-Prinet (1285-1298) (4):

Li sires de Monmoranchi porte les armes *d'or à une crois de gheules et à seize egles d'azur ès quatre cartiers.* (Die Herren von Montmorency führen als Wappen *von Gold mit einem Kreuz aus Rot und mit sechzehn Adlern aus Blau in den vier Quartieren.*)

Mesire Dreus de Melon porte *d'or à deux fesses de gheules et à une bordure doiselés de gheules rangées en orle.* (Herr Dreus von Mello führt: *golden mit zwei Querbalken von Rot und mit einem Rand aus Vögeln von Rot, entlang dem Rande angeordnet.)*

Mesire Jehan de Reineval *d'or à une crois noire, à cinq coquilles d'argent en la crois.* (Herr Jean von Mailly-Raineval, im Departement Somme: *von Gold mit einem schwarzen Kreuz, mit fünf Muscheln von Silver in dem Kreuz* (Wappen identisch mit dem des Hauses Grailly, Abb. 483).

Mesire Pierre de Corneul: *d'or à une fesse de gheules et à trois tourteaux de gheules* (Herr Pierre de Corneuil, im Departement Eure: *Gold mit einem Querbalken von Rot und mit drei Scheiben von Rot).*

Mesire Angorom de Couchi: *fessié de vair et de gheules* (Herr Enguerrand de Coucy: *quergestreift von Feh und von Rot).*

Mesire Nicole de Serbonne: *gironné d'or et d'azur à un écusson d'argent et au sautoir d'ermine.* (Herr Nicole von Charbogne, in den Ardennen: *geständert von Gold und Blau mit einem silbernen Mittelschildchen und mit einem Schragen von Hermelin).*

Und im Wappenbuch von Turin (5) aus dem Jahre 1312:

Monss Guillaume li bastars: *L'escu de goules à une cruex d'argent à cinq ayglets de sables.* (Herr Wilhelm, der Bastard von Savoyen: *der Schild von Rot mit einem Kreuz aus Silber mit fünf Adlerchen von Schwarz).*

Li contes de Nydoie: *L'escu de goules à un paul chivroné d'our et de sables.* (Die Grafen von Nidau aus dem Hause Neuenburg: *Der Schild von Rot mit einem gesparrten Pfahl von Gold und Schwarz* (Abb. 482)).

Wie man sieht, ist das etwa das gegenwärtige System. Da die Farbregel stets beachtet worden ist, konnte man eine ganze Menge von Ausdrücken wie begleitet, belegt, überdeckend usw. ohne Schaden für den Sinn entbehren.

Die folgenden Ausführungen beziehen sich hauptsächlich auf die französische Kunstsprache, deren Kenntnis für die Benützung der wichtigsten Wappenbücher, des Armorial Général von J.-B. Rietstap und des Dictionnaire des figures héraldiques des Vicomte Théodore de Renesse unerläßlich ist.

Während des ganzen Mittelalters ist bis zum XV. Jahrhundert noch mehrfaches Schwanken der Terminologie zu beobachten. Für Rot steht nicht immer Gueules (deutsch Kêlen), sondern auch Rouge, für Grün steht nicht immer Sinople (das anfänglich auch auf französisch wie auf deutsch = Zinnober) rot bedeutet hatte, kommt das umgangssprachliche Vert vor, neben Sable (auf deutsch Zobel) findet man auch noch Noir. Zudem nennen die alten Autoren bei einmaligen oder mehrfachen Teilungen wie quergestreift u. dgl. immer das Metall vor der Farbe, selbst wenn letztere in der Zeichnung den ersten Platz einnimmt.

Es hat seine Zeit gebraucht, bis man zwischen *geteilt (coupé)* und *Schildhaupt (chef)* unterschied oder *schrägrechts-* und *schräglinksgeteilt* auseinanderhielt. Manche Ausdrücke haben ihre Bedeutung gewechselt, wie *barre* (heute *Schräglinksbalken*), das manchmal mit *Balken (fasce)* gleichzusetzen ist, andere sind untergegangen, wie *archié* (wörtlich: *gebogt*) für *schräglinksgeteilt (taillé)* und *endenchure* für einen *Zackenrand (bordure engrêlée* oder *bordure denchée)*. *Schrägbalken-* oder *balkenweise aneinanderstoßende Rauten* werden als *Dornenschrägbalken* oder *Dornenbalken* angesehen. Nicht von vornherein werden die *eingerollten Kreuze (croix recercelées)* von den *Ankerkreuzen (croix ancrées)* getrennt gehalten, in manchen Wappenbüchern mit den *Mühleisenkreuzen (anilles)* gleichgesetzt. Das *Tatzenkreuz* wird auch statt *pattée, patonce* oder geradezu umgangssprachlich 'an den Enden verbreitert' genannt. Figuren, die den Grund durchscheinenlassen, wie das *durchbrochene Kreuz*, der *Innenbord*, die *Fensterraute* werden, 'falsch' genannt, also *falsches Kreuz, falsches Schildchen, falsche Raute*. Im großen und ganzen kann man aber sagen, daß die französische heraldische Fachsprache sich fast ebenso schnell wie das ganze heraldische System gefestigt hat (6). Das schließt nicht aus, daß man im XIV. und XV. Jahrhundert noch Ausdrücke und Beschreibungsweisen antrifft, die von denen erheblich abweichen, die schließlich von den großen Heraldikern des klassischen Jahrhunderts, besonders dem Père Ménestrier (7) durchgesetzt worden sind.

Die klassische Blasonierung

Die Kunst beim Blasonieren besteht darin, Wappen so genau und so knapp wie möglich zu beschreiben, damit man sie erkennt und fehlerlos wiedergeben kann. Im Kern ist diese Kunst schon in den ältesten Blasonierungen in französischer oder anglonormannischer Sprache vorgegeben, aber die klassischen Heraldiker des XVII. und XVIII. Jahrhundert haben sie erst richtig entwickelt und daraus ein in keiner anderen als der französischen Sprache so perfekt bestehendes geschlossenes System gemacht.

Auf den vorigen Seiten haben wir diese Heraldiker mehr als einmal kritisiert. Ihr überweit getriebener Systematisierungsgeist und ihr Mangel an Kenntnis und Verständnis für das Mittelalter hat sie nämlich sehr oft in die Irre geführt. Aber man muß anerkennen, daß dieser systematische Geist uns den wertvollsten Beitrag zur Geschichte der Heraldik eingebracht hat: die von ihnen ausgearbeitete Sprache mit ihrem klaren Vokabular gestattet mit wenigen Worten eine genaue Beschreibung der Wappenschilde. Spätere Autoren haben mit mehr oder weniger Einsicht manche Ausdrücke oder sogar manche Grundsätze abändern wollen und somit eine Quelle von Irrtümern geschaffen. Unseres Erachtens ist es grundsätzlich wichtig, in heute abgefaßten Beschreibungen ohne Zögern die heraldische Sprache anzuwenden, die in den verschiedenen Ausgaben der *Méthode du blason* des P. Ménestrier vorgezeichnet ist. Gewiß erzwingen Wappen mit ungewöhnlichen Figuren die Schaffung neuer

Abb. 733 *Blau-golden zu zwölf Plätzen geständert mit einem roten Herzschild und einer darübergezogenen Hermelinschrägleiste.* Bucheinband des Christophe de Savigny (Réthelois) (um 1570).

Ausdrücke, aber man muß darauf achten, daß sie im klassischen Rahmen bleiben.

So muß man auch, wenn man neue Wappen entwerfen möchte, sie so zeichnen, daß man sie in der klassischen heraldischen Sprache blasonieren kann: so erlangt man übersichtliche und klare Schilde, selbst wenn man ganz moderne Figuren, Maschinen oder Bauwerke, wissenschaftliche oder technische Symbole hereinbringt.

Beim Blasonieren beginnt man mit der Farbe des Feldes; danach folgen gegebenenfalls die daraufgestreuten (8) Figuren, dann das Hauptbild, das mit Figuren belegt und von anderen (oder auch den gleichen) begleitet sein kann: *in rotem, mit goldenen Kleeblättchen bestreuten Felde zwei goldene abgewendete Barben* (Abb. 509); *in Rot ein goldener Schrägbalken, belegt mit einem schreitenden blauen Löwen* (Abb. 245).

Sodann führt man die Teile an, die über das zuvor Beschriebene herübergelegt sind, Lage für Lage: *blau-golden zu zwölf Plätzen geständert mit einem roten Herzschild und einer darübergezogenen Hermelinschrägleiste* (Abb. 733).

Schildhaupt, Schildfuß und *Schildrand* werden auf französisch erst hintenan gemeldet, auf deutsch aus grammatikalischen Gründen zu Beginn der Beschreibung. In beiden Sprachen kommen aufgelegte Freiviertel und in der Mitte oder an anderen Stellen aufgelegte Schildchen zuletzt: die französische Beschreibung: *d'argent à la jambe humaine de gueules, à la champagne de sinople chargée de trois bandes d'argent, à la bordure dentelée d'argent* (Cossa, Neapel) (Abb. 214) ergibt auf deutsch: *innerhalb eines silbernen Zackenschildrandes über einem mit drei silbernen Schrägbalken belegten grünen Schildfuß in Silber ein rotes Menschenbein.* Figuren oder Heroldstücke, ausgenommen Schildhaupt, Schildfuß und Schildrand, die die Begrenzungslinie anderer Figuren, Heroldstücke oder Teilungen überschreiten, heißen 'überdeckend', was sich in den Beschreibungen auf deutsch meistens durch das Partizip Perfekt 'überdeckt' zum Ausdruck bringen läßt: *burelé d'or et d'azur au lion de gueules brochant* (Abb. 731) ergibt auf deutsch: *fünfzehnmal geteilt von Gold und Blau, überdeckt von einem roten Löwen.* Schildhaupt, Schildfuß und Schildrand sind äußerst selten überdeckend (Abb. 225). Das muß also dann gemeldet werden. In bezug auf das Freiviertel schwanken die Gewohnheiten: meistens erwähnt man, daß es überdeckend sei: *in Gold ein rotes Schräggitter, überdeckt von einem roten Freiviertel, darin ein silberner Löwe* (Abb. 732).

In einem so einfachen Fall kann das Wort 'überdeckend' weggelassen werden. Man muß es aber beibehalten, wenn eine von drei 2 : 1 gestellten Figuren durch das Freiviertel zugedeckt wird: *in Gold drei rote Fünfblätter, überdeckt von einem roten Freiviertel, darin ein silberner Adler* (Abb. 496), da die Stellung der beiden Fünfblätter sonst unmöglich richtig angegeben werden kann. Es kommt vor, daß der Zeichner die Figuren in dem unbedeckten Teil des Schildes zusammengedrängt hat.

Pfahlweise gestreift, balkenweise gestreift, schräggestreift und *schräglinksgestreift* erfolgt normalerweise zu sechs Plätzen; auf deutsch ist es aber üblich, *fünfmal gespalten, fünfmal geteilt, fünfmal schrägrechts- oder schräglinksgeteilt* zu sagen. Auf französisch ist nicht die Zahl der Teilungen, sondern die Zahl der Plätze zu melden, wenn sie nicht sechs beträgt. Manche auf französisch möglichen Ausdrucksweisen lassen sich auf deutsch nicht unmittelbar übertragen. Für *contre-palé* muß auf deutsch

Abb. 734 *In Blau drei goldene pfahlweise gelegte Nägel, zwei: eins:* Clavelli; *in Gold zwei rote Balken, bordweise begleitet von neun roten Merletten:* Alamagna; *in Rot sieben goldene dreitürmige Kastelle, drei zu drei zu eins:* Heredia (1374), Steinplastik auf der Insel Rhodos.

Abb. 735 *In (Blau) eine (rote) Rose, besetzt mit drei (goldenen) Flügeln, eins zu zwei:* Spielmarke des Jacques de Laverne, Herr zu Athée, Bürgermeister zu Dijon (1587).

305.

Abb. 736 *Innerhalb roten Schildrandes in Gold ein roter Sparren, begleitet von drei blauen Adlern*: Guillaume de la Trémoille, Marschall von Burgund (um 1380) (GA Nr. 390).

Abb. 737 *In Blau ein goldenes Schrägkreuz, beseitet von zwei goldenen Sternen*: Siegel von Guillaume Vulliermin, Baron d'Aubonne und de Montricher (1585) (AV II).

Abb. 738 *In (Silber) ein (blaues) Kreuz, bewinkelt von vier (blauen) nach innen gerichteten Nägeln*: Macchiavelli, Steinplastik in Florenz (XV. Jahrhundert).

Abb. 739 *Unter (silbernem) Schildhaupt, darin drei (schwarze) Muscheln, ledig von Rot*: Siegel von Jacques de Montricher (1274) (ISV 91/6).

gemeldet werden: *soundso oft gespalten und einmal geteilt in verwechselten Farben*. So läßt sich auch nicht nachahmen, was auf französisch üblich ist, nämlich die Wiederholung einer Farbangabe zu vermeiden, indem man *'du même'* (von gleicher Farbe) sagen kann. Der Löwe in Abb. 246 wäre z.B. *'du même'* wie die silbernen Sterne.

Nach der Angabe der Farben der Figuren muß ihre Placierung angegeben werden. Die Lage an sich wird durch *'gelegt'* ausgedrückt: die Pflugschar in Abb. 267 ist schrägbalkenweise gelegt. Die Anordnung von mehreren Figuren im Verhältnis zueinander wird durch *'gestellt'* ausgedrückt. Die sechs Tannenzapfen im zweiten Schild der Abb. 267 sind pfahlweise gelegt, aber 2, 2, 2 gestellt. Wenn die Klarheit nicht darunter leidet, kann man die schwerfälligen Wörter 'gelegt' oder 'gestellt' weglassen. Wenn eine einzige Figur pfahlweise in der Schildmitte erscheint, ist die Lage nur dann zu umschreiben, wenn die Figur eine Richtung andeuten könnte: wenn ein Schwert das Gefäß oben hat, ist est *gesenkt*, ist das Gefäß unten, ist das Schwert *aufgerichtet* (Abb. 90). Sind zwei oder drei langgezogene Figuren, wie Leoparden (Abb. 226, 232, 243), eine über der anderen (pfahlweise) gestellt, oder wenn zwei hochformatige Figuren wie Beile (Abb. 405) nebeneinander (balkenweise) gestellt sind, muß das nicht besonders gesagt werden. Nur wenn sie anders angeordnet sind, muß es gemeldet werden.

Drei Figuren werden meistens zwei oben und eine unten gestellt, was man durch die Ziffern 2 und 1 ausdrücken kann, meistens kann man es unterstellen: *in ... drei ... Adlerbeine* (Abb. 267) genügt, aber bei Clavelli ist es empfehlenswert zu sagen: *in Blau drei goldene pfahlweise gelegte Nägel, 2 : 1* (Abb. 734) (9).

Drei in umgekehrter Reihenfolge stehende Figuren werden auf französisch als 'schlechtgeordnet' bezeichnet, auf deutsch durch die Angabe 1 : 2 (Abb. 422). Drei Figuren können sich auch in der Mitte begegnen, dann stehen sie *deichselweise* bzw. *göpelweise*. Wegen ihrer Verbindung mit der Rose sind die drei Flügel in Abb. 735 (10) nicht göpelweise gestellt, sondern 'mal-ordonnés'.

Vier oder fünf Figuren sind meistens kreuzweise oder schrägkreuzweise gestellt. Im Wappen von Portugal (Abb. 519) stehen *innerhalb eines mit sieben goldenen Zinnentürmen belegten roten Schildrandes* (daß diese Figuren bordweise stehen, versteht sich von selbst und braucht nicht ausdrücklich erwähnt zu werden), *in Silber fünf blaue Schildchen kreuzweise, jedes belegt mit fünf schrägkreuzweise gestellten silbernen Scheiben*.

Sechs oder mehr Figuren stehen meistens bordweise: *in Gold zwei rote Balken, bordweise begleitet von neun roten Merletten* (Abb. 734). Sie könnten auch 3, 2, 1 oder 2, 2, 2 stehen. Ihre Anordnung muß immer angegeben werden. Ein zwischen drei Adlern, zwei oben und einer unten, begleiteter Sparren ist ausreichend umschrieben, wenn man sagt: *in Gold ein von drei blauen Adlern begleiteter roter Sparren* (Abb. 736). Wenn ein Schrägbalken von zwölf Schindeln nicht bordweise begleitet ist, muß gemeldet werden, daß sechs oben und sechs unten stehen.

In den vier Ecken von Figuren begleitete Kreuze und Schrägkreuze sind *'bewinkelt'*: *in Rot ein goldenes Lilienkreuz, bewinkelt von zwölf Schindeln*, deren Verteilung zu dreien je Quartier und darin je zwei zu eins sich von selbst versteht (Abb. 478). Wenn diese Figuren nur ein oder zwei Eckfelder einnehmen, muß man wieder zu dem Ausdruck *'begleitet'* greifen und dabei das Quartier näher angeben. Beim Schrägkreuz kann man auch den Ausdruck *'beseitet'* wählen, wenn die Flankenfelder besetzt sind: *in Blau ein goldenes Schrägkreuz, beseitet von zwei goldenen Sternen* (Abb. 737). Würden die Sterne oben und unten stehen, würde wieder der Ausdruck *'begleitet'* in Betracht kommen.

'Beseitet' kann man auch von Schrägbalken und Pfahl sagen, wenn sie von langgestreckten Gegenständen oder mehreren *'nach der Figur'* gelegten Figuren begleitet sind (Abb. 463). Der Ausdruck *'beseitet'* dient auch zur Fixierung der Stellung einer eine langgestreckte Figur begleitenden Figur: *in Rot ein Krummstab, beseitet von zwei abgewendeten Schlüsseln an der Balkenstelle und vier Lilien, zwei an der Haupt- und zwei an der Fußstelle, alle Figuren silbern* (Abb. 741).

Die normale Stellung von Figuren innerhalb des Feldes ist *pfahlweise*, selbst wenn sie schrägverlaufende Heroldstücke wie den Sparren oder den Schrägbalken begleiten (Abb. 275). Abweichendes muß angegeben werden: Macchiavelli (Florenz) führt *in Silber ein blaues Kreuz, schrägkreuzweise bewinkelt von vier blauen Nägeln* (Abb. 738). In Seitenansicht dargestellte Figuren sind nach heraldisch rechts gerichtet, das Gegenteil muß gemeldet werden, bei einzelnen Figuren: *linksgewendet*, bei mehreren: *zugewendet* oder *abgewendet*.

Figuren, mit denen Heroldstücke belegt sind, passen sich deren Gestalt an. Figuren auf einem Schrägbalken liegen also schrägbalkenweise, wie die Hermelinschwänzchen in Abb. 733. Abweichendes wäre zu melden: *innerhalb goldenen Dornenschildrandes rot, überdeckt von einem goldenen Schrägbalken, darin drei gegengeschrägt gelegte blaue Delphine* (Abb. 571). Daß die Delphine schrägbalkenweise gestellt sind, versteht sich von selbst. In einem anderen Wappen der gleichen Person sind die Delphine pfahlweise gelegt und der Schrägbalken wäre nicht als 'überdeckend' anzusehen (Abb. 540). Fünf Figuren, mit denen ein Kreuz belegt ist, sind gewöhnlich alle pfahlweise gelegt, auf einem Schrägkreuz folgen sie notwendigerweise dessen Gestalt.

Figuren, mit denen Heroldstücke belegt sind, sind entsprechend ihren Umrißformen *gestellt*: selbstverständlich sind in dem Wappen Abb. 739, *in Rot ein silbernes Schildhaupt, darin drei schwarze Muscheln*, die Muscheln nebeneinandergestellt und nicht zwei : eins, und im vierzehnten Schild von Abb. 328 folgen sich die Löwen, einer nach dem anderen, in der Richtung des Schrägbalkens.

Eine Figur, die von mehreren anderen begleitet wird, steht in der Mitte: *in Gold ein schwarzer Mohrenkopf begleitet von drei roten Muscheln* (Abb. 557); *gespalten von Silber und Blau, darin ein gekrönter Löwe in verwechselten Farben, begleitet von drei goldenen Sternen* (Abb. 231 Nr. 4). Wenn drei Figuren wichtiger sind als eine vierte, nennt man diese drei zuerst und die vierte, falls sie ein Beizeichen ist, zuletzt: *unter goldenem Schildhaupt, darin drei blaue Schrägkreuzchen, in Blau drei silberne Schrägkreuzchen, mit einem Kreuzchen als Beizeichen an der Herzstelle* (Abb. 553).

Mehrere nebeneinandergestellte und sich berührende Figuren sind 'aneinanderstoßend': *in Silber fünf schrägbalkenweise aneinanderstoßende schwarze Rauten* (Abb. 185). Wenn Rauten oder Wecken mit den spitzeren Enden aneinanderstoßen, muß das besonders gemeldet werden. Auch andere spitze Gegenstände können mit den Spitzen zusammenstoßen, z.B. Keile: *in Gold drei rote im Schildfuß zusammenstoßende Keile, die beiden seitlichen gebogen, das Ganze überdeckt von einem Hermelinfreiviertel* (Abb. 742).

Abb. 740 *In schräglinks von (Gold) und (Rot) geteiltem Schilde oben ein wachsender (schwarzer) Bär*: Siegel von Jean de Ferlens, Priester zu Morlens (1336) (ISV 238/4).

Abb. 741 *In Rot ein Krummstab pfahlweise, an Balkenstelle beseitet von zwei abgewendeten Schlüsseln und in den vier Schildecken von je einer Lilie, alle Figuren silbern*: Fenster mit dem Wappen des Bistums Troyes (XIV. Jahrhundert) in der Kathedrale daselbst.

Abb. 742 *In Gold drei mit den Spitzen zusammenstoßende Keile, die seitlichen gebogen*, Brechui (Schottland) (um 1370) (BE 55 v. 6).

Mehrfeldige Wappen

Für eine Figur, die von einer kleineren Figur einseitig begleitet ist, gibt es auf französisch die Ausdrücke *adextré* bzw. *sénestré*; auf deutsch lautet die Beschreibung von Abb. 276: *in Silber ein roter Löwe, links begleitet von einem grüngeflügelten goldenen Adlerfang.* Für eine Begleitung in Schildhaupt oder Schildfuß gibt es auch auf französisch keinen Sonderausdruck: *in Blau ein silberner Schrägbalken, begleitet oben von einem goldenen Hirschkopf und unten von einem golden bebänderten schwarzen Jagdhorn* (Abb. 597, Feld 2 und 3).

Mehrere pfahlweise übereinandergestellte Figuren sind entweder *überhöht* oder (seltener) *unterstützt*: *in Blau ein silberner Halbmond, überhöht von einem goldenen Stern, das Ganze beseitet von zwei goldenen Palmzweigen* (Abb. 538). Eine Figur zwischen zwei einander ähnlichen an der Balkenstelle kann auch *flankiert* sein, wenn nicht die Gestalt der Figuren den Ausdruck 'beseitet' fordert.

Figuren, die einen Schildrand oder eine Teilungslinie berühren, sind *'hervorkommend'*: aus der linken Flanke (Abb. 407), aus dem Schildhaupt, aus den Schildecken (Abb. 189). Für Vierfüßler gibt es einen speziellen Ausdruck, sie sind gegebenenfalls *'wachsend'*: *in schräglinks golden-rot geteiltem Schilde oben ein wachsender schwarzer Bär*, Ferlens, Freiburg (Abb. 740). Stadt und Kanton Genf führt: *gespalten von Gold und Rot, darin rechts ein rotgekrönter und -bewehrter halber schwarzer Adler am Spalt, und links ein abgewendeter goldener Schlüssel*; es ist nicht nötig zu sagen, daß der Schlüssel pfahlweise gelegt ist, da die Umrißform des Feldes eine andere Lage kaum zuläßt. Auf deutsch ist bei einem halben Adler 'am Spalt' nicht nötig besonders zu erwähnen, daß er daraus 'hervorkommend' ist.

Wenn ein Wappenschild verschiedene Wappenfelder enthält, beginnt man mit der Angabe der Teilung: der Schild ist gespalten, geteilt, geviert, einmal geteilt und zweimal gespalten usw. usw. Bei gespaltenen Schilden beginnt man: *gespalten, rechts in* usw., dann *links...* Die Hinweise auf

Abb. 743 *Gespalten, rechts in (Rot) ein (silberner) auffliegender Kranich* (Greyerz), *und links unter (rotem) Schildhaupt, darin ein (silberner) wachsender Löwe, Feh* (Monteynard): Siegel von Katharina von Greyerz (1544) (AV I).

Abb. 744 *Geviert von Gold, darin ein von drei blauen Adlern begleiteter roter Sparren* (La Trémoille), *und Silber, darin ein roter Doppeladler* (Jonvelle): Gui de la Trémoille, Herr zu Craon, Sully und Jonvelle (um 1380) (GA Nr. 374).

Abb. 745 *In Silber drei rote Pfähle* (Ranst), *überdeckt von einem schwarzen Freiviertel, darin ein goldener Löwe* (Brabant), *dieser überdeckt von einem mit drei roten Ringlein belegten silbernen Schrägbalken*: Jean de Ranst, Herr zu Canticroix (um 1370) (BE 66 r 4).

rechts und links kann man umgehen, wenn man wie folgt z.B. Abb. 408 beschreibt: *innerhalb roten Dornenschildrandes blau mit goldenen Lilien besät, daran angespalten in Gold ein grüngefranster roter Gonfanon, beide Felder je zur jeweiligen Hälfte.* Diese Kurzform ist aber zu vermeiden, wenn der Sinn unklar würde; bei einer französischen Beschreibung der Abb. 743 wäre darauf zu achten, daß die Stellung des Schildhauptes der linken Hälfte nicht mißverständlich auf das ganze Wappen bezogen wird. Auf deutsch würde die Beschreibung zu lauten haben: *gespalten, rechts in Rot ein aufliegender silberner Kranich, links unter rotem Schildhaupt, darin ein wachsender goldener Löwe, Feh.*

Abb. 746 *Unter Reichsadlerschildhaupt geteilt, oben in Silber ein schreitender roter Löwe, in den oberen Feldecken von je drei (2, 1) grünen Kleeblättern begleitet, unten silbern-rot siebenmal schräggeteilt:* Steinplastik mit dem Wappen Rusca (Como) (1472) in Ravecchia (Tessin).

In geteilten Schilden ist die obere Hälfte zuerst zu beschreiben, also: *geteilt, oben in...,* dann *unten...* In quadrierten Schilden werden die Felder beziffert, rechts oben = 1, links oben = 2, rechts unten = 3, links unten = 4. Wenn in zwei der Quartiere sich Wappen wiederholen, sagt man: *in 1) und 4),* dann *in 2) und 3)...* Jedes Feld wird getrennt blasoniert, und die französische Sitte, nicht die Farbnamen zu wiederholen, sondern wiederholte Farben als *'du même'* anzugeben, gilt für jedes Quartier besonders. Abb. 744 ist zu beschreiben: *geviert, 1) und 4) in Gold ein roter Sparren, begleitet von vier blauen Adlern, 2) und 3) in Silber ein roter Doppeladler,* der also nicht von der 'zweiten' Farbe wäre. Das gleiche gilt auch für Herzschilde und Freiviertel, deren eventuell wieder vorkommenden Farben nicht als Wiederholung angesehen werden, vgl. die Beschreibung der Abb. 745. Die Ringlein auf dem Schrägbalken wären also nicht von der 'zweiten' Farbe.

Abb. 747 Siegel von Nicolas Malemains (1315) (Sammlung DLG).

Zu beachten wäre bei Abb. 746, daß es sich nicht um eine zweimalige Teilung handelt, sondern nach italienischer Sitte um ein Reichsadlerschildhaupt, so daß die Beschreibung lauten muß: *unter goldenem Schildhaupt, darin ein schwarzer Reichsadler, geteilt, oben in Silber ein schreitender roter Löwe, rechts und links von je 3 (2, 1) grünen Kleeblättern begleitet, unten siebenmal von Silber und Rot schräggeteilt.* Zu berücksichtigen ist auch die Wirkung mancher Techniken, wie z.B. bei verbleiten Fenstern. Der Schild in Abb. 231 ist also nicht, wie man auf den ersten Blick denken könnte, *in Schwarz ein rotes Schräggitter, mit Löwen in den Zwischenräumen,* sondern *rot, besät mit goldenen Löwen.*

Nach dem Hauptschild blasoniert man den *Mittelschild* (französisch: *sur le tout de...),* wenn dieser seinerseits mit einem *Herzschild* belegt ist, sagt man auf französisch: *sur le tout du tout de...*

Sind mehrere Schilde zusammengestellt, beziffert man sie zunächst unter Angabe ihrer Lage oder Stellung; drei Schilde, zwei zu eins gestellt (Abb. 643) oder im Dreipaß, mit den Spitzen zusammenstoßend (Abb. 654), oder fünf rosettenartig mit der Spitze zusammengestellte Schilde (Abb. 747).

Wenn zwei Schilde aneinandergeschoben sind, werden die Bilder des rechten Schildes gewendet (siehe S. 87), d.h. sein Inhalt ist nach links gedreht, und zwar aus 'courtoisie'; das gilt auch für vier aneinandergeschobene Schilde 3, 1, 2, 4; 1 und 3 wären dann gewendet; fünf Schilde stehen 4, 2, 1, 3, 5, wobei 2 und 4 gewendet sein können (Abb. 734, wo die beiden linken Schilde weggelassen sind). Es genügt, am Ende der Blasonierung anzugeben, der Schild sei gewendet. Helme und Helmzierden müssen immer die gleiche Richtung wie der Schild einnehmen (Abb. 480). Wenn auf einem Schild mehrere Helme mit ihrer Helmzier stehen, werden die auf der rechten Hälfte ebenfalls nach links gekehrt (Abb. 507). Die Umwen-

Abb. 748 Schild aus dem Siegel von Renatus von Anjou, König von Neapel (1471) (Sammlung DLG).

dung der Schilde aus 'courtoisie' ist in Frankreich selten, aber in Deutschland geläufig.

Nach dem Schild beschreibt man den Helm, die Helmzier, andere Oberwappen, die Schildhalter, schließlich den Wahlspruch und den Kriegsschrei, stets bemüht so kurz wie möglich zu bleiben und nur das Unerläßliche anzugeben. Es mögen einige Beispiele komplizierter Blasonierungen folgen:

Renatus von Anjou, Titularkönig von Jerusalem und Sizilien, genannt 'Le bon roi René', seinerzeit ein großer Turnierer und guter Heraldiker, führte nach seinem Siegel von 1471 (Abb. 748) *geteilt, oben zweimal, unten einmal gespalten* (also 5 Felder), *1) siebenmal geteilt von Silber und Rot* (Ungarn); *2) blau, besät mit goldenen Lilien und überdeckt von einem fünflätzigen roten Turnierkragen* (Anjou-Neapel); *3) in Silber ein goldenes von vier Kreuzchen bewinkeltes Krückenkreuz* (Jerusalem); *4) innerhalb roten Bordes blau, mit goldenen Lilien besät* (Herzogtum Anjou); *5) in blauem, mit goldenen Fußspitzwiederkreuzchen besäten Felde zwei abgewendete goldene Barben* (Bar); *im goldenen Herzschild vier rote Pfähle* (Aragon).

Peter von Foix, aus dem Hause Grailly, Kardinal von Foix, führte (Abb. 539): *schräggeviert, oben gespalten, rechts in Gold drei rote Pfähle* (Foix), *links in Gold zwei blaubewehrte rote Kühe mit blauen Glocken* (Béarn); *unten gespalten von Béarn und Foix, entsprechend dem vorigen Felde; in den Seitenfeldern in Gold ein schwarzes Kreuz, belegt mit fünf silbernen Muscheln* (Grailly). Auf dem Schild ruht ein Kardinalshut.

Kardinal Marx Sittich von Altems, Abt von Reichenau und Bischof von Konstanz, führte (Abb. 647): *geviert, 1) und 4) in Gold sechs (1, 2, 2, 1) Kugeln, die unteren fünf rot, die obere blau, belegt mit drei goldenen Lilien* (Medici zu Florenz); *2) und 3) gespalten, rechts in Silber ein rotes Kreuz* (Bistum Konstanz) *und links in Blau ein schwarzbewehrter goldener Steinbock* (Hohenems von Altems); *in einer eingepfropften Spitze in Silber ein rotes Santiago-Kreuz* (Santiago-Orden); *im silbernen Herzschild ein rotes Kreuz* (Abtei Reichenau). Auf dem Schild ruht ein Kardinalshut.

Karl der Kühne führte (Abb. 594): *geviert, 1) und 4) innerhalb silbernrot gestückten Schildrandes blau, mit goldenen Lilien besät* (Neuburgund); *2) gespalten, rechts innerhalb roten Bordes fünfmal golden-blau schräggeteilt* (Altburgund), *links in Schwarz ein goldener Löwe* (Brabant); *3) gespalten von Altburgund, wie vor, und in Silber ein goldengekrönter roter Löwe mit gekreuztem Doppelschwanz* (Limburg); *im goldenen Mittelschild ein schwarzer Löwe* (Flandern). Auf dem blau-golden bewulsteten goldenen Bügelhelm (im Dreiviertelprofil) mit blau-goldenen Decken *eine goldene doppelte Lilie*. Der Schild ist umzogen von der Kette des Ordens vom Goldenen Vlies.

Aymery von Lautrec, Rektor des Heiligen Stuhles für die Mark Ancona, Massa Trebaria und Urbino unter Papst Johann XXII. führte nach seinem Siegel von 1318 (Abb. 153) *unter einem gespaltenen Schildhaupt, darin rechts in Rot zwei gekreuzte Schlüssel, der eine golden, der andere silbern* (römische Kirche), *links geviert, a) und d) in Silber ein blauer Löwe, bordweise begleitet von acht roten Scheiben, und b) und c) in Rot zwei goldene Balken* (Duèse aus Cahors, Familie Papst Johanns XXII.), *Schuppenfeh*.

Die Priorin du Plessis de Richelieu benützte folgendes Supralibros (Abb. 573): Rautenschild, *in Silber drei rote Sparren*, gekrönt mit einer Herzogskrone, überhöht von einem Krummstab und umzogen von einem Knotenstrick. Alles auf einem hermelingefütterten und goldengefransten goldenen Mantel.

Margarete von Österreich, Witwe Herzog Philiberts des Schönen von Savoyen – die sich in der Umschrift ihres Siegels 'Tochter Kaiser Maximilians, Herzogin von Österreich, Herzogin und Gräfin von Burgund' nannte – führte (Abb. 663) einen Rautenschild, *gespalten, rechts in Rot ein silbernes Kreuz* (Savoyen), *links geviert, 1) in Rot ein silberner Balken* (Österreich), *2) innerhalb silbern-rot gestückten Bordes blau, mit goldenen Lilien besät* (Neuburgund), *3) innerhalb roten Bordes fünfmal golden–blau schräggeteilt* (Altburgund), *4) in Schwarz ein goldener Löwe* (Brabant), *im goldenen Herzschild ein schwarzer Löwe* (Flandern); in der Mitte des ganzen Wappens ein weiterer Mittelschild: *in blauem mit goldenen Schindeln bestreuten Feld ein goldener Löwe* (Grafschaft Burgund), der Schild ist gedeckt mit einem Erzherzogshut und umgeben von den Emblemen von Savoyen und Burgund, nämlich Liebesknoten und Feuerstählen, die aus einem Stein Funken schlagen.

Die halbierend gespaltenen Schilde verwirren nicht nur die offenbare Reihenfolge der Quartiere, sondern werfen manchmal ganz hübsche Probleme auf, da sie eine Hälfte der Mittelschilde untergehen lassen. So führt Jakobine von Rohan, Herzogin von Longueville und souveräne Gräfin von Neuenburg laut ihrem Siegel (Abb. 662) aus dem Jahre 1560 einen Rautenschild, *gespalten, rechts die rechte Hälfte folgenden quadrierten Schildes: 1) und 4) in Blau drei goldene Lilien, überdeckt von einem Turnierkragen und einem schwebenden silbernen Schrägbalken* (Orléans-Longueville), *2) und 3) wiedergeviert von Rot, darin ein goldener Schrägbalken* (Baden-Hochberg) *und Gold, darin ein mit drei silbernen Sparren belegter roter Pfahl* (Neuenburg in der Schweiz); *links die linke Hälfte folgenden quadrierten Schildes: 1) und 4) in Rot neun* (hier mit Rücksicht auf die Gestalt des Feldes 3, 3, 2, 1 gestellt) *goldene Fensterrauten* (Rohan), *2) und 3) wiedergeviert von Rot, darin ein goldenes Kettennetz* (Navarra), *und Blau, darin drei goldene Lilien, überdeckt von einem silbern-rot gestückten Schrägbalken* (Evreux); *in der linken Hälfte des Mittelschildes der linken Hälfte des großen Schildes in Silber eine blaue Schlange, (einen hier wegfallenden roten Menschen verschlingend)* (Visconti zu Mailand); auf dem Schild ruht eine neunperlige Krone, deren drei mittleren Perlen kleeblattartig zusammengestellt sind. In diesem Beispiel hat der Graveur die Schwierigkeit, die neun (3, 3, 3) Fensterrauten der Rohan in einem dreieckigen Feld geschickt umgangen, wenn auch auf eine eher unregelmäßige Weise; nicht vermeiden konnte er den von der rautenförmigen Gestalt des Schildes verursachten fast gänzlichen Wegfall von zwei Quartieren der Wiederquadrierung. Auch die menschenfressende Schlange von Mailand ist kaum zu erkennen.

Im Siegel der Katharina von Gonzaga, Herzogin von Longueville, um 1610 (Abb. 659) ist die Komplikation noch größer. Wir würden folgendermaßen beschreiben: Rautenschild, *gespalten, rechts in Blau drei goldene Lilien, überdeckt von einem silbernen Turnierkragen und einem silbernen schwebenden Schrägbalken* (Orléans-Longueville); *links dreimal geteilt, die zweite und dritte Reihe je zweimal, die unterste Reihe einmal gespalten, (neun Felder): oben in Silber ein rotes Tatzenkreuz, bewinkelt von vier schwarzen Adlern* (Mantua), *überdeckt von einem Mittelschildchen, dieses geviert von Rot, darin ein goldener Löwe* (Lombardei), *und einer siebenmali-*

Abb. 749 *Geviert, 1) und 4) in Rot ein silbernes Schräggitter, in den Zwischenräumen von goldenen Lilien begleitet; 2) und 3) innerhalb blauen Bordes silbern-rot fünfmal geteilt; im roten Herzschild ein ausgerissener silberner Kirschbaum:* Exlibris von Maximilien Le Josne-Contay (Artois) (um 1700).

gen Teilung von Gold und Schwarz (Gonzaga); *in der zweiten Reihe rechts in Rot ein silbernes Schildchen, überdeckt von einem goldenen Lilienhaspel* (Kleve), *daneben in der Mitte blau, mit goldenen Lilien besät, überdeckt von einem roten vierlätzigen Turnierkragen, jeder Latz belegt mit drei goldenen Zinnentürmen* (Artois), *und links in Schwarz ein goldener Löwe* (Brabant); *in der dritten Reihe rechts in Rot ein goldener Doppeladler* (Ost-Rom), *daneben in der Mitte in Silber ein goldenes von vier Kreuzchen bewinkeltes Krückenkreuz* (Jerusalem) *und links innerhalb silbern-rot gestückten Bordes blau, mit Lilien besät* (Burgund-Nevers); *in der untersten Reihe rechts innerhalb roten, mit acht silbernen Scheiben belegten Randes blau mit goldenen Lilien besät* (Alençon), *und links in Gold ein rot-silbern in drei Reihen geschachter Balken* (Mark). Den mit einer Herzogskrone gekrönten Schild umzieht ein Knotenstrick. Katharina war die Tocher von Ludwig von Gonzaga und Henriette von Kleve, Herzogin von Nevers. Ihr Vater war der Sohn des Herzogs Friedrich von Mantua und der Margarete Paläologa von Montferrat.

Maximilian Le Josne-Contay, dessen Familie aus Artois stammte, führte nach seinem Exlibris (Abb. 749) von ungefähr 1700: *geviert, 1) und 4) in Rot ein silbernes Schräggitter, in den Zwischenräumen von goldenen Lilien begleitet* (Le Josne modern), *2) und 3) innerhalb blauen Randes fünfmal geteilt von Silber und Rot* (Contay), *im roten Herzschild ein silberner ausgerissener Kirschbaum* (Josne alt). Der mit einer Marquis-Krone gekrönte Schild wird von zwei Löwen gehalten.

Cesare Borgia, Herzog von Valentinois, Sohn Papst Alexanders VI., führte nach seinem Siegel von 1502: *geviert, die Felder getrennt durch den Pfahl der Gonfalonieri der Kirche: in Rot ein schrägrechts gelegter goldener Schlüssel und ein darüber gekreuzter silberner Schlüssel, beide einen goldenen Ombrellino überdeckend; 1) und 4) in Blau drei goldene Lilien* (französisches Gnadenwappen), *2) innerhalb goldenen, mit acht grünen Grasbüschlen belegten Bordes in Gold ein auf einem schwebenden grünen Boden weidender roter Ochse* (Borgia), *3) fünfmal geteilt von Gold und Schwarz* (Doms); auf dem Schild ruhen zwei Helme mit ihren Helmzierden, rechts mit einer wachsenden Hydra, links mit einem wachsenden Pegasus (Abb. 348).

Jacques de la Fin, Ritter des Königlichen Ordens, dessen Familie aus dem Bourbonnais stammte, führte nach einem als Buchschmuck von 'La Céocyre' von P. de la Meschinière, Lyon, Honorat, 1578 (Abb. 597) verwendeten Holzschnitt: *geviert, 1) und 4) innerhalb roten Dornenbordes in Silber drei schwarze Balken* (La Fin), *2) und 3) in Blau ein silberner Schrägbalken, begleitet oben von einem goldenen Hirschkopf und unten von einem goldenen bebänderten Jagdhorn* (Salins-la-Nocle). Auf dem nach vorne gerichteten, mit abfliegenden Bändern, darin die Wiederholung der Zeichnung von Feld 1 und 4, bewulsteten Helm ein Doppeladler, überhöht von einer wachsenden unbekleideten Frauengestalt mit offenen Haaren, die in den ausgestreckten Händen je eine zweispitzige silberne Fahne an Turnierlanzen hält, auf deren Tuch ein Schildchen wie Feld 1 und 2 angebracht ist. Um den Schild schlingt sich die Kette des französischen Michaelsordens. Als Schildhalter dienen rechts ein Löwe und links ein Einhorn.

Jean-Louis de Martines, Herr zu Curtilles, Bourjod (Waadt) und Sergy (Genevois), 'vormals Gouverneur des Fürstentums Orange', führte nach einem Scheibenriß von ungefähr 1500 (Abb. 294) *gespalten, rechts in Rot*

ein silberner Drudenfuß (Martines), *und links geviert, 1) und 4) in Gold ein roter Löwe, überdeckt von einem mit drei silbernen Muscheln belegten schwarzen Schrägbalken* (Seytres aus der Dauphiné, Familie seiner Gattin) *und 2) und 3) in Rot ein silberner Adler* (Spifame aus Lucca und dem Comtat Venaissin). Auf dem in Dreiviertelprofil gestellten Bügelhelm ein wachsender silberner Bracke.

André d'Oraison, Vicomte de Cadenet, Marquis d'Oraison, Groß-Seneschall von Provence, führte nach einer Stickerei mit seinem Wappen (Abb. 750) vom Ende des XVII. Jahrhunderts *je zweimal gespalten und geteilt* (neun Felder), *1) geviert von Rot, darin ein goldener Balken, und Gold, darin drei rote Wellenbalken* (Oraison), *2) über rotem Schildfuß, darin zwei goldene Pfähle* (Foix-Meilles), *in Gold zwei schreitende blaubewehrte rote Kühe mit blauen Glocken* (Béarn), *3) und 7) fünfmal golden-rot geteilt, überzogen von einem roten Schrägbalken* (Foresta), *4) in Silber ein goldenes, von vier Kreuzchen bewinkeltes Krückenkreuz* (Jerusalem), *5) innerhalb eines mit acht goldenen Lilien belegten blauen Bordes in Blau schrägbalkenweise drei silberne Ketten* (Cadenet), *6) unter Hermelinschildhaupt in Rot zwei goldene Balken* (Clermont-Lodève), *8) innerhalb Hermelinbordes in Rot bordweise acht goldene Hufeisen* (Ferrière, Beauvaisis), *belegt mit einem blauen Schildchen mit goldenem Freiviertel, das ganze Schildchen überzogen von einer roten Schrägleiste* (Arces-Livarot), *9) silbern-rot geschacht* (Laigue). Auf dem Schild ruht eine elfperlige Krone, in der ein neunperlig gekrönter, mit Helmdecken versehener nach vorne gerichteter Bügelhelm sitzt.

Christian, Baron de Neve, Herr zu Roden usw., Reichsritter, führt nach seinem Exlibris von ungefähr 1740 (Abb. 637) *in Rot eine schräggelegte silberne Forelle.* Auf dem Schild ruht eine neunperlige Grafenkrone, in der ein gekrönter Helm mit rot-silbernen Helmdecken sitzt. Helmzier ist ein goldener Pelikan mit seinen Jungen. Als Schildhalter dienen rechts ein um Haupt und Lenden mit Federkränzen bekleideter, auf dem Rücken einen mit Pfeilen gefüllten Köcher tragender und in der ausgestreckten Rechten einen Bogen haltender westindischer Eingeborener, links ein blau mit Hermelinfutter gekleideter golden-gestiefelter, turbantragender Türke, in der ausgestreckten Linken ein aufgerichtetes Schwert haltend; beide

301

Schildhalter halten gefranste Standarten an Turnierlanzen, auf deren Tuch das Wappenbild wiederholt wird. Auf zwei Spruchbändern, das eine oben, das andere unten, die Inschrift: DE NEVE CRIE – VOORDE VOORDE. In den vier Ecken des Exlibris stehen die vier Ahnenwappen: 1) de Neve; 2) d'Oosterlinck *(in Blau ein von drei goldenen Sporenrädern begleiteter goldener Sparren)*; 3) Courten *(in Gold ein schreitender schwarzer Hund)* und 4) Surmont *(in Schwarz ein silberner Wechselzinnenbalken)*.

Die großen Herren häufen seit dem Ende des XVI. Jahrhunderts derart viele Felder in ihrem Schild an, daß die Blasonierung äußerst schwierig wird: die Mittelschilde befinden sich nicht zwangsläufig in der Mitte, und die komplizierten Teilungen hängen von der Schildform ab. Hier ist nicht

Abb. 751   Wappen von Franz Ludwig, Kurfürst und Erzbischof von Mainz, 1730.

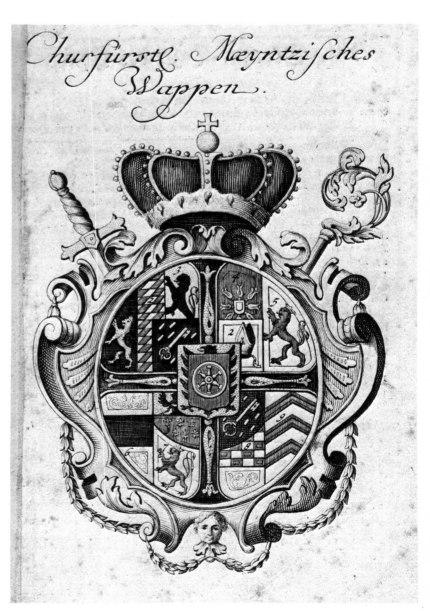

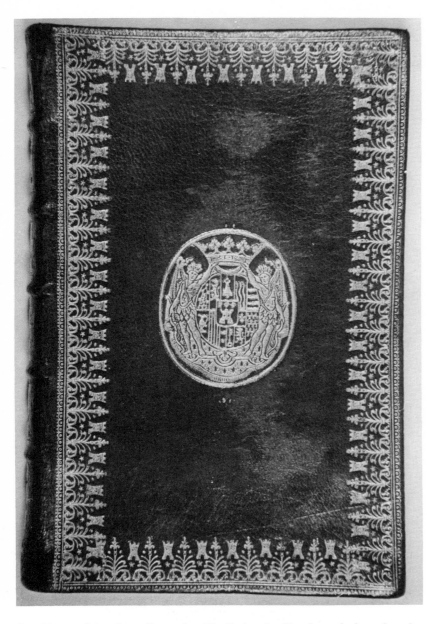

Abb. 752 Bucheinband mit dem Wappen des Herzogs von Antin (französischer Staatskalender 1720).

der Platz, sich über die mehr Eitelkeit als Geschmack beweisenden Erzeugnisse zu verbreiten, und wir beschränken uns, diesen Abschnitt mit der Blasonierung von zwei felderreichen Wappen zu beschließen. Es sind die Wappen des Herzogs von Antin und eines großen deutschen Kirchenfürsten, Franz Ludwig, aus dem Hause der Pfalzgrafen bei Rhein (geb. 1664, †1732), Bischof von Breslau (1683), Abt von Ellwangen (1694), Bischof von Worms (1694), Hochmeister des Deutschritterordens (1694), Erzbischof und Kurfürst von Trier (1716), ein Titel, auf den er verzichtete, als er Erzbischof und Kurfürst von Mainz wurde (1729). Sein Wappen (Abb. 751), nach einem deutschen Kalender von 1730 (Der durchläuchtigen Welt Geschichts-, Geschlechts- und Wappen-Calender): *durch ein silbern bordiertes schwarzes, mit einem aus vier goldenen Szeptern gebildeten*

Kreuz belegtes Tatzenkreuz (Deutscher Orden) geviert; 1) zweimal gespal-
ten a) in Schwarz ein rotgekrönter goldener Löwe (Pfalz), *b) silbern-blau*
schräggerautet (Bayern), *c) in Gold ein schwarzer Löwe* (Jülich); *2)*
gespalten, a) in Rot ein goldener Lilienhaspel, in der Mitte belegt mit einem
silbernen Schildchen (Kleve), *b) in Silber ein blaugekrönter roter doppel-*
schwänziger Löwe (Berg); *3) gespalten, a) in Gold ein schwarzer Balken*
(Moers), *b) in Silber ein goldengekrönter blauer Löwe* (Veldenz); *4)*
gespalten, a) in Gold ein silbern-rot geschachter Balken (Mark), *b) in Silber*
drei rote Sparren (Ravensberg). Die Felder 1, 2, 3 und 4 geben die
Territorialwappen der Pfalzgrafen bei Rhein wieder. *Der von dem*
Deutschordenskreuz ebenfalls aufgeteilte Mittelschild ist geviert: 1) und 4)
in schwarzem mit silbernen Schrägschindeln bestreuten Felde ein schräg-
linksgelegter silberner Schlüssel (Bistum Worms), *2) in Silber eine goldene*
Mitra (Abtei Ellwangen), *3) geteilt, oben in Gold ein schwarzer Adler, auf*
der Brust belegt mit einem silbernen Halbmond, unten in Rot sechs (3, 3)
silberne Lilien (Bistum Breslau). *Das Deutschordenskreuz ist in der Mitte*
überdeckt von einem goldenen Schild, darin ein schwarzer Reichsadler,
dieser ist belegt mit einem roten Schildchen, darin ein silbernes Rad (Bistum
Mainz). Auf dem ovalen, von einer Kartusche umschlossenen Schild ruht
der Kurhut; hinter den Schild sind rechts ein gesenktes Schwert (weltliche
Gewalt) und links ein Krummstab (geistliche Gewalt) gelegt.
Das Wappen des Herzogs von Antin (Abb. 752) ist *einmal geteilt und*
viermal gespalten (zehn Felder): *1) innerhalb eines mit sieben silbernen*
Schildchen, darin ein goldener Balken, belegten silbernen Bordes in Silber
ein roter Löwe (Espagne-Montespan), *2) in Blau ein rotbewehrter und*
-gezungter goldener Löwe (Saint-Lary), *3) in Blau eine silberne Glocke mit*
schwarzem Klöppel (Lagorsan), *4) in Blau drei silberne Wellenspitzen*
(Fumel), *5) in Silber drei blaue Wellenbalken* (Pardaillan), *6) in Rot eine*
goldene Vase (Orbessan), *7) in Gold drei rote Pfähle* (La Barthe), *8) in Gold*
ein schwarzer Schlüssel, rechts begleitet von drei (2, 1) roten Scheiben
(Antin), *9) in Blau eine silberne Querleiste, begleitet oben von einer*
goldenen Lilie und unten von einem goldenen Löwen, 10) fünfmal wellenge-
teilt von Silber und Rot (Rochechouart); *im goldenen Mittelschild ein*
dreitürmiges rotes Kastell, oben begleitet von drei schwarzen Mohrenköpfen
mit silbernen Stirnbinden (Castillon). Über dem Schild schwebt eine
Herzogskrone, die von zwei an Haupt und Lenden mit Federn bekleideten
und in den äußeren Händen je einen Bogen haltenden Indianern getragen
wird; das Ganze liegt auf einem hermelingefütterten Mantel.

Wenn in den vorstehenden Beschreibungen Abweichungen gegenüber
den Legenden bei den Abbildungen vorkommen, so sind beide Formu-
lierungen möglich.

Helmzierden

In allen diesen Beispielen haben wir nur selten Helmzierden beschrieben.
Deren Beschreibung ist oft schwierig, denn sie sind sehr vielfältig, viel
mehr als die Bilder im Schild. Man braucht nur einen Blick auf einige
Tafeln (Abb. 64, 179, 205, 238, 630) aus dem Wappenbuch von Gelre und
dem des Goldenen Vlieses und die dort abgebildeten Helmzierden zu
werfen, um eine Vorstellung von diese Vielfalt zu gewinnen.

Hinzu kommt, daß es für die Beschreibung der Helmzierden keine so
durchgebildete Fachsprache gibt wie für die Blasonierung der Schilde.

Darüber dürfen wir uns nicht verwundern, denn die Führung von Helmzierden war in Frankreich gerade zu dem Zeitpunkt außer Mode gekommen, als die klassische heraldische Sprache entstand. Dennoch scheint es nützlich, einige Beschreibungen von Helmzierden nach einer der hier wiedergegebenen Tafeln des Wappenbuchs von Gelre zu bringen. Wir haben hierzu Abbildung 64 gewählt, die die verschiedensten Helmzierden bringt:

Der Erzbischof von Köln: *zwischen zwei von Lanzen abwehenden dreieckigen Wimpeln wie der Schild ein außen in zwei Reihen mit Pfauenfedern bestecktes halbkreisförmiges Schirmbrett als Hilfskleinod.*

Es folgen die Wappen der Heiligen Drei Könige:

Kaspar: *auf dem gekrönten Helm ein blaugekleideter bärtiger Greisenrumpf.*

Melchior: *auf dem gekrönten Helm eine mit einem goldenen achtstrahligen Stern besteckte rote Mütze.*

Balthasar: *auf dem gekrönten Helm ein Mohrenkopf.*

Der Graf von Arnsberg: *ein mit hängenden goldenen Lindenblättern bestreuter schwarzer Flügel, belegt mit einer roten Kreisscheibe (darin der silberne Adler wie im Schilde).*

Der Burggraf von Rheineck: *ein wachsender schwarzer Schwan mit wie der Schild bezeichneten Flügeln.*

Johann von Stein: *ein rotgezungter silbern-schwarz geteilter Eselsrumpf.*

Der Burggraf von Drachenfels: *zwischen einem schwarzen Flug ein silberner Drachenrumpf.*

Der Burggraf von Odenkirchen: *auf dem gekrönten Helm ein silberner Federbusch.*

Konrad von Alfter, Marschall des Erzbischofs: *auf dem rotgekrönten Helm ein nach oben gerichtetes schwarzgehuftes Ochsenbein von Hermelin.*

Anmerkungen

1   Herausgegeben von Paul Ganz, *Geschichte der heraldischen Kunst in der Schweiz im XII. und XIII. Jahrhundert,* Frauenfeld 1899.

2   Dieses Wappenbuch wurde von H.S. London, *Rolls of Arms Henry III.,* Oxford 1967, S. 89-96 und 115-166, herausgegeben, dessen Text wir folgen. Eine nur den Text bringende neue Ausgabe ist enthalten bei G.J. Brault, *Eight thirteenth-Century rolls of arms in french and anglo-roman blason,* University Park (Pennsylvania) 1973, S. 31-37.

3   Paul Adam, *Un Armorial français du milieu du XIIIème siècle, Le rôle d'armes Bigot – 1254,* AHS 1949, S. 15-22, 68-75, 115-121, Brault, *a.a.O.,* S. 16-30 bringt den revidierten Text.

4   Max Prinet, *Armorial de France commencé à la fin du XIIIème siècle ou au commencement du XIVème siècle,* le Moyen Age 1934, S. 1-49; Brault, *a.a.O.,* S. 77-85 bringt den revidierten Text.

5   Manuskript im Staatsarchiv Turin, Diplomi imperiali, mazzo 4, Nr. 12, unzureichend veröffentlicht von Fischer-Ferron, *Noms et armes des chevaliers qui furent à Rome lors du couronnement de l'Empereur Henri VII.,* Luxemburg 1898.

6   Allerdings muß man bei alten Ausdrücken sehr darauf achten, daß ihr Sinn später mehr oder weniger verändert worden ist, wodurch bei zahlreichen Gelehrten irrige Deutungen entstanden sind. Wenn man alte Blasonierungen studieren will, ist das bemerkenswerte Werk von G.J. Brault, *Early Blazon,* Oxford 1972 heranzuziehen, das im wesentlichen ein Glossar der heraldischen Fachausdrücke des XII. und XIII. Jahrhunderts ist.

7   Interessante Zitate zu diesem Gegenstand findet man bei L. Bouly de Lesdain, *L'héraldique dans Hemricourt,* Sonderdruck aus der Revue du Nord, Lille 1913; L. Douët d'Arcq, *Un traité du blason du XVème siècle,* Sonderdruck aus Revue archéologique, Paris 1858; Paul Adam, *Traité du blason et armorial catalan de Steve Tamburini,* Sonderdruck aus Boletín de la Real Academia de Buenas Letras de Barcelona, 1961-62.

8   In den allerältesten Siegeln und in Bild-Wappenbüchern überdeckt die Hauptfigur keine der auf das Feld gestreuten Figürchen, die somit mehr den Eindruck erwecken, Begleitfiguren zu sein. Es ist also nicht so, als ob die Streuung ein Hintergrund wäre, auf den man die Hauptfigur aufgelegt hätte, sondern mehr, als ob man letztere mit zweitrangigen Figürchen, die übrigens meistens als Beizeichen dienten, umgeben habe.

Den Schild in Abb. 509 müßte man also blasonieren: *in Rot zwei goldene, von goldenen Kleeblättchen begleitete Barben* (WN, S. 14 f.).

9   Gerola, *a.a.O.* (Kapitel V, Anm. 32).

10   Jean Tricou, *a.a.O.* (Kapitel III, Anm. 8).

KAPITEL XIV

DIE QUELLEN

Im Verlauf der vorhergehenden Kapitel haben wir uns stets bemüht, Literaturstellen anzugeben, um dem Leser die Vertiefung seines Studiums ihn besonders interessierende Punkte zu ermöglichen.

In diesem Kapitel möchten wir die ideale Bibliothek eines frankophonen Heraldikers beschreiben, eine Bibliothek, die trotzdem Titel in anderen Sprachen enthält: in dieser Quellwissenschaft der Geschichte gibt es keine klaren Grenzen.

Die Auswahl ist angesichts der großen Fülle von Quellen nicht immer einfach. Einer gewissen Beschränkung zuliebe zitieren wird grundsätzlich nur verhältnismäßig moderne Werke, eine Ausnahme machen hierbei nur wirklich wichtige alte Werke.

Zeitschriften

Vor allem muß man sich darüber auf dem laufenden halten, was herauskommt, über die im Gang befindlichen Arbeiten; hierfür gibt es die heraldischen Zeitschriften, deren wichtigste das *Schweizer. Archiv für Heraldik (Archives héraldiques suisses)* (AHS) ist. Es erscheint regelmäßig seit 1887 und seit 1953 unterteilt in das *Archivum Heraldicum* (AH), jährlich zweimal, und in das *Jahrbuch*. Letzteres ist betonter schweizerisch, während das AH als Organ mehrerer ausländischer Gesellschaften einen breiten internationalen Fächer darstellt. Hierzu gibt es drei Registerbände: 1887-1911, 1912-1931, 1932-1952.

In Frankreich erscheint seit 1938, leider seit dem Kriege auf wenig regelmäßige Weise, die *Revue française d'héraldique et de sigillographie* (RFHS). *Héraldique et Généalogie*, bulletin des sociétés françaises de généalogie, d'héraldique et de sigillographie, erscheint regelmäßig seit 1969, enthält aber im wesentlichen genealogische Arbeiten. Das vom Centre national de la recherche scientifique abhängende Institut de recherche et d'histoire des textes hat 1974 die Publikation von der mittelalterlichen Heraldik gewidmeten *Cahiers d'héraldique* (CH) begonnen.

In Deutschland erscheint neben dem inzwischen schon zehnjährigen *Tappert* regelmäßig seit über hundert Jahren der *Herold*. Ebenfalls seit mehr als einem Jahrhundert erscheint der *Adler* in Österreich, der

Nederlandsche Leeuw in den Niederlanden, das *Parchemin* in Belgien. Deren Inhalt ist oft mehr genealogisch als heraldisch. In England erscheint seit dem Kriege *Coat of Arms* und in Kanada seit 1965 *Heraldry in Canada*. in Spanien ist die *Hidalguía* mehr adelskundlicher und genealogischer Natur, enthält aber gelegentlich auch heraldische Artikel. Die skandinavische Heraldische Gesellschaft veröffentlicht eine *Heraldisk tidskrift*, die hervorragende heraldische und siegelkundliche Artikel bringt, so auch in Portugal *Armas e Troféus*. In Italien versteht die *Rivista del Collegio Araldico (Rivista Araldica)* in ihrem Titel mehr das Interesse von Herolden am Adel als an der Heraldik.

Neben diesen Zeitschriften bringen die *Recueils* der Internationalen Genealogisch-Heraldischen Kongresse (CISGH) seit 1953 eine Menge wichtiger Artikel, sie bilden daher eine wesentliche Grundlage.

Grundlegende Werke

Grundlegende Werke sind selten. Neben den früheren Ausgaben des vorliegenden *Manuel* auf französisch (1923 und 1942) und auf deutsch (1930 und 1948) sind zu zitieren:

Rémi Mathieu, *Le système héraldique français*, Paris 1946, ein wertvolles Werk als Grundlage des Studiums der Geschichte von Wappenwesen und Wappenrecht in Frankreich.

Gustav A. Seyler, *Geschichte der Heraldik*, Nürnberg 1885-1890, photostatischer Neudruck, Neustadt an der Aisch 1970; dieses reich illustrierte und sehr vollständige Werk bietet zahlreiche literarische und offizielle Texte aus Mittelalter und Neuzeit, aber innerhalb der Grenzen des alten römisch-deutschen Reiches, es bildet von *J. Siebmachers Großem Wappenbuch* den Band A, vergl. S. 317.

Hugo Gerard Ströhl, *Heraldischer Atlas*, Stuttgart 1899 (englische Ausgabe bearbeitet von Fox-Davies, The art of Heraldry).

Anthony Richard Wagner, *Heraldry in England*, London 1946.

Stevenson, *Heraldry in Scotland*, 2 Bände, Glasgow 1914.

Innes of Learney, *Scots Heraldry*, neue Ausgabe Edinburg 1956.

Franz Gall, *Österreichische Wappenkunde*, Wien 1975.

Paul Ganz, *Geschichte der heraldischen Kunst in der Schweiz im XII. und XIII. Jahrhundert*, Frauenfeld 1899.

M. de Riquer, *Manual de heráldica española*, Barcelona 1942.

Manche Kataloge heraldischer Ausstellungen öffnen uns die Augen über wenig bekannte Kostbarkeiten, wie die Kataloge der Ausstellungen des College of Arms (London) 1934 *(Herald's Heraldic Exhibition)*, in Madrid 1947 (Mis. del Saltillo, *Catálogo de la Exposición de la Heráldica en el Arte)*, des Staatsarchivs Paris, 1950 *(L'art et la vie au Moyen Age à travers les blasons et les sceaux)*, des Musée Guimet in Paris 1964 *(Emblèmes, totems, blasons)*, in München 1974 *(Wappen in Bayern)*.

An die Grundlagenwerke sind die **Bibliographien** anzuschließen, und hierbei vor allem Gaston Saffroy, *Bibliographie héraldique, généalogique et nobiliaire de la France*, 4 Bände, Paris 1968 ff, ein bemerkenswertes und für jede etwas eingehendere Forschung unerläßliches Werk. Unter den anderen Ländern besitzen nur Deutschland, Italien und Belgien eine moderne Bibliographie: Egon von Berchem, *Heraldische Bibliographie*, Leipzig 1937, V. Spreti und G. Degli Azzi Vitelleschi, *Saggio di bibliografia* *araldica italiana*, Supplemento zur Enciclopedia storico-nobiliare italiana, Mailand 1936, und Xavier de Ghellinck Vaernewyck, *Bibliothèque héral-dique*, Teil II des *Petit traité de la noblesse en Belgique*, Brüssel 1948.

Für verschiedene andere Länder hat AH eine Serie unter dem Titel *Jalons pour l'étude de l'héraldique* veröffentlicht, in denen die wichtigsten heranzuziehenden Werke angegeben sind:
England: 1953, S. 2-4, von H.S. London.
Frankreich: 1953, S. 34 f., von Paul Adam.
Polen: 1954, S. 2, von Simon Konarski.
Rußland: 1954, S. 2 f., von Marcel Orbec.
Spanien: 1955, S. 18 f., von Faustino Menéndez Pidal.
Schottland: 1956, S. 2-4, von Colin Campbell.
Muselmanische Heraldik: 1958, S. 2-4, von Georges Souville.
Ungarn: 1961, S. 2-6 und 27-35, von Szabolcs de Vajay.
Italien: 1962, S. 18-20, von A. Baron Monti della Corte.
Luxemburg: 1963, S. 2-5, von Robert Matagne.
Ukraine: 1965, S. 40, von Marcel Orbec.
Tschechoslowakei: 1970, S. 2-5, von Roman Frhrn. von Procházka.
Georgien: 1975, S. 2-5, von M.N. Vadbolski (Übersetzung von S. de Vajay).

Für Rumänien steht eine gute Biographie am Ende von zwei Artikeln von Marcel Sturdza-Săucești, *L'Héraldique roumaine*, 1971, S. 32-38 und *Armorial roumain*, 1973, S. 26-37. Schließlich sei der Artikel von Narciso Binayán Carmona, *L'Héraldique inca*, AH 1963, S. 30-36 erwähnt.

Die **kirchliche Heraldik** ist Gegenstand sehr zahlreicher Publikationen, unter denen zunächst das wichtige Werk von D.L. Galbreath, *Papal Heraldry*, Cambridge 1930, Neudruck London 1972, sowie Bruno Bernhard Heim, *Wappenbrauch und Wappenrecht in der Kirche*, Olten 1947 anzuführen sind.

In bezug auf die Heraldik der **Staaten, Provinzen, Departements, Städte und Gemeinden** hätte man eine große Menge von Publikationen sehr unterschiedlicher Bedeutung zu zitieren; von allgemeinem Charakter ist aber keine, außer vielleicht das nicht sehr wissenschaftliche *Städtewappenbuch* von Jiři Louda, Prag 1974. Man kann auch das kleine *dtv-Lexikon politischer Symbole* von Arnold Rabbow, München 1970, benützen.

Leitfäden

Hingegen gibt es seit dem XVII. Jahrhundert zahlreiche heraldische Leitfäden. Die meisten schreiben einander mehr oder weniger ab und bringen uns nur selten, manchmal aber nützliche Varianten. Einige, wie der Père Ménestrier, Le Laboureur, Philipp Jakob Spener sind aber ernstzunehmende Autoren, die noch heute untergegangene Dokumente gesehen haben, leider ohne zu sagen, wo das war.

In der oben bereits zitierten *Bibliographie* von Saffroy findet man eine Liste solcher Traktate (Nr. 1984-2420a), hierbei die ältesten, noch handgeschriebenen, bis ins XV. Jahrhundert zurückgehenden und teilweise die Einleitung zu Wappenbüchern bildenden. Betreffend die Traktate des Mittelalters muß man R. Dennys, *The Heraldic imagination*, London 1975 heranziehen, da er eine Liste der ältesten mit einer Inhaltszusammenfassung bietet. In unserer eigenen Bibliographie heben wir *La nouvelle méthode du blason* des Père Ménestrier, Lyon 1696, und ihre zahlreichen Neuauflagen aus dem nächsten Jahrhundert hervor. Unter den wechselnden Titeln verbirgt sich das gleiche, hervorragende Grundsätze bietende Werk.

Sehr viele neuere Autoren haben ebenfalls Wappentraktate geschrieben, wobei sie oft etwas gewagte Theorien aufstellen. Zu den besseren zählt H. Jouffroy d'Eschavannes, *Traité complet de la science du blason...,*Pris 1891, und T. Veyrin-Forrer, *Précis d'héraldique*, Paris 1951. Die ganz spezielle napoleonische Heraldik bildete den Gegenstand einer Artikelserie von F. Cadet de Gassicourt und Le Roure de Paulin, die in der kurzlebigen Zeitschrift *Heraldica*, 1911-1913 erschienen sind.

Neben diesen Leitfäden können manche heraldische Wörterbücher (Saffroy, Nrn. 2421-2441a) von Nutzen sein: erwähnt sei hier C. Grandmaison, *Dictionnaire héraldique contenant l'explication et la description des termes et figures usités dans le blason*, Paris 1852.

Schließlich gibt es einige zwei- oder mehrsprachige Fachwörterbücher der Heraldik, darunter das 1952 von der Académie Internationale d'Héraldique herausgebrachte *Vocabulaire-atlas héraldique en six langues,* und Ottfried Neubecker *Deutsch und Französisch für Heraldiker*, Berlin 1934. Eine ziemlich vollständige Liste dieser Wörterbücher steht in AH 1961, S. 22-24.

Betreffend die Kunstsprache der ersten heraldischen Jahrhunderte ist das bemerkenswerte Werk von Prof. Brault, *Early Blazon*, Oxford 1972 zu benützen.

Für England zitieren wir A.C. Fox-Davies, *A complete guide to Heraldry*, London 1969 und J. Parker, *A glossary of terms used in heraldry*, London 1894, Neudruck 1975; für Deutschland Heinrich Hußmann, *Über deutsche Wappenkunst, Aufzeichnungen aus meinen Vorlesungen*, Wiesbaden 1973; für Italien: Silvester Petra Sancta, *Tesserae Gentilitiae ex legibus fecialium descriptae*, Rom 1737; Marc'Antonio Ginanni, *L'Arte del Blasone dichiarata per alfabeto...*, Venedig 1756; Goffredo di Crollalanza, *Enciclopedia Araldico-Cavalleresca*, Pisa 1876-77; für Spanien: Vicente de Cadenas y Vicent, *Fundamentos de heráldica* (Ciencia del blasón), Madrid 1975.

Siegelkunde

Die Siegel gehören zu den erstrangigen Dokumenten, auf die eine wissenschaftliche Heraldik zu stützen ist. Über Siegelkunde im allgemeinen gibt es in Frankreich nur den etwas summarischen *Manuel de sigillographie française* von Roman, Paris (1921), während Italien und Deutschland das Erscheinen hervorragender Arbeiten erleben durften, nämlich G.-C. Bascapé, Sigillografia, *Il sigillo nella diplomatica, nel diritto, nella storia e nell' arte*, Band I: *Sigillografia generale, I sigilli pubblici e quelli privati*, Mailand, 1969, noch unvollendet, und das bemerkenswerte Werk von Erich Kittel, *Siegel*, Braunschweig 1970, mit einer für Deutschland sehr vollständigen und für die anderen europäischen Länder nur wenig knapperen Bibliographie.

Seit der Zeit Napoleons III. hat das französische Staatsarchiv (Archives Nationales) mit der Publikation von Siegeln eine bedeutende Leistung vollbracht und uns so eine wertvolle Reihe von Inventarien geliefert, wegen deren Verzeichnis wir auf die sehr vollständige *Bibliographie de la sigillographie française* von René Gandilhon, Paris 1955 verweisen. Hier führen wir nur die wichtigsten auf, aus denen für das vorliegende *Lehrbuch* Abbildungen entnommen sind, und zwar mit den von uns benützten Abkürzungen:

DD   Douët d'Arcq, *Inventaires et documents publiés...: collection sceaux*, 3 Bände, Paris 1863-68.
DC   G. Demay, *Inventaire des sceaux de la collection Clairambault à la Bibliothèque Nationale*, 2 Bände, Paris 1885-86.
DA   G. Demay, *Inventaire des sceaux de l'Artois*, Paris 1877.
DF   G. Demay, *Inventaire des sceaux de la Flandre*, 2 Bände, Paris 1873.
DN   G. Demay, *Inventaire des sceaux de Normandie*, Paris 1881.
DP   G. Demay, *Inventaire des sceaux de Picardie*, Paris 1875.
CB   A. Coulon, *Inventaire des sceaux de la Bourgogne*, Paris 1912.
GB   R. Gandilhon, *Inventaire des sceaux du Berry*, Bourges 1933.
EP   F. Eygun, *Sigillographie du Poitou*, Poitiers 1938.

An diese lange Serie aus dem Nationalarchiv sind anzuschließen:
BB   L. Blancart, *Iconographie des sceaux et bulles... des Bouches du Rhône*, 2 Bände, Marseille 1860.
RD   J. Roman, *Description des Sceaux des familles seigneuriales du Dauphiné*, Paris 1906.
PG   P. La Plagne Barris, *Sceaux gascons du Moyen Age*, Paris 1888-92.
BP   P. de Bosredon, *Sigillographie du Périgord*, 2. Auflage, Brive 1891.
BMA   P. de Bosredon, J. Mallat, *Sigillographie de l'Angoumois*, Périgueux 1892.
PO   J. Roman, *Inventaire des sceaux de la collection des Pièces Originales de la Bibliothèque Nationale*, Paris 1909.

Von außer-französischen Inventaren haben wir folgende benützt:
ISV   D.L. Galbreath, *Inventaire des sceaux vaudois*, Lausanne 1937.
SA   D.L. Galbreath, *Sigilla agaunensia*, AHS 1925-27.
SN   L. Jéquier, *Sigillographie neuchâteloise*, AHS 1934-53.
Raadt J.T. de Raadt, *Sceaux armoriés des Pays-Bas et pays avoisinants*, 4 Bände, Brüssel 1898-1901.
NL   *Corpus sigillorum neerlandicorum*, 3 Bände, 's-Gravenhage 1937-40.
Birch F. de Gray Birch, *Catalog of seals in the Department of Manuscripts in the British Museum*, 6 Bände, London 1892, (die ersten vier Bände: englische Siegel, schottische Siegel im 4. Band; französische Siegel im 5. Band und belgische sowie niederländische im 6.).
Sagarra F. Sagarra, *Sigillografía catalana*, 5 Bände, Barcelona 1915-32.

Außerdem sind anzuführen:

Für Belgien:
Poncelet: *Sceaux et armoiries des villes, communes et juridictions du Hainaut* (Hennegau), Mons (Bergen) 1909.
Poncelet: *Sceaux des villes, communes, échevinages et juridictions civiles de la province de Liège*, Lüttich 1923.

Poncelet: *Les sceaux et les chancelleries des princes évêques de Liège*, Lüttich 1938.

Vicomte de Ghellinck Vaernewyck: *Sceaux et armoiries des villes communes, échevinages, châtellenies, métiers et seigneuries de la Flandre*, Paris 1935.

Für die Niederlande:

Beelaerts van Blokland, Graswinkel, Prins & van Heel: *Nederlandsche kloosterzegels voor 1600*, bisher 2 Bände erschienen, 's-Gravenhage, 1938-48.

Für Schottland:

MacDonald, *Scottish Armorial Seals*, Edinburg 1904.

Laing, *Descriptive Catalogue* (und *Supplementary descriptive Catalogue*) *of impressions of ancient Scottish seals*, 2 Bände, Edinburg 1850-66.

Für Deutschland:

Posse, *Siegel des Adels der Wettiner Lande*, 5 Bände (unvollendet), Dresden 1903.

Milde u.a., *Siegel des Mittelalters aus den Archiven der Stadt Lübeck*, Lübeck 1856-1879;

Tumbült, Ilgen und Philippi, *Die Westfälischen Siegel des Mittelalters*, 4 Bände, Münster i.W. 1883-1900.

v. Weech, *Siegel von Urkunden aus dem großherzoglichen Generallandesarchiv zu Karlsruhe*, 2 Bände, Frankfurt 1883-86.

Ewald, *Rheinische Heraldik*, Düsseldorf, 1934, darin zahlreiche Siegelabbildungen.

Für die Schweiz:

Merz, *Siegel und Wappen des Adels und der Städte des Kantons Aargau*, Aarau 1907;

Merz, *Oberrheinische Wappen und Siegel*, Aarau 1912;

Zeller-Werdmüller und Hegi, *Siegelabbildungen zum Urkundenbuch der Stadt und Landschaft Zürich*, 11 Lieferungen, Zürich 1911.

C. Lapaire, *Die Siegel des Archivs der Burgergemeinde Burgdorf*, Burgdorf 1968.

Gastone Cambin, *Sigilli politico-amministrativi delle terre ticinesi*, Archivio Storico Ticinese, Bellinzona 1961.

Außerdem enthält das von der Schweizerischen Heraldischen Gesellschaft seit 1900 herausgegebene *Genealogische Handbuch zur Schweizer Geschichte* sehr zahlreiche Siegelabbildungen (3 Bände erschienen, der 4. Band in Vorbereitung).

Für Skandinavien:

Hildebrand, *Svenska sigiller från Medeltiden*, Stockholm 1897.

Huitfeldt-Kaas, *Norske sigiller fra Middelalderen*, Kristiania 1899.

Petersen und Thiset, *Danske adelige Sigiller fra Middelalderen*, Kopenhagen 1892-1905.

Poul Bredo Grandjean: *Danske Købstaeders Segl*, Kopenhagen 1937.

Poul Bredo Grandjean: *Danske Gilders Segl*, Kopenhagen 1947.

Für Polen:
Marian Gumowski, *Pieczecie Slaskie* (Schlesische Siegel aus dem XII.-XIV. Jahrhundert) = Band III der *Geschichte Schlesiens bis 1400*, Krakau 1935.

Für Italien:
Giacomo C. Bascapé, *La sigillografia in Italia, notizia saggio-bibliografica*, Sonderdruck aus der Zeitschrift 'Archivi', Rom 1950, mit einer Bibliographie von 902 selbständigen Werken und Artikeln.
Sella, *I sigilli dell'Archivio vaticano*, 3 Bände, Vatikanstadt 1937-64.
M.D. Visser, *I sigilli del Sovrano militare Ordine di Malta*, Mailand 1942.
L. Cibrario und D.C. Promis, *Sigilli dei principi di Savoia*, Turin 1834.

Für Spanien:
J. Menéndez Pidal, *Sellos españoles de la Edad Media*, Madrid 1921.

Für den christlichen Orient:
G. Schlumberger, F. Chalandon, A. Blanchet: *Sigillographie de l'Orient latin*, Paris 1943.

Die sorgfältige Untersuchung der auf französischen Siegeln vorkommenden Darstellungen hat G. Demay die Veröffentlichung eines höchst bemerkenswerten Werkes über das Kostüm im Mittelalter nach den Siegeln *(Le costume au Moyen Age d'après les sceaux)* Paris 1880 ermöglicht, wovon ein Neudruck mit einem Vorwort von J.B. de Vaivre im Gange ist. Demay veröffentlichte außerdem eine interessante Broschüre über die Heraldik nach den mittelalterlichen Siegeln *(Le blason d'après des sceaux du Moyen Age)* in den Mémoires de la Société nationale des Antiquaires de France, Paris 1877.

Neben den Siegeln sind die handschriftlichen Wappenbücher des Mittelalters eine wesentliche Quelle für das Studium der Heraldik, denn sie bringen die Farben. Hingegen ist ihre genaue Datierung oft schwierig.
Man unterscheidet verschiedene Arten von Wappenbüchern:
– allgemeine Wappenbücher, die nach Ständen Könige, Herzöge usw. geordnet sind,
– Gelegenheitswappenbücher, die die Wappen von Teilnehmern an einer Unternehmung, an einer Belagerung oder einem Turnier enthalten,
– landschaftliche Wappenbücher, die nur eine Provinz, ein Gebiet oder ein Land betreffen,
– Körperschaftswappenbücher; diese enthalten die Mitglieder eines Ordens oder einer Bruderschaft,
– Wappenbilderlexika, in denen die Schilde nach Heroldsbildern und Figuren geordnet sind.
Schließlich gibt es gemalte und beschreibende Wappenbücher. Manche sind beides, gemalt und beschreibend.

Noch sind wir weit entfernt von der Veröffentlichung aller handschriftli-

Die alten Wappenbücher und die Herolde

chen Wappenbücher und sogar von ihrer vollständigen Auffindung in den Beständen der Bibliotheken oder Archiven, wo sie dahindämmern. Immerhin sind in Frankreich, in England und in Deutschland Kataloge von Wappenbüchern veröffentlicht worden.

Paul Adam, *Catalogue des armoriaux français imprimés*, in der Nouvelle revue héraldique, Paris 1946, S. 19-29.

Institut de Recherche et d'Histoire des Textes (Mme. Pecqueur), *Répertoire des armoriaux du XVe au XVIIIe siècle classés par ordre alphabétique des villes de France où ils sont conservés.*

Es handelt sich hier um ein Verzeichnis der Wappenbücher des XV. bis XVIII. Jahrhunderts, die in der Bibliothek des Arsernals, in der Bibliothèque Mazarine, Bibliothèque Sainte-Geneviève, im Staatsarchiv, in der Bibliothek des Institut de France, und in den Bibliotheken der Deputiertenkammer und des Senats verwahrt sind. Diese 1972-74 gefertigten Repertorien sind nicht gedruckt, sondern vervielfältigt. Sie beschreiben die Manuskripte in Kurzform, aber ohne heraldische Einzelheiten.

Anthony R. Wagner, *Catalogue of englisch mediaeval rolls of arms*, London 1950; Ergänzungen und Berichtigungen in *Rolls of arms Henry III*, Oxford 1967, S. 254-281.

Egon von Berchem, Donald Lindsay Galbreath, Otto Hupp, *Beiträge zur Geschichte Heraldik, I. Die Wappenbücher des deutschen Mittelalters* (dieser Teil erschien ursprünglich in den AHS 1925-27), *II. Die Herolde und ihre Beziehungen zum Wappenwesen; III. Chronologisches Verzeichnis der Wappenbücher; IV. Verzeichnis der Besitzer der Wappenbücher; V. Chronologisches Verzeichnis der Herolde*, Berlin 1939, photostatischer Neudruck, Neustadt a.d. Aisch 1972 (= *Johann Siebmachers Großes Wappenbuch*, Band D).

Eine Liste der früher ohne kritischen und historischen Apparat veröffentlichten Wappenbücher ist hier unnötig, zumal sie in den obenerwähnten Werken aufgeführt sind. In den letzten Jahren sind aber auf diesem Gebiet ernste Anstrengungen unternommen worden, so daß folgende Wappenbücher erwähnt werden können: *Clipearius Teutonicorum*, herausgegeben von Paul Ganz, *a.a.O.*, (S. 305) S. 172-185; 73 auf lateinisch beschriebene Schilde (um 1242-1249).

Paul Adam-Even, *Un armorial français du milieu du XIIIe siècle, le rôle d'armes Bigot-1254*, Sonderdruck aus dem AHS 1949.

Max Prinet, *Armorial de France composé à la fin du XIIIe siècle ou au commencement du XIVe*, Sonderdruck aus Moyen Age, Paris 1920.

Paul Adam, *Rôle d'armes de l'ost de Flandre (juin 1297)*, AH 1959, S. 2-7, eine Ergänzung zu der vorerwähnten Publikation von Prinet.

Diese beiden Wappenrollen sind auch inbegriffen in:

G.J. Brault, *Eight thirteenth century rolls of arms in french and anglonorman blazon*, University Park (Pennsylvanien) und London 1973, der die Wiederherstellung des ursprünglichen Manuskripttextes, aber keine Identifizierungen anstrebt. Die dort untersuchen Rollen sind:

Bigot (1254), Glover, Walford, Camden, Chifflet-Prinet (Heeresmusterung von Flandern 1297), Falkirk, Nativity und Belagerung von Caerlaverock. Aus dieser Liste sind Glover und Walford kürzlich sorgfältig herausgegeben worden bei:

Rolls of arms Henri III, T.D. Tremlet, *The Matthew Paris shields* (MP) H.S. London, *Glover's Roll*, um 1253-58 und *Walford's Roll*, um 1273,

Oxford 1967.

Paul Adam und Léon Jéquier, *Un armorial français du XIIIe siècle, l'armorial Wijnbergen* (WN), Sonderdruck aus AHS 1951-54.

Walter Merz und Friedrich Hegi, *Die Wappenrolle von Zürich..., Wappen aus dem Hause zum Loch*, (MHZ), Zürich 1930, eine bemerkenswerte Faksimile-Publikation mit ins einzelne gehender Untersuchung der Wappen und ihrer Inhaber (um 1340).

Jean-Bernard de Vaivre, *Le rôle du tournoi de Montendre* (1351), Sonderdruck aus Journal des savants, Paris 1973.

Paul Adam, *L'armorial universel du héraut Gelre* (GA) (1370-1395), Sonderdruck aus AHS 1963-70 nach Überarbeitungen durch L. Jéquier und einige Mitglieder der A.I.H., Neuenburg 1971.

Douët d'Arcq, *Armorial de France de la fin du XIVe siècle*, Sonderdruck aus Cabinet historique, Paris 1861 mit Ergänzungen durch Paul Adam, *L'armorial du héraut Navarre, partie inédite et corrections*, Sonderdruck aus der Nouvelle Revue Héraldique, Paris 1947, S. 49-67.

Otto Hupp, *Die Wappenbücher vom Arlberg* (HA) Berlin 1937-40, infolge des 2. Weltkrieges nach der 10. Lieferung unterbrochen.

R. Pinches und A. Wood, *An european armorial, an armorial of knights of the Golden Fleece and 15th. century Europe*, London 1971, vereinfachte und unvollständige Wiederveröffentlichung (es fehlen 25 der 116 TO-Tafeln) des unauffindbaren Werkes von Lorédan Larchey, *Ancien armorial équestre*, Paris 1890 (TO); Larchey gibt das Wappenbuch des Herolds und Wappenkönigs des Goldenen Vlieses, Jean Lefèvre, Herrn zu Saint-Rémy, wieder.

M. Laloy, *Cimiers d'Auvergne*, Sonderdruck aus dem Bulletin de l'Académie des Sciences, Belles-lettres et Arts de Clermont-Ferrand, 1952, bringt leider nur die Helmzierden aus dem wunderbaren Wappenbuch der Auvergne, das der Herold Revel verfaßt hatte und das zu den Kostbarkeiten der Nationalbibliothek in Paris gehört. Dieses Wappenbuch bringt Zeichnungen der Städte und Schlösser, die – immer ohne Wappen – in einer sonst aber sehr eingehenden archäologischen Studie von G. Fournier, *Châteaux, villages et villes d'Auvergne au XVe siècle d'après l'Armorial de Guillaume Revel*, Genf 1973 veröffentlicht worden sind.

Jan Raneke, *Bergshammarvapenboken, en medeltidsheraldisk studie*, 2 Bände, Lund 1975 (Einleitung und beschreibender Text auf schwedisch, mit französischem Resumé; Beschreibung der Wappen auf französisch).

Paul Adam, *Traité du blason et armorial catalan de Steve Tamburini*, Sonderdruck aus Boletín de la Real Academia de Buenas Letras de Barcelona, 1961-62 (um 1516-19).

A. Bodmer, *Die St. Galler Wappenrolle*, AHS 1939, S. 33-38, 79-90, (um 1500).

Braamcamp Freire, A. de Dornellas, A. Machado de Faria, *O livro do Armeiro-Mor* (1959), Lissabon 1956 (zitiert nach F. Simas Alves de Azevedo, *Uma interpretação historico-cultural do livro do Armeiro-Mor*, Lissabon 1966).

Faustino Menéndez Pidal de Navascués, *Libro de armeria del reino de Navarra*, (XVI. Jahrhundert), Bilbao 1974.

Zur Erleichterung der Identifikation von Wappen hat Léon Jéquier in den Cahiers d'héraldique (siehe oben), Paris 1974, *Tables héraldiques de dix-neuf armoriaux du Moyen Age* (Figurenregister zu 19 mittelalterlichen Wappenbüchern) veröffentlicht.

Einige Abbildungen haben wir auch dem Wappenbuch von Kònrad Grünenberg (GR), das Graf Stillfried-Alcántara und Adolf Matthias Hildebrand 1875 in Görlitz veröffentlicht haben, und aus dem noch unveröffentlichten Wappenbuch von Donaueschingen entnommen.

Zum Schluß dieser mittelalterlichen Wappenbücher erwähnen wir noch einige Artikel, die, ohne vollständige Veröffentlichungen darzustellen, Beschreibungen wichtiger Wappenbücher, bringen:

Léon Jéquier, *L'armorial Bellenville et l'armorial du héraut Gelre*, (BE), Recueil des XI. CISGH, Lüttich 1972, S. 293-300.

Faustino Menéndez Pidal de Navascués, *Un armorial ecuestre del siglo XIV, el libro de la cofradía de Santiago de Burgos*, Recueil des IX. CISGH, Bern 1968, S. 191-203.

C. Santoro, *Gli Stemmari della Biblioteca Trivulziana*, AHS 1948, S. 97-102.

A.V. Soloviev, *Les armoriaux illyriens et la famille Ohmuchievich*, Recueil des IX. CISGH, Bern 1968, S. 211-219.

Natürlich haben sich für die folgenden Zeiten weit mehr handschriftliche Wappenbücher erhalten, zudem beginnen die gedruckten Wappenbücher. Es ist unmöglich, sie alle anzuführen. Sie sind zu zahlreich, übrigens würden viele von ihnen einen erneuten Abdruck in wissenschaftlicher Edition verdienen. Unter den wichtigsten führen wir das Wappenbuch von Siebmacher an, das im XVI. Jahrhundert (siehe S. 317) erstmals gedruckt worden ist).

Was die Herolde betrifft, so verweisen wir den Leser auf Anmerkung 68 in Kapitel II. Hinzugefügt sei eine vergnügliche Notiz von Olivier Clottu über den berühmten Herold und Fälscher, Jean de Launay (AH 1960, S. 30 und 1961, S. 9), dessen 50 in der Nationalbibliothek in Paris verwahrten Handschriften für Genealogen und Heraldiker, die sie mit dem nötigen kritischen Sinn zu prüfen verstehen, eine wahre Fundgrube sind.

Moderne Wappenbücher

Im Verlauf des 19. Jahrhunderts sind zahlreiche Bücher betreffend die Wappen von Familien, Städten oder Gemeinden, Provinzen und Staaten veröffentlicht worden. Betreffend die französischen Familien und Provinzen verweisen wir auf Band II und III der obenangeführten *Bibliographie* von Saffroy und das wichtige Werk von H. Jougla de Morenas, R. de Warren, A.P. Frantzen, *Grand armorial de France*, 7 Bände, Paris 1934-52, das außer den Wappen die Genealogien der Familien enthält (Neudruck Paris 1975). *L'armorial des principales maisons et familles du royaume* von P.P. Dubuisson, Paris 1757, wurde mit einer Einleitung von Hervé Pinoteau wieder herausgegeben; das gleiche gilt für die 12 Bände der Pariser Ausgabe (1863-1905) von *L'armorial général ou registres de la noblesse de France* von d'Hozier.

Dank seiner Ausdehnung auf ganz Europa ist das *Armorial général* von J.-B. Rietstap ein für den Heraldiker unentbehrliches Werkzeug. Nach der Erstauflage von 1861 hat es mehrere Neuauflagen erlebt, deren letzte (4 Bände) als photostatische Kopie der Auflage von 1884-87 1950 in Lyon durch die Société de Sauvegarde historique unter dem Patronat der Internationalen Akademie der Heraldik veröffentlicht worden ist. 1926-1954 hat Henry Rolland ein 8-bändiges Supplement – hierzu ein Registerband – zu Rietstap veröffentlicht und, von 1903-1926 die Tafeln, auf denen alle Wappen der mehr als hunderttausend Familien aus dem Stammwerk stehen, und von wo sie Théodore de Renesse für sein *Dictionnaire des figures héraldiques*, 7 Bände, Brüssel 1894-1903 geschöpft hat. Anhand dieses Werkes kann man, wenn man den Inhalt eines Schildes kennt, seinen Inhaber ermitteln.

Das auf die amtliche Heraldik der Staaten, Provinzen, Städte, Gemeinden, Bistümer, Abteien usw. bezügliche *Numismatische Wappen-Lexicon des Mittelalters und der Neuzeit* von Wilhelm Rentzmann ist kürzlich erneut und beträchtlich erweitert durch Ottfried Neubecker: *Wappen-Bilder-Lexikon (Dictionnaire héraldique, Encyclopedia of Heraldry)*, München 1974, herausgebracht worden.

An diese Wappenbücher muß man das des Nürnberger Graveurs Johann Siebmacher anschließen, dessen erste Ausgabe 1596 erschien. Bei der Wiederauflage in neuer Gestaltung enthält das *New Wappenbuch* 1605 bereits über 3300 Wappen von Städten und Adelsfamilien. Nach und nach bringt dieses Werk mit seinen Zusätzen es entsprechend den folgenden Ausgaben auf einen Bestand von ungefähr 15000 Wappen von Städten, Adeligen und Bürgern. Die beste Ausgabe, die von 1701/05, ist kürzlich in München mit den Ergänzungen bis 1772 wieder gedruckt worden. Der in allen Landen deutscher Zunge so bekannte Name Siebmacher wurde 1854 wieder aufgegriffen, um ein großes heraldisches Sammelwerk zu betiteln, das außer dem eigentlichen Wappenbuch u.a. die *Geschichte der Heraldik* von Seyler, das Handbuch der *Heraldischen Terminologie von Gritzner*, neuerdings auch die *Beiträge zur Geschichte der Heraldik* von Berchem, Galbreath, Hupp (und teilweise Kurt Mayer) umfaßt. Die nach Landschaften geordneten Teile des Wappenbuchs decken sich nicht mit allen Landschaften dieses Wappenbuchs von 1772. Der 'Neue Siebmacher' wird zur Zeit als Neudruck herausgegeben, wovon bereits wichtige Teile erschienen sind. Hierzu gibt es den wertvollen Generalindex, der Prof. Hanns Jäger-Sunstenau, Wien, zu verdanken ist.

Bedauerlicherweise gibt die Mehrzahl der Wappenbücher keinerlei Beleg an. Unter dem Eindruck des Vorbildes von D.L. Galbreath und seines *Armorial vaudois* (Wappenbuch des Kantons Waadt), 2 Bände, Baugy sur Clarens, bemüht man sich in der Schweiz, auf Quellen- und Originaldokumente gegründete landschaftliche Wappenbücher zu veröffentlichen. Aus wirtschaftlichen Gründen ist die Mehrzahl dieser Wappen nur mit nach dem gleichen Schema gezeichneten Wappen illustriert. Das *Armorial neuchâtelois* (Neuenburger Wappenbuch) von L. und M. Jéquier, zwei Bände, Neuenburg 1936-46, macht da eine Ausnahme; es enthält über 2000 nach den verschiedensten Dokumenten vom Mittelalter bis zum 20. Jahrhundert gefertigte Abbildungen.

Anzuführen sind auch das *Armorial du Pays de Luxembourg* von Jean-Claude Loutsch, Luxemburg 1974, und das *Armorial et répertoire lyonnais* von † Jean Tricou (von welchem bisher die sieben ersten Bände erschienen sind), sowie die zahlreichen landschaftlichen Veröffentlichungen der von d'Hozier aufgrund des Edikts von 1696 angelegten Register, darunter als letzte die Généralité de Paris (Pariser Steuerbezirk) aus der Feder von Jacques Meurgey de Tupigny (4 Bände, Paris 1965-1967). In Deutschland, Österreich, Finnland und Rumänien sind in den letzten Jahren Wappenbücher der Städte und Landschaften herausgekommen, die zeigen, daß die amtliche Heraldik immer noch sehr lebendig ist.

Manuskripte und Chroniken

Die mit Wappen geschmückten illustrierten Handschriften spielen in unserer Kenntnis von der Heraldik des Mittelalters eine nicht zu verachtende Rolle. Eine Sammlung von Minneliedern, der *Chansonnier du Roi*, von etwa 1270, bringt 15 Wappen der Troubadoure (Prinet, *L'illustration héraldique du Chansonnier du Roi,* Mélanges Jeanroy, Paris 1928). Die einstmals in Paris befindliche deutsche Liederhandschrift, der sogenannte *Codex Manesse* oder *Große Heidelberger Liederhandschrift*, ist fast ein Wappenbuch mit 138 entzückenden, fast stets mit Wappen ausgeschmückten ganzseitigen Illustrationen. Die Wappen allein sind durch Karl Zangemeister in Farben veröffentlicht worden (*Die Wappen, Helmzierden und Standarten der Großen Heidelberger Liederhandschrift*, Görlitz und Heidelberg 1892). Eine perfekte, aber unerreichbar kostspielige Ausgabe wurde 1924 vom Leipziger Inselverlag hergestellt; der gleiche Verlag veröffentlichte auch ein Büchlein, *Die Minnesänger in Bildern der Manessischen Handschrift*, darin 24 hübsche, aber stark verkleinerte Farbtafeln.

Neben diesen seltenen, Wappenreihen enthaltenden Handschriften sind zahllose Handschriften mit auf die Besitzer hinweisenden Wappen verziert. Zu diesem Gegenstand gibt es zahllose in zahlreichen Zeitschriften verstreute Studien. Für Frankreich hat das Institut de recherche et d'histoire des textes durch Verkartung der in alten Handschriften enthaltenen Wappen eine wertvolle Arbeit geleistet. Zahlreiche 'Chroniken', handschriftliche wie gedruckte, wurden vor allem seit dem XV. Jahrhundert durch Wiedergaben von Wappen und Fahnen bereichert. Man braucht nur die Chronik des Konzils von Konstanz (1414-1418) des Ulrich von Richental anzuführen, die schon wegen der darin enthaltenen ungefähr 700 Wappen von Prälaten und großen Herren so wertvoll ist. Sie wurde 1483 zum Druck befördert, eine Faksimileausgabe hiervon wurde 1921 von Egon von Berchem in Potsdam besorgt, vergl. den Artikel von Werner Eichhorn, *Die Chroniken der Schweiz im Spätmittelalter und die Heraldik der Chronik des Ulrich von Richental*, Recueil des IX. CISGH, Bern 1968, S. 239-244, dabei eine wichtige Bibliographie, und den Vortrag von Ladislao Lászloczky auf dem XII. CISGH, München 1974.

Im XVII. und XVIII. Jahrhundert haben die Autoren großer genealogischer Werke, wie Père Anselme de Ste. Marie, oder von Büchern über Geschichte und landschaftliche Genealogie, wie Planché, Morice, Guichenon, Calmet, Pelletier, Lobineau, Butkens usw. ihre Arbeiten mit Wappenschilden oder der Abbildung von Siegeln, Gräbern oder anderen Denkmälern bebildert. Diese manchmal durch Beschreibungen im Text ergänzten Abbildungen sind um so wertvoller, als sehr viele Originale untergegangen sind. Neuerdings ist eine Anzahl dieser Werke nachgedruckt worden.

Weitere Quellen

Wie wir im Kapitel XI. gesehen haben, findet man Wappen auf jeder Oberfläche, die überhaupt verziert werden kann. Zahlreich sind die Publikationen, die hiervon sprechen, allerdings oft ohne viele Aufschlüsse zu vermitteln.

Für *Münzen* sind numismatische Zeitschriften und Verkaufs- oder Handelskataloge so wertvoll wie ihre oft sehr gut geratenen zahlreichen

Bildtafeln. Aber das ganz Europa betreffende Hauptwerk in französischer Sprache bleibt der *Traité de numismatique du Moyen Age, moderne et contemporain* von Engel und Serrure, 4 Bände, Paris 1890-1905, Neuauflage Bologna 1964-65.

In Frankreich und in Belgien verdienen die *Jetons* und die *Méréaux* mehr heraldisches Interesse als die Münzen. Das Werk von Feuardent, *Jetons et Méréaux*, Paris 1904-15, 3 Bände, liefert nicht weniger als 15000 Beschreibungen, leider ohne Abbildungen. Vergl. auch Florange, *L'Armorial du jetonophile*, Paris 1902-21, 3 Bände; La Tour, *Catalogue de la collection* Rouyer, Paris 1910, 2 Bände; und die drei hervorragenden Bände von Jean Tricou, *Méréaux et jetons armoriés des églises et du clergé lyonnais*, Lyon 1923-26; *Jetons armoriés de personnages lyonnais*, Lyon 1942; *Jetons armoriés de personnages lyonnais*, Lyon 1942; *Jetons armoriés offerts par la ville de Lyon aux XVIIe et XVIIIe siècle*, Lyon 1947.

In Belgien: Baron J. de Béthune: *Méréaux des familles brugeoises*, 2 Bände, Brügge 1890-94; Van den Bergh: *Catalogue des monnaies, méréaux, jetons et médailles frappés à Malines ou ayant trait à son histoire*, Mecheln 1899, 2 Bände; L. Minard von Hollebeke: *Description des méréaux et autres objets anciens des gildes, de corps de métiers, églises, etc.*, Gent 1877-78, 2 Bände.

Wegen moderner Münzen (1900-1977) kann man Günter Schön, *Weltmünzkatalog, XX. Jahrhundert*, 9. Auflage, München 1978 heranziehen.

Die *Exlibris* und *Bucheinbandstempel* sind für die Heraldik, namentlich seit dem XVII. Jahrhundert, eine Quelle ersten Ranges. Die französischen Exlibris sind in zahlreichen landschaftlichen Publikationen zu suchen, aber hauptsächlich in den *Archives de la Société française des collectionneurs d'ex-libris*. Die schweizerischen Exlibris sind in zwei Bänden von Agnes Wegmann, *Schweizer Ex-Libris*, Zürich 1933 veröffentlicht worden. Das beste Buch über die deutschen Exlibris ist das von Graf Emich von Leiningen-Westerburg, *Deutsche und Oesterreichische Bibliothekzeichen, Exlibris*, Stuttgart 1901, entsprechend für Italien: A. Bertarelli, D.H. Prior, *Gli Ex-libris Italiani*, Mailand 1902, Jacopo Gelli, *Gli Ex-libris Italiani*, Mailand 1930 und in schwedischen Sprache: Avvid Berghman, *Exlibris*, Stockholm 1936.

Für die Einbandstempel leistet Guigard, *Nouvel Armorial du Bibliophile*, Paris 1890, 2 Bände, immer noch wertvolle Dienste, jedenfalls für den, der sich nicht den Platz für das Riesenwerk von Olivier, Hermal und de Roton, *Manuel de l'amateur de reliures armoriées françaises*, 30 Bände, Paris 1924-28, leisten kann. Die Einbandstempel Belgiens sind von Vicomte de Jonghe d'Ardoye, J. Havenith und G. Dansaert: *Armorial Belge du Bibliophile*, durch die Société des Bibliophiles et des Iconophiles de Belgique, 3 Bände, Brüssel 1930 veröffentlicht worden.

Eine weitere wichtige Quelle für unsere Dokumentation sind unmittelbar nach den Siegeln und den Wappenbüchern die *Grabmäler*. Bedauerlicherweise hat die Revolution in Frankreich viele zerstört oder abgeschlagen, und nur dank den Zeichnungen aus dem XVII Jahrhundert, die der berühmte Sammler Roger de Gaignières (1642-1715) anfertigen ließ, können wir ahnen, was wir verloren haben. Diese Zeichnungen werden in der Pariser Nationalbibliothek verwahrt; verzeichnet worden sind sie von

Henri Bouchot, *Inventaire des dessins exécutés pour R. de Gaignières....*, 2 Bände, Paris 1891; dieses Verzeichnis leistet unschätzbare Dienste. Die erwähnten Zeichnungen sind in Lichtdruck veröffentlicht worden, 15 Bände, davon 13 Grabmäler, einer mit Fenstern und einer mit Wandbehängen. M. Adhémar veröffentlichte kürzlich eine photographische Wiedergabe mehrerer dieser *Tombeaux de la collection Gaignières, Dessins d'archéologie du XVIIe siècle*, Paris 1974. Als Ergänzung zu dieser Arbeit soll im Bulletin Monumental eine Studie von J.-B. de Vaivre, *Les dessins inédits de la collection Gaignières* erscheinen. Ein wunderschönes kleines holländisches Buch ist Belonje, *Steenen Charters (oude Grafsteenen)*, Heemschut-serie, Amsterdam 1948.

Eine niederländische und englische Eigenheit sind die in Messing oder Bronze gravierten Grabplatten. England verfügt noch über eine große Zahl, die in dem *Catalogue of rubbings of brasses and incised slabs, Victoria and Albert Museum*, London 1929, mit einer wichtigen Einleitung von Miss M. Clayton, Neuauflage London 1968, leicht zu studieren sind. Die irischen Grabplatten sind Gegenstand von J. Hunt, *Irish mediaeval figure sculpture (1200-1600), a study of Irish tombs* with *notes on costume and armour*, 2 Bände, Dublin 1974. Die in Flandern hergestellten Tafeln kann man ebenso wie in England in Brügge, Brüssel und Gent, und auch als Exportware in Schwerin (Mecklenburg), in Lübeck und in Dänemark sehen. Die unzähligen Grabmäler in Deutschland und Österreich sind in eigenen Arbeiten untersucht worden, aus denen wir nur K. Lind, *Sammlung von Abbildungen mittelalterlicher Grabdenkmäler (Kunsthistorischer Atlas X)*, Wien und Leipzig 1892-94, erwähnen.

Zahlreiche Ritter des Johanniterordens sind in der Johanniskirche von Valetta (Malta) unter großartigen Grabsteinen aus farbigem Marmor beerdigt worden. Diese Grabsteine sind von Hannibal Scicluna, *The Church of St. John in Valetta*, Rom 1956, in einer bemerkenswerten Publikation veröffentlicht worden.

Italien ist das Land der heraldischen Steinplastik par excellence. Da in diesem Lande nichts heruntergeschlagen worden ist, findet man überall Wappenschilde in tadelosem Zustand. Davon ist aber fast nichts veröffentlicht, ausgenommen die hervorragenden Photographien von Alinari, Anderson und Moscioni, alle in Rom.

Selbst moderne Grabsteine tragen noch Wappen wie das Werk von R. Dique Travassos Valdez, *Subsidios para a heráldica tumular modern olisiponense*, 2 Bde, Lissabon 1948-1970 beweist.

Fenster sind die gebrechlichsten Denkmäler, aber in unseren Kirchen, Museen und privaten Sammlungen gibt es noch eine gute Anzahl. Eine Menge hat Gaignières zeichnen lassen (vgl. das obenangeführte Werk von Bouchot). In den Niederlanden und vor allem in der Schweiz gehören die Scheiben des XV., XVI. und XVII. Jahrhunderts zu den schönsten Leistungen heraldischer Künstler. Unter den sehr zahlreichen Werken erwähnen wir nur Lehmann, *Lukas Zeiner und die spätgotische Glasmalerei in Zürich*, Zürich 1926 (in 'Mitteilungen der Antiquarischen Gesellschaft'); Scheidegger, *Die Berner Glasmalerei von 1540 bis 1580*, Bern 1947; Paul Ganz, *Die Basler Glasmaler der Spätrenaissance und der Barockzeit*, Basel 1966; Jenny Schneider, *Glasgemälde, Katalog der Sammlung des Schweizerischen Landesmuseums Zürich*, 2 Bände, Zürich 1970; Bogtmann, *Nederlandsche Glasschilders*, 'Heemschut-serie' Amsterdam 1947; und für England: Lamborn, *Armorial glass in the diocese of*

Oxford, London 1949. Eine Schweizer Spezialität sind die gravierten Fenster des XVIII. Jahrhunderts: Staehelin-Paravicini, *Die Schliffscheiben der Schweiz*, Basel 1927.

Die in Holz oder Stein *modellierten*, auf Häuser, Mobiliar und Töpferwaren *gemalten*, auf Silbergeschirr *gravierten*, auf Holzgefäße und Kirchenbänke *eingebrannten Wappen*, kurz die ganze heraldische Epigraphie bleibt fast überall noch zu suchen, zu sammeln und zu veröffentlichen. Ein Muster dieser Art ist die Arbeit des Abbé Angot, *Armorial monumental de la Mayenne*, Laval 1913.

England besitzt in der Reihe der Wappen der Hosenbandritter in der Kapelle zu Windsor eine in der Welt einmalige Sammlung heraldischer Emailplatten; die ältesten (1348-1485) sind in einem der schönsten heraldischen Bücher veröffentlicht worden: Hope, *The Stallplates of the Knights of the Order of the Garter*, Westminster 1901. Reihen von sehr schönen, mit den Wappen der Ritter des Ordens vom Goldenen Vlies bemalten Tafeln befinden sich in Brügge, in Mecheln und Barcelona. Weniger prachtvolle, aber zahlreiche Reihen von gemalten Wappentafeln gibt es bei verschiedenen Körperschaften oder Gesellschaften, manche von hohem Alter. Leider ist das meiste hiervon noch unveröffentlicht. Immerhin möge Maurice Tripet, *Armorial de la noble compagnie des Mousquetaires*, Neuenburg 1898, angeführt werden.

Fast überall in Italien, hauptsächlich in Toskana stößt man auf eine große Anzahl von plastischen Wappen, die auf die Vögte, Vikare und andere Amtsträger hinweisen. Eine Besonderheit der Toskana sind die Wappen nach der Art der della Robbia in polychromierter Fayence, vor allem aus dem XV. Jahrhundert, die der Sammler in dem Werk von Marquand, *Robbia Heraldry,* Princetown und London 1919 finden kann.

Früher sind manche Säle mit Wappen verziert gewesen. Einige, und diese sind wahrscheinlich in der Mehrheit, sind verschwunden (vgl. Abb. 70). Andere, und diese sind nur zu selten, sind veröffentlicht worden. Der bekannteste ist der Saal de la Diana in Montbrison (Loire): J. Delaroa, *Les blasons de la Diana*, Paris 1867. G. Vallier hat *Les peintures murales des Loives de Montfalcon* (Drôme), Valence 1891, publiziert; etwas Entsprechendes brachte Fräulein Laloy, *La frise héraldique de Ravel*, im Bulletin historique et scientifique de l'Auvergne, S. 41-64, 1957, heraus.

Zur Ausschmückung ihrer Wohnräume benützten große Herren und Bürger vielfach Wandbehänge. Die meisten davon sind verschwunden. Die uns verbliebenen sind oft mit heraldischen Emblemen verziert, sind aber nur selten ernstlich unter diesem Gesichtspunkt untersucht worden, obwohl er doch in bezug auf den Eigentümer, die Zeit und die Werkstatt der Herstellung wichtige Hinweise liefern kann. Die herrliche Ausstellung in Paris Ende 1973 hat uns einen kostbaren Katalog eingebracht, wo Hervé Pinoteau und Jean-Bernard de Vaivre erstmals die heraldischen Fragen gründlich untersucht haben.

Oft tragen alte Kachelöfen Wappen: auch hiervon sind sehr wenige und dazu noch ganz verstreut veröffentlicht. Ungenügend veröffentlicht sind auch die gegossenen Kaminplatten. Erwähnt seien die bereits erschienenen Artikel des Grafen du Mesnil du Buisson, *Plaques de cheminées de l'Orne* im Bulletin de la société historique et archéologique de l'Orne (seit 1958).

Auf uns gelangte mittelalterliche *Kampfschilde* befinden oder befanden sich in den Kirchen oberhalb der Gräber ihrer Eigentümer. Turnierschilde in Tartschenform, mit dem Vollwappen, also Schild, Helm, Helmdecken und Helmzier bemalt, sind in gleicher Art und Weise benützt worden. Etwa 20 davon befanden sich in der Elisabethkirche zu Marburg (jetzt im Universitätsmuseum), zwei in der Schweiz und einige in England (Canterbury und Westminster), andere, vor allem Turnierschilde, in Madrid, Innsbruck, Florenz und in Schweden.

Totenschilde im eigentliche Sinne gibt es in nennenswerter Anzahl nur in dem lutherischen Teil Deutschlands und in Schweden (vgl. den Beitrag von Arvid Berghman in AHS, 1946, S. 81-86). Die große Zahl von Nürnberger Totenschilden war Gegenstand einer gründlichen Studie von K. Pilz, *Der Totenschild in Nürnberg* usw., Anzeiger des Germanischen Nationalmuseums in Nürnberg 1936-1939, dann publizierten Erich Egg und Oswald (Graf) Trapp *Totenschilde in Tirol*, Veröffentlichungen des Tiroler Landesmuseums Ferdinandeum, Bd. 52, Innsbruck 1972, S. 17-150. In England sind die noch zahlreich vorhandenen *Hatchments* noch nicht so gut untersucht worden, wie sie es verdienten. In Belgien und Holland ist fast alles untergegangen. Die *Rouwborden* in der Kathedrale von Herzogenbusch sind von van Sasse van Ysselt im Anhang zu dem Werk von Smits, *de Grafzerken in de St. Janskerk te 's-Hertogenbosch*, Den Haag 1912, 2 Bände, veröffentlicht worden.

Einige Waffengruppen (Cabinets d'armes) sind bei Christyn, *Jurisprudentia Heroica*, Brüssel 1668, andere in genealogischen Handschriften und in den Verzeichnissen von Epitaphien in der Königlichen Bibliothek, auch in der Bibliothek des Ministeriums der Auswärtigen Angelegenheiten in Brüssel dargestellt.

Ziemlich groß ist noch die Zahl der *Setzschilde* oder *Pavesen* in den Museen, wohin sie vor allem aus Zeughäusern gelangt sind.

Die aus wenig dauerhaftem Werkstoff gefertigten mittelalterlichen Helmzierden sind sehr selten. Wir kennen nur die des Schwarzen Prinzen in Canterbury (Abb. 497), eine weitere in Madrid und die drei Einhornköpfe der Hohenlohe in Creglingen (Württembergisch-Franken).

Hingegen haben sich mittelalterliche *Fahnen* vor allem in der Schweiz erhalten, wo es zehnmal soviel wie in der ganzen übrigen Welt gibt. Sie sind von A. und B. Bruckner, *Schweizer Fahnenbuch*, St. Gallen 1942, untersucht und großenteils sehr gut abgebildet; hierzu noch ein Nachtrag. Dieses Werk hat der Fahnenkunde, der Vexillologie, neue Grundlagen geschaffen. Schweden hat in den Schätzen der Livrustkamer in Stockholm eine große Zahl von Fahnen aus dem XVII. Jahrhundert als Erinnerungen und Kriegsbeute aus dem 30jährigen Krieg zu verwahren verstanden. Wegen französischer Fahnen seien neben Gustave Desjardins, *Recherches sur les drapeaux français ...*, Paris 1874, nur P. Nourry, *Nos drapeaux*, Paris o.J. (1940), und der Katalog der Trophäen des Armeemuseums des General Niox: *Drapeaux et trophées*, Paris o.J. (1910) erwähnt, außerdem Vérillon, *Les trophées de la France*, Paris 1910. Ein sehr gut illustrierter und auch sonst guter kleiner Leitfaden mit ausführlicher Bibliographie ist Ottfried Neubecker: *Fahnen und Flaggen*, Leipzig, Stackmann 1939. Vom gleichen Autor das Stichwort *Fahne* im *Reallexikon zur Deutschen Kunstgeschichte*, München 1974, vgl. auch die in Anm. 6-13 bei Kapitel XI angeführten Hinweise.

Wie wir schon eingangs unterstrichen haben, kann die Heraldik sowohl den Archäologen als den Historikern wichtige Dienste leisten. Seit dem Ersten Kreuzzug und fast bis heute haben die Wappen eine bedeutende gesellschaftliche Rolle gespielt, welche die Entwicklung der Familien und der Einrichtungen zu verfolgen und in die Lebens- und Denkweise der Einzelpersonen einzudringen gestattet, und dies in allen gesellschaftlichen Schichten, nicht nur den höchsten, sondern auch bei den einfachen, kleinen Bürgern und Bauern.

Leider kennen wir nur einen verhältnismäßig kleinen Anteil der einst und noch heute geführten Wappen, und meistens sind wir weit davon entfernt, mehr als bloß den Namen des Inhabers zu kennen. Damit die heraldische Wissenschaft also die Dienste leisten kann, welche von Wissenschaftlern und Forschern zu Recht erwartet werden, muß sie die zur Auffüllung der jetzigen Grundlage notwendige Arbeit leisten.

Die Hauptarbeit besteht in folgendem:
- die Dokumentation zu veröffentlichen, die noch in den Archiven und Bibliotheken schlummert, und insbesondere die Siegel und Bullen, die sich immer schneller in den jetzigen Archiven abwetzen, und die Wappenbücher des Mittelalters, die zur Kenntnis der Farben unerläßlich sind;
- die Personen zu identifizieren, deren Wappen publiziert werden oder wurden, und zu untersuchen, bei welchen Gelegenheiten sie die Wappen gebraucht haben oder aus welchem Grunde ein Herold sie aufgeschrieben hat;
- die bereits veröffentlichte beträchtliche Dokumentation zugänglich zu machen. Deren Menge ist derartig groß, daß man kaum mit den klassischen Karteisystemen zu einer Lösung gelangen kann und daß manche Autoren bereits die Möglichkeiten der Einschaltung moderner Informationsverfahren studieren, vor allem zwecks Identifikation von Wappen.

Neben diesen Dokumentierungsaufgaben ist noch viel zu tun:
- einerseits zur Aufklärung der Frage des Ursprungs und der anfänglichen Entwicklung der Wappen und ihres Gebrauchs; die Dokumentation, die wir besitzen, erlaubt kaum die Einkreisung auf ganz allgemeine Weise, zumal darüberhinaus die Kenntnis von Einzelheiten wichtig wäre: die uns zugänglichen sind noch zu dürftig, um sie untereinander zufriedenstellend zu verknüpfen;
- andererseits um die Entwicklung der Wappen im Lauf der Jahrhunderte und in den verschiedenen Gegenden zu verfolgen.

Unter den interessanten und verheißungsvollen Forschungswegen muß man neben den gängigen historischen und archäologischen Methoden an die Anwendung statistischer Methoden denken, wenn auch die Heraldiker hieran kaum gewöhnt sind. Natürlich muß man nicht aus den Augen verlieren, daß wir es nur selten mit der großen Zahl nach dem Verständnis der Mathematiker zu tun haben werden. Schlußfolgerungen müssen also nuanciert sein, werden aber der Wissenschaft weiterhelfen. Diese statistischen Methoden könnten sich auf folgende Untersuchungen erstrecken, welche demjenigen, der sich mit mittelalterliche Heraldik befaßt, zunächst in den Sinn kommen.
- Gebrauch der Farben in bezug auf die Landschaften und die Wichtigkeit der Familien;
- Gebrauch der Teilungen, Heroldstücke und Figuren in bezug auf die

Landschaften und die Wichtigkeit der Familien und somit eine Klarlegung der heraldischen Gruppen;

– die Art und Weise Beizeichen zu verwenden gemäß den Zeitläuften, Landschaften und Familien, Typen der Beizeichen, Farben der Beizeichen;

– Gebrauch von Gegensiegeln und besonders der heraldischen Gegensiegel.

Der Weg ist also weit offen, und an Arbeit fehlt es nicht für die, die sich für Heraldik und ihren künstlerischen Aspekt interessieren und die daraus eine wirkliche historische Wissenschaft machen wollen.

REGISTER DER FACHAUSDRÜCKE UND DER EIGENNAMEN

In diesem Verzeichnis sind alle in den Wappenbeschreibungen des Haupttextes und in den Abbildungslegenden vorkommenden Wörter aufgenommen, ausgenommen die Farbangeben in denselben.

Wappen, die auf den Abbildungen zwar vorkommen, aber nicht selbst beschrieben sind, sind auch in diesem Verzeichnis nicht erfaßt.

Register der Fachausdrücke

Abgeledigt, s. schwebend
Abgerissen (Kopf), 132, **134**, 151, **206**
Abgeschnitten, 134
Abgewandt, abgewendet, **112,114, 143, 144,** 154, **156, 159, 161,** 184, 200, **209,** 242, 243, 295, **296;** zwei Barben oder Fische, 31, 143, 228, 242, 243, 250, 292, 298
Abnehmend (Halbmond), 154
Achtförmig gelegt, 152, **153**
Adelsnachweis, 225
Adler, 23, 24, 25, 26, 28, 31, 32, **33,** 36, 37, 53, **103,120,** 126, **127,130,131,132,134, 148, 176,** 179, **180,** 197, **205, 206,** 220, **222,** 227, 236, **239,** 240, 243, 246, 247, 251, **255,** 259, 277, 278, 280, 290, **292,** 294, **296,** 297, 299, 301, 304
Adler, flugbereit, 134; vgl. auffliegend; gekrönt, 130, **133, 134,** 243, 296; wachsend, 179; zweiköpfiger, s. Doppeladler; vgl. Johannisadler und Reichsadler
Adlerbein, **134,** 228, **268,** 294
Adlerfang, 134, 296
Adlerkopf, gekrönt 130, **133, 134,** 243, 296
Adlerstellung, 141, **142,** 146
Affe, 141, 251
Ahle, 47
Ahnenprobe, 225
Ahnentafel, **227,** 269
Ahnenwappen, **269**
Ähre, 209, 210
Alérion, 130, **132, 159,** 170, 236
Alt-Feh, 95
Amor, 5, 198
Amseln, gestümmelte, **99, 143**
Andreaskreuz, s. Schrägkreuz
Aneinandergeschobene Schilde, **264,** 297
Aneinanderstoßend, **168, 202,** 290, 295
Angeschoben, 153
Angespalten, **114,** 237, 297
Anjouschildhaupt, 220
Anker, **162,** 170, **183, 199,** 202, 203, 279, 283
Ankerandreaskreuz, s. Ankerschrägkreuz
Ankerkreuz, 30, 158, **159,** 162, **163,** 171, 250, 291; eingerolltes, 30, 64, 158, **160, 163,** 290
Ankerschrägkreuz, 163, **166**
Anspaltung, s. Angespalten
Antilope, 54
Antoniuskreuz, 163, **206,** vgl. Tau
Äolus, **198**
Apfel, 152
Apfelbaum, **151,** 276

Araber, 135
Archié, 291
Arguskopf, 149
Arm, **33,** 135, 136, **177,** 178, 287
Armbrust, 158, **201,** 202
Ärmel, **177,** 276, **280,,** vgl. Beutelärmel
Äsend, 140
Ast, 151, **152,** 212
Astschrägkreuz, 207, 212
Aststück, **153**
Auffliegend, 32, **34, 132,** 180, **206,** 297; vgl. Flugbereit
Aufgerichtet, **137,** 294
Aufgezäumt, 138
Augen, **73,** 135
Ausgebreitete Flügel, **268**
Ausgebrochen, 163
Ausgerissen, Baum, **147,** 151, **205, 299, 300;** Pflanze, **183;** Zweig, 153
Axt, 47, 67, vgl. Streitaxt

Badge, 283, vgl. Bilddevise
Balken, 21, 32, 47, **53, 64, 86,** 95, 101, 102, 103, **105, 116, 117,** 119, **120, 134, 168, 195, 202, 211, 225,** 236, 240, 246, 251, **260,** 264, 290, 291, 299, 301, 304; zwei, **96, 98,** 101, **123, 144, 180,** 236, 290, **292,** 294, 298, 301; drei, **86, 96,** 102, **116, 220,** 236, 250, 279, 300; vier, **96,** 102; mit Lilien unterlegt, 112, **114;** schwebend, 277
Balkenstelle, 295, **296**
Balkenweise, 110, 118, 144, 161, 202, 292, 294
Banner, **2,** 21, 26, 28, 31, 33, **45,** 46, **48, 53, 161, 194,** 198, 217, 235, 247, **253,** 254, **255,** 280, des Reichs, 25
Bannerflug, 174, **176**
Bannerschild, 84, **202**
Bär, **48, 137,** 212, 234, 258, **295**
Barbe, **114, 143, 144, 159,** 170, **184, 200, 209,** 242, **243,** 250, 298, 306, vgl. Fisch und abgewendet
Bärenmaske, **178**
Barett, 56, **122, 189, 190,** 191, 230, **231, 264**
Baroque, en, 198
Barsch, 143
Baselstab, 215
Basilica, 227
Basilisk, 146, **183,** 197
Baucens, 205
Baum, 29, 66, **116,** 151, 195, **198, 205,** 276, **280,** 284, 288
Baumstrunk, 151

Bauwerk, 166, 195
Bebändert, **154,** 161, 296, 300
Beblättert, **151**
Bebutzt, Rose, 151
Befruchtet, 151
Begleitet, **86,** 110, 117, **159, 162, 168, 198, 206, 225,** 247, 294, 296, 297, 302, 304, 306; nach der Figur, **169,** 295; rechts, **220,** 297, 304; links, 296
Behalsbandet, **136, 137,** 140, 229
Beil, **50,** 158, **161,** 166, 294
Bein, menschliches, 136, **137,** 178, 292
Beizeichen, 53, **185, 196, 199, 200, 201,** 205, **211, 223,** 228, **231,** 235, 236, 237, 238, 239, 240, 246, 250, 251, 295, 306
Bekleidet, s. Gekleidet
Beknopft, **64, 106,** 163
Belegt, **81, 97, 102, 114,** 116, 117, 120, **122, 129, 132, 153, 154, 159, 164, 168, 176, 183, 193, 197, 198, 217, 220, 223, 231,** 237, 238, **264, 268,** 290, 292, **294, 296,** 301
Berg, **48,** 155
Besamt, 149, 151, 180
Besät, 126, 156, **165,** 170
Beschlagen (Hief- oder Jagdhorn) **161,** 162
Beseitet, 294, 295, **296**
Bestreut, s. Besät
Beute, mit, 138
Beutelärmel, 136, **167**
Bewehrt, Adler, **132,** 134, 180, 296; Bock und Steinbock, **138, 140,** 298; Elefant, **140;** Falke, **142;** Hirsch, 136; Kuh, 298, 301; Löwe, 130, 304; Ochs, Stier, Büffel, 138; Vogel, 141; Widder, 140; Wildschwein, 137
Bewinkelt, **32, 127, 161, 162, 164, 177, 218, 268,** 278, 286, **294,** 295, 298, 299, 300, 301
Bewulstet, 298
Bewurzelt, Baum, **153**
Bibel, 283
Bienen, 144, **146**
Bienenstock, 168
Bilddevisen, 211 ff.
Birne, 152
Bischofsstab, s. Krummstab
Blau, 91, 92, 95
Blindschleiche, **119, 143,** vgl. Schlange
Blitz, 155
Blühender Berg, 155, **156**
Blumen, 183
Blumenkranz, 183

325

328

Register
der Eigennamen

In diesem Verzeichnis sind alle Eigennamen von Besitzungen, Besitztiteln, Geschlechtern, Familien und Personen aufgenommen, die im Haupttext und in den Anmerkungen vorkommen, ausgenommen die Autoren der zitierten Werke. Doppelnamen, insbesondere französische, sind grundsätzlich getrennt erfaßt.

Wenn der Vorname angegeben oder angedeutet ist, handelt es sich um Theoretiker und Autoren, aber auch Wappenverleiher, die sonst im Text erwähnt sind; Kapitel XIV ist nicht erfaßt. Die Bezeichnungen von korporativen Gruppen (Orden, Zünfte, Innungen u. dgl.) und Ämtern sind kursiv gesetzt.
Die Namen von Fundstellen und Ereignissen (Auswahl) sind durch kursive Ziffern gekennzeichnet.

Auf wiederholtes Vorkommen eines Namens auf der gleichen Seite ist nicht hingewiesen. Alle Zahlen verweisen auf die Seiten des Werkes; sind sie fett gedruckt, befindet sich mindestens eine entsprechende Abbildung auf der Seite.

Abkürzungen im Register der Eigennamen:

Ab.	=	Abt, Abtei
Bs.	=	Bischof, Bistum
Gf.	=	Graf, Grafschaft
Hl.	=	Heilige(r)
Hn.	=	Heroldsname
Hz.	=	Herzog, Herzogtum
Kg.	=	König, königlich
St.	=	Stadt, Ortschaft
WB.	=	Wappenbuch

INHALTSVERZEICHNIS

Satz, Druck und Einband: Brepols N.V., Turnhout, Belgien

Reproduktionen: Actual, Biel, Schweiz
Layout: Max Thommen
Zeichnungen: Louis F. Nicollier

Printed in Belgium